# समय की शिला पर

# समय की शिला पर

[रेणु के उपलब्ध संपूर्ण कथा-रिपोर्ताज़]

**फणीश्वरनाथ रेणु**

संकलन- संपादन
भारत यायावर

राजकमल प्रकाशन

ISBN : 978-81-267-0560-3

**मूल्य** : ₹895



**पहला संस्करण** : 1991
**चौथा संस्करण** : 2018

**प्रकाशक** : राजकमल प्रकाशन प्रा. लि.
1-बी, नेताजी सुभाष मार्ग, दरियागंज
नई दिल्ली-110 002

**शाखाएँ** : अशोक राजपथ, साइंस कॉलेज के सामने, पटना-800 006
पहली मंजिल, दरबारी बिल्डिंग, महात्मा गांधी मार्ग, इलाहाबाद-211 001
36 ए, शेक्सपियर सरणी, कोलकाता-700 017

वेबसाइट : www.rajkamalprakashan.com
ई-मेल : info@rajkamalprakashan.com

**मुद्रक** : बी.के. ऑफसेट
नवीन शाहदरा, दिल्ली-110 032

SAMAY KI SHILA PER
*Creative reportage by* Phanishwar Nath Renu

# पीठिका

फणीश्वरनाथ रेणु का कथा-लेखन द्वितीय विश्वयुद्ध के अंतिम दौर से शुरू होकर आठवें दशक तक अविराम चलता रहा । 1942 के 'भारत छोड़ो आंदोलन' में गिरफ्तार होने के बाद रेणु 1944 के मध्य में जेल से छुटे और कहानियाँ एवं रिपोर्ताज़ लिखना प्रारंभ किया । 27 अगस्त, 1944 के साप्ताहिक 'विश्वमित्र' में रेणु की पहली कहानी 'बटबाबा' छपी एवं इसी पत्रिका के 1 अगस्त, 1945 के अंक में पहला रिपोर्ताज़ 'बिदापत नाथ' का प्रकाशन हुआ । रेणु का मानना था—"···गत महायुद्ध ने चिकित्सा-शास्त्र के चीर- फाड़ (शल्य-चिकित्सा) विभाग को पेनसिलिन दिया और साहित्य के कथा-विभाग को रिपोर्ताज़ !"

कथाकार होने के साथ-साथ रेणु राजनीतिक-सामाजिक कार्यकर्त्ता भी थे । उन्होंने भारत और नेपाल की जनता की मुक्ति के लिए कई आंदोलनों में भाग लिया था । वे अन्य रचनाकारों की तरह स्थितियों के मात्र मूक द्रष्टा नहीं थे, असल मायनों में मुक्ति योद्धा थे; सामाजिक और राजनीतिक परिवर्तन के लिए कलम के साथ-साथ बंदूक थामने के भी हिमायती थे । इसीलिए जो लोग उनकी कलम के जादू से सम्मोहित थे, उनकी कमर में लटक रहे रिवॉल्वर को देखकर अचंभित होते थे ।

रेणु के इसी रूप ने उन्हें पत्रकारिता की ओर अग्रसर किया । जिन सामाजिक-राजनीतिक हलचलों और आंदोलनों में वे शरीक थे, उन्हें अंकित करने को उनका कथाकार उन्हें उद्वेलित करता रहता था, इसीलिए उन्होंने रिपोर्ताज़ लिखना शुरू किया । सोशलिस्ट पार्टी के मुख-पत्र 'जनता' [पटना] का प्रकाशन 1946 से प्रारंभ हुआ और सोशलिस्ट पार्टी में शरीक होने के साथ उन्होंने अपने जिले और नेपाल के बारे में उसमें 'रिपोर्ताज़' लिखना शुरू किया । साप्ताहिक 'जनता' में उनके कई लंबे रिपोर्ताज़ प्रकाशित हुए, जो उस समय काफी चर्चित भी हुए । बाढ़ पर 'जै गंगा' [1947] एवं 'डायन कोशी' [1948], अकाल पर 'हड्डियों का पुल' एवं नेपाल पर धारावाहिक रिपोर्ताज़ 'हिल रहा हिमालय' । इसके अलावा भी उनके

कई महत्वपूर्ण रिपोर्ताज़ इसमें प्रकाशित हुए। 'डायन कोशी' रिपोर्ताज़ इनमें सर्वाधिक महत्वपूर्ण था, कारण उसी समय उर्दू में भी इसका अनुवाद प्रकाशित हुआ एवं 1950 में डॉ. केसरी कुमार द्वारा संपादित 'प्रतिनिधि कहानियाँ' पुस्तक में इसे कहानी के रूप में संकलित किया गया। डालमिया नगर के मिल-मजदूरों की हड़ताल पर भी उनका एक रिपोर्ताज़ 'घोड़े की टाप पर लोहे की रामधुन' शीर्षक से छपा था।··· पर 'जनता' में प्रकाशित उनके प्रारंभिक रिपोर्ताज़ों में सिर्फ दो—'सरहद के उस पार' एवं 'हड्डियों का पुल' ही अब तक उपलब्ध हो पाए हैं।

1954 से 56 तक रेणु ने पटना से ही प्रकाशित साप्ताहिक 'आवाज़' में भी कई रिपोर्ताज़ लिखे। इसके अलावा भी पटना के कई साप्ताहिकों में उनके रिपोर्ताज़ छपे। पर अनथक खोज के बावजूद इन साप्ताहिक पत्रों की पूरी फाईल कहीं उपलब्ध नहीं हो पाने के कारण वे रिपोर्ताज़ अब तक उपलब्ध नहीं हो पाए हैं। यदि रेणु के सभी रिपोर्ताज़ संकलित हो जाएँ, तो वे लगभग हजार पृष्ठों के होंगे एवं उनसे उनके एक बड़े रिपोर्ताज़- लेखक की छवि उभर कर आएगी।

रेणु के अब तक कुल सत्रह रिपोर्ताज़ उपलब्ध हो पाए हैं, जिनमें तीन 'ऋण- जल- धनजल' एवं 'नेपाली क्रांति कथा' पुस्तक-रूप में राजकमल प्रकाशन से प्रकाशित हो चुके हैं। कुछ रिपोर्ताज़ उनके कहानी-संग्रहों में एवं कुछ 'श्रुत-अश्रुत पूर्व' में संकलित किए जा चुके हैं। शेष असंकलित हैं। ये सभी रिपोर्ताज़ पहली बार एक जगह, एक साथ यहाँ प्रकाशित किए जा रहे हैं। यानी 'समय की शिला पर' रेणु के अब तक उपलब्ध संपूर्ण रिपोर्ताज़ों का संकलन है। इसमें पहला रिपोर्ताज़ 'बिदापत नाच' 1945 में प्रकाशित हुआ था एवं अंतिम पटना-जलप्रलय पर लिखा रिपोर्ताज़ 1975 में। इस तरह यह संकलन रेणु के प्रारंभिक दौर से लेकर अंतिम दौर तक के लेखन का सिर्फ साक्ष्य ही नहीं प्रस्तुत करता, अपितु 45 से 75 ई. के बीच के तीस वर्षों की कई महत्वपूर्ण घटनाएँ, रेणु के लेखन के विभिन्न मूड्स, जीवन-स्थितियाँ, आस्था एवं लगाव भी इन रिपोर्ताज़ों में पाठकों को दिखलाई पड़ेंगे। इनमें वस्तु या कथ्य की जितनी विविधता है, उतनी ही भाषा-शैली की भी। इन रिपोर्ताज़ों में कथा-साहित्य की विभिन्न विधाओं का प्रयोग हुआ है। कुछ रिपोर्ताज़ों में कहानी-विधा का प्रयोग हुआ है (इसीलिए 'डायन कोशी' एवं 'पुरानी कहानी : नया पाठ' कहानी-संकलनों में भी संकलित हुए।) तो कुछ में संस्मरण का। कुछ रिपोर्ताज़ रिपोर्टिंग के करीब हैं, तो कुछ डायरी, निबंध के और कई यात्रा-कथात्मक हैं। इन रिपोर्ताज़ों के लिए 'वृत्तांत' शब्द का प्रयोग भी किया जा सकता है। रेणुजी इनके लिए 'जॉर्नल' यानी 'रोजनामचा' शब्द का प्रयोग भी करते थे। पर रेणु अन्य कथा-विधा का समावेश इन रिपोर्ताज़ों में करने के साथ ही, उनके बने-बनाए ढाँचे को तोड़ते भी हैं। रेणु का महत्व इसलिए भी है

क्योंकि वे अपनी ही बनाई सीमा को बार-बार दूसरी रचना में तोड़ते हैं । उनकी कथा-शैली, भाषा, ग्रामीण बोली एवं गीतों के प्रयोग के कारण उन्हें 'आंचलिक' कहा गया । पर रेणु-साहित्य का महत्व ही इसलिए है कि वह अपने स्वर या 'टोन' में आंचलिकता का बराबर अतिक्रमण करता है । खासकर ये रिपोर्ताज़ इसके सशक्त उदाहरण हैं । इनमें रेणु का कथाकार लोक-जीवन से लेकर नेपाल, बंगला देश, पाकिस्तान युद्ध तक और दक्षिणी बिहार के अकालग्रस्त क्षेत्र से लेकर बंबई की फिल्मी दुनिया तक जाता है । यहाँ जाने से तात्पर्य सशरीर यात्रा के साथ मन की यात्राओं से भी है । रेणु का इन रिपोर्ताज़ों में देखना एक ही साथ हर तरफ देखना है । वे वर्तमान को देखते हुए सुदूर अतीत के स्मृति-चित्रों को कभी याद करते हैं, तो कभी भविष्य में भी झाँकने की कोशिश करते हैं, परन्तु उनका ज्यादा देखना वर्तमान के क्रिया-कलापों को ही है । वे यथार्थ को उसकी बहुरंगी बहुरूपी विविधता एवं जटिलता में अत्यंत सूक्ष्मता के साथ इन रिपोर्ताज़ों में अंकित करते हैं—अपने उपन्यासों एवं कहानियों से भी ज्यादा । रेणु ने जितनी तन्मयता और श्रम से उपन्यासों और कहानियों की रचना की है, उतनी ही तन्मयता और श्रम से इन रिपोर्ताज़ों को रचा है । ···पर इन रिपोर्ताज़ों में रेणु का भावप्रवण मन व्यंग्य-धर्मी कुछ ज्यादा ही हो गया है, खासकर उन प्रसंगों में, जहाँ वे जीवन की विसंगतियों एवं राजनैतिक-सामाजिक विद्रूपताओं का चित्रण करते हैं ।

'बिदापत- नाच' रेणु का पहला रिपोर्ताज़ है । इसमें रेणु अपने क्षेत्र यानी अंचल के प्रसिद्ध लोक- नृत्य 'बिदापत-नाच' का परिचय हिंदी पाठकों से करवाते हैं । इस नृत्य का आयोजन 'मैला आँचल' के एक दृश्य के रूप में भी संयोजित है और 'रसप्रिया' कहानी का नायक पंचकौड़ी मिरदंगिया भी बिदापत-नाच में मृदंग बजानेवाला एक पात्र है । इस रचना के प्रारंभ में वे लिखते हैं—"नृत्यकला के आचार्य श्री उदय शंकर जी से प्रार्थना करूँगा कि वे इसे मेरी अनधिकार चेष्टा कदापि न समझें । मेरा तो अनुमान है कि उन्होंने इस 'नाच' का नाम भी न सुना होगा ।'' यहाँ उदय शंकर जी के प्रति सम्मान का भाव रखते हुए भी रेणु को पूर्ण आत्म-विश्वास है कि इस नाच के बारे में उनको भी जानकारी न होगी । मुसहरों, धाँगड़ों, दुसाधों यानी दलित वर्ग के हरिजनों के बीच प्रचलित यह लोक-नृत्य लेकर रेणु पूरे आस्था-विश्वास के साथ पाठकों के बीच पहले-पहल अवतरित है । यहाँ शहरी आभिजात्य के सामने लोक-जीवन में व्याप्त कलाकारों को पहली बार उपस्थित किया गया है—एक चुनौतीपूर्ण मुद्रा के साथ । रेणु का अधिकांश साहित्य भी लगभग इसी मुद्रा-विशेष से रचा गया प्रतीत होता है । रेणु इस नाच के प्रारंभिक परिचय के बाद ही पाठकों को एक मुसहर बस्ती में ले जाते हैं और इस नाच को हम पढ़ते नहीं, मानो साक्षात् देखने लगते हैं । इस नृत्य की नाटकीयता और हास-उल्लास के चित्रण के साथ ही वे उन लोक-कलाकारों की पीड़ा को भी उभारते

हैं। बिकटा को जब कोड़े से पीटने का दृश्य आता है तो वह कहता है कि—'मुझे पीटकर बेकार समय बर्बाद किया जा रहा है। ज़मींदार के जूते खाते-खाते मेरी पीठ की चमड़ी मोटी हो गई है।' इस एक वाक्य से उस पर हुए जुल्म की पूरी तस्वीर उभर कर आ जाती है और हम उसकी पीड़ा को अनुभव करने लगते हैं।'बिकटा' के द्वारा बनाए गए गीत के टुकड़े इस वर्ग के जीवन की पूरी त्रासदी को उभारते हैं।

दूसरा रिपोर्ताज़ 'सरहद के उस पार' का प्रकाशन 'जनता' के 2 मार्च, 1947 के अंक में हुआ था। रेणु के क्षेत्र से सटा हुआ नेपाल का विराटनगर जहाँ उनका लंबा प्रारंभिक जीवन कोइराला-बंधुओं के बीच बीता। यहीं उन्हें पूरी तरह साहित्य और राजनीति की दीक्षा मिली। इसीलिए नेपाल के दो बड़े जन-आंदोलनों में उन्होंने जमकर हिस्सा लिया था। 'सरहद के उस पार' विराटनगर के मिल-मजदूरों की बदतर जीवन-स्थितियों का यथार्थ चित्र खींचने के साथ ही वहाँ के पूँजीपतियों एवं राणाशाही पर तीखे व्यंग्य भी करते हैं। इसके अलावा इस रिपोर्ताज़ में हम रेणु के प्रखर वामपंथी स्वरूप का भी दर्शन पाते हैं। ...इस रिपोर्ताज़ के प्रकाशन के बाद ही विराटनगर के मजदूरों का प्रखर आंदोलन शुरू हुआ। इस आंदोलन के संदर्भ में कुछ बातें बताना शायद यहाँ संदर्भित होगा। क्योंकि इसी आंदोलन ने बाद में चलकर नेपाल में पहली बार तख्ता-पलट में पृष्ठभूमि का काम किया—यानी 'नेपाली क्रांति-कथा' की 'भूमिका' बना।

विराटनगर में कई पूँजीपतियों ने विभिन्न कारखाने स्थापित किए। वे राणाशाही की सरकार की सहायता से मिल-मजदूरों के साथ पशुवत् व्यवहार करते। उनमें यूनियन बनाने की भी छूट नहीं थी। वे अपनी जायज माँगों को लेकर भी हड़ताल नहीं कर सकते थे। रेणु उनकी यथार्थ दशा को लेकर जब 'सरहद के उस पार' लिख रहे थे, उसी समय उनके बीच दबे-छुपे ढंग से यूनियन भी कायम कर रहे थे। 2 मार्च, 1947 को यह रिपोर्ताज़ प्रकाशित हुआ और 4 मार्च से विराटनगर के मजदूरों का ऐतिहासिक आंदोलन प्रारंभ हुआ। इस आंदोलन पर रेणु ने 'विराटनगर की खूनी दास्तान' नामक एक रिपोर्ताज़ उसी समय लिखा, जो स्वतंत्र पुस्तक के रूप में प्रकाशित हुआ। इस रिपोर्ताज़ की चर्चा पूर्णिया जिले के रेणुजी के मित्रगण आज भी करते हैं, पर इसकी प्रति आज तक खोजीराम को उपलब्ध नहीं हो पाई है। धीरे-धीरे यह आंदोलन जोर पकड़ता गया और इसका विस्तार होता गया। कुछ दिनों बाद रेणु कोइराला-बंधुओं को इस आंदोलन को नेतृत्व देने के लिए ले आए। पूर्णिया जिले के प्रमुख सोशलिस्ट पार्टी के कार्यकर्त्ता एवं रेणु के सहकर्मी भी इस आंदोलन में शामिल हुए। इस आंदोलन को कुचलने के लिए राणा सरकार ने कई बार गोलियाँ भी चलवाईं, जिसमें कई लोग मारे गए एवं असंख्य लोग घायल हुए। रेणु भी इसमें बुरी तरह ज़ख्मी हुए। मजदूरों का

यह आंदोलन धीरे-धीरे पूरे नेपाल में व्याप्त हो गया। नेपाल की जनता हर शहर में सड़कों पर उतर आई और निरंकुश राणाशाही के खिलाफ प्रदर्शन करने लगी। नेपाल में यह पहला व्यापक आंदोलन था। पर इसे अंततः दबा दिया गया। इस आंदोलन के प्रायः सभी प्रमुख व्यक्तियों को जेल में बंद कर दिया गया। बाद में, रेणु भी गिरफ्तार हुए एवं लंबे समय तक जेल में रहे।··· 1950 के अंतिम दिनों से राणाशाही के खिलाफ दूसरा सशस्त्र संग्राम शुरू हुआ, जिसके फलस्वरूप 1951 में नेपाल में पहली बार प्रजातंत्र की स्थापना हुई। नेपाल की इस क्रांति-कथा के नियामकों में रेणु का भी प्रमुख हाथ था। वे अपनी पार्कर 51 कलम के साथ ही रायफल लेकर इसमें सक्रिय भूमिका निभा रहे थे। उन्होंने 'जनता' में 'हिल रहा हिमालय' धारावाहिक रिपोर्ताज़ लिखकर इस आंदोलन की पृष्ठभूमि तैयार की थी। इस आंदोलन में पर्चे एवं गीत वगैरह लिखने के साथ ही, कोइराला-बंधुओं में तीसरे—तारिणी प्रसाद कोइराला के साथ मिलकर स्वतंत्र प्रजातंत्र नेपाल रेडियो की स्थापना भी उन्होंने इसी आंदोलन के दौरान की थी। 'नेपाली क्रांति कथा' का महत्व रेणु के लिए कितना था, इस बात का पता इससे भी चलता है कि आंदोलन के ठीक बीस वर्षों बाद उन्होंने 'दिनमान' 1971 के अंकों में उसे धारावाहिक रूप में प्रकाशित करवाया। आज नेपाल में पुनः प्रजातांत्रिक सरकार का गठन हुआ है और इतिहास बन चुकी इस 'क्रांति-कथा' का पुनरवलोकन अब और भी आवश्यक हो गया है।

रेणु ने कई किसान-आंदोलनों में भाग लिया था। 25 नवंबर, 1949 को पटना में ऐतिहासिक किसान-सम्मेलन हुआ था। इसके लिए रेणु पूर्णिया से पैदल मार्च करते हुए किसानों का एक बड़ा जत्था पटना ले गए थे। पूर्णिया से पटना तक का यह किसान-मार्च उनके लिए 'नए सवेरे की आशा' थी। 'नए सवेरे' से उनका तात्पर्य 'मजदूर-किसान राज्य' कायम करने से था। वे मजदूर-किसान राज्य की स्थापना को ही असली 'सुराज' मानते थे। 'नए सवेरे की आशा' का कथा-नायक ज्ञान दरअसल रेणु का ही चरित्र है, जो किसान-मार्च के साथ एकाकार होकर ज्यादा प्रखर और तेजस्वीरूप ग्रहण करता है।

1950 में रेणु ने अकाल पर अपना प्रसिद्ध रिपोर्ताज़ 'हड्डियों का पुल' लिखा, जो 1966 में प्रकाशित 'भूमिदर्शन की भूमिका' से कई अर्थों में भिन्न है। 1950 में पूर्णिया-सहरसा का अकाल यानी अन्न-संकट या भुखमरी बाढ़ आने के बाद की पैदा हुई स्थिति है, जबकि 1966 का दक्षिण बिहार का अकाल सूखे यानी अनावृष्टि (ऋणजल) के कारण पड़ा था। 'हड्डियों का पुल' रिपोर्ताज़ की संरचना रेणु की कहानियों के ज्यादा करीब है। इसीलिए रेणु ने इसमें अपने चरित्र को राजेन नामक पात्र के रूप में चित्रित किया है, जबकि 'भूमिदर्शन की भूमिका' की संरचना यात्रा--थात्मक है।

इनमें रेणु भूखे नंगे दलित वर्ग के लोगों के बीच हमें चुपचाप ले जाकर खड़ा कर देते हैं। भूख से तड़प-तड़पकर मरते हुए मनुष्यों का दर्शन कराकर रेणु 'असली हिंदुस्तान' का साक्षात् करवाते हैं। इन दोनों रिपोर्ताज़ों में रेणु जीवन की विसंगतियाँ दिखलाकर व्यंग्य पैदा करते हैं। पर इन दोनों रिपोर्ताज़ों में संरचना के स्तर पर फर्क होने के साथ ही रेणु के दो रूपों का परिचय मिलता है। 'हड्डियों का पुल' के लेखक रेणु जन-संघर्षों में भाग लेनेवाले, जनता की क्रांतिकारी चेतना पर विश्वास करनेवाले सामाजिक कार्यकर्त्ता तीस वर्षीय रेणु हैं, जबकि 'भूमिदर्शन की भूमिका' के लेखक रेणु टूटी आस्था-विश्वास लिए हमारे सामने उपस्थित होते हैं। 1950 में उन्हें पूरा विश्वास है कि मजदूर-किसानों का राज्य कायम होगा, ये बदतर स्थितियाँ अवश्य ही बदलेंगी। पर 1966 में आकर वे महसूस करने लगते हैं कि कहीं कुछ नहीं होगा। उनका लेखक जनता की समस्याओं को असाध्य समझने लगता है। उसके लिए कई शब्द अपनी अर्थवत्ता खो चुके हैं। इसीलिए रेणु अपने लेखक को 'बोतल प्रसाद' कहकर संबोधित करते हैं, अपना ही मजाक उड़ाते हैं।

बाढ़ पर रेणु के दो रिपोर्ताज़ यहाँ संकलित हैं—'पुरानी कहानी-नया पाठ' एवं पटना- जलप्रलय पर 1975 का लिखा प्रसिद्ध रिपोर्ताज़। बाढ़ का आना रेणु के लिए पुरानी कहानी की तरह था। वे बचपन से ही बाढ़ की विभीषिका को हर वर्ष झेलते आए थे। पर उसका 'नया पाठ' प्रस्तुत करने के पीछे तथाकथित 'जनसेवक' जी के असली चरित्र को उजागर करना था, जो इस बाढ़ के लाने के असली अपराधी हैं एवं बाढ़ के नाम पर 'अपनी गोटी लाल करने' में नहीं चूकते।...1975 में आई 'पटना की बाढ़' पर लिखे रिपोर्ताज़ में रेणु पहली बार बाढ़ में इस तरह घिरते हैं और अपने कमरे में कैद होकर भी इसका पूरा वृत्तांत लिखते हैं।

'जीत का स्वाद' (1955) में कानपुर में हुए भारत-आस्ट्रेलिया टेस्ट मेच की रनिंग कमेंट्री को एक परिवार पर घटित कर जीत के स्वाद को चखते हैं। 'श्रुत-अश्रुत पूर्व' की संरचना भी लगभग इसी प्रकार की है। रेणु इस रचना के द्वारा बंगला-देश मुक्ति-संग्राम से जुड़ते हैं। 1965 में भारत-पाकिस्तान युद्ध की डायरी वे गाँव में रहकर लिखते हैं। यानी सुदूर में हो रहे युद्ध से अपनी चेतना के झंकृत तारों को इन रचनाओं में अभिव्यक्त करते हैं। इन रिपोर्ताज़ों में रेणु के उसी छटपटाते हृदय का पता मिलता है, जिसके विषय में मुक्तिबोध घोषणा करते हैं—"जहाँ भी स्नेह या संगर / वहाँ पर एक मेरा छटपटाता वक्ष / धरती के विकासी द्वन्द्व-क्रम में एक मेरा पक्ष / मेरा पक्ष निःसंदेह !" रेणु का वक्ष भी स्नेह या संघर्ष या युद्ध में उसी तरह उद्वेलित होता है, इसका प्रमाण हैं ये रिपोर्ताज़ !

'एकलव्य के नोट्स' का प्रकाशन उपेंद्रनाथ अश्क द्वारा संपादित संकलन 'संकेत'

1955 में हुआ था। रेणु के अन्य रिपोर्ताज़ों से यह संरचनात्मक रूप में भिन्न है। इसमें एक गाँव में हो रहे नए परिवर्तनों का बारीकी से चित्रण हुआ है। इस रिपोर्ताज़ के कुछ अंशों का संयोजन बाद में रेणु ने 'परती-परिकथा' उपन्यास में भी किया। इसके प्रकाशन के बाद उनके अंचल के कुछ लोगों ने रेणु पर मुकद्दमा-दायर कर दिया। उस मुकद्दमे का विवरण वाचस्पति पाठक के नाम लिखे गए पत्र की निम्नलिखित पंक्तियों से मिलता है—"कानून और कचहरी के पैंतरे ! भगवान बचायें। मुकद्दमा दिलचस्प है, इसलिए मेरी तारीख के दिन कचहरी में भीड़ लग जाती है।...मेरे गाँव के एक सज्जन हैं—उन्होंने 'मैला आँचल' के तहसीलदार को अपनी तस्वीर समझ लिया है। मूरख आदमी है, पुराना मुकदमेबाज है। संभवतः उसने अपने वकील से पहले भी सलाह ली होगी। अब तक वे चुप रहे। 'संकेत' में प्रकाशित रिपोर्ताज़ (एकलव्य के नोट्स) का नाटक वाला अंश—एक गाँव की सच्ची घटना है। 'दलित वर्ग' के लोगों ने समझ लिया, उनकी खिल्ली उड़ाई गई है। क्योंकि...इनकी किताब पर 'भारत सरकार' ने पुरस्कार दिया है, इसलिए 'यह बात' दिल्ली तक जरूर पहुँच गई होगी। फिर 'पंडित जमाहिर लाल' को भी मालूम होने में कितनी देर,...छिः छिः क्या समझते होंगे जमाहिर लाल भी ? दलित-वर्ग के बारे में क्या समझते होंगे भला...। दलित से लेकर सवर्ण की नकेल जिस पार्टी के हाथ में है, उसके स्थानीय नेताजी के बड़े नेता ने भी, जो थाना के नेता हैं,—शायद अपनी सिलहुट छवि देखी कहीं मेरी रचना में। उन्होंने जो सुना तो 'चियर अप' कर दिया—'ठीक है, दलित वर्ग के नौजवानो, बढ़ जाओ।'... तहसीलदार विश्वनाथ प्रसाद का भूत (!) ऐसे मौके पर चुपचाप बैठा रहे ?..." इस पत्र में बाद में रेणु ने इस मुकद्दमे का विस्तार से वर्णन किया है।

'एकलव्य के नोट्स' को एक प्रकार का, एक गाँव का समाजशास्त्रीय सर्वेक्षण भी कहा जा सकता है। चूँकि इसके प्रकाशन के बाद ही रेणु को मुकद्दमा लड़ना पड़ा, इसलिए इसका महत्व इस दृष्टि से भी है।

'समय की शिला पर : सिलाव का खाजा' नालंदा-राजगृह पर लिखा गया यात्रा-कथात्मक रिपोर्ताज़ है। इसमें रेणु सिलाव के बने 'खाजे' की असंख्य परतों की तुलना नालंदा के अवशिष्ट खंडहरों की निर्माण- कला से करते हैं। इस रिपोर्ताज़ को पढ़ते वक्त हमें कभी-कभी एहसास होता है मानों हम 'बुद्ध-युग' में पहुँच गए हों।

'रस के बस में—चार रात' रामकृष्ण-विवेकानंद पर लिखा गया रिपोर्ताज़ है। रामकृष्ण आश्रम में चार रातों तक चलनेवाले कार्यक्रमों को देखते हुए रेणु रामकृष्ण एवं विवेकानंद के असली और जनवादी स्वरूप का दर्शन कराते हैं। हिंदी के साहित्यकारों में निराला के बाद रेणु ही हैं, जो रामकृष्ण एवं विवेकानंद के प्रति असीम श्रद्धा- भाव रखते हैं।

रेणु के पाठकों को तो यह विदित ही है कि 'तीसरी कसम' के फिल्मांकन के तहत रेणु को कई बार बंबई की यात्रा करनी पड़ी थी। बंबई की यात्रा को वे फिल्मी-यात्रा भी कहते थे। अपनी पहली बंबई- यात्रा की कथा उन्होंने बंबई से प्रकाशित सिने-साप्ताहिक 'उर्वशी' के 1963 के पाँच अंकों में प्रकाशित कारवाई थी। पर उसका पहला ही भाग अब तक उपलब्ध हो पाया है—रानीगंज (अररिया) के श्री सदानंद सुमन के सौजन्य से।···रेणु ने 'तीसरी कसम' के दो संस्मरणात्मक रिपोर्ताज़ 'धर्मयुग' में लिखे थे। इन्हें एक साथ प्रकाशित किया जा रहा है। ये तीनों रचनाएँ एक ही रचना के टुकड़े प्रतीत होते हैं, इसलिए इन्हें एक साथ यहाँ रखा गया है।

समय की शिला पर अंकित ये रिपोर्ताज़ आज भी उतने ही ताजा और ग्राह्य हैं, जितना छपने के वक्त रहे होंगे। रेणु ने अपनी जादुई कलम से इतिहास में घटी इन घटनाओं एवं जीवन-स्थितियों को अपने रिपोर्ताज़ों के द्वारा सदा-सदा के लिए जीवंत और अविस्मरणीय बना दिया है। इनका एक साथ प्रकाशन हिंदी पाठकों के लिए बेहद महत्वपूर्ण है। इनके द्वारा रेणु के रचनाकार के क्रमिक विकास या ह्रास की तस्वीर भले ही न बन सके, पर इनके द्वारा एक व्यापक जीवन से हमारा साक्षात्कार जीवंत रूप में अवश्य होता है। आशा है इस पुस्तक का 'खोजी राम' द्वारा प्रस्तुत रेणु की पूर्व पुस्तकों की तरह ही स्वागत होगा। इति !

1 अक्तूबर, 1990
बोकारो स्टील सिटी

**भारत यायावर**

# क्रम

# बिदापत-नाच

नृत्य-कला के आचार्य श्री उदयशंकर जी से प्रार्थना करूँगा कि वे इसे मेरी अनधिकार चेष्टा कदापि नहीं समझे। मेरा तो अनुमान है कि उन्होंने इस 'नाच' का नाम भी नहीं सुना होगा।

ओरियंटल और क्लासिकल नृत्य से दिलचस्पी रखनेवाले पाठक-पाठिकाओं का समय व्यर्थ ही बर्बाद न हो, इसलिए मैं पहले ही अर्ज कर देता हूँ—यह महज़ 'बिदापत-नाच' है।

इस नाच की उत्पत्ति दरभंगा जिले में हुई, ऐसा अनुमान किया जाता है। पता नहीं, अपनी जन्मभूमि में इसकी क्या अवस्था है, किंतु उत्तरी बिहार के कुछ जिलों तथा भागलपुर, पूर्णिया आदि के गाँवों में आज भी इसकी 'कद्र' है। यह निम्न स्तर के लोगों की ही चीज रह गई है। तथाकथित भद्र समाज के लोग इस नाच को देखने में अपनी हेठी समझते हैं, लेकिन मुसहर, धाँगड़, दुसाध के यहाँ—विवाह, मुंडन तथा अन्य अवसरों पर इसकी धूम मची रहती है।

जब से मैं अपने को भद्र और शिक्षित समझने लगा, तब से इस नाच से दूर रहने की चेष्टा करने लगा, किंतु थोड़े दिनों के बाद ही मुझे अपनी गलती मालूम हुई और मैं इसके पीछे 'फिदा' रहने लगा। दुख है कि मुझे असफलता ही हाथ लगी। नाच के समय ज्योंही मैं पहुँच जाता, नाचनेवाले के पाँव शिथिल पड़ जाते, मृदंग की आवाज धीमी पड़ जाती और नाच बंद होने-होने को हो जाता। दर्शकों में कानाफूसी होने लगती, मैं अपना-सा मुँह लेकर वापस हो आता। मेलों में प्रायः अपने दिल की साध पूरी कर लेता हूँ, पर थोड़ी देर के लिए ही। ज्यों ही दर्शकों की निगाहें मुझ पर केंद्रित हुई कि सब 'गुड़-गोबर'!

हाँ, तो—'बिदापत-नाच' में साधारणतः सात-आठ कलाकार रहते हैं। दो ही वाद्य-यंत्र—मृदंग और मंजीरा। एक या दो नाचनेवाले, एक बिकटा (विदूषक)

और दो-तीन सहायक गवैये। लाल सालू की घाँघरी और पीतल-काँसे के गहनों को साज के लिए पर्याप्त समझा जाता है। घुँघरू अथवा पैंजनी की कोई आवश्यकता नहीं,। चेहरे पर कालिख पोतकर, घुटने तक तंग पतलून और हाथ में एक 'थुथनीदार' छड़ी लेकर कोई भी 'बिकटा' बन जा सकता है। काने, कुब्जे अथवा अंग-भंग व्यक्तियों को तो सफल बिकटे की 'सर्टिफिकेट' मिली ही रहती है। इस नाच की सफलता एक सफल 'बिकटे' पर ही निर्भर करती है। नर्तकों में, वयस्क नर्तक को ही पार्टीवाले तरजीह देते हैं।

आइए, आज आप भी मेरे साथ थोड़ी देर के लिए भद्रता का चोगा उतार फेंकिए,। वहाँ, मुसहर टोली में जो भीड़ जमा है, वहीं आज 'बिदापत-नाच' होने जा रहा है। कोल, मुसहर और धाँगड़ की सारी बस्ती उमड़ आई है। युवक-युवतियाँ, बूढ़े, बच्चे—सभी नाच शुरू होने की प्रतीक्षा कर रहे हैं।

'धृंग-धा, धृंग- धा तिन्ना', —मृंदग बजकर चुप हो गया।

'कुन कुन कुन कुन···' मंजीरे ने एक स्वर में साथ दिया।

'गननायकं फलदायकं पंडितम् पतितम्···'

आप हँस पड़े। यदि नाच देखना हो, तो चुपचाप देखते-सुनते जाइए। हँसिए-बोलिए मत।··· जी हाँ, यह मंगलाचरण था। शुद्ध संस्कृत ?

'धृंगा धृंगा धृंगा घृंगा'—मृदंग बोलने लगा।

'किनकां किनकां किनकां किनकां'—मंजीर ने साथ दिया।

नर्तक ने समाजिए के चारों ओर भाँवरी (चक्कर) देना शुरू किया। 'बिकटा' भी उसके पीछे-पीछे चक्कर लगा रहा है और मृदंग के प्रत्येक 'धृंगा' पर मुँह विकृत कर जोर-जोर से 'ओयू-ओयू-ओयू' करता है।

'धिरिनांगि-धिरिनांगि-धिरिनांगि'—मृंदग ने ताल बदला।

'किनकां-किनकां···'

अब नर्तक एक ही स्थान पर जमकर झूमने लगा। गंदी घाँघरी फूल की तरह खिल गई और उससे गुमी हुई दुर्गंध निकलकर चारों ओर फैलने लगी। 'बिकटा' भी नर्तक का अनुकरण कर रहा है, पर बेचारे का तंग पतलून खिले तो कैसे ! इसलिए वह अपने दोनों हाथों को दोनों ओर फैलाकर नाच रहा है।

'धिरिनांगि-तिनता, तिटक-तिटक-धा, तिटकल गदगिन धा !'

ताल समाप्त। ताल के साथ ही नाचना शेष हुआ और नर्तक घूँघट काढ़कर दर्शकों की मंडली में छिपकर बैठ रहा। इधर बिकटा उसे खोज रहा है, यहाँ तक कि समाजियों

की आँखों की तलाशी भी करने लगता है।

'धृंगा-धृंगा'—

'धिन-तिनक तिनक, धिन-तिनक-तिनक'—मृदंग बोला।

'हे···' समाजियों न सुर में सुर मिलाया'—

*'हे लेल परबेश परम सुकुमारि*
*हंस गमन वृषभान दुलारि···'*

दर्शकों के बीच से 'नर्तक' उठकर घूँघट काढ़कर धीरे-धीरे हंस की चाल में नाचते हुए प्रकट हो रहा है। 'बिकटा' हर्ष से ताल पर 'ओय् ओय् ओय्' करने लग जाता है।

*'धिन तिनक् तिनक् धिन तिनक् तिनक्'*
*'हे ! तन मन बदन पपन सहजोर हे*
*दामिनी ऊपर उगलन्हि चाना···'*

नर्तक घूँघट हटा लेता है, चंद्रमुख (घुटी हुई दाढ़ी मूँछवाली बेडौल सूरत) देखकर 'बिकटा' के साथ ही साथ दर्शक भी निहाल हो जाते हैं।

*'हे अबसर ललिता नयन नहीं हेरे···'*

नर्तक की निगाह एकदम नीची है, लज्जावती लता-सी वह सिकुड़ी हुई नाच रही है अथवा नाच रहा है। 'बिकटा' उसे अपनी ओर आकृष्ट करने के लिए पूरी कोशिश कर रहा है।

*'हे बिहँसि उठलि पिऊ देखि सुहागिनि*
*लाज बदन लेल फेरि···'*

नर्तक विहँसकर मुँह फेर लेता है। विहँसने के समय दंत-पंक्ति (सुर्ती-सेवन से जो काली पड़ गई है) चमक उठती है।··· कृपया आप शांत हो जाइए। जी, जी हाँ, विद्यापति की पदावली हो सकती है, पर यह है 'बिदापत-नाच'।···न्यू थियेटर्स, विद्यापति, काननबाला, पहाड़ी सान्याल की बकवास बंद कीजिए। आखिर आप अलापने ही लगे—'मोरे अँगना में आए आली, मैं चाल चलूँ मतवाली'—आपको कितना समझाऊँ कि यह बिदापत-नाच है और वह नर्तक है टहलू पासवान, उसका बाप पक्का डकैत था। बाप को काले पानी की सजा हो गई, माँ किसी और के साथ चली गई और यह बचपन से ही नाचने लगा। अपने जवानी के दिनों में इसने धूम मचा दी थी—धूम। हाव-भाव बतलाने में तो अभी भी वह अपना सानी नहीं रखता। इसी हाव-भाव पर रीझकर तो 'परबतिया' अपनी बसी-बसाई गृहस्थी छोड़कर इसके साथ रातों-रात भाग आई थी। हाँ, तो टहलू पासवान यह गा सकता है कि-

*'अँगना आएत जब रसिया*
*पलटि चलब हम इषत् हँसिया*

*कान्ह जतन बहु करयिन्ह'*

लेकिन—'मोरे अँगना में आए आली'—यह बेचारा क्या जाने ?

'धृन्ना धृंगा, तिना-तिन्ना'—मृदंग ने अब दूसरी ताल पकड़ी। 'किन्ना-किन्ना ···' मंजीर ने भी बोल बदला।

*'सखि हे···*
*सखि हे, कि पूछसि अनुभव मोहे····'*
*'जनम अवधि हम रूप निहारलौं,*
*तबहु न तिरपित भेल।'*

'अरे ? चुप ! चुप !!'—बिकटा गुस्से में आकर समाजियों को 'चुप' करा रहा है। एक समाजी उधर जल्दी-जल्दी अंगौछे का कोड़ा बना रहा है।

'तड़ाक् तड़ाक्' बिकटा महोदय की पीठ जा होने लगी। दर्शकों की मंडली मचल पड़ी। अपभ्रंश मैथिली में 'बिकटा' कह रहा है कि मुझे पीटकर बेकार समय बर्बाद किया जा रहा है। जमींदार के जूते खाते-खाते मेरी पीठ की चमड़ी मोटी हो गई है। उसने महज इसलिए लोगों को चुप किया था कि 'वह जन्म-भर किसका रूप निहारती रही ?'

उसे जब यह समझा दिया गया कि उसी का, तो वह खुश होकर अपने पाकेट से एक छोटा आईना निकालकर सगर्व अपनी सूरत को देखने लगता है।

गीत समाप्त हुआ, अब बिकटा महोदय की बारी है।

'हे नैक जी (नायक जी) !'
'हूँ !
'आब हमरो सूनूँ !' (अब मेरी भी सुनिए !'

*'बाप रे ! ···*
*बाप रे कोन दुर्गति नहीं भेल।*
*सात साल हम सूद चुकाओल,*
*तबहूँ उरिन नहीं भेलौं।*
*कोल्हुक बरद सन खटलौं रात-दिन*
*करज बाढ़त हि गेल।*

*थारी बेंच पटवारी के देलियेन्ह,*
*लोटा बेंच चौकीदारी।*
*बकरी बेंच सिपाही के देलियेन्ह,*
*फटक नाथ गिरधारी।'**

कुछ समझा आपने ? नहीं ? रह गए आप भी पूरे 'फटक नाथ गिरिधारी।' जरा इधर देखिए, उन दर्शकों को। उन लोगों ने क्या समझा जो हँसते-हँसते लोट-पोट हो रहे हैं !

'धृंगा, धृंगा, धिधिन्ना तिन्ना…'
*'सखि हे !*
*इ माह भादर, भरल बादर।*
*शून्य मंदिर मोर।…!'*

'सुंदर ! सुंदर ! वास्तव में विद्यापति मैथिल कोकिल !…"

आप फिर बहकने लगे, देखता हूँ आप 'बिकटा' से कुछ कम नहीं हैं।

बिकटा भी प्रत्येक गीत पर अपनी कुछ-न-कुछ सुनाता ही है, चाहे उसे लाख मना किया जाए, और आप भी ! यह लीजिए 'बिकटा' महोदय टपक ही पड़े—

*'इ माह भादर, बरिसे बादर,*
*चुअत छप्पर मोर।'*

'हहा- हहा…!!' दर्शकों की मंडली हँसते-हँसते लोटपोट हो गई। हाँ, एक बात तो कहना ही भूल गया कि 'बिकटा' अपने को कृष्ण भी समझता है, परदेशी साजन भी समझता है, लेकिन इसके साथ ही वह यह नहीं भूल जाता कि वह कलरू मुसहर है, हलहलिया का रहनेवाला है और मनुष्य रहते हुए भी है सिर्फ कोल्हू का बैल।

इसलिए जब नर्तक उसके गले में बहियाँ डालकर घूँघट काढ़कर, मान-अभिमान का भाव जताकर कहता है कि—'माधव तजि के चललों विदेश !' तो वह भूल जाता है कि वह 'कृष्ण' है और वह गोकुल से मथुरा जा रहा है। उसके समक्ष जीवन की विषमता मूर्त होकर नाच उठती है और वह समझाता है—

*'नहीं बरसल अदरा (आद्रा नक्षत्र) नहीं अशरेस,*

---

*बाप रे, मेरी कौन दुर्गति नहीं हुई। सात वर्षों तक मैं सूद चुकाता रहा, तब भी ऋण से मुक्त नहीं हुआ। कोल्हू के बैल की तरह रात-दिन मेहनत की, पर कर्ज बढ़ता ही गया। थाली बेचकर पटवारी को दी और लोटा बेचकर चौकीदारी में दे दिया। एक बकरी थी, जिसे बेचकर रुपए सिपाही को दे दिए और अब 'फटकनाथ गिरधारी' यानी पूरी तरह कंगाल हुआ फिर रहा हूँ।

*चारों दिश देखैछि बुढ़ियाक केश*

(यानी चारों ओर कास ही कास दिखाई पड़ते हैं)

*माछ काछू सब गेल पताल,*
*अब कि पड़त सखि महा अकाल,*
*दिन भर खटि के एक सेर धान*
*एकरा से कैसे बचत परान,*
*छोड़ू- छोड़ू सजनि जाइछि विदेश*··· आदि ।

फिर दूसरे ही क्षण जब नर्तक गाने लगता है कि-

*'गोद लय बलमा के चललि बजार*
*हटिया के लोग पूछे, के लागे तोहार ।*
*सासू जी के लड़िका, ननद के जेठ भाय,*
*पूर्व के लिखल स्वामी छिक् हे हमार ।'*

और तब 'बिकटा' एक भोले-भाले शिशु की तरह तेल की जलेबी, बताशा अथवा खिलौनों के लिए मचलने लगता है ।

अभी-अभी नर्तक ने गाया है—

*'राति जखन भिनसरवा रे,*
*पहुँ (स्वामी) आयल हमार ।*
*कर कौशल कर कँपइत रे हरवा उर जार*
*कर पंकज उर थपयित रे मुखचन्द्र निहार ।'*

'बिकटा ने बीच में ही रोककर एक समाजी से इसकी भाषा-टीका करने को कहा है । समाजी भी खुलकर टीका कर रहा है । वह कैसे सोई थी (नायिका पुआल पर सोई हुई थी, अपनी झोंपड़ी में, अकेली !) कैसे वह (बिकटा) आया था···।

अब जरा इन दर्शकों के बीच में चलिए । काली-काली, गठीली- तगड़ी युवतियाँ मुस्कुरा-मुस्कुराकर हँसी को जब्त करना चाहती हैं । एक-दूसरे को केहुनी से खोंच-खोंचकर जाने क्या कानाफूसी करती हैं ! अधेड़ औरतें 'लाज- सरम' की दुहाई देकर, कृत्रिम क्रोध प्रकट कर उनकी हरकतों को रोकना चाहती हैं, किंतु दबी हुई हँसी, गुदगुदाया हुआ दिल भला कब मानता है ? इधर नर्तक अलाप उठता है—

*'चलू मन, चलू मन*··· *ससुरालि*
*जइबै हो रामा,*
*कि आहो रामा, नैहरा में*

*अगिया लगाइब रे कि···'*

युवतियाँ चंचल हो उठती हैं, नौजवानों के नसों में बिजली दौड़ जाती है—और अधेड़ों की आँखों में 'गई हुई जवानी' लौट आती है। एक अजीब वातावरण की सृष्टि हो जाती है। नाच भी अब शेष होने को है।

*'चलू मन, चलू मन··*
*धिन धिनक धिनक, धिन धिनक धिनक···*
*कि आहो रामा, नैहरा में अगिया लगायब रे कि···!*
*डिम डिमिक डिमिक, डिम डिमिक डिमिक···*

अरे, यह क्या ? ओहो ···! चेथरू गुसाँई जी हैं। गुसाँई जी कबीर जी के भक्त हैं। इसी गाँव के रहनेवाले हैं। दस-पंद्रह वर्ष पहले की बात है—जमींदार साहब ने एक झूठी गवाही देने के लिए कहा, इन्होंने अस्वीकार कर दिया और जमींदार साहब ने क्रोधित होकर इनको 'गृहहीन' कर दिया। तभी से आप 'स-स्त्रीक बैरागी' हो गए हैं। खंजड़ी, झोली और चिमटा, जटा और लंबी दाढ़ी···

यह लीजिए, गुसाँई जी तो खंजड़ी बजा- बजाकर इन्हीं लोगों के साथ नाचने लगे—

*'डिम डिमिक डिमिक, डिम डिमिक डिमिक*
*कि आहो रामा, नैहरा में अगिया···'*

बात यह है कि चेथरू गुसाँई जी इस गीत को संपूर्ण 'निरगुन' मानते हैं। अहा ! उनकी धँसी हुई आँखों में सचमुच आँसू की बूँदें चमक रही हैं।

नाच समाप्त। अब चलिए···कला-वला की बात रखिए।

दुखी-दीन, अभावग्रस्तों ने घड़ी-भर हँस-गाकर जी बहला लिया, अपनी जिंदगी पर भी दो-चार व्यंग्य-बाण चला दिए, जी हल्का हो गया। अर्धमृत वासनाएँ थोड़ी देर के लिए जगीं, अतृप्त जिंदगी के कुछ क्षण सुख से बीते। मिहनत की कमाई मुट्ठी-भर अन्न के साथ-साथ आज इन्हें थोड़ा-सा 'मोहक प्यार' भी मिलेगा, इसमें संदेह नहीं।··· आप खोज रहे हैं—आर्ट, टेकनीक और न जाने क्या-क्या, और मैं आपसे चलते-चलाते फिर भी अर्ज करता हूँ कि यह महज बिदापत-नाच था।

[साप्ताहिक 'विश्वमित्र' के
1 अगस्त, 1945 अंक में प्रकाशित]

## सरहद के उस पार

बी. ए. रेलवे की 'कटिहार-जोगबनी' ब्रांच लाइन का अंतिम स्टेशन—जोगबनी। गाड़ी की इंजन को जहाँ से फिर कटिहार की ओर मोड़ा जाता है, उससे दस गज के फासले पर सरहद रेखा, उसके बाद ही 'नेपाल राज्य' का विराटनगर, विराटनगर के 'मिलों का नगर'—कई मीलों तक फैला हुआ। विशाल मशीनों के विभिन्न पुर्जों की अलग- अलग आवाजें—धड़-धड़, फट-फट, घर्र-घर्र, सू-सू, चर्र-चू-फस... वगैरह, सामूहिक आवाज—हः-हः, हाय-हाय !

नेपाल राज्य ! स्वतंत्र राज्य ! हिमालय की सुनहरी चोटियाँ ! आजाद मिट्टी, मुक्त हवा—कितना मोहक ! कितना सुन्दर !—आखिर आप मचल पड़े उस पार जाने को।

'ठहरिए।' —तलाशी दीजिए। जी हाँ, वह गंदा सुखाल (नेपाली पाजामा) और गंदी टोपी पहना हुआ व्यक्ति स्वतंत्र राज्य का कर्मचारी है। आपके पास से कोई आपत्तिजनक चीज नहीं निकलती ? बीड़ी भी नहीं ? तो चलिए जल्दी, वरना 'ट्रक' में जगह नहीं मिलेगी। क्या कहा ?आप इस म्युनिसिपलेटी के कूड़ा ढोनेवाले 'ट्रक' पर नहीं चढ़िएगा ? लेकिन, दूसरा चारा ही क्या है ? और इस पर भी जगह मिल जाय तो सौभाग्य ही समझिए। आखिर वही हुआ, जो मैंने कहा था, जगह नहीं मिली ! देखूँ, यदि ड्राइवर की बगल में बैठने को मिल जाय, पैसे कुछ ज्यादे देने पड़ेंगे। नहीं, वहाँ तो लेफटेंट साहब बैठे हैं। देखिए, आपका यह सुफेद कुर्ता और पाजामा बहुतों की निगाह में खटक रहा है। कहीं पूछे जाने पर छाती फुलाकर यह मत कह डालिएगा कि 'मैं सोशलिस्ट हूँ और विराटनगर में मजदूर यूनियन कायम करने आया हूँ। अथवा मजदूरों की हालत का अध्ययन करने आया हूँ।' फिर तो साहब, आपकी सारी किताबें

जब्त हो जाएँगी, और आपको रोककर न जाने कितने बखेड़े खड़े किए जाएँगे। बदकिस्मती से कहीं आपके बैग से 'जनता' की एक कापी निकली या आप 'बेनीपुरी जी' निकले, तब तो बड़ी मुश्किल है। मामला बहुत महँगा पड़ जाएगा। क्योंकि 'जनता' और 'बेनीपुरी जी' को यहाँ के बड़े हाकिमों से लेकर छोटे सुबा तक जानते हैं। जिस राज्य में 'घूस' को 'राजधर्म' मान लिया गया हो, वहाँ यदि इस आशय के अफवाह फैल चुके हों कि 'नेपाल सरकार ने बेनीपुरी जी को घूस में बहुत बड़ी रकम आफर की थी, किंतु उसे अस्वीकार कर, वे 'जनता' में नेपाल की चिट्ठियाँ प्रकाशित करते रहे—तो 'बेनीपुरी' वहाँ के हाकिमों के लिए वास्तव में दूसरी दुनिया के जीव होंगे ही।

अब देखते क्या हैं, चलिए पैदल। अब शुरू हुआ यह मिलों का नगर, 'चमड़िया—सिंहानियों—लायलकाओं' का षड्यंत्र क्षेत्र। आपके मुल्क के महान् क्रांतिकारियों और आजादी के परवानों—सोशलिस्टों ने 1942 की क्रांति में इस नेपाल राज्य में अपना अड्डा कायम किया था, किंतु उपरोक्त 'कैपिटलिस्टों' की निगाह बहुत दिनों से इस पवित्र मिट्टी की ओर लगी हुई है तथा वे धीरे-धीरे अपने षड्यंत्र में सफल भी हो रहे हैं। हाँ, षड्यंत्र! यहाँ के मुट्ठी-भर राजघरानों और शासक वर्गों की कदमबोसी तथा पाकेट-पूजा करके करोड़ों अशिक्षित, भूखी, दरिद्र और अबोध जनता को लूटने का षड्यंत्र! न इनकम टैक्स का बखेड़ा, न ट्रेड यूनियन कानूनों की पाबन्दी और सबसे बड़ी खुशी की बात कि मजदूर यूनियनों के भूतों का यहाँ जरा भी डर नहीं। उस संगीनधारी गुर्खे को देख रहे हैं न! उसे सिर्फ गोली चलाना ही सिखाया गया है। आपकी 'शिवनाथ-बसावन-हरिहर एंड कंपनी' की दाल यहाँ नहीं गलने की। आपको मेरी बात लग गई, लेकिन मैं कहता हूँ कि इन मिलों में पंद्रह-बीस हजार मजदूरों की पिसाई होती है, मगर कभी आह भी नहीं करने दिया जाता है। माँगों और हड़तालों की चर्चा तो स्वप्न में भी नहीं की जाती। और मजदूरों की जिंदगी का पता तो अभी तुरंत लग जायगा। देखिए, दाहिनी ओर वह मजदूर कालोनी है या 'सूअर के खुहारों' का समूह! उनके बच्चों और औरतों की दशा देखिए, कितनी दर्दनाक सूरत है। अस्पतालों और स्कूलों की जरूरत जब यहाँ की सरकार ही अपनी प्रजा के लिए नहीं महसूस करती है, तो इन 'राक्षसों' से क्या आशा की जाय? हाँ, मजदूरों के स्वास्थ्य और दिलबहलाव को मद्देनजर रखकर सुरा-सुंदरी का विशेष प्रबंध यहाँ अवश्य है। औसतन दस क्वार्टरों पर एक 'भट्ठी' और पाँच क्वार्टरों पर एक वेश्यालय। महुआ, धान, जौ, सौंफ, नारंगी, नासपाती और केले की शराब; और वेश्याएँ? देशी, पहाड़िन, बंगालिन, आसामी, सिंगापुरी, बर्मीज, सस्ती मँहगी सब तरह की। फिर त्योहारों तथा महाराजा के जन्मदिवस पर जुए का आम हुक्म। जुए की छुट्टियाँ? कितनी बड़ी सहूलियत। कितनी अच्छी

जिंदगी ! बोलिए—प्रभुवर राणा के वंशजों के साथ- साथ चमड़िया-सिंहानिया-लायलकाओं की जय !!

जूट मिल्स एरिया खत्म। यह कॉटन मिल्स है। ज़रा उन बँगलों की ओर देखिए,। स्वर्ग में देवताओं को भी ऐसे सुंदर बँगले शायद नसीब न हों। यह उन्हीं साँपों की (चमड़िया, सिंहानियाँ, लायलकाओं की) बाँबियाँ हैं, जिसमें वे आराम से लेटे-लेटे नेपाल सरकार द्वारा 'दूध-लावा' पाकर, जहरीले साँपों की आबादी बढ़ा रहे हैं। मैच फैक्टरी, हाइड्रो-इलैक्ट्रिक, सूगर मिल्स, पेपर मिल्स और सिमेंट मिल्स धड़ाधड़ खुल रही हैं। इसके साथ ही अबोध नेपाली जनता की गाढ़ी कमाई की रकम विदेशी बैंकों के खातों में भरी जा रही है। दिन-प्रतिदिन नेपाली प्रजा की जिंदगी बदतर होती जा रही है। इस पर तुर्रा यह कि अभी और भी कितने विषधर अपने- अपने दाँतों को तेज कर रहे हैं, नेपाल की सड़कों पर चक्कर काट रहे हैं। 'प्रभो ! मुझे सिर्फ हड्डी पीसनेवाली मिल ही खोलने की आज्ञा दी जाय। अमेरिकन मशीन, नए ढंग की पिसाई···

उफ···! बहुत जल्द ही इन पूँजीपतियों के घर में नेपाल राज्य बंधक पड़ जायगा। बस, आप निराश हो गए ? मैं कहता हूँ, सुनिए—बहुत शीघ्र ही यहाँ जबर्दस्त क्रांति होगी और सफल क्रांति होगी। निरंकुश नेपाली शासकों के साथ-साथ इन पूँजीपतियों के गठबंधन ने कोढ़ में खाज का काम किया है। नेपाल के चैतन्य समाज की आँखें खुल चुकी हैं।

हाँ, मेरे उपरोक्त कथन के पीछे नेपाल की परिस्थितियों का गहरा अध्ययन छिपा हुआ है। मुझे नेपाल के जंगलों में ही राजनीति और साहित्य की शिक्षा मिली है। नेपाल की एक काठ की कोठरी में ही मैंने समाजवाद की प्रारंभिक पुस्तकों से लेकर, महान् ग्रंथ 'कैपिटल' तक को पढ़कर, समझने की धृष्टता की है। पहाड़ की कंदराओं में बैठकर, बँसहा कागज की बही पर 'रशियन रेवोल्यूशन' को नेपाली भाषा में अनुवाद करते हुए उस नेपाली पागल नौजवान की चमकती हुई आँखों को मैंने अपनी जिंदगी में मशाल के रूप में ग्रहण किया है और उस देवता की अमूल्य वाणी को, उसके आशीर्वचन को मैं कैसे भूल सकता हूँ, जो नेपाल के 'पिता जी' थे। हाँ, नेपाल के 'बापू'। 1942 में दो 'बापू' नजरबंद किए गए। एक को अंग्रेजी सरकार ने आगा खाँ के राजभवन में बंद कर रखा था, और दूसरे को नेपाल सरकार ने बागमती के किनारे एक धर्मशाला में। दुनिया की परिस्थिति ने एक 'बापू' को छुड़ा लिया, पर नेपाल सरकार ने दूसरे 'बापू' की 'हत्या' कर डाली। गठिया और निमोनिया से जर्जर,

उस वृद्ध तपस्वी को बिना दवा और पथ्य के, नेपाल की कड़ाके की सर्दी में तड़पा-तड़पाकर ठिठुरा-ठिठुराकर मार डाला गया। नेपाल में प्रजातंत्र राज्य कायम करने का सपना देखनेवाले कर्मठ 'बापू' आज नहीं रहे, किंतु शिक्षित और चैतन्य सान्दाज्युओं (छोटे भाइयों) का युवकदल अब निष्क्रिय होकर बैठा हुआ नहीं है। उनमें शत प्रतिशत को आप समाजवाद का हिमायती पाइएगा। हिंदुस्तान में—नेपाली कांग्रेस का जन्म और प्रसिद्ध सोशलिस्ट श्री विश्वेश्वर प्रसाद कोइराला की रहनुमाई से आप मेरे कथन की सत्यता को जाँच सकते हैं। हिंदुस्तान से गोरी फौज की विदाई के बाद बहादुर गुर्खों ने अब गलती से भी कभी एक राउंड गोली हिंदुस्तानी नागरिकों पर चला दी, तो नेपाल की एक-तिहाई आबादी आत्म-ग्लानि से सर झुका लेगी। हमारी अगली क्रांति में नेपाल एक जबर्दस्त हिस्सा लेगा, खुलकर खेलेगा, किंतु देश के नेताओं की निगाह पर तो जैसे पट्टियाँ बँधी हैं, मुँह पर ताले पड़े हैं। उन्हें दुनिया- भर के लिए दर्द है पर नेपाल की शोषित जनता के लिए उनके मुँह से एक शब्द भी नहीं निकलता।

अब नेपाल की साहित्यिक प्रगति की कहानी सुनिए। नेपाली साहित्य का नाम सुनते ही आप हँस पड़े। आप विश्वास कीजिए, महान् प्रगतिशील कलाकारों की संख्या क्रमशः बढ़ ही रही है। प्रगतिशील लेखकों का मोर्चा वहाँ बहुत पहले ही कायम हो चुका है। 'सिपाही', 'केकयी', 'परालो को आग', आदि रचनाओं को लेकर नेपाल की साहित्यिक मंडली, दुनिया की किसी भी साहित्यिक प्रतियोगिता में सम्मान प्राप्त कर सकती है। सिर्फ एक 'सुंदरी बल' झील पर अब तक करीब पाँच सौ मौलिक रचनाएँ रची जा चुकी है। उनमें से किसी एक को भी सेकेंड ग्रेड में रख देने की हिम्मत आप नहीं कर सकेंगे। प्रकृति-सुषमा संबंधी कविताओं के अलावा—'सानी माँ, यों ढिठों के सित खाने हो ? (अर्थात मौसी जी, यह मक्के की खिचड़ी किस चीज के साथ खाऊँ,? घर में नमक भी नहीं है ?)—जैसी हृदय को बिगलित कर देने वाली 'रियलिस्टिक' रचनाओं की भी वहाँ कमी नहीं। काश ! प्रजा की अपनी पत्र-पत्रिकाएँ होती !...

यह राजपथ है। इसकी धूल से आप परीशान हैं। बरसात में तो इन सड़कों पर घुटनों तक कीचड़ होते हैं। कम-से-कम प्रत्येक पाँच साल के बाद भी, गरीब जनता के पैसों का पंचमांश ही इन सड़कों पर खर्च किये जाते तो, चाँदी की चमचमाती हुई सड़क के किनारे सोने के माइलस्टोन गड़े होते। किंतु यहाँ के ठेकेदारों और शासक-वर्ग के गड़बड़ घोटालों को आप नहीं समझ सकेंगे। धूल फाँकते चलिए !

राह का एक साथी भी मिल गया। यही है बहादुर गोर्खा! रूस के 'कज्जाकों' का चचेरा भाई! इनकी लाल सेना, दुनिया की किसी भी रंग की सेना के छक्के छुड़ा सकती है। इस कौम को यहाँ की सरकार ने सदियों से मूर्ख और अपढ़ बनाकर, अंगरेजी सरकार की सेवा के लिए रिजर्व रखा है। इन सड़कों की तरह ही इनकी भी जीवन-कहानी है। लीजिए! वह आपको देखकर मुस्कुरा पड़ा। कितनी सरल मुस्कान है; वह आपसे 'असल सिगरेट' (बढ़िया, यानी कैप्सटन-नेविकट) माँग रहा है, बदल में वह गीत सुना देगा—

*'धन धन अँगरेजी सरकार*
*आकाश मा जहाज उड़ाये को;*
*पानी मा जहाज चलाये को···'*

कुछ समझा आपने? इस गीतों की रचना सरकारी प्रचार विभागों में होती है।

*'खुखुरी भिड़ेर काछा, जानू पर्छ*
*जर्मन को धावे मा' ।*

हाँ, जर्मन की लड़ाई में जाना पड़ेगा, जर्मनों पर धावा बोलना होगा। अब तक, सभी लड़ाइयों में, इस कौम ने बिना समझे-बूझे भाग लिया है, अब आप इन्हें अपनी लड़ाई का मकसद समझा दें।

[जनता (साप्ताहिक, पटना) के
2 मार्च, 1947 में प्रकाशित]

# नए सवेरे की आशा

दिमाग पर एक बड़ा-सा बोझ लिए ज्ञानचंद अपने गाँव के छोटे से स्टेशन पर उतरा, जहाँ गाड़ियाँ महज चंद मिनटों के लिए रुकती हैं, बस नाम के लिए। ज्ञानचंद की एक नई और कीमती किताब गाड़ी पर रह गई और उसके डिब्बे के पास पहुँचने के पहले ही गाड़ी खुल गई। अजीब स्टेशन है! मानो गाड़ी को जबरन रुकना पड़ता है, इच्छा के विरुद्ध। अजीब स्टेशन है! आखिर यह स्टेशन है किसलिए। न टेलीग्राफ और न टेलीफोन! इट्'स ऑफुल!···

वही पुराना स्टेशन है, जहाँ वह सैकड़ों बार उतर चुका है। स्टेशन की बनावट में कहीं भी न एक ईंट जोड़ी गई है और न तोड़ी गई है। गाड़ियों के हाल्टेज में भी कोई फर्क नहीं, लेकिन ज्ञान को यह एक अजनबी स्टेशन मालूम होता है, जिंदगी में कभी देखा ही नहीं, उतरने की बात तो दूर! 'रेचेड' स्टेशन!···

स्टेशन की दीवार पर 'चावल कम खाइए···शकरकंद खाइए' वगैरह सरकारी एलानात के पर्चे चिपके हुए हैं। एक नए पोस्टर ने ज्ञानचंद का ध्यान आकर्षित किया और तब वह स्टेशन फिर पुराना स्टेशन हो गया, अपने गाँव का स्टेशन, जहाँ वह सैकड़ों बार जल्दी-जल्दी गाड़ी पर चढ़ा है और गाड़ी से उतरा है। जल्दी-जल्दी! यहाँ गाड़ी महज चंद मिनटों के लिए रुकती है! पोस्टर को देखते ही उसे अपने दिमागी बोझ की याद आई।···'जेनरल अस्पताल जाने का रास्ता, खतरा! सामने पुल टूटा है, दाहिने मोड़ से'—वगैरह साइनबोर्ड और तख्तियाँ ज्ञानचंद जैसे लोगों के लिए ही तो नहीं लगाई जातीं? ज्ञानचंद ने फिर पोस्टर को देखा—"ता. 25 नवम्बर को पटना चलो!··· किसान मार्च।" उसे अपने थाने-भर के जत्थों के साथ मार्च करना है। इसीलिए वह भेजा गया है।

'क्या आप बतला सकते हैं, पटना यहाँ से कितनी मील दूर है?"

नए स्टेशन मास्टर ने उस अजीब सवाल करनेवाले को घूरकर देखा और एक किताब को उलट-पुलटकर बतलाया—'दुई सौ एकसठि माइल !'

261 मील ! ज्ञानचंद, गाँव की ओर जानेवाली पगडंडी पकड़ता है । 261 मील ! पगडंडी के दोनों ओर खेतों में धान की पकी हुई बालियाँ झुकी हुई हैं । हवा का निर्बल झोंका भी खेतों में ज्वार-भाटा-सा पैदा कर देता है । बालियाँ झूमती हैं । कौन धान है यह ? ज्ञानचंद धानों की किस्म को, नामों को, जातियों को नहीं जानता-पहचानता । और वह किसानों का अगुआ बनने जा रहा है ! उसे कमलनाथ पर गुस्सा हो आता है । कमलनाथ ने एक लंबा लेक्चर झाड़कर साबित कर दिया कि ज्ञानचंद जैसे प्रगतिशील लेखकों, कथाकारों को इस ऐतिहासिक मार्च में अवश्य शरीक होना चाहिए । कमलनाथ बोलना जानता है । वह बोलता है और लोग सुर-में-सुर मिला देते हैं । खुद ज्ञानचंद ने अपने थाने की जिम्मेदारी ली और आज उसे कमलनाथ पर गुस्सा आ रहा है । उसे लगता है, कमलनाथ ने उसे गलत जगह पर 'फिट' कर दिया है । यह सही है कि वह किसान का बेटा है, गाँव में उसका जन्म हुआ है, लेकिन वह धानों की किस्म को, नामों को और जातियों को भी नहीं जानता-पहचानता । ऐसे मौकों पर उसकी जगह होनी चाहिए—हजारों-हजार जनता के बीच एक खास प्रतिष्ठित दायरे में, प्रेस गैलरी में । एकत्रित जनसमूह को गिनना उसका काम है, जनसमूह को एकत्रित करना नहीं । भाषण देना उसका काम नहीं-शार्टहैंड···रिपोर्टिंग··· । लेकिन कमलनाथ को कौन समझावे । उसके सिर में दिमाग की जगह 'डायलेक्टिकल मैटिरियलिज़्म' के पन्ने बिखरे हुए हैं ।

हरे-भरे पेड़ों के झुरमुट में दादा मोसाय (चटर्जी परिवार) का नया सुफ़ेद बँगला दूर से ही चमकता है । बनानी आई होगी ? बनानी, बनी··· ज्ञानदा, बोका ज्ञानदा । ज्ञानचंद का पैर मेड़ पर से फिसल गया और उसके दिमाग में बनानी तालियाँ पीटकर खिलखिला पड़ी । दादा मोसाय के परिवार ने ही तो ज्ञानचंद को कुछ-से-कुछ बना दिया है, वरना यह धानों की किस्म को, नामों को, जातियों को अभी दुहरा देता ।···दादा मोसाय के बड़े पुत्र केशव'दा कालेपानी की सजा भुगत रहे थे, छोटी-सी बनानी बड़े गर्व से गर्दन हिलाकर, होंठों पर एक खास नजाकत लाकर कहती—"जानो ज्ञान ! बड़'दा इंगरेज मेरेछिलो···गुली कोरे, ठाँय !" दादा मोसाय के मँझले पुत्र किरण'दा कलकत्ते में नजरबंद हुए, सबसे छोटे पुत्र नवीन का पढ़ना बंद करवा दिया दादा मोसाय ने । बनानी बोली थी—'इंग्रेजी पोड़लेई इंगरेज के मारबार इच्छे कोरे । जानो ? ताई नवीन··· ।' उसी दिन से ज्ञानचंद जोर-जोर से—'ए फैट कैट सैट

ओन दि मैट' रटता और रह-रहकर आजमाता कि उसकी इच्छा अँगरेज को मारने की हो रही है या नहीं।

केशव'दा कालेपानी से योगी होकर लौटे, पांडेचरी आश्रम में रहे। आजकल अपनी छोटी-सी जमींदारी की देख-भाल करते हैं।

किरण'दा जब तक नजरबंद रहे, कम्युनिस्ट रहे। रिहाई के बाद जब तक पुलिस की निगाह कड़ी रही, वे झुके नहीं। शादी हुई, संध्या बौदी(भौजी) आई, फिर पुलिस को निगाह कड़ी करने की आवश्यकता नहीं हुई!

बनानी अब मिस बनानी चटर्जी बी. ए. है। पिछले साल शांतिनिकेतन से निकलकर कलकत्ते में मौसी के यहाँ रहती है। रेडियो पर गाती है। राजनैतिक चर्चा छिड़ने पर बड़े गर्व से कहती है—'श्रीभवन के जिस कमरे में इंदिरा नेहरू रहा करती थी, उसी में उसे भी रहने को मिला, और तीसरे साल जब नेहरूजी कलकत्ता आए थे तो उसने देशप्रिय पार्क की सभा में 'जन गन मन' गाया था।' बस! इतना ही।···

कमलनाथ की निगाह में बनानी एक बेवकूफ लड़की है और ज्ञानचंद कहता है कला की पुतली। कमलनाथ की बात निराली है। कुछ बोलिए, वह अपनी इच्छानुसार आपको Puberty, Adolescentce या Maturity के दायरे में फेंक देगा। कुछ पहनिए, बस उसका Cnoism पर लेक्चर शुरू हो जाएगा। जिससे जरा जान-पहचान हुई, उसके घर को पार्टी-दफ्तर समझ लिया।

बादर मंडल का चौपाल ग्राम-किसान पंचायत का दफ्तर है। हर सातवें रोज मोहन गुरुजी आकर 'जनता' पढ़कर सुना जाते हैं, पंचायत के सरकूलरों की सूचना देते हैं। बाँस की पट्टियों का आलमारीनुमा एक मचान है, जिसमें एक ओर 'जनता' की कापियाँ सहेजकर रखी जाती हैं, दूसरे खाने में दवात, कलम, रजिस्टर, चंदा-बही तथा दूसरे कागजात। शाम को लोग बाहर के 'घूर' (अलाव) के पास आ जुटे हैं। ज्ञानू भाई आए हैं।

"पर्चे, पोस्टर वगैरह मिल गए हैं न?"—ज्ञान पूछता है।

"आया तो था।"—चादर में आधा मुँह छिपाए हुए मोहन गुरुजी जवाब देते हैं।

"आया तो था, मानी? बँटवाया नहीं?"

गुरुजी चुप हैं। मुश्किल से चुप रहनेवाला नौजवान देवीप्रसाद कहता है—"बाँटा कहाँ गया। स्कूल के लड़के उठाकर ले गए सब। कागज की महँगी है न। एक ओर सादा था, लड़के कापी बनाएँगे।'

"अजीब बात है। पर्चे, पोस्टर वगैरह भेजे गए, मगर···। खाक काम होगा।

लोग समझते हैं नहीं। मुश्किल है।...''

''अरे फाहरम (फार्म यानी पर्चा) यहाँ कौन पढ़ता है! फाहरम को तो लोग नाच-तमाशे का फाहरम समझते हैं। आप यह पूछिए कि कितने लोग जाने के लिए तैयार हैं।''—बादर मंडल कहता है।

''कितने लोग तैयार हैं?''

''डेढ़ सौ।''

''डेढ़ सौ?''

अब मोहन गुरुजी चादर से मुँह निकालकर कहते हैं—''दो सौ आदमी जाने के लिए नाम लिखाए थे। कुछ तो बीमार पड़ गए और कुछ...तीस-पैंतीस को कमलनाथजी ने छाँट दिया। बोले, बूढ़े हैं, चल नहीं सकेंगे। अब वे लोग आपके पास अपील करनेवाले हैं। सब कंपलीट है। ओढ़ना, बिछौना, चूड़ा, सत्तू, गुड़। सिर्फ गाना नहीं मिला है।'' कमलनाथजी ने कहा था, ज्ञानू भाई के मार्फत भेज देंगे।

फाइल से कागज निकालकर ज्ञानचंद देता है—''लीजिए गुरुजी, गीतों को तैयार करवाइए। कल परमानपुर में सभा है। परसों लहसनगंज, रामपुर में। तीसरे दिन सुबह 'मार्च'।''

सब मोहन गुरुजी को घेर लेते हैं। गओ मुंजी, सुंदर कहाँ गया। ढोलक लाओ। हुड़दंग मच गया। ज्ञान उठ खड़ा हुआ।

जाते हुए ज्ञान ने सुना, मुंजीलाल शुरू करता है, बाकी लोग दुहराते हैं—'आयल दिनवाँ महान, चल-चल हो किसान...!'

ज्ञान दादा मोसाय के घर की ओर मुड़ता है। धरती पर फीकी चाँदनी फैली हुई है। गाँव के लोग अलाव के पास बैठकर आग ताप रहे हैं। नंगे बच्चे, फाकाजदा मरियल गाय-बैल! ग्राम-पंचायत के दफ्तर में दूसरा गीत शुरू होता है—

'मिला नहीं है अन्न पेट भर,
नहीं देह पर साबित बस्तर,
बेदखली अब भी जारी है...आगे कदम बढ़ाओ!'

''के ज्ञान?''

''एइजे ज्ञान।''

''ज्ञान एसेछे?''

गोल टेबुल के चारों ओर लोग बहस के 'मूड' में बैठे हैं। मकान नए ढंग का है, कमरे की सजावट में नयापन है। नयापन, जिससे सुरुचि टपकती है। ज्ञान एक लंबी

साँस लेकर बैठ जाता है। कमरे में पहुँचने पर उसने महसूस किया कि बाहर कड़ाके की सर्दी पड़ रही है। गलाज़त से भरी हुई गर्दोगुबार, बदबू से भरपूर गाँव की गलियों में उसका दम घुटा जा रहा था। यहाँ पहुँचकर वह राहत की साँस लेता है।

"के, कोबिबोर एसेछे ?"—मुस्कराती बनानी प्रवेश करती है। संगीत और नृत्य के लय-ताल पर ही वह बोलती और चलती तो नहीं ? कड़ाके की सर्दी में ज्ञान की कनपटी के पास गर्म खून दौड़ जाता है। चाय की प्यालियों की खनखनाहट, प्यालियों से उमड़ते हुए भाप, चंद चूड़ियों की तुनुक आवाज, दीवार पर टँगी अधनंगी शकुंतला की तस्वीर, बनानी की मद्रासी साड़ी। कमलनाथ होता तो चाय की पहली चुस्की लेकर ही कमरे की सरसता को भ्रष्ट कर देनेवाली कर्कश और भोंड़ी आवाज में चिल्ला उठता—"शूगर वांटेंड !" और उसके बाद ही चीनी की कमी, शूगर सिंडिकेट की बेईमानी, सरकार की नपुंसकता, काँग्रेसियों की खुदगर्जी पर एक वक्तव्य दे देता।

ज्ञान अनुभव करता है, कमरे का वातावरण जरूरत से ज्यादा गंभीर है। उसे क्या पता कि शाम से ही यहाँ 'शांतिनिकेतन' में होनेवाले विश्व-शांति सम्मेलन की चर्चा हो रही थी। किरण दा पूछते हैं—"विश्व-शांति सम्मेलन देखते जाबे ना ज्ञान ?"

"बनीर नृत्य हबे…"—संध्या बौदी इयरिंग हिलाकर हँसती है।

"कि नृत्य ? शांति नृत्य बुझि ?"—ज्ञानचंद चुटकी लेता है। बनानी चिढ़कर जवाब देती है—"आग्ये हाँ, शांति नृत्य ! जे जिनिस जानो ना, ता नियेे आर टानाटानी केन ?"

मतलब यह कि ज्ञानचंद नृत्य के बारे में कुछ नहीं जानता, उसे इसमें दखल नहीं देना चाहिए। शांति नृत्य ! किरण दा हँसते हैं, ज्ञान अच्छी चुटकी ले सकता है। चाय की चुस्की लेकर वे गर्दन हिलाते हैं—"शांति नृत्य !" बनानी चिढ़ने की मुद्रा बनाती है। केशव'दा पूछ बैठते हैं—"आर तोमादेर क्रांति नृत्येर कि खबर ज्ञान ?"

ज्ञान सवाल के असल मतलब को समझता है और उसके सामने फिर वही पोस्टर, जिसमें किसानों के मार्च करते हुए जत्थे की तस्वीर है, उनके नारे लिखे हुए हैं, चिपक जाता है। कमलनाथ पार्टी रैली में भाषण दे रहा है—'चाय की प्यालियों में इन्कलाब लाने के दिन लद गए !'

ज्ञान जवाब ढूँढ़ रहा है। सवाल एक ऐसे व्यक्ति ने किया है, जिसके कानों ने पहले-पहल इन्कलाब की आहट सुनी थी, आँखों ने सबसे पहले उसकी चमक देखी थी, जिनके रगों में दौड़नेवाले लहू ने पहले-पहल उसकी रंगीनी को अपने में घुलाया-मिलाया था, और जिसकी गरदन इन्कलाब के इशारे पर सबसे पहले कुर्बान होने को झूम उठी थी। इसलिए जवाब ढूँढ़ रहा है ज्ञान।

"मैं तीसरे दिन पाँच गाँवों के जत्थों के साथ मार्च कर रहा हूँ।"

"तुमी ? तुमी ?"—केशव और किरण'दा प्रायः एक ही साथ पूछते हैं। केशव'दा के आश्चर्य में व्यंग्य है, किरण'दा की उत्सुकता में प्रशंसा और खुशी की झलक। ज्ञान मुस्कुराता है। बनानी सबों की ओर बारी-बारी से देख रही है। मुँह देखती है।···कमलनाथ की निगाह में बनानी एक बेवकूफ लड़की है।

केशव'दा किसान-मार्च पर बहुत कुछ कह रहे हैं, कहते जा रहे हैं। ज्ञान याद करने की कोशिश करता है कि यही बातें,···ठीक अक्षर- अक्षर, उसने कहीं सुनी या पढ़ी हैं। याद आई···प्रांत के मशहूर जमींदार के अखबार का संपादकीय लेख। प्रांतीय काँग्रेस के मंत्री का वक्तव्य। कमलनाथ ने चिल्लाकर सुनाया था—"टीकापट्टी आश्रम के महंथ यानी सदाकत आश्रम के संत सेनानी ने फतवा दिया है यारो ! सुनो—'यह किसान मार्च एक 'मजाक' है···सोशलिस्ट नेता शुतुरमुर्ग हैं···किसानो होशियार !"

इतनी देर के बाद बनानी की समझ में सारी बात आती है। कहती है—"ओ किसान मार्च !"

"हाँ किसान मार्च," केशव'दा हँसते हैं—"चायनार लांग मार्च, गाँधीजीर डांडी मार्च सुनेछिले तो ? एबार ज्ञान बाबूर किसान मार्च हबे।"

"ओ बाबा ! ए तो साहित्यकारेर क्रांति नृत्य !"—बनानी डरने की मुद्रा बनाती है, फिर अपने खूबसूरत बालों की वेणी को उँगलियों में लपेटकर गंभीर हो जाती है। पिछले साल इसी तरह वेणी को उँगलियों में लपेटकर गंभीर होते हुए उसने शिकायत की थी—"ज्ञान, न जाने तुम लोगों में यह कौन-सी आदत है। कोई भी बात करो, घूम- फिरकर राजनीति पर आ जाएँगे।" और उसकी इस शिकायत पर ज्ञान ने राजनीति की बातें छोड़कर···कॉफी की सोंधी खूशबू की, 'फिरपो' की, पेस्ट्री की, अवनींद्रनाथ के चित्रों की, दार्जिलिंग की सुबह और पुरी के समुद्र-तट की बहुत-सी बातें की थीं।

केशव'दा का जवाब देते हैं किरण'दा—"चायनार लांग मार्च वा गाँधीजीर डांडी मार्चेर मत ऐतिहासिक मार्चेर एखन दरकार। यदि ए 'किसान मार्च' सफलीभूत हय···"

"ता हले, कि बलते चाउ, नेहरू प्याटेल पालिए हिमालयार कंदराय चले जाबे ?"

"च्याँगकाइशेक···"

"तुमी सोशलिस्ट पार्टीर सापोर्ट कोच्छो किन्नी दा"—घी का व्यापारी नवीन आश्चर्य से पूछता है। ज्ञान को मौसी अंदर बुलाती है। बहस के बीच में ही ज्ञान को उठना पड़ता है। केशव और किरण'दा की ऐसी बहस को कमलनाथ कहा करता है—'दो जंग लगी हुई तलवारों की खटाखट।'

लौटने के समय ज्ञान ने चाहा, बनानी से थोड़ी देर बातें करे लेकिन कॉफी की सोंधी खुशबू, फिरपो की पेस्ट्री, अवनींद्रनाथ के चित्रों, दार्जिलिंग की सुबह और पुरी

के समुद्रतट के सिवा वह और कुछ सुनना चाहेगी ? कुछ समझेगी ? बनानी गा रही है···"तोमार मदेर गंधे अंध वायु बेये चारिदिके ।" बेचारी को इतना भी नहीं मालूम कि मदेर गंधे अंध वायु नहीं, तूफान आ रहा है ।···बनानी अच्छा गाती है । ज्ञान की इच्छा होती है, 'मार्चिंग गीत' सुनने की—

*उर्ध्वे गगने बाजे बादल, निम्ने उतला धरणीतल ।*
*अरुण प्रातेर तरुण दल, चल रे चल रे चल !!*[1]

बनानी का गला इतना मधुर है कि इस गीत की ज्वाला शांत हो जाएगी । या बनानी के पारद पंख झुलस जाएँगे । ऊपर···आसमान में नक्कारे बज रहे हैं, नीचे···धरती टलमला रही है···बनानी इसमें सुर नहीं मिला सकती । कॉफी की सोंधी खुशबू मिट जाएगी, फिरपो की पेस्ट्री का मजा खराब हो जाएगा, अवनींद्रनाथ के चित्रों का रंग धुल जाएगा, दार्जिलिंग की सुबह की खूबसूरती बिगड़ जाएगी और पुरी के समुद्र तट पर लहरें नहीं आएँगी, नहीं आएँगी ।

*यदि तोमार डाक सुने केउ ना आसे, तबे ऐकला चलो रे !*
*ऐकला चला रे !'*[2]

जिनसे प्रेरणा मिली, आज वे व्यंग्य कर रहे हैं, जिससे प्यार मिला, उसके हल्के मन में भीगी हुई उदास हवा आज अंधा बनाना चाहती है । आसमान में नक्कारे की आवाज बुलंद हो रही है···

अकेला चलो । अकेला क्यों, तूफान आ रहा है । तुम्हारा साथी तूफान !

"ज्ञान !"

ज्ञान रुककर देखता है, किरण'दा मुस्कुरा रहे हैं । "सुनो ज्ञान !"—वे कहते हैं—"इतनी दूर की मंजिल तुम पैदल तय कर सकोगे ?··· सच ? शाबाश, मेरे भाई ! तुम कलाकार हो, प्रगतिशील, क्रांतिकारी । इतनी बड़ी ऐतिहासिक घटना में तुम 'अन्य पुरुष' में कैसे रह सकते हो !"

"···किरण' दा"—ज्ञान मुँह देखता है ।

"आश्चर्य की कोई बात नहीं ।···" किरण'दा मुस्कुराते हैं—"मेरा प्रजातांत्रिक समाजवाद में विश्वास है, निरंकुश समाजवाद में नहीं । सोशलिस्ट पार्टी के 'पटना विधान' से मेरे ख्यालात को और भी बल मिला है । पार्टी की पॉलिसी और प्रोग्राम ने शको-सुबहा को दूर कर, मेरे दिल में नई उम्मीदों के चिराग जला दिए हैं । इन्कलाब को 'एसिड बल्ब' में बंदकर प्रयोग करनेवाला प्रोग्राम समाजवादी प्रोग्राम

---

1. काज़ी नज़रुल इस्लाम लिखित प्रसिद्ध मार्चिंग गीत ।

2. रवींद्रनाथ ठाकुर का प्रसिद्ध गीत ।

हरगिज नहीं । जरूरत है, करोड़ों-करोड़ शोषितों, पीड़ितों, मेहनतकशों की भूखी अंतड़ियों, सूखी हडिड्यों, खाली दिमाग और निराश दिल में हरकत पैदा करने की, गति लाने की । नई उम्मीदों की रोशनी जलानेवाला यह प्रोग्राम ! किसान मार्च ! वक्त की माँग और जरूरत को सही- सही समझनेवाली जमात··· सोशलिस्ट पार्टी, प्रतिक्रियावादी शक्तियाँ आँखें नहीं मिला सकेंगी। सातों समुंदर का पानी उलीचकर इसकी लपट को बुझाना असंभव होगा।···ऐसे महत्वपूर्ण मार्च में जो कलाकार शरीक नहीं हो सका···!"

जंग लगी हुई तलवार ! किरण'दा अपना थर्मस, 'फर्स्ट एड बक्स' तथा जरूरत की और भी कई चीजें देते हैं। एक हस्तलिखित अंग्रेजी किताब—'बिहार का सामरिक भूअंकन' (Military Geography)। किरण'दा ने लिखी है। कम्युनिस्ट पार्टी के जनरल सेक्रेटरी के फौजी हुक्म पर भी उन्होंने जिसे देना अस्वीकार कर दिया था। एक नक्शा—बिहार का रोडमैप। 'लायका' कैमरा—बनानी माँगती थी। इसकी उपयोगिता विश्व- शांति सम्मेलन में नहीं।···शांति नृत्य···शांति···

"शांती···शांती···शांती। ऐ भाई, शांती रहिए।"

"परमानपुर में किसानों की सभा हो रही थी। दाढ़ीवाले बाबाजी चुन्नीदास लोगों को शांत कर रहे हैं। चुन्नीदासजी 1930 से '42 तक चौदह बार जेल की सजा भुगत आए हैं। कबीरदास के बाद गाँधीदास बननेवाले इस भोले किसान की सारी जमीन नीलाम हो गई। जमींदार न तो पानी बरसाता है, न खेत की पैदावार को बढ़ाता है। फिर कैसी मालगुजारी, कैसा खजाना ? 1934 में ही उनका यह नारा था। जमीन नीलाम हो गई, बीवी मर गई, बच्चों को 'कँगरेस' में, गाँधी बाबा की सेवा में सुपुर्द किया। एक आज तक 'काँग्रेस आश्रम' का बर्तन माँजता है, दूसरा पूरब कमाने के लिए भाग गया। जब तक सुराज न होगा, 'जटा और दाढ़ी' नहीं कटाएँगे। सो '15 अगस्त' को साधू का धरम भ्रष्ट होते-होते बच गया, प्रतिज्ञा टूटते-टूटते रह गई। दुहाई गाँधी बाबा, जमीन पर जोतनेवालों का हक नहीं, गरीबों के पेट में अन्न नहीं, देह पर बस्तर नहीं। लोगों ने झूठमूठ हल्ला मचाया कि सुराज हो गया। दुहाई गाँधी बाबा, चौदह बार फिर जाने को तैयार हैं···।

'डिम डिमिक डिमिक, डिम डिमिक डिमिक'

सभा की कार्यवाही शुरू होती है। चुन्नीदासजी खँजड़ी पर स्व-रचित निरगुन शुरू करते हैं—

*'ब्योधा जाल पसारा रे हिरणा, ब्योधा जाल पसारा।*
*झूठ सुराज के फंद रचावल, लंबी-लंबी बतिया के चारा*

*मुँह पर गाँधीजी के नाम बिराजे, बगल में रखलबा दुधारा*

रे हिरणा··

डिम डिमिक डिमिक, चट् डिमिक डिमिक···'

उपस्थित जनता गरदन हिला रही है, झूम रही है। पर्दाफाश हो गया, चालाकी नहीं चलेगी। यह आजादी झूठी है···झूठी है···वादे झूठे हैं···काँग्रेसी सरकार ने जनता के साथ विश्वासघात किया है।

*'अरे मोटिया धोती, टोपी पहिन के फिरतबा रँगल सियारा।'*

हा हा हा! हो हो हो! सारी सभा हँसती है। ठीक, अक्षर-अक्षर ठीक। रँगे सियार। अब रंग धुल जाएगा।

*'महँगी की चक्की में रोये किसानवाँ, मौज करे जमींदारा।*

*गाँधीजी के बेंचत चोरबाजार में, लीडर सेठ साहूकारा रे हिरणा··*

डिम डिमिक डिमिक, चट् डिमिक डिमिक···'

"शांती···शांती···शांती···।"

ज्ञान बोलने को खड़ा होता है। जनकवि चुन्नीदास के 'निरगुन' की अटपटी पंक्तियाँ महात्मा कबीर की याद दिला रही हैं। ज्ञान के अंदर का कलाकार अपनी हार स्वीकार करता है। ज्ञान कहता है—'सचमुच जाल पसारा गया है। हिंदोस्तान में फासिज़्म कायम करने की कोशिशें हो रही हैं···।'

जनता एक स्वर से कहती है—'हम सब लोग समझते हैं, आप यह बताइए कि हमें क्या करना है?'

जनता भाषण नहीं सुनना चाहती, प्रोग्राम माँगती है! क्या करना है! ज्ञान की आँखों के आगे का परदा मानो हट जाता है। प्रोग्राम? क्या करना है? '12 अगस्त 1942'। जनता पूछती है, क्या करना है। रेल उखड़ गये, तार कट गये, थाने लूटे गये, अब क्या करना है? ज्ञान के पास प्रोग्राम नहीं है, ज्ञान के पास जवाब नहीं है। और जनता थाने में आग लगा देती है, दरोगा और दो कांसटेबलों को आग में झोंक देती है। ज्ञान को मानो लकवा मार गया है। आग की लपट में दोनों सिपाही तड़प रहे हैं, छटपटा रहे हैं और चेथरू साह किरासन का खाली कनस्तर बजा-बजाकर नाच रहा है, होली गा रहा है—

*'फेरू होइहैं राम के राज*

*अरे लाला फेरू होइहैं राम के राज··।'*

आज···12 नवंबर 1949। 'राम-राज्य' में जनता फिर पूछती है, क्या करना है। आज भी यदि ज्ञान चुप रहा तो?···

"राजधानी चलो, हजारों की तादाद में जमा होकर, अधिकार के नशे में मदहोश,

जनता से दूर, जनता के दुख-दर्द से परे, जनमत से परे, गद्दी के मालिकों को झकझोर कर जगाओ और कहो—अंधे हो गए, देखते नहीं ? बहरे हो गए, सुनते नहीं ? वादा भूल गए, झूठे···"

"इस पर भी यदि नहीं जगे···तो ?" जनता का सवाल है।

"तो ?

'चटाक् चटाक् चट् धा'··· खँजड़ी फड़फड़ा उठती है, जनकवि चुन्नीदास आल्हा शुरू करते हैं—

*'सुमरि कराली माँ काली को, गाँधीजी के करि जयकार*
*पकड़ चोटिया सब चोट्टन को, तब गद्दी से देहु उतार*
*बेइमानों का राज खतम कर चटपट बने अपन सरकार*
*लटपट सटपट सेठ महाजन, छटपट करे जालिम जमींदार*
*झटपट भागे दुख रे दरिदवा मचे देश में जय जयकार*···

···बोलिए प्रेम से—महात्मा गाँधी की जै !

'काँग्रेसी राज मिटाएँगे
सोशलिस्ट राज बनाएँगे !'

'पटना चलो, पटना चलो, पटना चलो रे !'

औराही, परमानपुर, लहसनगंज, मिल्की, सरसी के 550 किसानों के 5 जत्थे 13 नवंबर, 3 बजे भोर को एक आम के बाग में जमा हैं। नाम लिखे जा रहे हैं, नायक चुने जा रहे हैं। ओढ़ना, बिछौना, कंबल, लोटा, डोरी की गठरी पीठ पर लटकाने के तरीके बताए जा रहे हैं। ज्ञान ने आज पहली बार लाल टोपी पहनी है। हर जत्थे में ढोलक है। 261 मील !

'ड्रम ड्रम ड्रम, ड्रम ड्रम ड्रम'

लेफ्ट राइट, लेफ्ट राइट···

"हम चले—नए जहाँ की नींव डालने।"

'ऊपर—आसमान में नक्कारे बज रहे हैं, नीचे—धरती टलमला रही है···कारवाँ निकल पड़ा। महा अभियान शुरू हुआ···महात्मा गाँधी की जै !!'

पूरब आसमान में लाली दौड़ गई। पेड़ों की डालियों पर सोए हुए परिंदे डैने फड़फड़ाकर उड़े, 'हल गरारी' वाली 550 लाल झंडियाँ फिजाँ में अपनी लाली बिखेरने लगीं। एक हजार एक सौ तेज कदम ! 550 बेकरार दिलों की आवाज हवा को कँपा रही है।···कंपन···शून्य···ईथर···कंपन। मार्टिनगंज के एस. पी. साहब

'वायरलेस' पर 'हिज मास्टर्स वायस' की प्रतीक्षा कर रहे हैं। हुकुम हो तो अभी···ठाँय !

'टक्कुर ट्रा ट्रा ट्रा टक्कू टक्कू···'

चंदरपुर डाकघर के तारबाबू जाड़े की सुबह में परीशान हैं। दरोगा साहब सिर पर सवार हैं। टू द एस. पी.। टू द डी. एम.। टू द डि.आई.जी.,सी. आइ. डी. एंड पोलिस···टु द···। फाइव हंड्रेड किसांस मार्चिंग थ्रू···।

"क चूचू···चू···चू च च !'

भर पेट जन-सेवा की कसमें खाकर प्रधानमंत्रीजी स्प्रिंगदार पलँग पर करवट ले रहे हैं। जाड़े की सुबह की मीठी नींद।···कंपन···शून्य···ईथर।···रोजी, रोटी, कपड़ा दो, नहीं तो गद्दी छोड़ दो।···हम गद्दी नहीं छोडेंगे। गाँधीजी का नाम लो, सुबह- सुबह क्या रोटी-रोटी की रट लगा रखी है तुमने। रोटी के लिए तो कुत्ते लड़ते हैं। नेहरूजी की बातें सुनो—टबों में खेती करो, गमलों में अन्न उपजाओ, शकरकंद खाओ·· टपियाको। बेदखली बंद करने की माँग मत करो। जमींदारों को मुआवजा नहीं दोगे ? सरदार पटेल ने कहा था, याद नहीं—यह डकैती है। जाओ, रामधुन गाओ। कपड़े की क्या जरूरत, भस्म लगाओ। हमारी संस्कृति, भारतवर्ष की प्राचीन संस्कृति बल्कल और भस्म, राख···। हम गद्दी नहीं छोड़ेंगे।···

'आँखें अगर न खुलतीं, तुम पास मेरे होते।'

रेडियो पर गाने के लिए 'कला की पुतली' बनानी नए गजल पर भैरवी का 'टच' देने की कोशिश कर रही है। 'तुम पास' कहते वक्त गले को फँसाकर दर्द पैदा करना चाहती है। सपना टूट जाने पर, साथ छूट जाने पर जैसा दर्द होता है। मीठे सपने !

यह दौरे इन्कलाब है···। रानीगंज हाट। 10 मील। जत्थों को रोकिए। रुकिए ! जलपान कर लीजिए ! चूड़ा, गुड़, मूढ़ी, सत्तू। पोटलियाँ खुल रही हैं। जेल में चना के बदले चूड़ा माँगने में ज्ञान को भी लाठियाँ खानी पड़ी थीं। 'चना के बदले चूड़ा लेंगे। ठहरो बेटा लाठी देंगे !'···मुंजीलाल महसूस करता है, चाय के बिना ज्ञान भैया की बुरी हालत होगी। ईंट जोड़कर, पीतल के लोटे में चाय तैयार करता है। रानीगंज हाट के लोग उमड़ पड़ते हैं, इन अनोखे तीर्थयात्रियों को देखने के लिए। पटना, ढाई सौ मील ! बाप रे। तख्तियों पर क्या लिखा है···'जो सरकार घूसखोरी न रोके, वह सरकार निकम्मी है'··· कल ही यहाँ पर एक काँग्रेसी चीनी की चोरबाजारी करते हुए पकड़ा गया है। दफा

40 के मुकदमे में थाना काँग्रेस के मंत्री ने जमींदारों के पक्ष में गवाही दी।···एक काँग्रेसी गाँधी स्मारक फंड का साढ़े सात हजार रुपया खा गया है।···सरकारी दफ्तरों में, कचहरियों में घूसखोरी की हद हो रही है।···

लोगों की निराश आँखों में नई आशा की झलक दिखाई पड़ती है। पाँच उत्साही किसान के बेटों ने जत्थे में नाम लिखाया। दौड़कर सामान ले आते हैं। वे भी पटना जाएँगे। 550 में 5 और मिल गए। 550 में, अपने वर्ग में, अपनी जाति में।

'अरे बेटा रे ! राजा बेटा···!'

वह बुढ़िया छाती पीटकर रो रही है ? पूछिए !··· वह समझती है कि ये लोग फिर लाइन उखाड़ने, तार काटने जा रहे हैं। '42 के आंदोलन में, रेल उखाड़ने के जुर्म में उसके लड़के को फाँसी हो गई, तभी से वह पगली हो गई है।···जीवन की माँ तो नहीं हैं ?··· हाँ। ज्ञान की आँखों के आगे स्वस्थ, उत्साही, हँसमुख नवजवान जीवन गोप की तस्वीर आकर खड़ी हो जाती है।···आशीर्वाद दो जीवन की माँ, हम जीवन की अंतिम इच्छा—किसान-मजदूर राज्य कायम करने के लिए बढ़ रहे हैं।···

बढ़े चलो, बढ़े चलो···!!

खेतो में धान काटनेवाली औरतों का गीत थम जाता है। वे अचरज से इस लाल फौज को देखती हैं। अचरज से। भोला अचरज ! देखकर यों ही बिला वजह मुस्करा रही हैं। एक युवती के मोतियों-से सुफेद दाँत, बहुत अर्से तक ज्ञान की आँखों में लरजते रहे। उसने मेकलिंस टूथपेस्ट का नाम भी न सुना होगा। बगल के खेतों से धान की कई बालियाँ लाकर चलते-चलते किसनू कहता है—देखिए ज्ञानू भैया, यह है नाजिर, यह है रांगी, यह बासमती, कनक-जीर···

'आयल तीरथ महान, चल चल हो किसान' जनकवि चुन्नीदास गा रहे हैं। गंगा, काशी, हरद्वार, काबा, मक्का, मदीना से भी बढ़कर पुण्य देनेवाला, जिंदगी को बदल देनेवाला, स्वर्गलोक को धरती पर उतारनेवाला तीर्थ !!

बाँस-भर दिन बाकी है। मुरलीगंज स्कूल में रात को पड़ाव डालना है। तेज कदम। रास्ते के अगल-बगल के छोटे-छोटे गाँव, उनके गरीब बासिंदे सड़क के किनारे चुपचाप खड़े हैं, उनकी अबोध आँखों से उनके दिल की शुभकामनाएँ बरस रही हैं। कोई-कोई सिर्फ 'जय-जय' कहते हैं। ये लड़कियाँ हैं या औरतें ? गालों में गड्ढे, छातियों में सिलवटें पड़ी हुईं। ये लड़कियाँ कभी जवान नहीं होती हैं। लड़कियाँ और फिर एकदम माँ बन जाती हैं। जवानी क्या है, रस क्या है, इन्हें इन बातों की समझ नहीं। उस दवा का क्या नाम था ?··· ज्ञान भूल रहा है···थरमस निकालते वक्त

ध्या बौदी की आलमारी में उसने देखा था, अंग्रेजी में लिखा था—For breast beauty use...

मुरलीगंज आ गया। मुरलीगंज हाईस्कूल के हेडमास्टर साहब दाँत निपोड़कर अपनी लाचारी दिखाते हैं—"सो तो ठीक है, सो तो ठीक है। मगर स्कूल के सेक्रेटरी के परमिशन के बिना··· आप तो जानते हैं··· हमारी क्या हस्ती है।" स्कूल के सेक्रेटरी एक काँग्रेसी जमींदार हैं, किसानों के जत्थे, अपने दुश्मन के जत्थे को भला कौन आराम और सहूलियत देता है। होस्टल के लड़के, स्कूल के कमरों से बेंच निकाल रहे हैं, दरी, बिछावन, वगैरह बिछा है। इजाजत ! गाँव के किसानों की त्योरियाँ चढ़ जाती हैं।···कैसी इजाजत, किसकी इजाजत ? आप लोग स्कूल में ठहरिए, देखें सेक्रेटरी क्या करता है। इजाजत की ऐसी-तैसी। हिस्···!

शाम को सभा में मुरलीगंज गाँव की सारी आबादी उमड़ पड़ती है। औरत, बूढ़े, बच्चे, जवान। चुन्नीदासजी का निरगुन, आल्हा। मुंजी का गीत, थका हुआ ज्ञान ज्यादा नहीं बोल सकता है। लेकिन अँधेर में हजारों आँखें चमक रही हैं। उन आँखों में किसान-मजदूर राज, असली सुराज की भूख स्पष्ट रूप से दिखाई पड़ती है। गाँववाले आपस में तय करते हैं। पाँच सौ हों या हजार, गाँव की इज्जत चली जायगी, ये अपने लोग हैं, अपने। गरीबों के, मिहनतकशों के। ये हमारी दुनिया बसाने के लिए जा रहे है।···घर पीछे दो सेर चावल, आधा सेर दाल। भोज, प्रतिभोज !!

ज्ञान को नींद नहीं आ रही है। थकावट में तो नींद आती है ! फिर ? तलवों में जलन है। नाचने से पैर में थकावट नहीं मालूम होती ? तलवे नहीं जलते···कितने धोखे में था वह। कितनी दूर था वह, अपने वर्ग से, समाज से, जनता से। उसकी जिंदगी का रुख, जिंदगी को देखने का, समझने का, परखने का, दृष्टिकोण ही अचानक बदल गया है।···शशांक कहता था—"नया दौर हमेशा एक तरह के जेहनी इन्कलाब के साथ आता है, नए दौर में कद्रें बदल जाती हैं, नई कद्रों के बलबूते पर नए अदीब पुरानी शाहराह से मुँह मोड़ लेते हैं।"···यहाँ डाकघर है। शशांक को एक खत डाल देना चाहिए। वतन से दूर···अमेरिका में बैठा हुआ शशांक 25 ता. को रेडियो पर बैठा इंतजार करेगा। नहीं, हिंदोस्तान के पत्रों और रेडियो पर भरोसा करनेवाला वह नहीं है।···ता. ···अक्टूबर को बेचारा, बेवकूफ घी का व्यापारी नवीन रात-भर रेडियो पर, पेकिंग स्टेशन से बोलनेवाले नेताजी की मृत या अमृतवाणी का इंतजार करता रहा।···शशांक को अपने दोस्तों के खतों का भरोसा है।···

शशांक,

'···तुम्हारी कहानी 'लहर आयी' इस मार्च में बार-बार याद आ रही है।···समुंदर का पानी चीख रहा है, लहरें जा रही हैं, लहरें फिर जायेंगी, जाती ही रहेंगी जब तक

कि···। विश्वास करो, हिंदोस्तान की मिट्टी पर फासिज्म की नींव नहीं पड़ने देंगे। हमारी मंजिल करीब है।···अब समुद्र की गहराई में हमें जाना है जनता के बीच, एक खास प्रतिष्ठित दायरे में नहीं।'

14 नवंबर। लाल आसमान। लाल फिजा। तैयार! जरा ठहरिए···। क्यों? यह क्या? फूल-मालाएँ किसलिए? यह आरती? देखिए, यह गलत बात है। लाल साड़ियों में लज्जावती मिथिला कन्याओं की टोली रुक जाती है। ज्ञान कहता है, यह व्यक्ति-पूजा गलत चीज है।···गाँववाले कहते हैं—'हम अपने यात्रियों को विदाई दे रहे हैं।' जनसमूह की आरती उतारी जाती है। लड़कों का दल शंख, घंटा घड़ियाल बजाता है। डाँग, डंग, डाँग, डंग, धू···। बीगबेन, साइरेन। 50 किसान और साथ हुए। 550 से 555। 555 से 605। दूसरे पड़ाव तक जाने के लिए 250 किसान। दूसरे पड़ाव से ये लौट आयेंगे। धनकटनी का समय है, लाचारी है।

*'माँग रहा है हिंदोस्तान, रोटी-कपड़ा और मकान।'*

जूठे पत्तलों पर जीनेवाला, भूखा; गुदड़ी से लाज ढँकनेवाला, नंगा; फुटपाथ पर और खुले आसमान के नीचे सोनेवाला, बेघर का हिंदोस्तान जा रहा है। तेज-तेज कदमों से बढ़ता हुआ कहाँ जा रहा है हिंदोस्तान?··· जो भूखे हैं, जो नंगे हैं, अब गुस्सा उनको आया है। भूखे शेर से खिलवाड़?···भूखा हिंदोस्तान, नंगा हिंदोस्तान।···बढ़े चलो, बढ़े चलो। जमीन का चप्पा-चप्पा पुकार रहा है, विदाई दे रहा है···बढ़े चलो।

ज्ञानचंद रोडमैप निकालता है। तय किए हुए रास्ते को लाल पेंसिल से लाल कर देता है।···लाल !··· बीरपुर सिर्फ 15 मील है, 5 मील के बाद सड़क के किनारे एक पोखरा है, पोखरे के पास एक आम का बाग है, वहीं स्नान-जलपान होगा। बढ़े चलो···।···वह दूर धूल क्यों उड़ रहा है? जत्था! जत्था! जत्था!··· जत्थे मिलते हैं आपस में। अनिरुद्ध का जत्था···। मुरलीधर सिंह का जत्था बीरपुर में इंतजार करेगा।···बढ़े चलो। अंधपुरी के शमाबरदारो!··· चिराग जलाए चलो···रोशनी···प्रकाश···आलोक···महा आलोक···। बीरपुर। रात की सभा। अनिरुद्ध और चुन्नीदास का सम्मिलित जनगीत। प्रीतिभोज।···गाँव के जमींदार साहब के सिपाही रात-भर चिल्ला- चिल्लाकर पहरा देते हैं। खबरदार! 15 नवंबर! लाल आसमान। लाल फिज़ा। तैयार। बीरपुर के किसान राह खर्च देते हैं, चावल, दही, चूड़ा, गुड़। कौड़ी-कौड़ी जोड़कर जमा की हुई रकम—50 रु. एक निस्संतान विधवा देती है। चवन्नी, एकन्नी, दुअन्नी···। किसान-संघर्ष में उसका स्वामी जमींदारों द्वारा मारा गया था, 1937 में।···पाँच जत्थे, पाँच नायक, पाँच रास्ते। ज्ञान के जत्थे में सिर्फ 235।···सही सुराज के लिए···बढ़े चलो। कोई कोना बाकी न रहे··· हौसला

बढ़ाते चलो···चप्पा-चप्पा लाल हो जाय।

16 नवंबर ···

नक्शे पर ज्ञान की लाल पेंसिल सरकती है। लाल···

17 नवंबर···

गाँव, घर, नदी-नाले, पोखर-तालाब, खेत-खलिहान, लाल···लाल पेंसिल सरकती है।

18 नवंबर···

लाल ! लाल ! लाल !

19 नवंबर···20 नवंबर···लाल···21, 22, 23, 24···लाल···लाल···हिंदोस्तान जा रहा है। तेज-तेज कदमों से, दौड़ता हुआ···अपने लक्ष्य की ओर···हिंदोस्तान ···25 नवंबर···गंगा मैया की जय !!···इंकलाब···जिंदाबाद !

गंगा के किनारे। हजारों किसान यात्री नावों का इंतजार कर रहे हैं। सुफेद बालू पर हजारों-हजार लाल झंडे, 'हल गरारी' वाले लाल झंडे ! कपड़े की सफाई, स्नान, जलपान और रह-रहकर 'रोटी रोजी कपड़ा दो···।' 550 से 555। 555 से 605 से डेढ़ हजार और गंगा किनारे। ज्ञान कहता है—पच्चीस हजार। सहरसा के एक उत्साही साथी कहते हैं—तीस हजार। मुरलीधर सिंह कहते है—चालीस हजार ! वे दोनों कहते हैं—'आप अखबारनवीस होकर इतना कम कहते हैं ?' बातों को बढ़ाकर कहना ही मानो अखबारनवीसों का काम हो !

दस बज रहे हैं। लोग अधीर हो रहे हैं। झंडा सलामी में शरीक नहीं हो सकेंगे। करीब डेढ़ सौ उत्साही किसान गंगा में कूद पड़ते हैं, तैरकर जाएँगे।···ज्ञान के जत्थे में पंद्रह किसान बीमार हैं। स्टीमर से उन्हें भेजकर ज्ञान बालू पर टहलता है और गुनगुनाता है—*'ए आबे रौंदे गंगा ! वह दिन है याद तुझको, उतरा तेरे किनारे जब कारवाँ हमारा।'*···यह दूसरा ज्ञान है। मकसद की याद दिलाने के लिए अब पोस्टरों की जरूरत नहीं। लाल झंडे में सजी हुई सैकड़ों किश्तियाँ गंगा की धारा में एक अजीब रंग धोल रही हैं।···लाल झंडों का यह जंगल !!

रजी अजीमाबादी, गोपीकांत, हम्मीद के साथ अपना नया झंडा-गान गाते हैं।

*झंडा लाल, आशा की लाली, हल और*
*चक्का सूरज*
*नए सबेरे का संदेशा, इस झंडे की सजधज।*
*शोषित जनता के जीवन में लाया है उजियारा,*
*झंडा लाल हमारा*··

जे.पी. आज लाल टोपी में हैं···। टोपियाँ, लाल झंडे···मानो शोले उठे हैं।

भड़ककर··· ज्ञान अपने दोस्तों को खोजता है। विशाल गाँधी मैदान भर रहा है।···लहरें चारों ओर से आई हैं। एक बज रहा है, जुलूस रवाना होने को है। ज्ञान को अब न अपना जत्था मिलता है और न दोस्त ही। ज्ञान खो गया।···'सोशलिस्ट पार्टी का यह एलान/मालिक हो मजदूर किसान···।' जुलूस रवाना हुआ। इतना बड़ा जुलूस? 'बस' का बूढ़ा कंडक्टर कहता है—"जिंदगी में इतना बड़ा जुलूस पटने में नहीं देखा।"···ज्ञान एक जत्थे में मिल जाता है। दो बज रहे हैं, उसका जत्था खड़ा है। ढाई बजे कहीं उसका जत्था हरकत में आ सका। सबसे पीछे बेचारे शिवधारी बाबू का जत्था है, उनके जत्थे को करीब तीन बजे तक खड़ा रहना पड़ेगा।···जुलूस में चलते हुए, एक काले चश्मेवाले साथी को देखकर ज्ञान को फिर शशांक की याद आती है। वतन से दूर···कितना बेचैन होगा शशांक।

यदि आज रेडियो स्वतंत्र होता और हिंदुस्तान अमेरिका की तरफ लहर फेंकता? शून्य···ईथर···माइक··· कंपन। शशांक अपने रेडियो का मीटर ठीक कर रहा है। ···कर···कर···खड़···गड़···गड़कड़क··· यह ऑल इंडिया रेडिया, पटना है। अभी दिन के डेढ़ बज रहे हैं। जुलूस रवाना हो चुका है। आप इस ऐतिहासिक जुलूस के साथ-साथ चलने वाले हमारे रिपोर्टर का आँखों देखा चलता विवरण सुनिए।···। कर···करड़···कर···। जमींदारी का मुआवजा···कोलाहल···जमीन की बेदखली······कोलाहल···आपने अभी जुलूस के नारों को सुना।···अ···सबसे अगला जत्था मुसल्लहपुर पहुँच चुका है ···और सबसे पिछला जत्था अभी भी लॉन में खड़ा है। जुलूस के सबसे आगे गाड़ी है, उसके बाद पहली कतार में जयप्रकाश चल रहे हैं। उनके पीछे रियासत करीम, अबुल हयात चाँद, हरिकृष्ण, रजी चल रहे हैं। हर जिले का जत्था अपने साइनबोर्ड के साथ है। भागलपुर, मुंगेर, संथालपरगना, मुजफ्फरपुर, दरभंगा, गया, पूर्णियाँ, सहरसा, हजारीबाग, राँची, मानभूमि, सिंहभूमि—संथालों की अलग टोली है। शहर की जनता दूर पड़ी है। जुलूस का अगला सिरा निचली सड़क के लिए घूम रहा है और पिछला जत्था?··· पिछला जत्था··· पिछला जत्था अब भी मुरादपुर में खड़ा है। 'इट्स वंडर···।' लोग कह रहे हैं इतना बड़ा जुलूस पटना ने अब तक नहीं देखा।···जनरल अस्पताल की खिड़कियों और बरामदे पर बिमारों की ठठ्ठ आँखों में नई ज़िंदगी की उम्मीदें लिए खड़ी देख रही हैं··· । कोने-कोने से पचास हजार भूखे- नंगे अन्नदाता किसान सैकड़ों मील की मंजिल पैदल तय कर आए हैं। अजीब समा है, अजीब जोश है। कर···कर···गड़क—सोशलिस्ट राज बनाएँगे···। अब जुलूस की लंबाई···तकरीबन—अ··· ढाई-तीन मील लंबा हो गया। शहर के लोग भी बड़े उत्साह से जुलूस में शरीक हो रहे हैं। सोशलिस्ट पार्टी और किसान पंचायत के लीडर बिन मुकाबले मार्च करके आए हैं। वे अपने-अपने जत्थे में हैं?··· मुश्किल है, जनता की इस विशाल

भीड़ में नेता लोग नजर नहीं आ रहे हैं।···वो रहे हिंद किसान पंचायत के जनरल सेक्रेटरी रामानंदन मिश्र जी और···और··· वे कौन है ···हाँ, कर्पूरी ठाकुर···बिहार किसान पंचायत के जनरल सेक्रेटरी। इन लोगों ने दरभंगा से मार्च किया है। और वह सियाराम सिंह, सूरज नारायण सिंह भागलपुर के जत्थे में। वह अंबिका सिंह···? फालिज के मरीज विशेश्वर मिश्र गया से मार्च करके आ रहे हैं। सहरसा के नायक···माफ कीजिए···नहीं पहचान रहा हूँ। पूर्णियाँ के जत्थे में मुरलीधर सिंह, देवनाथ राय नजर आ रहे हैं। नए- नए जत्थों का आना जारी है। जत्थे आ ही रहे हैं।···सबसे पीछे सोशलिस्ट पार्टी के पुराने और बुजुर्ग नेता शिवधारी सिंह हैं।··· इस जुलूस को देखकर शहर और देहात के शोषितों-पीड़ितों की भावी एकता में शकोशुबहा नहीं रह जाता। जनता में ऐसी बेदारी, ऐसा जोश 1942 के आंदोलन के बाद कभी नहीं देखा गया।···मगर प्रधानमंत्री जी सेक्रेटरियट पर फौजी पहरा बिठाकर, मिलिटरी ट्रकों को तैनात करवाकर दिल्ली जा चुके हैं।··· वह कौन-सा जत्था है ? हाँ, वह सोशलिस्ट पार्टी के अखबारनवीसों, लेखकों, अदीबों, कलाकारों का जत्था है। लंबाई और जेहन में बेजोड़ बी. पी. सिन्हा, प्रगतिशील आलोचक···गोपीकृष्ण, अहद फातमी; कथाकार विश्वमोहन सिनहा के हाथ में झंडा है, उसके बाद कयूम कायद है। फिर चित्रकार दामोदर···नरमुंड···नरमुंड··· नरमुंड ···जनता···जनता···जनता।

जहाँ तक निगाहें जाती हैं बस नरमुंड···सुर्ख परचम···लाल झंडे···। सारा पटना लाल हो रहा है।···

"कौन ज्ञान ?"

"हरेकृष्ण जी !"—ज्ञान ने देखा जुलूस मैदान पहुँच चुका है।

गाँधी मैदान। पचास हजार से ज्यादा एकत्रित जनसमूह ने दुहराया—'हमारे नेता जयप्रकाश।'

जयप्रकाश जी खड़ा होते हैं। शोरगुल, नारे, बाजे, फुसफुसाहट—सब बंद, सन्नाटा। शांति।···"मैं चाहता हूँ कि शुरू में दो एक चेतावनी दे दूँ, आपने दो-एक ऐसे नारे लगाए हैं, जिनसे मुझे तकलीफ हुई है। आपने मेरे नाम का नारा लगाया है जिसे मैं पसंद नहीं करता। तहरीके-आजादी के सिलसिले में आपने नेहरू और पटेल वगैरह के नामों के नारे लगाए। लेकिन इसके बाद क्या हुआ !···"

इसके बाद क्या हुआ ? इसके बाद क्या हुआ ?—ज्ञान तेरह दिनों से विशाल जनसमूह के साथ है, हजारों गाँवों से वह गुजरा है, लाखों के चेहरे पर उसने पढ़ा है—"जब नेहरू और पटेल अपने वादे को भूलकर पूँजीपतियों, जागीरदारों, जमींदारों के हाथ का

खिलौना बन जा सकते हैं तो ···? नाउम्मीदी, निराशा, घृणा, अविश्वास।···कुओमिंतांग शासन के शोषण, अत्याचार, खुदगर्जी से तबाह होकर चीन के किसानों ने अपनी नई दुनिया बसाने के लिए सफर शुरू किया—लांग मार्च—इसी का नतीजा है कि आज चीन लाल हो उठा है···

'मौजूदा सरकार की अप्रजातांत्रिक हरकतों ने मोंचि जैसे ठंडे व्यक्ति को भी यह सोचने को मजबूर किया है कि क्या शांतिमय तरीकों से इस सरकार को हटा फेंकना कभी संभव होगा···।'

'Now he is so bitter ?' कालेज का एक विद्यार्थी अपनी जमात में आश्चर्य प्रकट करता है।···यह जयप्रकाश···अवनींद्रनाथ का नहीं ···। ज्ञान की आँखों के आगे फिर '42 के नज्जारे दौड़ते हैं···चेथरू साह किरासन का कनस्तर बजा-बजाकर नाच रहे हैं, होली गा रहे हैं।

''आप अपनी हालत दिखाने, अपने दुख-दर्द की कहानी प्रधानमंत्री से सुनाने आए और वे···''

भाग गए, छिप गए ? ज्ञान सोचता है, किरण'दा ठीक कह रहे थे, प्रतिक्रियावादी ताकतें आँखें न मिला सकेंगी। जनता से दूर, जनता के दुख-दर्द से प्रधानमंत्री ने रेत में सिर गड़ा लिया ···हाय, प्रांतीय काँग्रेस के मंत्रीजी !उन्होंने किसान को एक 'मजाक' और सोशलिस्ट नेता जयप्रकाश को शुतुरमुर्ग कहा था। लेकिन तूफान देखकर शुतुरमुर्ग ने सिर गड़ा लिया। अजीब मजाक···काँग्रेस के नेताजी को इससे बेहतर मजाक कभी सूझा न होगा। एक दर्जन से ज्यादा 'इंकलाबी पार्टियों' ने पिछले साल किसान रैली बुलाई थी।···काँग्रेस के मंत्रीजी और उनके लोगों को 'मजाक' करना उन्हीं पार्टियों ने सिखाया है शायद !··· लेकिन यह तूफान तो महज एक चेतावनी है, जब काल बैशाखी पागल होकर तांडव शुरू करेगा तब ?···नृत्य···शांति···नृत्य···बनानी ···उसके घुँघराले बाल···कॉफी की सोंधी खुशबू।··· ज्ञान का सिर चकराता है। वह उठता है, भीड़ से बाहर जाने की कोशिश करता है।···कमलनाथ···कमलनाथ···। कमलनाथ के पास वह धम्म से बैठ जाता है···कमलनाथ कहता है—''अब तुम्हें 'जनान' (Jnan) नहीं कहूँगा, जवान कहूँगा, जवान—हौसलोंवाला जवान।'' ज्ञान गिर पड़ता है। ज्ञान ? ज्ञान ? बेहोशी। अरे, तेज बुखार है। एंबुलेंस !···

ज्ञान आँखें खोलता है। आयोडिन, ईथर, ब्लिचिंग पाउडर के मिले-जुले गंध का अनुभव करता है।···कहाँ है वह ? कौन है ?···गोपीजी ?

'हाँ''—गोपीजी फाइल सहेजते सिगरेट का धुआँ फेंकते हुए, एक ही साँस में कहते

हैं—"घबराइए नहीं, यह जनरल अस्पताल है, आपको कल चक्कर आ गया था न। तेज बुखार में आप क्यों चल-फिर रहे थे ?"

"देखिए !"—नर्स आकर कहती है—"अभी इनकी बेहोशी दूर हुई है और आप बातें कर रहे हैं। रेस्ट लेने दीजिए। डाक्टर ने कहा है···"

"कल से ही हम लोग परीशान हैं। लोगों को फिक्र है।"

"देखिए !"—नर्स झुँझलाती है।

गोपीजी बोल ही रहे हैं—

"लखनऊ में भी खूब रहा। वहाँ भी पंत भाग गया।" फायल से अखबारों की कटिंग निकालते हैं। ज्ञान इस तरह उठकर बैठ जाता है, मानो उसे कुछ हुआ ही नहीं।

—"यह 'नेशनल हेराल्ड' की कटिंग है। किसान मार्च एंड जी हुजूर्स। अच्छी रिपोर्टिंग की है।"

"लखनऊ के इतिहास में बड़े-से-बड़े जुलूसों में से एक !"

"लड़ाई का पहला मोर्चा फतह कर लिया गया।" लोहिया साहब कहते हैं।

आचार्य जी ने कहा है—"यह किसान मार्च उस आंदोलन का प्रारंभ है जो नई जिंदगी का रास्ता प्रशस्त बनाएगा।"

ज्ञान का ज्वर से सूखा हुआ चेहरा खिल जाता है।··· किसान मार्च की अद्‍भुत सफलता, इसके महान सामाजिक और ऐतिहासिक महत्व··· हिंदोस्तान लाल हो रहा है, नए सवेरे की आशा ···।

[मासिक 'जनवाणी' (वाराणसी) के
जनवरी, 1950 के अंक में प्रकाशित]

# हड्डियों का पुल

पुल ! हवड़ा का पुल !

सूखे कास की झाड़ियों, नरकट, झौआ-झलासों के जंगलों और झरबेर के वनों में रहने वाले जंगली प्राणियों ने भी 'हवड़ा के पुल' का नाम सुना है ···पुल ! अरे बाप ! हवड़ा का पुल बिना खंभा का है ! हजार आदमी का 'बलदान' देने पर भी गंगा मैया राजी नहीं हुई ? गंगा मैया अपनी छाती पर भला 'कील' पड़ने दे ?···तब सरकार बहादुर गंगा मैया के ऊपर बिना खंभा का पुल बनाया···रेल ले गया । हवड़ा का पुल !···

···पुल, आदमी का बलिदान, लकड़सूँघे निकलते हैं; झोली में मिठाई रखते हैं; बच्चों को फुसलाते हैं और झोली में बंद कर भाग जाते हैं ।···

टहलू मुसहर की पुतोहु कुरसाहा से आई है । नई दुलहन ! कहती है कि कुरसाहा के पुल में आदमी का 'बलदान' देते हुए खुद उसके बाप ने देखा था । उसके अपने फुफेरे भाई को भी लकड़सूँघे ने पकड़ा था । 'भाग' अच्छा था, देह में घाव था, इसलिए 'बलदान' नहीं पड़ा ।···

टहलू मुसहर की पुतोहू 'शहरू' है, चमकीले पीतल का कनफूल पहनती है; कनफूल हमेशा थर- थर काँपते रहता है । हँसती है तो हिलता, बोलती है तो डुलता है । कितना अच्छा !··· ठीक 'डागदरनी माई' की तरह ··· ! कुरसाहा 'टीशन' के एकदम नजदीक, कुरसाहा बाजार के पास ही उसके बाप का घर है । वह भला झूठ बोलेगी ?

गाँव में 'गुलाबछड़ी' मिठाईवाला घंटी बजा-बजाकर गाता-

*"गुलाबछड़ी कड़-कड़ बोले,*
*लड़िकन सबके मनवाँ डोले*
*माय-बाप से पैसा लावे···*
*···कलकत्ते की काली मैया*

*हवड़ा जी का पुल*···"

"क्या कहता है ? पुल ?···मिठाई···काली मैया··· लकड़सूँघा···लकड़सूँघा है रे ! भाग रे !"—छोटे-छोटे, मिट्टी में सने हुए, नंगे और काले मुसहर के बच्चे भागकर अपनी-अपनी खोपड़ी (झोंपड़ी से भी छोटी) में छिप जाते। हबड़ा जी का पुल !··· कुरसाहा का पुल !!

टहलू मुसहर की पुतोहू 'भगिया' ! पंद्रह साल की लड़की कुछ ही महीने में गाँव में सबसे समझदार 'झोटा' (औरत) समझी जाने लगी है। ऐसा कि बिकन ओझा (झाड़-फूँक करनेवाला) भी उसके सामने कुछ नहीं। फुलिया के बच्चे को नजर लग गई थी, पेट फूलकर भाथी ! रात-भर बिकन ओझा 'चक्कर' (चक्र) पूजकर झाड़ते रहे, कुछ फायदा नहीं। सुबह को भगिया ने जाकर कहा—'बोतल में गरम पानी करके पेट पर दो। ठीक हो जाएगा।'···बस, तुरत ठीक ! बच्चा हँसने लगा.! वह कहती है—'छत्तीस बाबू डागदर के यहाँ बचपन से ही उनके 'आँगन' का काम (चौका बरतन) किया है।'···

'सचमुच ! भगिया ने जैसा कहा था वैसा ही ···!'

पुल से दो मील उत्तर एक 'चौर' में 'करमी' और 'सारूख' खोजनेवाले भूखों की जमात ने आँखों पर उँगलियों का 'शेड' डालकर देखा—

—'ठीक वैसा ही ! विशाल ! लाल ! काली माई की जीभ की तरह लाल··· ।'

सामने कोशी के गँदले पानी की सुफेदी···पृष्ठभूमि में सुफेदी··· सुफेद चादर पर पुल स्पष्ट और भयंकर मालूम होता है।

'गड़···गड़···गड़म···गड़-गड़-गड़ाम···'

'पुल पर गाड़ी···मालगाड़ी !!'

सामने कोशी के गँदले पानी की सुफेदी। सुफेद चादर पर पुल स्पष्ट मालूम होता है।···मालगाड़ी अजगर की तरह सरकती हुई पुल पार कर जाती है।

"रेलगाड़ी ! साला रेल नहीं होता तो अपने मुलुक का चावल, धान, मकई दूसरा मुलुक जाता !"—कच्चा 'सारूख' चबाते हुए नौजवान गोरखू मुसहर चेहरे पर कसैलेपन का भाव लाते हुए कहता है—"साला···!"

बाकी लोग इसका विरोध करते हैं।

"गाड़ी को गाली देता है ? काली माई है। सरकार बहादुर के 'आगपानी' का खेल है। गाली देता है ?"—बूढ़ा तेतर इस तरह डरकर कहता है, मानो अब गाड़ी

पुल पर से नीचे उतरकर, गुस्से से धुआँ उगलती हुई इधर ही आ रही है ! वह दोनों हाथों को जोड़कर पुल की ओर 'बंदगी' करता है—"जै गाड़ी जी !···जै पुल जी ! जै सरकार बहादुर !!"

रात को गाँव में कोलाहल मचा हुआ है । लोगों को काफी 'करमी' और 'सारूख' मिला है, इसलिए नहीं । बल्कि गाँव के लोगों ने कुरसाहा का पुल देखा है । वे एक ही साथ पुल के बारे में चिल्ला-चिल्लाकर बड़े उत्साह से बयान करते हैं कि किस तरह पुल पर गाड़ी को जाते देखा, बेवकूफ गोरखू की बात पर गाड़ी को गुस्साते देखा और···। सचमुच भगिया कम उम्र की होकर भी गाँव-भर में सबसे ज्यादे 'देखी-सुनी' और समझदार औरत है ।

दूसरे ही दिन शाम को भगिया की झोंपड़ी के सामने गाँव-भर के लोग बैठते हैं । औरत, बूढ़े, बच्चे, जवान···और कुत्ते भी ।

गाँव का नायक चमरू दुसाध गले में फटा गमछा डालकर दीन भाव से खड़ा होकर कहता है, भाषण के लहजे में, प्रार्थना के शब्दों में—"बेटी ! तुम सिर्फ टहलू की पुतोहू नहीं, गाँव-भर की पुतोहू हो, बेटी हो । बात यह है कि इलाके में अब न अन्न है और न काम ।···गाय, बाछा, बैल, बकरी सब बिक गए । जिनके पास अनाज है, वे मजदूरी देकर काम नहीं कराना चाहते ।···दो-दो फसलों का नुकसान, छोटे हल- बैलवालों और जमीनवालों की हालत खुद खराब है ।···लक्ष्मीपुर बाबू के यहाँ उस टोले के कुछ लोग 'पेट-भात' पर भी काम करने को राजी हुए तो सुना कि पाव-भर सड़े हुए चावल पर भी बज्जर !··· दूसरे-दूसरे टोले के लोग काम की तलाश में, अन्न की खोज में निकल रहे हैं, गाँव खाली कर रहे हैं । हमलोग तीन पुश्त से इस इलाके में बसे हैं, कुछ 'भगैया-परैया' नहीं । गाँव के कुछ लोगों के पास एकाध बीघा 'बटैया' जमीन भी है ।···हम क्या करें ?··· गाँव छोड़ दें ?··· 'डीह' छोड़ दें ?"

गाँव की औरतें भगिया को घेरे बैठी हैं । भगिया चुप है, क्या जवाब दे !

टहलू कुछ देर के लिए भूख की पीड़ा भूल जाता है—उसकी पुतोहू !···इतनी 'सगियान' ?··· गाँव के नायक हाथ बाँधे खड़े हैं ···!! ···जरूर बहू में 'भगवती' का अंश है !···

"बोल भगवती, बोल भगवती !"—टहलू पागलों की तरह नाच- नाचकर भगिया से प्रार्थना करता है । टहलू पर अक्सर 'दीना भदरी'··· (मुसहरों के देवता) सवार होते हैं । टहलू की बोली में 'दीना भदरी महाराज' कहते हैं—"हेय ! हेय ! उयेक !··· कू···कू···दीना हुकुम दै छौ, बोल भगवती ! रास्ता बता, गाँववाला के ऊबार···।"

दो-तीन भक्त उठकर 'धूप-धूप···पानी···सिंदूर···'वगैरह चिल्लाते हैं। 'दीना भदरी'··· टहलू की देह से प्रस्थान करते हैं। टहलू की देह थर-थर काँप ही रही है।

···भगिया खखासकर गला साफ करती है। भूखी-प्यासी श्रोता-मण्डली में सन्नाटा छा जाता है—चुप !··· कानाफूसी नहीं !··· भगिया कहती है—"बिपत पड़ने पर आदमी सब कुछ करता है। 'डीह' धर कर रहने से यदि खाना मिले तो फिर 'डीह' छोड़ने की क्या जरूरत ? जहाँ खाना मिले, मजदूरी मिले, जान बचे···"

सर्व-सम्मति से तय होता है—कल पौ फटते ही गाँव के मर्द जाति के (बारह वर्ष तक के लड़के भी) लोग पूरब की ओर काम की तलाश में निकलेंगे। औरतें घर में रहेंगी। सात दिनों के लिए घर में 'करमी' और 'सारूख' है। घटेगा तो एकाध दिन 'पटुआ' साग से भी काम चल जायेगा। दस दिन में अन्न लेकर गाँव लौटना है,।···

सामने जहाँ तक निगाहें पहुँचती हैं—पानी···पानी···शून्य···। मटमैली धरती···मटमैला आसमान।···झरबेर···बबूल और दूसरे किस्म के छोटी जाति के दरख्तों के ठूँठ···कहीं-कहीं नजर आते हैं। आसमान के मटमैले रंग में थोड़ी-सी लाली घोलकर सूरज उग आता है। हवा के झोंके में कीचड़ों, जंगलों, फसलों और घों-घों की सड़ाँध मिली हुई है।···अन्न की खोज में—कोखजली धरती के लाल बढ़े जा रहे हैं।···

···बिरौली बाजार ! सेठ कुंदनमल का भारी गोला। गोदाम है···अन्न नहीं···काम नहीं ?··· अन्न है, तुम्हारे पास कोई जेवर है ?··· नहीं। तुम्हारे पास जमीन है ?··· नहीं। तुम्हारे पास क्या है ?··· कुछ नहीं।···सिर्फ देह में···रोज क्रमशः घटती हुई···ताकत !··· ताकत ?···हिस्स ! ताकत !···

···भूखों की भीड़ बढ़ रही है। धरती की छाती चीरकर, पाताल से 'अन्न' निकालनेवालों को आज अन्न नहीं मिल रहा है।···ये सहरसा से आ रहे हैं···पुरैनियाँ तऽ धानक बखार छिकै।···हमरा सब भेलाही से अबै छी···उम्हर कहत पैड़ गेलैक···हमरा सब 'झिटकिया' रहै छी···अरे ! पूर्णिया जिला में भी धान नहीं, चावल नहीं ?··· हमरा सनिरऽ घर रहे जिला में छहौं··· एहै रुपौली थानारऽ जरलाही मौजा में रहै छी।···हँ, ···जरलाही रऽ 'जालिम सिंह' नाच नामी छै···उहै जरलाही···कोढा···भगवान···गंगदुआर···!

'आ रही है···।" सेठ कुंदनमल की थुलथुल देह का रोम-रोम पुलकित हो रहा है—'आ रही है, लक्ष्मी आ रही है।···चाँदी के सिक्के सोने के हो जाएँगे···कागज के नोट···सोने के चदरे···सोने की सिल्ली···सोना···एक बोरो चावल नहीं, मोती के दानो

हैं दानो !"

भीड़ रास्ता पकड़ती है। निराशा की सर्द आहों और उम्मीद की गर्म साँसों पर झूलता हुआ इंसान आगे बढ़ता है। भूख इनका नेतृत्व कर रही···भूख, मौत का नेतृत्व ?···

किसुनपुर कोठी !···पूर्णिया के सबसे बड़े काश्तकार···बिहार के सबसे बड़े काश्तकार···किसुनपुर के गंभीर बाबू की हवेली यही है।···सुफेद मकान···राजदरबार···अनाज के बखारों की कतार···लक्ष्मी यहीं बिराजती है···अन्न मिलेगा···क्या ?···?···अन्न नहीं···काम नहीं··· जिनके पास पचास से भी ज्यादे कामत हों और हरेक कामत पर औसतन बीस हजार मन से भी ज्यादे धान होता हो···वहाँ अन्न नहीं ?··· जिले के विशाल भू-भाग पर जिनके पुराने 'हल' से लेकर 'ट्रैक्टर' तक चलते हों···वहाँ अन्न नहीं ?··· तो आगे बढ़ना बेकार है।···

"चलो वापस ! घर में भूखे बच्चे हैं, बूढ़े बाप हैं, माँ है···बीवी···साथ मरेंगे।"

"चलो वापस !"

कुछ लोग वापस होते हैं। कुछ लोग सोच में पड़े हैं, मन को तौल रहे हैं। कुछ तय कर लेते हैं—वापस लौटकर क्या करना है ?··· यहाँ भी मौत···वहाँ भी।

*मरना भलो विदेश में*
*जहाँ न अपना कोय*
*काया खाए कूकरा*···

वे और आगे बढ़ते हैं !

घर वापस लौटनेवालों में ज्यादातर पूर्णिया जिला के ही लोग हैं। रहिकपुर, दियारी, बभनगामा, गंगदुआर···। घर नजदीक है···मोह ताजा है। मिट्टी का मोह···बीवी की मुस्कुराहट और बच्चों की तोतली बोलियाँ उन्हें वापस लौटने को मजबूर करती हैं।···कौन गाँव है ?··· गद्दीपुर का कोशीमेला···गद्दीपुर के शोभित बाबू।··· कंगरेसी···नहीं··· आजकल···'सुशलिट' में हैं···गरीब का पाटी में···। याद है ? लाल रंग के घोड़े पर सवार होकर गाँव- गाँव में घूमकर जब शोभित बाबू फौज जमा कर रहे थे ?··· चलो थाना पर चढ़ाई है, 'सुराज' जीतना है।···धाँय-धाँय गोली चली थी···मगर शोभित बाबू का पलटन जरा भी पीछे हटा ?··· हटेगा कैसे··· शोभित बाबू ललकार जो रहे थे···'बढ़ो बहादुर डर काहे का, चाहे जान रहे कि जाय'··· आल्हा-उदल का जोश···बस···साफ···राख··· दारोगा और दो सिपाही को जिंदा ही जला दिया···उसके बाद मिलेटरी ने अपने गाँव में ही क्या कम उत्पात किया था···रघुनी की जवान बेटी को दिन-दहाड़े सड़क पर···लोधन की पुतोहू के पेट में 'किरिच' भोंक दिया था···अकलू हजरा जेल में ही मर गया।···

···मगर शोभित बाबू सुराज जीतकर ही लौटे···।

"चलो ! शोभित बाबू के यहाँ ।"

"सुराज जीतनेवाला अन्न का भी उपाय जरूर करेगा ।"

"चलो !"

काला- कलूटा, अधेड़ आदमी—जिसकी आँखें अंदर में घुसी हुई घुड़कीली मालूम होती हैं—दूध की तरह सुफेद खादी की धोती घुटने तक पहने खड़ा है।··· शोभित बाबू !··· ध्यान से सुनते हैं। भीड़ की ओर देखते हैं और गंभीर होकर पूछते हैं—"तो आप लोगों ने क्या तय किया है ?"

"कुछ नहीं। हमें अन्न चाहिए, काम चाहिए···।"

"हम चाहते हैं"—मधुवन का एक नौजवान महुआ आगे बढ़कर कहता है—"गाड़ी से हम लोगों के मुलुक का अन्न बाहर गया है। यह गाड़ी ही सारे फसाद की जड़ है, इसलिए···"

'इसलिए क्या ? रुक क्यों गए ?"—मेघ की तरह गंभीर आवाज में शोभित बाबू पूछते हैं। आँखें और भी घुड़कीली हो जाती हैं, काले मुखमंडल पर भी लाली दिखाई पड़ती है—"बोलो ! इसलिए क्या करोगे ? क्या करना चाहते हो ?"

"हम चाहते हैं"···· नौजवान हकलाकर जवाब देता है—"हुक्म हो तो हम कुरसाहा के पुल को तोड़ दें···"

'गड़ गड़ गड़म···गड़म···गड़म !!'

"बज्रपात !'

"यह तुमसे किसने कहा ? बोलो ! यह किसने बताया ?"

"नखा···नखा मालाकार ने !"

"मालाकार ने ?"

"जी !"

"नखा कौन है, जानते हो ?"

"काँगरेस···नहीं···सुशलिट···नहीं···किरांती पार्टी का सिपाही···वह कहता है···।"

शोभित बाबू सहसा मुस्कुरा पड़ते हैं। धीरे-धीरे बुदबुदाते हैं—"इसी से तो कहता हूँ, यह तुम्हारा अपना ख्याल कैसे हो सकता है ? यह तो वे ही सोच सकते हैं। '42 में सी. आई. डी. का काम करने में, '46 में देशभक्ति बघारने और '50 में रेलवे लाइन तोड़ने में, एसिड बल्ब फेंकने में देश का कल्याण और जनता के राज का सपना देखनेवाले···क्रांतिकारी पार्टी···!"

"सुनो !····" शोभित बाबू भीड़ को संबोधित करते हैं—"अन्न नहीं है, बाहर

चला गया। रेल के जरिए, पुल पार होकर बाहर चला गया। ठीक है···मगर उसके वापस लाने का रास्ता क्या यही है···पुल तोड़ दो ?····''

भीड़ में पहले फुसफुसाहट, फिर भुनभुनाहट और फिर शोरगुल···कौन है यह आदमी ? बोलने का अक्ल नहीं,···हिस्स···पुल उड़ा दो···बदमाश आदमी है···मगर काँगरेसी बाबू भी तो कुछ नहीं कहते। हम लोग वहाँ भी गए थे···रामलरैन बाबू बोले कि जाओ अन्न पैदा करो, पेड़ लगाओ, झंडा फहराओ, दिवाली मनाओ, सुराज की 'चौबरखी' होगी···कंगाल भोजन होगा···।

अच्छी नस्ल की खूबसूरत, देशी घोड़ी लगाम मानती नहीं, नाचती है। शोभित बाबू लगाम को थामकर कहते हैं—''यदि तुम्हें अन्न लेना है तो मेरे साथ चलो। मैं तुम्हारे लिए अन्न और काम का प्रबंध करने में कुछ उठा नहीं रखूँगा। दूसरों की बात मैं नहीं जानता। झंडापूजन और पुल उड़ाने से जिन्हें अन्न मिलता हो, वे वापस जा सकते हैं। वह गलत रास्ता है, वह मेरा रास्ता नहीं।'

गठिया और पुरानी डिसेंट्री से पीड़ित शोभित बाबू के काबू में घोड़ी नहीं आ रही।···दस वर्ष की उम्र से घोड़े की सवारी करनेवाला आदमी···घोड़ी लगाम नहीं मानती ?··· लगाम झकझोरते हैं···जानवर रास्ता पकड़ता है···ठुमुक-ठुमुककर नाचती हुई घोड़ी आगे बढ़ती है और पीछे भूखों का दल। मुर्झाये चेहरों पर हल्की-सी रोशनी ! उम्मीद की रोशनी !···

''दो सौ रुपये का चावल !''—सेठ कुंदनमल सामने पड़े हुए दोनों नोटों को घृणा की निगाह से देखते हैं और सामने बैठे हुए इस भूत की तरह काले आदमी को देखकर दिल के गुस्से को दबा लेते हैं—''शोभित बाबू ! आप पागल तो नहीं हो गए ! चावल कहाँ है ? गोदाम आपका है, देख लीजिए···एक चुटकी भी मिले तो···गौ माता की कसम···''

''सुनिए सेठजी ! आप मुझे दो सौ रुपए का चावल दीजिए। भूख से इन लोगों का बुरा हाल है ! आज इन्हें भोजन मिल जाय तो कल तक मैं गाँव में घूमकर इनके काम का प्रबंध कर लूँगा ! इतने गाँव हैं, सभी तो अपने हैं, दस-दस हरेक गाँव में रख लिए जायँ तो ये मौत के मुँह से बच जाएँगे।···आप बहाना मत बनाइए···लोग भूख से तबाह हैं। मैं वाजिब कीमत से कुछ ज्यादा भी देने को तैयार हूँ···''

न जाने क्यों, सेठजी अचानक गंभीर हो जाते हैं, शांत मुद्रा बनाकर कहते हैं—''शोभित बाबू ! यों तो आप लोग लीडर आदमी ठहरे, सब कुछ जानते हैं, समझते हैं। लेकिन मैं पूछता हूँ कि इस तरह आप कितने लोगों को घर से खिलाइएगा ? और

कब तक ?··· फिर आप काँग्रेस में भी नहीं हैं, जो कुछ बाहरी आमदनी भी हो। मैं भी आपको दो सौ रुपये चंदा देता हूँ। आप चार सौ रुपए का चावल कहीं और खरीद लें।'

"चावल आपके गोदाम में है।"

"गंगा कसम, नहीं है।"

"सेठजी, आप सैकड़ों की जान के साथ खिलवाड़ कर रहे हैं।"

"रामजी कसम, नहीं है।"

"है।"

"नहीं है।"

भीड़ में एक कम उम्र का लड़का बेहोश हो जाता है। लोग निराश हो रहे हैं। शोभित बाबू भी हार गए !··· हा भगवान !

"गोदाम खोलिए सेठजी !"

सेठ परिस्थिति को ताड़ लेता है, अचानक उदारता दिखलाते हुए हँसता है—"अरे, शोभित बाबू ! गोदाम तो आपका ही है। कुछ बोरियाँ बचा कर रखा था कि इलाके के मजदूरों के काम आएगा।···आप मानते नहीं···नहीं···बैठिए···मुनीमजी, दो सौ रुपए का चावल चालू भाव से तौल दो।"

"और दो सौ रुपए—चंदा ?"

"यह जुलुम है शोभित बाबू ! चंदा और चावल दोनों ? नहीं-नहीं, समझ लीजिए कि मुफ्त में दे रहा हूँ···" दोनों नोटों को उठाकर तिजोरी में बंद करते हुए सेठजी गिड़गिड़ाते हैं।

बिरौली बाजार पर रात-भर 'लोरिक', 'कुमर बिजैभान' और 'सारंगा सदाबृज' के तराने गाए जाते हैं। भूखों को अन्न मिला है, वे खुश हैं, गा रहे हैं। उन्हें काम मिलेगा, अन्न मिलेगा !··· नई ज़िंदगी की उम्मीद में वे गाते हैं—"रामां दियरा सना जरै छै चननिया केर हे रूप !" (चननिया का रूप दीपक की तरह जल रहा है।)

सेठजी को नींद नहीं आ रही है।···इसी तरह यदि भूखों के काम और अन्न का इंतजाम होता गया तो चाँदी के सिक्के सोने के नहीं हो सकते !··· सोना···एक बोरा चावल···कीमती मोतियों के दाने !··· राख···शोभित बाबू उसकी उम्मीद की दुनिया को जलाकर राख करना चाहते हैं ?

'मोहनपुर, कोशकापुर, चन्नैनपट्टी का दौरा करके, सैकड़ों भूखों की रोजी और रोटी का प्रबंध कर शोभित बाबू वापस आ रहे थे, बरसौनी हाट पर अचानक

गिरफ्तार कर लिए गए।'··· एक लाल टोपीवाला नौजवान पूर्णिया डाकघर से पटना तार दे रहा है। पूर्णियाँ सोशलिस्ट पार्टी ऑफिस में कुछ लोग 'मजनू' की सूरत में बैठे हैं और चिल्ला-चिल्लाकर बातें करते हैं। अकालपीड़ित इलाके के कार्यकर्त्तागण आए हैं! शोभित बाबू की गिरफ्तारी, अकाल की सर्वनाश-गति, सरकार की बेरुखी वगैरह पर वे बातें करते हैं···यह सरकार का जुल्म है, इसे फासिज़्म कहते हैं, अकाल आ गया, लोग मौत के मुँह में जा रहे हैं, उन्हें मौत के मुँह से बचानेवाले जेल में ठूँसे जा रहे हैं···

···और तारीफ यह कि दो महीना पहले ही पार्टी ने और किसान पंचायत ने साफ ऐलान कर दिया था, सरकार का ध्यान आकर्षित किया था···अन्न की कमी है, अकाल आ रहा है और लोग मरेंगे।

"मगर सरकार उसे सोशलिस्टों का प्रचार समझने को बाध्य थी।"··· लंबे बालोंवाला, रोगी-सा एक नौजवान सिगरेट का धुआँ छोड़ता हुआ लापरवाही से कहता है—"आप लोग हँसते हैं। यह बात इतनी सच्ची है कि इसे ढँकने के लिए सत्य, अहिंसा, गाँधीजी और रामराज की 'रामनामी' चादर की जरूरत होती है। अकाल से लोग मरेंगे, और खाद्यमंत्री का जवाब आप नोट कर लीजिए। उनका जवाब होगा—'अन्न की स्थिति उतनी खराब नहीं, जितना कि अकाल का भय फैलाया गया है। हर साल बाढ़ के समय इन अंचलों में ऐसी अवस्था उत्पन्न होती है, जिसे देखकर अकाल का संदेह होता है। सरकार के पास अभी इतना साधन मौजूद है कि एक भी आदमी भूख से नहीं मर सकता। गलत लोगों के बहकावे में जनता न पड़े।"

···और जो कांग्रेस में नहीं—वह गलत आदमी है। जो चोरी नहीं करे—वह गद्दार है। जो घूसखोरी रोकने की बात करे—वह देशद्रोही है!

'भूख लगी है, रोटी दो!' कहनेवाला—भिखारी है!

भूख से दम तोड़नेवाला—बीमार है!

सब गलत—एक गद्दी सत्य!···

···"ठहरो राजेन, देखता हूँ तुम आजकल बहुत कड़वा होते जा रहे हो।···हमें सही रास्ता अख्तियार करना होगा। जेल और नजरबंदी हमें अपने रास्ते से नहीं मोड़ सकेगी!"—पार्टी सक्रेटरी कहते हैं।

भूखे, थके-हारे, बेजान लोग घर लौट आए हैं।···खाली हाथ?··· हे भगवान!··· उम्मीद की पतली डोरी भी टूट जाती है। भूख की ज्वाला और तेज हो जाती है, आँखों के आगे का अँधेरा और भी गहरा हो जाता है। बारह दिनों से 'पटुआ'

और 'करमी' खाकर जिस उम्मीद पर जी रहे थे···जब अन्न नहीं तो अब जिंदा कैसे रहा जाए ?

सारे गाँव पर मौत की काली छाया घनीभूत होकर छा रही है···जिंदा लाशों का गाँव !···

भगिया अपनी झोंपड़ी में चुपचाप पड़ी हुई है। टहलू बरसौनी हाट पर गिरफ्तार हो गया, उसका 'पुरुख' हडिड्यों का ढाँचा लेकर लौटा है। सारी देह को निचोड़ने पर भी चुल्लू-भर खून मुश्किल से निकले···यह भी जेल क्यों नहीं चला गया ?··· वहाँ खाना तो मिलता···जेल में काम है, रोटी है···तब क्यों लौट आया ?··· किसलिए···?

भूख से उसकी अँतड़ी कुलबुलाती है। पास ही पड़े हुए अपने बेजान 'पुरुख' की ओर देखती है—किसलिए ?··· कुछ ही दिन पहले इसकी बाँहों की मांसपेशियाँ कैसी उभरी हुई थीं ?··· राक्षस की तरह ताकत थी बाँहों में।···अब तो देह में इतना भी बल नहीं जो उठकर पेशाब भी कर सके···सोए-सोए पेशाब करता है···छिः, यह उसका पुरुख नहीं···'पुरुख' का पिशाच भले ही हो, यह उसका अपना आदमी नहीं··

भूख से वह छटपटाती है—आँखों के आगे चावल का अंबार लगा हुआ है···खाने की चीजें, किस्म-किस्म की···पूरी, खीर, मिठाई, मांस, रोटी, भात।···भोज है, कुरसाहा के सूर्यवंशी बाबू के बूढ़े बाप का श्राद्ध···यही दो- ढाई महीने की बात है। चौदह दिनों तक भोज चलता रहा। 'हौल इंडिया' का (सही मतलब—सारे जिला-जवार; यहाँ कुछ अंशों में 'ऑल इंडिया' भी सही है, क्योंकि···सुना है, केंद्र के कई मंत्रीगण भी भोज में शरीक हुए थे) हाकीम-हुक्काम, पुलिस-दरोगा, अमला-फैला चौदह दिनों तक खाते रहे थे, फिर भी 'भंडार' भरा रहा।···'कुरसाहा टीशन' में रेलगाड़ी रोक-रोककर 'जातरी' लोगों को 'पूरी-मिठाई-दही' खिलाया गया···मगर भंडार नहीं घटा।···

किसकी आवाज है ?··· रहिकपुर के बाबू लोग हैं शायद !··· रहिकपुर के बाबू···कम उम्र के लड़के, जिनकी मसें भी अभी नहीं भींगीं···चार-पाँच दिनों से मुसहर टोली में चक्कर काट रहे हैं···झोली में मकई के दाने लिए रहते हैं,··· कहते हैं—जिन्हें मकई लेना है, लो ! सेर-दो सेर नहीं—चार मुट्ठी।··· कर्ज !··· लेकिन सूद पहले ही चाहिए··· उनकी नई जवानी बूढ़ी और जवान या बच्ची में कोई फर्क नहीं समझती।··· गाँव की बहुत लड़कियों ने निगाह नीची कर उनके मकई का लावा लिया है, खाया है।··· छिः,··· 'पाप की कमाई' समझ कर मन नहीं मानता हो, सो बात नहीं।··· सिर्फ मकई के लावा पर··· ?··· वह भी इतनी कम कीमत

पर···?

कुरसाहा बाजार··· सेठ जी का गोदाम··· गोदाम में वह रोज चावल फटकने जाती··· मुनीम जी उसकी ओर टकटकी लगाकर देखते रहते··· गोदाम का अँधेरा बढ़ता जाता और वह चीनी, आटा, घी, चावल—अपने मन के मुताबिक गठरी बाँधकर लौटती··· मगर सेठ लोग सिर्फ मोटे होते हैं···

करवट बदलकर वह अपने पुरुख की ओर देखती है—सूरजवंशी बाबू के यहाँ भोज में···उमराव सिंह सिपाही ने उसका भी नाम 'लिस्ट' में चढ़ा दिया था।···

···आह ! वे चौदह दिन और चौदह रातें···जगमगाती हुई रातें, हँसती हुई रातें···खीर, पूरी, मिठाई, हलवा, और मांस से भरपूर वे चौदह दिन और रातें···और वर्दी-पेटी, कोट-पैंट, सुफेद कपड़ों के नीचे का इन्सान ?··· कितना बेदर्द···कितना वहशी···लेकिन उनके शरीर में 'इतर के तेल' की खुशबू··· कितना मनोहर।··· और मकई का लावा !··· किसकी आवाज है ? ···आज वह 'लावा' खायगी···मोहन चौधरी का बेटा आया होगा···

उसका 'पुरुख' पेट के बल जमीन पर पड़ा हुआ है। वह बाँस का सहारा लेकर उठती है। सारे शरीर में झनझनाहट मालूम होती है। वह एक बार फिर अपने पुरुख की ओर देखती है और लड़खड़ाती हुई बाहर चल देती है।

"लो !"

"क्या है ?"

"रोटी !"

"रोटी ?"

"हाँ भगिया ! सिर्फ तुम्हारे लिए !"

भगिया अपने निढाल शरीर को सुखी घास पर डाल देती है। एक रोटी में दाँत लगाकर काटती है, चबाती है, निगलती है।···

···अपने 'पुरुख' को जगाती है, हिलाती है।···उसके हाथ में 'रोटी' थमा देती है, फिर हाथ को उसकी नाक के पास ले जाती है···संजीवनी बूटी···। उसका पुरुख 'रोटी' को दूसरे हाथ से टटोलता है, आँखें खोलने की कोशिश करता है और चिल्ला उठता है—'भगवती जै भगवती'··· फिर रोटी पर एक ही साथ टूट पड़ता है···बाजरे की सूखी रोटी का बड़ा-सा कौर गले में अँटक जाता है···आँखें बाहर निकल आती हैं···धीरे-धीरे शरीर ठंडा पड़ता जाता है और धमनियों में बहते हुए खून की धीमी रफ्तार बंद हो जाती है।

···मटमैली अँधियाली में थोड़ी-सी लाली घोलकर सूरज उग आता है। भगिया

अपने सिर का सिंदूर धो डालती है, मगर उसके मुर्झाए, काले ओठों पर 'पान' की लाली उसके जीवन की थोड़ी रंगीनी बचा लेती है।···रात को मोहन चौधरी के बेटा ने पान भी खिलाया था···!

"भगिया कुरसाहा जाएगी !"

गाँव के अर्धमृतकों में यह खबर बिजली की तरह फैल जाती है। लोग काँखते-कराहते उसकी झोंपड़ी के पास आते हैं—माँ भगवती ! तुम जा रही हो ? हम क्या करेंगे ?··· राघोपुर संथाल टोली के बिरसा माँझी ने एक सेर चावल के लिए एक लड़के को भाला से मार दिया···यह दुनिया कैसे रहेगी माँ ?···'हम कैसे बचेंगे ?···

भगिया की आँखों के आगे कुरसाहा भोज के चौदह दिन चक्कर काट रहे हैं। वह मानो बेहोशी में बड़बड़ाती है—चलो ! मेरे साथ···वहाँ खीर, पूरी, मिठाई का भंडार है, कभी घटता नहीं।···

"अब कितनी दूर ?"

कोशी के फैले हुए गँदले जलराशि पर डूबते हुए सूरज की रोशनी पड़ती है···लहू का समुंदर !

दिशाएँ धुँधली हो रही हैं। दरियाई पखेरू की एक जोड़ी हौले-हौले पंख पसारे आसमान में उड़ रही है, चक्कर काटती है और पंख समेटकर तीर की तरह पानी में गोता मारती है।···

···कुरसाहा से चार माइल उत्तर, चन्ननपट्टी दियारा पर अर्धमृतकों की टुकड़ी खड़ी है···अब आगे बढ़ना असंभव है···कितनी दूर ?··· भगिया की आँखों की रोशनी गायब तो नहीं हो गई ?··· वह कुछ भी देख नहीं पाती, क्यों ?

वह अपनी देह की बची-खुची ताकत को आँखों पर डालती है···आँखें बाहर निकल आती हैं···बड़ी-बड़ी आँखें···आँखें शून्य में मानो गड़ी ही रह जाती हैं—हाँ, वही···वही लाल···काली माँ की जीभ की तरह लाल···कुरसाहा पुल···सूरजवंशी बाबू के यहाँ भोज हो रहा है···

उसके पाँव धरती पर जम नहीं पाते। उसके पेट में भीषण पीड़ा मालूम होती है।···चार महीने का गर्भ···मांस का पिंड बाहर आने के लिए, खीर, पूरी का मुलुक देखने के लिए अंतिम जोर लगाता है। भगिया जमीन पर गिर पड़ती है···धरती गर्म खून से पट जाती है···।

'गड़ गड़ गड़म···गड़ गड़ गड़म···।'

45 नंबर मिक्सड ट्रेन पुल से निकल जाती है। जशपति हजारिया चावल मिल का आखिरी स्टॉक···स्पेशल बुकिंग हुई है, सारे ट्रेन में मालगाड़ी के डब्बे जुड़े हुए हैं···गाड़ी मंथर गति से धुकुर-धुकुर करती हुई चली जाती है।···

'करमी' के झुरमुट में भगिया ऐंठ रही है। करमी के फूल, खूबसूरत फूल···भगिया की आँखें फूलों को देखती हैं···पूरी···खीर···मिठाई···भात··· दाल···रोटी···मकई का लावा···अशेष भंडार···!!

भगिया के बाद चेथरू···

फिर बादर का छोटा बेटा···

फिर गौरी बूढ़ी···

*'उठ जाग मुसाफिर भोर भई*
*अब रैन कहाँ जो सोवत है !'*—

चन्ननपट्टी के बाबू लोग रात-भर जल-विहार कर लौट रहे हैं। हारमोनियम···तबला···बाँसुरी···। उनकी उनींदी आँखें दियारे पर होनेवाली हरकत से खुल जाती हैं···गिद्ध डैना फटफटा रहा है···सियारों···गिद्धों और इन्सान में गुत्थमगुत्थी हो रही है।···भोर और शाम, दिन और रात, भूख और अन्न से परे मुसाफिरों के जीवन में कभी भोर हुआ ही नहीं···जागने···का सवाल ही नहीं उठता।

'पूर्णिया जिला में अन्न के बिना हाहाकार···लोग मर रहे हैं।'—पटने के एक अंग्रेजी अखबार का हॉकर सुबह-सुबह चिल्ला उठता है।

आँख मलते हुए लोग उठते हैं। पढ़ते हैं, आँखें मलते हैं, फिर पढ़ते हैं और···"इस 'राज' में सबकुछ संभव है।"

'पुर्णिया जिला में तीस व्यक्ति भूख से मर गए।'—एक हिंदी दैनिक ने मृत्यु-संख्या बताई।

—"बस तीस ही। कांग्रेसी सरकार की कृपा से सारे प्रांत की जनता भूख से तड़प- तड़पकर मरेगी।'

'प्रांत पर अकाल का काला पंजा···पूर्णिया और सहरसा में अन्न के बिना रोज मौतें हो रही हैं···मंत्रीगण वन-महोत्सव मना रहे हैं'—एक सोशलिस्ट साप्ताहिक ने मोटे हरफों में लिखा।

"वाह ! मंत्रियों के वन-महोत्सव से मरनेवालों का क्या ताल्लुक ? यह गलत आलोचना है। मरनेवालों का वन-महोत्सव से क्या ताल्लुक ? वन-महोत्सव मनानेवालों

का भरनेवालों से क्या ताल्लुक ?"

'बिहार प्रांतीय कांग्रेस के मंत्री ने प्रेस-प्रतिनिधियों के सामने पूर्णिया के अकाल के बारे में बयान देते हुए कबूल किया है कि चौदह मौतों की उन्हें पूरी जानकारी है, वे अन्न के बिना मरे हैं ।' पी.टी.आई. ।

—"चौदह ? शायद मरनेवालों की आत्मा उनके सिर पर चढ़कर जी-चाहा कहवा रही है । इंतजार कीजिए, एक सप्ताह में ही उन्हें अपने बयान का प्रतिवाद प्रकाशित करवाना होगा ।"

'अकाल ! अकाल !!···लोग मर रहे हैं !

'जे.पी. आज पूर्णिया के लिए रवाना हो गए ।'

'माननीय कृष्णवल्लभ सहाय तथा माननीय अनुग्रह नारायण सिंह आज एक प्रेस कान्फरेंस में अकाल पर प्रकाश डालेंगे ।'

'सहरसा कांग्रेस कमिटी के सभापति लिखते हैं—दर्जनों मौतें हो चुकीं, सैकड़ों मौत के मुँह में ।···अकाल का तांडव ।'

'माननीय कृष्णवल्लभ सहाय ने प्रेस कान्फरेंस में छह मृत्यु की बात स्वीकार की है ।'

'केंद्रीय खाद्य मंत्री अकाल पीड़ित क्षेत्रों का दौरा करने जा···रहे हैं···'

'गड़ गड़ गड़···गर···गर···गर···गर ···'

जा रहा है । इंद्रप्रस्थ का देवता पुष्पक विमान से जा रहा है ।···कुरसाहा में उतरेंगे.। ··· सूर्यवंशी बाबू का अपना 'लैंडिंग ग्राउंड' है ।

सूर्यवंशी की नई अतिथिशाला में एक दिन पहले से ही कांग्रेसी नेताओं—देवदूतों की भीड़ लगी हुई है ।···आसमान में 'पुष्पक विमान' मँडराता है···मक्खन की तरह दपादप सुफेद टोपियों का झुंड 'लैंडिंग-ग्राउंड' की ओर दौड़ता है ।···'लैंडिंग-ग्राउंड' को घेरकर 'होम गार्ड्स' के नौजवान, बिहार पुलिस के जवान, एस.पी. साहब के नायकत्व में 'गार्ड ऑफ आनर' देने के लिए छाती ताने कतार में खड़े हैं ।···

विमान धरती पर उतरता है । देवता उतरते हैं···गार्ड ऑफ आनर्स···स्वागत, फूल-मालाओं का बोझ !··· सूर्यवंशी बाबू धन्य हैं । देवता धन्य हैं । वे दोनों गले मिल रहे हैं ।

सूर्यवंशी बाबू की नई अतिथिशाला मधुमक्खी के छत्ते की तरह भुनभुना रही है । देवता सूर्यवंशी बाबू के खास 'नौरतन' में हैं । अतिथिशाला में 'देव-भोज'चल रहा है.।··· किस्म-किस्म के पकवान, तरह-तरह की डिशें···कलकत्ते के किसी नामी 'कैटरर' ने ठेका

लिया है । प्लेट, गिलास, चम्मच की खटपटाहट के साथ घरेलू राजनीति की टीका-टिप्पणी हो रही है···"क्यों यादवेंदु बाबू, डेलीगेट एलेक्शन का क्या हाल है ? बाँका में एक भी सीट अनकंटेस्टेड गया या नहीं ?··· सुनते हैं रामपुर में 'बक्सा' छीन लिया, लाठियाँ चल गई ।···क्यों रामकुमार जी···प्रांतीय सभापतित्व के चुनाव की कनवैसिंग के लिए झुनझुनवाला जी आपके यहाँ गए थे ?···"

एक दल में बहस छिड़ी हुई है कि गाँधीजी 'टमाटर स्क्वाश' खाते थे या नहीं ? यदि खाते थे तो इसके 'पोषक-तत्व' के बारे में उन्होंने 'हरिजन' में कोई लेख क्यों नहीं लिखा ?

एकाध छिटपुट गप्प का टुकड़ा—"हमारा 'पेट' आजकल जरा बढ़ गया है । डॉ. बनर्जी कह रहे थे 'ब्लड प्रेसर' का खतरा है ।"

भीषण डकार लेते हुए कोई कहता है—"मेरे पेट की गड़बड़ी दूर नहीं हो रही है । 'डायजेस्ट' नहीं होता, 'कन्स्टीपेशन' रहता है ।"

कोई कह सकता है कि उक्त पेट के रोगी के ही पेट या दिमाग की उपज है, बिहार विधायिका सभा के प्रवेश-पत्र की भाषा···सभा वेश्य में, सामान्य दर्शक दीर्घा···?

तैयार···देवता तैयार··· हैं ! देवदूतों की टोली सुफेद टोपी और 'लाल फीता' वाली फायलों के साथ तैयार हैं ।···

मोटर बोटें, बाढ़ से फैली हुई कोशी की छाती पर, अस्थायी समुद्र की अगम धारा में भड़भड़ाती हुई निकल पड़ती हैं । सारा भू-भाग पानी में डूबा हुआ है, हरियाली का कहीं चिह्न नहीं, फसलों का एक तिनका भी कहीं नजर नहीं आता—भदई, धान-मकई, बाजरा कोशी के जल-प्लावन में नष्ट हो चुके हैं—देवता 'अकाल' को खोज रहे हैं । कहाँ है ?

···मौजा जरलाही !

"यहाँ भी लोग मरे हैं ?"

'देवता' नाव से उतरते हैं । पीछे-पीछे विभिन्न वेशभूषा में बड़ी-सी फौज । सत्यान्वेषकों का दल !

"रे बूढ़ी ! क्या करती है ? इस गाँव में कोई मरा है ?" पाट का साग तोड़ती हुई बुढ़िया घबड़ाती है ।···कोई मरा है ?··· हाकिम, पुलिस···बाप रे !··· "नै हजुर ! नै मरा है !"

"अगहनू मुसहर कैसे मरा ?"

बुढ़िया काँपने लगती है, ···"हजुर बेराम रहै ।"

"बीमार था ।···सुना न आप लोगों ने ?"भूख से बेहाल गाँव में भगदड़ मच जाती है । कोई पाट के खेत में छिपता है । उठने में असमर्थ औरतें घुटने के बल से, रेंग-रेंगकर पाट के खेत में जा छिपती हैं ।··· मलेटरी···पुलिस···गोर्रा···बंदूक !··· बाप रे !···

"ऐ बूढ़ा, रामफल कैसे मरा ?"

"हजुर हमरा कुछ नै मालूम ।"

"रामफल का कौन घर है ?"

"हजुर हमरा कुछ नै मालूम ।"

"रामफल कौन था ?"

"हजुर हमरा कुछ नै मालूम ?"

"इस गाँव का रहनेवाला था या नहीं ?"

"हजुर हमरा कुछ नै मालूम ।"

"···जरूर वह कोई भिखमंगा होगा !"

देवता नाराज हैं। चेहरा तमतमाया हुआ है। नाव पर बैठते हुए बड़बड़ाकर कहते हैं—"हुँ···हल्ला मचा दिया··· अकाल का तांडव-नृत्य···लोग मर रहे हैं।···झूठे !"

देवदूतगण एक-दूसरे का मुँह देखते हैं । ऑफिसरों की टोली खैर मना रही है । जिला कलक्टर अपनी रिपोर्ट पर डटे रहने का साहस बटोर रहे हैं ।···सत्य का पता लगाकर देवता लौटते हैं । नावें वापस आ रही हैं ।···देवता अपना बयान लिखवा रहे हैं ···बेचारा पी.ए. डर से थर-थर काँप रहा है ।···सत्य के प्रकाश को बयान से ढकने की कोशिश हो रही है—'अकाल नहीं है । मौतें नहीं हुईं । खबरें झूठी हैं । अकाल की बात करनेवाले गद्दार हैं, स्वार्थी हैं। सारे जिले में सिर्फ दो मौतें हुईं—एक बीमार था, दूसरा भिखमंगा···।'

देवता के मोटरबोट पर एक खास किस्म के रेडियो सेट का खास इंतजाम है । भला जल-विहार में जब संगीत नहीं तो···फिर क्या मजा ?··· सूरजवंशी बाबू इसे भूल सकते हैं ।···

*'डुबाया उसने कश्ती को*
*जिसे हम नाखुदा समझे !'···*

लखनऊ रेडियो स्टेशन से कोई ग़ज़ल के इस पुरदर्द टुकड़े को हवा में बिखरा रही है । गायिका के गले में दर्द है ···सुर में दर्द है···ग़ज़ल का टुकड़ा पुरदर्द है ।···डुबोया उसने कश्ती को ···जिसे हम नाखुदा समझे !···

देवता की भृकुटि चढ़ जाती है—"क्या वाहियात उर्दू ग़ज़ल ···।'

स्वीच ऑफ···।

"करकट्···ट्···ट्···।

गीत कट जाता है । मानो किसी के गले को जोर से दबोच दिया गया हो और उसकी आवाज अंदर ही घुटकर, छटपटाकर खत्म हो गई हो···। लेकिन ग़ज़ल का टुकड़ा फिज़ा में मँडला रहा है···डुबोया उसने कश्ती को···। चन्ननपट्टी दियारे पर बिखरी

हुई हड्डियों को छूती हुई स्वर-लहरी हवा में मँडला रही है।···देवता इसे बर्दाश्त नहीं कर सकते हैं। वे अपने बयान को बार-बार दुहराते हैं··।

पटने के पत्रकारों की टोली मुँह फाड़कर देखती है, कान खोलकर सुनती है और अवाक् रह जाती है।···केंद्रीय खाद्य मंत्री महोदय धीरे-धीरे अपने वक्तव्य समाप्त करते हैं···चेहरे पर कहीं शर्म की कोई रेखा नहीं···। आश्चर्य···इतना भीषण झूठ बोलकर भी आदमी निगाहें उठाकर देख सकता है ?

···केंद्रीय संसद में, दिल्ली में, इंद्रप्रस्थ में···प्रजातंत्र के पवित्र पाए पर टिकी हुई इमारत में भी—'नरो वा कुंजरो' की पुनरावृत्ति होती है, और ताज्जुब, वह इमारत जरा भी न हिली, न डुली···।

जंतर-मंतर रोड से दीघा घाट, दीघा घाट से पूर्णिया। अ.भा.कां.क. दफ्तर से प्रांतीय दफ्तर, फिर प्रांतीय दफ्तर से जिला ऑफिस···। गश्ती चिट्ठी दौड़ती है।··· गाँव-गाँव में तिरंगा झंडा लहरा-लहराकर चिल्लाता है—"अकाल नहीं है। अकाल की बात मत करो। मौतें हुई हैं, मत बोलो।'

सत्य, अहिंसा, गाँधीजी और रामराज की छाती को कुचलती हुई, रौंदती हुई गश्ती चिट्ठी चक्कर मारती है।···अकाल की बातें मत करो। मौतें हुई हैं, मत कहो।···

देवदूतों की बोलियाँ बदल जाती हैं। पवित्र राष्ट्रीय पूँजी प्राप्त पत्रों की 'वाणी' मूक हो जाती हैं। पुछल्ले पत्रों के हेड लाइन बदल जाते हैं—'अकाल की सारी बातें निराधार।'

पटने में एक जगह पर कुछ बाकी टाइप के नौजवान पत्रकार आपस में बात करने के लिए इकट्ठे हुए हैं।

"हम सच्ची बातों पर पर्दा नहीं पड़ने देंगे।"

"हम पत्रकार हैं।···क्रिमनल नहीं।"

"मुंशी हों या नेहरू ! उन्हें लाखों इंसानों की जानों से खिलवाड़ करने का मजा चखना होगा।"

"समय आ रहा है···"

"हम सच्ची बातों पर पर्दा नहीं पड़ने देंगे"—सभी इस फैसले को मानकर उठते हैं।

एक-दो पत्रों को छोड़कर बाकी सभी पत्रों में पूर्णिया और सहरसा के अकाल की, भुखमरी की खबरें छपती हैं। मौत के आँकड़े···लिस्ट···गाँवों के नाम···मरनेवालों के नामों की फेहरिस्त छपते हैं···मुंशी को चुनौतियाँ दी जाती हैं !···

गश्ती चिट्ठी चक्कर मारती है।···मगर बेकार।

मुंशी का झूठ निखर उठता है···कॉंग्रेस की भ्रष्टता···नेताओं के वीभत्स चेहरे साफ नज़र आते हैं। किस्म-किस्म के बयानों के बवंडर में 'सत्य' छिपता नहीं!···

—'जे.पी. फिर सहरसा जा रहे हैं।'

—'सरकार पूर्णिया और सहरसा को अकालग्रस्त अंचल नहीं मानती।'

—'सारा जिला मौत के गर्त की ओर बढ़ा जा रहा है।'—कर्पूरी ठाकुर का बयान।

—'अकाल नहीं है! मौतें नहीं हुईं, ···अन्न काफी है'—सरकारी प्रचार विभाग का भोंपा चिल्ला रहा है।

राजेन ख़त लिख रहा है।

पूर्णिया के उत्तरी हिस्से में रहनेवाले एक छोटे किसान का बेटा है राजेन। कथाकार है, अपने को प्रगतिशील मानवतावादी कहता है···मगर एक अस्पष्ट साहित्यिक सिद्धांत उसके दृष्टिकोण को गुमराह कर रहा था।···पूर्णिया के अकाल ने, मरते हुए लोगों की पुकार ने उसे झकझोर दिया है। जिले पर धीरे-धीरे छा जाने वाली काली रात की बदसूरती को वह देख रहा है।···खुशी है उसे नई दृष्टि मिली है—उसे नई वाणी मिली है।···वह लिखता है—

> शशांक,
>
> 'जनता' में—नई संस्कृति स्तंभ में तुम नई-नई बातें कहते हो। नाच के बारे में, बेलट के मुतल्लिक, गीतों के संबंध में, तस्वीरों की रेखाओं और रंगों के जादू और रंगमंच के चमत्कार के संबंध में तुमने बहुत-सी नई बातें कही हैं! तुम्हारी बातों से मुझे कितना भरोसा हुआ, यह मैं क्या बताऊँ?
>
> ···अच्छा यह तो बताओ! क्या यही के.एम. मुंशी जी, उपन्यासकार कन्हैयालाल माणिकलाल मुंशी हैं?
>
> यदि 'हाँ' तो लेखकों, कथाकारों यानी कलाकारों को प्रायश्चित करना ही होगा।··· गाँधी को एक पत्रकार ने मारा और एक उपन्यासकार लोगों की मौत को अपने बयान से ढँककर लाखों की जान लेने की कोशिश कर रहा है। कला के सुंदर चेहरे पर कालिख पुत रही है।···
>
> मैं कहता हूँ—कलाकारों को यहाँ भेजो।
>
> —तुम्हारे नृत्य के विशेषज्ञों ने मृत्यु का नंगा नाच नहीं देखा है।
>
> —तुम्हारे कवि ने भूख से दम तोड़ते हुए इंसान के बेजान और पुरदर्द

नग़मे को नहीं सुना।

—तुम्हारे चित्रकार, मुर्झाए हुए चेहरे पर बुझती हुई आँखों को नहीं आँक सकते ?

—'कोरस'··· हाँ, मृत्यु-संगीत के 'कोरस' को तुमने नहीं सुना है।

—तुम्हारे 'रंगमंच' पर हड्डियाँ बिखर रही हैं—यह तुम्हें नहीं मालूम ? हाँ, मैं देख रहा हूँ। सारे जिले की धरती पर हड्डियाँ बिखर रही हैं। आसमान में गिद्धों का दल चक्कर मार रहा है, चील झपट्टे मार रहे हैं, कुत्ते, गीदड़ों, और दम तोड़ते इंसानों में छीना-झपटी हो रही है।···हवा में लाशों की सड़ाँध फैल रही है।···इन बिखरी हुई हड्डियों को बटोरकर कोशी डैम···नहीं···कम-से-कम कोशी पर एक विशाल पुल तैयार किया जा सकता है।···हमारी सरकार के पुनर्निर्माण विभाग का, पूँजीवादी समाज के 'इंजीनियरिंग विभाग' का नया नमूना ···ताजमहल की तरह अद्वितीय और दर्शनीय होगा वह पुल।

देख रहा हूँ···एक भी मध्यमवर्गीय किसान के पास अब अपनी जमीन नहीं रह जायगी।··· परिवार टूट रहे हैं···औरतों की देह के गहने (यहाँ तक कि बच्चों के गले की 'ताबीज' भी) 'बंधक' पड़ चुके हैं ···मैंने आज अपनी कमला का कंगन बेचा है। बेचकर परिवार का चावल खरीदा है। बस, पंद्रह दिनों की खुराक। इसके बाद ? जमीन ?—मगर जमीन है कहाँ ?···रजिस्ट्री आफिसों के पास मेले लगे रहते हैं···कलकत्ते के रायल एक्सचेंज और बंबई के दलाल स्ट्रीट की सरगर्मी छाई हुई है। चंद महीनों के बाद ही सारे जिले में बंगाल से भी भीषण अकाल का महा-तांडव-नृत्य शुरू हो जाएगा।··· और उस महानृत्य की पृष्ठभूमि से—मैं आशा की चमक···क्रांति की चिनगारी को निकलते देखता हूँ। इस बार नरमेध यज्ञ के कुंड से महा बवण्डर फूटेगा···।···तुमने देखा शशांक !··· 'हिमानी' (सरकारी मासिक पत्रिका) में 'वन-महोत्सव' पर 'सलिल' की एक कविता छपी है —'यह दरख्त है हमारे पुण्य रामराज का···

···सुना है, प्रचार विभाग में नौकरी की कोशिश कर रहा है।···और मुझे हर्ष और ताज्जुब है कि तुम्हारी 'जनता' 'अकाल अंक' के बाद की तैयारी कर रही है।···उसे विश्वास है कि इन सारी बातों के बावजूद कलाकार ने आत्महत्या नहीं की है···।

[जनता/17 सितंबर, 1950
के अंक में प्रकाशित]

# एकलव्य के नोट्स

ग्राम—परानपुर
पोस्ट ऑफ़िस—एजन
थाना—फ़ारबिसगंज
ज़िला—पूर्णिया, बिहार
काल—सितंबर, 54

ज़िले का एक बड़ा गाँव । विभिन्न जातियों के तेरह टोले हैं । मुसलमान टोली छोटी है, पचास घर रह गए हैं अब । आबादी सात-आठ हजार करीब ।

*पढ़े-लिखे लोग*—आठ ग्रेजुएट, एक एम. ए (पागल होने के पहले ही पास किया था), पचास मैट्रिक्युलेट, एक सौ मिडिल पास···। डेढ़ दर्जन कवि, करीब दो दर्जन कथाकार, दो साहित्यालंकार और एक नाटककार । पिछले साल एक हरिजन ने बी.ए. पास किया है, सबसे पहले । लड़कियाँ भी पढ़ी-लिखी हैं । ज़िले की एकमात्र साप्ताहिक पत्रिका में एक कुमारी कवयित्री की रचनाएँ हमेशा छपती हैं ।··· यह और बात है कि लोग तरह-तरह की बातें करते हैं उनकी रचनाओं के संबंध में ।··· रघ्घु रामायनी—जिसे एक अक्षर का भी बोध नहीं, किंतु बालकांड से उत्तरकांड तक कंठ में है, उसके मन-सरोवर में तैरता हुआ हंस आज भी मोती चुगता है···गोस्वामी तुलसीदास उसे स्वप्न में दर्शन देते हैं । (···तीनों लड़के अलग हो गए हैं । बुढ़ापे में फिर से 'खुरपी' पकड़नी पड़ी है रघ्घु को, आध घंटे में ही हाँफने लगता है ।)

*विद्यालय*—एक उच्चांग्ल है (H. E. School, Estd. 1929 ) । वह था तो मिडिल स्कूल, उच्चांग्ल तो हाल में ही हुआ है (उन्नीस सौ चौंतीस में ) । व्यंग्य करते समय कहते हैं —उच्चांग्ल । यों एच. ई. स्कूल ही कहलाता है । स्कूल के लिए पैसे जिस वृद्ध दाता ने दिए थे, उसके लड़कों ने अपने पिता के नाम पर स्कूल के

नामकरण का विरोध किया था, इसलिए वृद्ध दाता की जाति के नाम पर स्कूल की नामकरण क्रिया हुई थी—ब्राह्मण एच.ई. स्कूल ।···गत तीन वर्षों से कोई हेडमास्टर दो महीने से ज्यादा नहीं टिक पाते ।···जाति और पंचायत, गाँव की दलबंदी के ऊपर चढ़े करेले की भुजिया स्कूल कमेटी की कड़ाही में भूँजी जाती है न···इसीलिए···! स्कूल की अवस्था शोचनीय कही जाती है ।

एक कन्या विद्यालय है—मिडिल वर्नाक्यूलर ।···तीन ही अध्यापिकाएँ हैं । जब से विद्या दीदी पति की आज्ञा लेकर अध्यापिका हुई हैं, स्कूल की अवस्था अच्छी है ।··· बालिका विद्यालय की बालिकाएँ कोरस में 'जन-गन-मन' बहुत सुंदर गाती हैं ।

*पुस्तकालय*—स्थापना 1930 । 1944 से सरकारी सहायता मिलती है । पाँच साल पहले रेडियो भी दिया गया—राज्य सरकार की ओर से । आजकल बंद है । पुस्तकालय के सदस्यों का कथन है, 'छित्तन बाबू के बड़े भाई साहब ने ही पुस्तकालय के लिए अपने बँगले की एक कोठरी दी थी ।' चार महीना पहले की बात है, छित्तन बाबू ने साफ लफ्जों में कह दिया—'यहाँ लाइब्रेरी कहाँ है ? खबरदार ! यदि सीढ़ी पर किसी ने पैर रखा तो फौजदारी हो जाएगी ।··· ट्रैसपासिंग का मुकदमा कैसा होता है, किसी वकील से जाकर पूछो ।'··· "छित्तन बाबू बड़ा अन्यायी है, सार्वजनिक पुस्तकालय को इस तरह हथिया लेना छोटी बात नहीं ।···निंदा का प्रस्ताव पास होना चाहिए ।"

छित्तन बाबू का कथन है—"पिछले दस साल से पुस्तकालयवाले सरकार से घर-भाड़ा के नाम पर चालीस रुपये माहवार वसूलते हैं । कभी एक पैसा भी दिया है मुझे ?··· चार-पाँच हजार रुपयों की बात है; खेल नहीं ।···कहाँ गए रुपए, कुछ हिसाब तो होना चाहिए···सरकारी रेडियो, बिकू बाबू की सुहागरात में बजने के लिए गया, उसी रात से खराब होकर उनके यहाँ पड़ा है ।···बैटरी का पैसा सरकार से बराबर वसूला गया है ।"

बिकू बाबू और छित्तन बाबू के झगड़े में, जातिवाद के पचड़े । फिर सेक्रेटरी प्रेसिडेंट कलह-कांड ।···इसलिए, छित्तन बाबू का पंचवर्षीय पुत्र 'दीपशिखा' के पृष्ठों को काट-काटकर दीवार पर चिपकाता है, उसे कौन मना कर सकता है ?

*नाट्यशाला*—स्थापना 1929 । 1930 में राजबनैली चंपानगर के दरबार कलकत्ता की 'लड्डन कंपनी' को पानी-पानी कर दिया था परानपुर नाटक-मंडली ने ।···चार साल पहले तक नाटक खेले गए हैं—हिंदी के प्रसिद्ध नाटककारों की किताबों को स्टेज किया है । (डायलाग पारसी अंदाज में ही बोलते हों, मगर स्टेज जरूर करते थे । ) पिछले साल एक बार ब्राह्मण टोली के मिश्रजी की बैठक में नया एकांकी खेला गया तो भूमिहार टोली में दूसरा एकांकी स्टेज हुआ ।

···भूमिहार पुत्रों ने ब्राह्मण समाज के एकांकी करनेवाले नौजवानों पर उसी समय

से व्यंग्य करना शुरू किया है। ब्राह्मण टोली के एकांकी के एक पात्र की नकल उतारकर लगीनासिंह आज भी बता देते हैं—पारसी कंपनीवालों की तरह—'दे-ए-ए-ए-वी-वी-द-नू-ई-ज-द-ली-ऊ-नी-का-क्या-आ-दे-स्-है-ए ···"

फिर आवाज पतली बनाकर तुरत ही 'उत्तर' जड़ देते हैं—'स-ब-ऽऽसे-स-है (लंबी आह लेकर !) सब सेस है भगवान, सब सेस है।'

दनुजदलनी देवी का पार्ट, ब्राह्मण टोली में, करने वाला मिला नहीं। तंत्रिमा टोली के धनपत को रटाया गया। धनपत ततमा टोली की 'बलवाही मंडली' (बाउलसुर में नाचने- गानेवाली मंडली ) का 'नटुआ' है। दाढ़ी- मूँछ नहीं है। 'वलगोबना' है। अपढ़ है, किन्तु पार्ट रटा दिया गया था ऐसा कि···।

ब्राह्मण टोली के अभिनेतागण जरा मुस्कराकर कहते—'कहाँ से लाए भाई···साक्षात् फिल्म स्टार लीला देवी ?'

भूमिहार टोलीवालों ने क्रांति की थी।···मनमोहन बाबू वामपंथी हैं। उन्होंने अपनी छोटी बहन को पढ़ाया- लिखाया है। पटने में पढ़ती है, मनमोहन बाबू के मामा काँग्रेसी एम.एल.ए. हैं ।···लीला फिल्मी गीत नकल करती है। एकांकी में उसने अभिनय किया था। भूमिहार टोली के किसी नौजवान ने अपने विरोधी कैंपवालों पर रोब गालिब करते हुए सुनाया था—'एकदम फिल्म स्टार उतर आई थी समझो।' ···इसलिए 'साक्षात- फिल्म स्टार' कहकर ब्राह्मण टोलीवाले लड़के मंद- मंद मुस्कराते हैं। इसी बात को लेकर एक दिन मारपीट हो जाती। बात यह हुई कि···

> [यह, विद्यार्थी एकलव्य के नोट्स का एक अंश है। एकलव्य जो अपने को 'समाज विज्ञानी' कहते हैं। किसी विश्वविद्यालय से संबंध नहीं। पिछले साल तक पटने के एक सचित्र हिंदी साप्ताहिक के संपादन में सहायता करते थे—अपने एक परमपूज्य साप्ताहिक संपादकजी की। अचानक एक दिन गायब हो गए—जुलाई 1954 में। यार लोग बहुत- सी बातें उड़ाने लगे। पत्र के संपादक एकलव्यजी के शुभचिंतक साहित्यिकजी पर अप्रत्यक्ष रूप से इल्जाम लगाए गए, किंतु एकलव्यजी ने उपर्युक्त साप्ताहिक पत्रिका के कालमों के द्वारा अपने सभी हित- अहित, शुभ- अशुभचिंतक मित्रों को लिखा : "एकलव्य ने अस्थायी रूप से पत्रकारिता छोड़कर, पूर्णिया के एक गाँव में 'पॉलट्री' खोली है। प्रयोग को वे पाप नहीं समझते। व्यापार उतना लाभदायक नहीं जितना कि 'टेक्स्ट बुक- चाबी निर्माण !'···किंतु, बुरा नहीं। जलवायु अच्छा है। ···पत्रकार तथा साहित्यिक बंधुओं को सादर निमंत्रण।···हिरन, साँभर, बनैले सूअर तथा नीलगाय के शिकार का शौक रखनेवाले अपने बंदूकवाले

मित्रों को साथ ला सकते हैं।"

पटने के विभिन्न होटलों, रेस्तराँ तथा कैंटीनों में बैठे हुए एकलव्य जी के मित्रों ने 'टेबलतोड़' ठहाके लगाए थे—'साला ! सचमुच पागल हो गया।'

—पत्रकारिता खेल नहीं बच्चू !

—रंग उतर रहा था···साला भारी चालाक है !

—एक आर्टिकल के बल पर 'संपादकी' करने आया था ! किंतु एकलव्य के 'संपादक' को (जिस पर एक वर्ग के पत्रकार कुछ दिनों से 'गुरुडम' का इल्जाम लगाने लगे हैं !) भरोसा था। एकलव्य को वे 'आर्ट' और 'लिटेरेचर' का अधिकारी नहीं तो उत्तराधिकारी जरूर मानते थे।··· हिमाकत ! और क्या कहेंगे ?··· एकलव्यजी की 'कुक्कुट पालन साधना' में भी उन्हें साहित्य और समाज की समृद्धि की संभावना दिखलाई पड़ती थी !

जून 1955 में एकलव्यजी पटना लौट आए हैं, कालाआजार तथा 'डिसेंट्री' लेकर। तब से पटने के जेनेरल हास्पिटल के एक जेनेरल वार्ड में भर्ती हैं। अपने संपादक को उन्होंने हस्तलिखित कागजात का बड़ा पोथा सुपुर्द किया है। संपादकजी उस पोथे के बारे में जब-जब अपने बंधु-बांधवों से कुछ कहना चाहते हैं, लोग बात काटकर एकलव्य के ब्लडप्रेशर की रिपोर्ट तथा उसके दिमाग की कुशल पूछते हैं।···'पाटलीपुत्र परागदल' (एक स्थानीय सांस्कृतिक संस्था) के चीफ ने भविष्यवाणी की है, 'काँके न भेजा जाए तो कहना।'

संपादकजी ने हिंदी की विभिन्न पत्र-पत्रिकाओं की सेवा में 'एकलव्य के नोट्स' के अंश प्रकाशनार्थ प्रेषित किए। अधिकांश पत्रों ने धन्यवाद-पूर्वक नोट्स को वापस कर दिया है।···बहुतों ने तीखी-मीठी टिप्पणियों के 'खरोंच' भी लगाए हैं।]

बात यह हुई कि···। एक बात पहले की कह देना अच्छा है।···इधर कुछ दिनों से लगता है कि दुनिया तेज रफ्तार से भागी जा रही है। दिशा ज्ञान की बातें पीछे करूँगा—चाल की तेजी का अनुभव सभी कर रहे हैं।···उदाहरणार्थ—लैंड सर्वे सेटूलमेंट ! जमीन की फिर से पैमाइश हो रही है। साठ-सत्तर साल बाद। भूमि पर अधिकार ! बँटैयादार का जमीन पर सर्वाधिकार हो सकता है, यदि वह साबित कर दे कि जमीन उसी ने जोती-बोई है।··· चार आदमी (खेत के चारों ओर के गवाह

जिसे 'अरिया-गवाह' अथवा चौहद्दी के गवाह कहते हैं) कह दें, बस हो गया। बिहार टेनेंसी एक्ट की दफा 40 के मुताबिक लगातार तीन साल तक जमीन आबाद करनेवालों को 'आकोपेंसी राईट' (मौरूसी हक) हासिल हो जाता था। जमींदारी प्रथा खत्म करने के बाद राज्य सरकार ने अनुभव किया—पूर्णिया ज़िले में एक क्रांतिकारी कदम उठाने की आवश्यकता है।···हिंदुस्तान में, संभवतः सबसे पहले पूर्णिया ज़िले पर ही 'लैंड सर्वे आपरेशन' का प्रयोग किया गया है। ज़िले में जमींदार राजाओं की जमींदारियों का विनाश अवश्य हुआ, किंतु हिंदुस्तान के सबसे बड़े किसान यहीं निवास करते हैं,।···गुरुवंशी बाबू जमींदार नहीं, किसान हैं। दस हजार बीघे जमीन है। दो हवाई जहाज रखते हैं। दूसरे हैं भोला बाबू। करीब पंद्रह-बीस हजार बीघे जमीन है, सवा दर्जन ट्रैक्टर हैं। पर यह बात सच्ची है कि वे जमींदार नहीं।···पाँच सौ बीघेवाले किसान मध्यवर्गीय किसान कहलाते हैं। गाँव-गाँव पर इन किसानों का राज ! भूमिहीनों की विशाल जमात। जगती हुई चेतना।···जमींदारी प्रथा समाप्त होने के बाद भी हर साल फसल कटने के समय एक- डेढ़ सौ लड़ाई-दंगे और चालीस-पचास 'मरडर' होते रहे तो फिर से जमीन की बंदोबरती की व्यवस्था की गई है। एक विशाल आँधी की प्रतीक्षा में 'क्षयिष्णु' समाज, समाज के गाँव, गाँव के लोग खड़े हैं ···

शहर से (पटना से) शशांक ने लिखा है—"हिंदी साहित्य की प्रसिद्ध 'परसनेलिटी' ने कहा है—'एकलव्य एक दिन अपनी गलती पर पछताएगा।···' गाँव, अंचल, आंचलिक वगैरह-वगैरह के गोरखधंधे से निकालकर उसे शुद्ध साहित्य की रचना करने को कहा !"

पक्की बात है। मुझे अपनी पॉलट्री पर ध्यान देना चाहिए। बिजनेस इज बिजनेस।··· मगर यह गाँव ! 1880 साल में मि. बुकानन ने अपनी 'पूर्णिया रिपोर्ट' में इस गाँव के बारे में जो लिखा है, उसकी कुछ पंक्तियों का अनुवाद है : 'इस इलाके के लोग परानपुर को सारे अंचल का 'प्राण' कहते हैं। अक्षरशः सत्य है उनका कथन।···गाँव से पच्छिम बहती हुई दुलारी-दाई की धारा। तीन ओर विशाल प्रांतर। ज़िले के नक्शे के बीचोंबीच—उत्तर से दक्खिन की ओर पड़ी हुई लाखों एकड़ बादामी रंग की धरती···परती ! दुलारी-दाई जिसकी पच्छिमी रेखा है, जहाँ से हरियाली शुरू होती है। अपने दोनों हाथों से दोनों कछार की धरती पर सुख-समृद्धि बाँटती हुई दुलारी-दाई···वंध्या धरती की समवेदना में बहती हुई अश्रुधारा जैसी।···गाँव के दक्खिन हजारों सेमल के पेड़ों का बाग है। सेमलबनी ! ···फूलों के मौसम में 'लाल आसमान' को मैंने देखा है—अपलक नेत्रों से, अचरज भरी निगाहों से।··· लाल आसमान !

सेमल का बाग आज भी है। हर पाँच-सात साल के बाद नई पौध ! कहते हैं,

सात साल पहले एक दियासलाई कंपनी का ठेकेदार आया और सेमल—जिसको (जिसके फल को) गिलहरी भी न खाए, जिसकी लकड़ी से कोई मुर्दा भी न जलाए, शीशम के दर बिकने लगा। लेकिन इसी को कहते हैं तक़दीर का खेल ! बन के मालिक के अधपगले एम.ए. पास पुत्र ने साफ जवाब दे दिया—'एक पेड़ भी नहीं बेचूँगा।' साठ हजार रुपये की 'आखिरी डाक' देकर कंपनी का ठेकेदार चला गया।···अब हाय- हाय करने से क्या होता है ? जमींदारी चली गई, सेमलबनी पर सरकार का कब्जा हो गया है। सरकार जो चाहे करे।···अब हाईकोर्ट में अर्जी दी है—'सेमल के गाछ का सर्वनाश न किया जाए।' ··· पागल आदमी को कौन समझाए ?

इस तथाकथित अर्द्ध-पागल नौजवान से मैं मिला हूँ। सनकियों के कुछ लक्षण उसमें अवश्य हैं। सेमल बाग को न बेचने का कारण पूछने पर चिढ़कर उसने कहा था—'आप नहीं समझिएगा साहब।···आप समझ ही नहीं सकते मेरी बात···'

फूलों के मौसम में सेमल की नंगी बाँहें जब लाल-लाल फूलों से भर गईं, एक सुप्रभात के आसमान की फिजाँ देखकर मैंने मन-ही-मन उस अर्द्ध-पागल नौजवान को श्रद्धापूर्ण नमस्कार किया। उसने अतिशिष्ट एवं सभ्य भाषा में मुझे कड़वी गालियाँ दी थीं।—वह मेरा प्राप्य था।

मेरे प्यारे गैबी···हाँ, यह मेरे मुर्गे का नाम है। रोड्स जाति का है। बड़ा अक्खड़, बड़ा लड़ाका। मेरे प्यारे गैबी पर भी सिंदूरी जादू चल गया है मानो। अस्वाभाविक ढंग से चकित होकर बार-बार इधर-उधर देखता है, अरुणचूड़ा चमकाकर नाचता है, बाँग देता है···जन्मजात 'लेफ्टिस्ट' है मेरा गैबी ! बाँग जब देने लगता है, तो लगता है, कंबख्त नारे लगा रहा है।···नारे से बेहद चिढ़ते हैं कुछ लोग।···चुप रहो प्यारे ! वर्ना कभी जिबह कर दिए जाओगे !··· और ये छोटी-छोटी देशी मुर्गियाँ भी बिलायती बोल बोलती हैं जब गैबी नारा लगाता है।···गैबी का क्या दोष ?··· सेमल को फूलते देखकर हवा भी बावरी हो गई है।···चक्की पीसती हुई लड़कियाँ गाती हैं···

*'सेमली के बगिया अगिया लागी·· रही !'*

गैबी ने आसमान सिर पर उठा लिया है। उसका क्या कसूर ? मेरी भी कविता करने की इच्छा हो रही है—

*'लाल-लाल फूल से भरे*
*हजारों हाथ आस्माँ में उठाए*
*हम खड़े हैं*
*काल पर्दे के पार बेबस*
*ओ ! नए युग की पहली सुबह,*
*रात के किले में कैद नए आफताब सुनो !*

*हम तुम्हें आजाद करने आए हैं !*

[यह धन्यवादपूर्वक अस्वीकृत अंश है 'एकलव्य के नोट्स' का। पत्र के संपादक ने एकलव्यजी के परम शुभचिंतक संपादक से मौखिक रूप में कहा—'बेवजह बहुत 'लाल-लाल' चिल्लाने की चेष्टा है।···' एक पिछड़े हुए ज़िले के खास अंचल का 'डिड्डम' पीटा है।···'कथा साहित्य' को इस 'नोट' से कोई तालुक नहीं।···संपादकजी ने एकलव्य के नोट्स से और दो टुकड़े लेकर इसमें जोड़ दिये हैं।]

बौंडोरी ! बौंडोरी !!

सर्वे का काम शुरू हो गया है। अमीनों की विशाल फौज उतरी है।···बौंडोरी, बौंडोरी !

बौंडोरी अर्थात बाउंड्री ! सर्वे की पहली मंजिल ! अमीनों के आगमन के साथ ही गाँव में नए शब्द आए हैं—सर्वे से संबंधित ! बच्चा-बच्चा बोलता है।

सर्वे की पहली मंजिल—बाउंड्री ! फिर किश्तवार, तब मुरब्बा, खानापुरी, तनाजा, तसदीक और दफा तीन···।

जरीब की कड़ी, तख्ती, राइटेंगल, गुनियाँ, कंपास आदि लेकर अमीन लोग अपने टंडैलों के साथ धरती के चप्पे-चप्पे पर घूम रहे हैं। जरीब की कड़ी खनखनाती हुई सरक रही है—खन-खन-खन !!

सर्वे के अमीन साहब का कहना है—'यदि किसी 'प्लाट' पर एक कौआ आकर कह दे कि जमीन मैंने जोती-बोई है, तो उसका नाम लिखने को हम मजबूर हैं।···यही कानून है। यह मत समझो कि 'बौंडोरी' बाँध रहा हूँ···'

मैंने शशांक के पत्र का जवाब दिया है—"शशांक ! यह मत समझो कि 'बौंडोरी' बाँध रहा हूँ।···चार महीने हो रहे हैं, बहुत बड़ी-बड़ी बातें होते देख रहा हूँ।··· अब इस अंचल को क्या करूँ कि 'जादू-टोना' मारे जा रहा है।···मैं बहुत करीब से देख रहा हूँ इस उथल-पुथल को।···धरती पर आकाश की परी उतरती है, हौले-हौले ! हरसिंगार की डालियों से जरा-सी चुनरी उलझी, मृदु झटके से जो फूल झरे, शरद की चाँदनी में भींगी धरती पर पड़ते-झरते हरसिंगार के 'परस' की खबर मुझे हो ही जाती है। युगों से पददलित, शोषित, भुक्खड़ भूमिहीनों की टोली—यहाँ हर टोले में, दिन-रात न सुनूँ ?··· क्या कहता है- हमारा प्रतिष्ठित मित्र ? कान बंद कर लूँ ?···

"धरती में कान लगाकर दिन-रात सुनता हूँ !"

"क्या सुनता हूँ, नहीं सुनना चाहते तुम, न सुनो। बहरा कैसे हो जाऊँ मित्र···!

ज़िले-भर में किसानों और बेजमीनों में महाभारत छिड़ा हुआ है। दुखरन साह मेरे पड़ोस में रहते हैं, छोटी दुकान है। पचास बीघे जमीन है। भोगनेवाला कोई नहीं।···उसने सोचा था—'भूदान' में दो बीघे जमीन 'दान' देने से अड़तालीस बीघे तो बच जाएँगे। हजार बीघेवाला भी एक इंच जमीन छोड़ने को राजी नहीं···'बोर' मत होना दोस्त! अजीब ज़िला है यह!"

मगर, अमीन साहब कहते हैं, 'असल चीज है बाउंड्री! अभी जिसका नाम दर्ज हो गया, समझो पत्थर पर रेखा पड़ गई।' इसीलिए जमीनवाले और बेजमीन—सभी उन्हें हमेशा घेरे रहते हैं। न जाने कब कोई कौआ उड़कर आए और तनाजा दे दे जमीन में।

'तनाजा' सर्वे की एक मंजिल है!

तनाजे का फैसला कानूनगो साहब करेंगे। इनको बहुत 'पावर' है। अभी अमीन और सुपरवाइजर इनके 'अंडर' में रहते हैं।···पाँच महीने तक 'तनाजा' का फैसला होगा !··· सबों ने पाट बेचकर पैसे जमा कर रखे हैं, क्या जाने कब रुपये की जरूरत पड़ जाए !··· दिन रात कचहरी लगी रहती है कानूनगो साहब की। कानूनगो के 'चपरासीजी' को इलाके के बड़े-से-बड़े जमीनवाले हाथ उठाकर—'जयहिंद' करते हैं—"जयहिंद चपरासीजी !··· कहिए, कानूनगो साहब को 'चावल' पसंद आया? असली बासमती चावल है, अपने खर्च के लिए घर में था।···जी-जी-हाँ।··· घी आज आ जाएगा।"

कचहरी लगी रहती है—देशसेवकों की। काँग्रेसी, समाजवादी, कम्युनिस्ट—सभी पार्टीवालों ने अपने बाहरी 'वरकर' मँगाए हैं। गाँव के 'वरकरों' की बात उनके अपने परिवार के ही अन्य सदस्य नहीं मानते।···अपना-अपना भाग्य! अपना-अपना हिस्सा!

बहुत से 'वरकरों' का ट्रायल होनेवाला है। सेवकों की सेवाओं की परख हो रही है।

सभी पार्टी के कार्यकर्ता सतर्क हैं, सचेष्ट हैं। बँटाइदारी करनेवालों के नाम पर्चा दिखवाने का व्यापार बड़ा टेढ़ा है!

चौहद्दी के गवाहों की गवाही बड़ी पुख्ता समझी जाती है—कानूनगो के सामने।···प्लाट नंबर 472! इसके उत्तर कौन है 471 में? जीतू हजरा? क्यों जी जीतू हजरा, क्या तुम्हें मालूम है कि तुम्हारी जमीन के दक्खिन किसकी जमीन है? रेखागणित के सहारे बात आसानी से समझी-समझायी जा सकती है।···क्योंकि, प्लांट नंबर 472 का 'तनाजा' जाँच रहे हैं हाकिम। 472 पर दो-दो दावे हैं। जमीन मालिक मोती मिसर और बँटाइदार सुखानू राउत के अलावा और भी दो बँटैयादारों के दावे हैं। सबों के दावे हैं कि वे ही असल बँटैयादार हैं।···472 के उत्तर 471 में जीतू हजरा के बाप

का नाम पुराने कागजात में दर्ज है—कायमी बँटाइदार की सूरत से ।··· एक पार्टी ने उसको गवाह बनाया है । दूसरी पार्टीवाला कागज पेश करता है—'हुजूर माय-बाप ! देखा जाय । जीतू हजरा के बाप ने अँगूठे का निशान लगाकर पच्चीस साल पहले 'सुपुर्दी' लिखकर दी है, इस जमीन पर हमारा या हमारे वारिसान का कोई हक नहीं रहेगा ।'··· रेखागणित के द्वारा ही यह साबित होता है कि प्रत्येक प्लाट पर पाँच-पाँच आधीदारों के झगड़े हैं ।···व्यक्ति-व्यक्ति की लड़ाई है ।···कानूनगो साहब मुस्कुराकर पार्टी वरकरों की ओर देखते हैं—"आप लोग तो जनता के नेता हैं । देखिए, कितना झंझट का काम है । मैं किसे सच मानूँ ।"

जमीनवाले फर्जी बँटैयादार खड़ा कर रहे हैं ।···जमीन बचाने के लिए वे हर तरह के कुकर्म कर सकते हैं ।

'मगर फर्जी बँटैयादारों की संख्या जोड़कर देखिए···बहुमत की फर्जी···।' कानूनगो साहब बिच्छू की तरह डंक मारकर हँसते हैं, दुष्ट हँसी ! सभी पार्टीवालों पर उनके विरोधी दल का इल्जाम है···अपनी किसान सभा के मेंबरों को गैर-वाजिब ढंग से जमीन दिलाना चाहते हैं । गाँव में 'सपोर्ट' शब्द खूब प्रचलित हो गया है ।

"क्यों रामदैल ! तुमको तो दो-दो पार्टीवाले 'सपोर्ट' करते हैं ।···पर्चा तुम्हीं को मिलेगा ।"····"अरे, नहीं भाई । बड़ा 'इंदरजाल' हो रहा है ।—कानूनगो साहब की 'इसतिरी' का 'ममहर' रामलगन बाबू की ससुराल के बगलवाले गाँव में है । लगता है आखिर 'तिरियाचलित्तर' का 'खेला' करवाएँगे रामलगन बाबू ।'

किंतु लुत्तो बाबू की बात निराली है । शासक पार्टी के कार्यकर्ता हैं । सर्वे के समय उनकी कीमत और बढ़ रही है । बड़े लोगों की सेवा कभी निष्फल नहीं जाती । पाँच साल तक थाना कमेटी के नेताजी का बिस्तर यों ही नहीं ढोया है···लुत्तो बाबू ने ।

"अरे, सोशलिस्ट, कौमनिस्ट को कौन पूछता है । जमीन लेनी है तो 'जय' बोलो लुत्तो बाबू की ।"

सभी धीरे-धीरे जान गए हैं, सोशलिस्ट और कम्युनिस्ट पार्टीवाले जिनकी मदद करेंगे, उन्हें जमीन हरगिज नहीं मिल सकती, ब्रह्मा-विष्णु-महेश भी उठकर आएँ तब भी नहीं ।···इसमें कुछ-कुछ भेद है—जिसे सिर्फ लुत्तो बाबू ही जानते हैं । लुत्तो बाबू के चरण गहो···।

खेत-खलिहान, घाट-बाट, बाग-बगीचे, पोखर-महार···पर खनखनाती हुई जरीब की कड़ी घसीटी जा रही है···खन-खन-खन-खन !

—क्या नक्शा बन रहा है !

—नया खाता, नया पर्चा···जमीन के नए मालिक !

तनाजा के बाद तसदीक ! तसदीक करने के लिए कानूनगो से ज्यादा 'पावर' वाले

नए हाकिम साहब आए हैं। ए. एस. ओ. साहब। असिस्टेंट सर्वे ऑफिसर। ···हर नया हाकिम नया एलान करता है।

"बाउंड्री—तनाज़ा हम कुछ नहीं जानता है। हम फिर शुरू से जाँच करेगा। ···यही सरकुलर आया है। नया सरकुलर।"

—छै महीने में ही गाँव का बच्चा-बच्चा पक्की गवाही देना सीख गया है।

—छै महीने में ही गाँव एकदम बदल गया है। बाप-बेटे में, भाई-भाई में, अपने हक को लेकर ऐसी लड़ाई कभी नहीं हुई।···अजीब-अजीब घटनाएँ घटती हैं। सरबन बाबू की ही बात लीजिए···। सरबन बाबू इलाके के नामी-गरामी आदमी हैं। गाँव में अब भी काफी प्रतिष्ठा है। जवार-भर की पंचायतों में जाते हैं। ···हाल में ही काशीजी से 'शिवलिंग' मँगवाकर स्थापना करवाई। पुण्य का झंडा लहरा रहा है आसमान में, शिवाले के ऊपर। ···उनके छोटे भाई लालचन बाबू को किसी ने बताया कि सभी पर्चों पर सरबन बाबू अपने लड़कों के नाम या स्त्री का नाम चढ़वा रहे हैं। लालचन बाबू का नाम कहीं भी नहीं—एक 'प्लाट' पर भी नहीं। जिन पर्चों पर सरबन बाबू का नाम चढ़ा है, सरबन बाबू के साथ··· 'वगैरा' भी नहीं है जो कभी लालचन बाबू दावा कर सकें ··· । लालचन बाबू पढ़े-लिखे नहीं हैं तो क्या हुआ ? इतनी-सी बात भी उनकी समझ में नहीं आएगी ? उनके वकील साहब ने फीस लेकर सलाह दी है —'आपको आगे बढ़ने की कोई जरूरत नहीं (आगे बढ़ने का मतलब यहाँ कोर्ट-कचहरी करने से है)··· बढ़े भाई को आगे बढ़ने दीजिए।'

लालचन बाबू ने दूसरे ही दिन 'मारे लाठी के' सिर फोड़कर सरबन बाबू को, यानी अपने बड़े भाई साहब को आगे बढ़ा दिया है।"

बड़े-बड़े इज्जतदारों की हवेली में बंद घूँघटों में छिपी बेवा औरतें पर्दे को चीरकर आगे बढ़ आई हैं। अपने नाबालिग वंशधरों की उँगलियाँ पकड़े खड़ी हैं— "हुजूर ! माय-बाप !··· देखा जाय, 'निसाफ' किया जाय हुजूरखाते में कहीं भी इस लड़के का नाम नहीं। इसका बाप कमाते-कमाते मर गया। कोल्हू के बैल की तरह सारी जिंदगी खटते-खटते बीती।··· भगवान आपको 'जश' देंगे। नाम लिखा जाय हुजूर !"

सुना है, सरबन बाबू ने भरी कचहरी में कह दिया है।··· ईमान-धरम खाकर उन्होंने कह दिया है—"लालचन मेरा कोई नहीं !"

कालेजों में पढ़नेवाले विद्यार्थी परीक्षा की तैयारी छोड़कर गाँव दौड़े आए हैं।··· बाप का भी भरोसा नहीं। छोटे को प्राणों से बढ़कर प्यार करते हैं। छोटे के नाम से भी सभी उपजाऊ ज़मीनें लिखवा दे सकते हैं। कोई भरोसा नहीं किसी का।

···खट-खट, खट-खट !

गाँव की "अली-गली" अगवार-पिछवाड़ की ओर निकलनेवाली पगडंडियाँ बंद

की जा रही हैं ।··· डर है, नक्शा बन जाने का । खेत के बीचोंबीच 'पगडंडी' यदि 'नक्शे' में दर्ज हो गई तो हो चुकी खेती !

आँधी चल रही है । दो साल तक लगातार चलेगी यह आँधी । बाउंड्री से तसदीक तक एक साल, दफा एक सौ तीन से एक सौ नौ तक दूसरे साल ।

दीवानी-कचहरियों में बेदखली, फसलजब्ती, टायटिल-सूट का बजार गर्म है । ठलुए वकीलों को भी दस रुपए रोज की आमदनी होने लगी है ।···

मेरी 'पालट्री' ?··· एक खेवे के चूजों को पंख लग गए हैं । गैबी कल घायल हो गया है । लेगहार्न जाति के नौजवान मुर्ग, जुम्मन ने घायल कर दिया है उसे पूरी तरह···। भगवान न करे मेरे गैबी को कुछ हो जाए । ग़ैबी रह-रहकर पाँखें फड़फड़ाता है । असह्य वेदना से उसकी आँखों की आरक्त पुतलियाँ काँपती हैं । जुम्मन की आवाज़ सुनकर उठने की चेष्टा करता है । खोल दूँ तो मर मिटे अभी ।

बहुत बुरा स्वप्न देखकर उठा—जनवरी, 55 की पहली तारीख को । भोर का सपना, कहते हैं सत्य होता है !

हजारों सेमल के पेड़ों को काटते हुए देखा है—सपने में ! फूलों से भरी पेड़ की डालियाँ छिन्न-भिन्न होकर इधर-उधर बिखरी हुई··· ।

जी 'उचाट' हो गया है ।··· तबीयत भारी रहती है ।

भगवान भला करे 'बैकवार्ड और शिड्यूल्ड कास्ट' टोले के नौजवानों का ! नाटक स्टेज करेंगे (अंग्रेजी नामकरण स्वयं 'बैकवार्ड और शिड्यूल्ड कास्ट' के नौजवानों ने किया है ।··· तीन साल पहले तक 'गंगोला' जाति के 'लीडर' लोग अपने क्षत्रिय के प्रमाण में बहुत लंबे-लंबे भाषण देते थे । नाम के अंत में 'सिंह' जोड़ते थे ।··· सरकार 'बैकवार्ड' और 'शिड्यूल्ड कास्ट' के लड़कों को स्कालरशिप देने लगी है, सरकारी नौकरियों में 'सीटें' रिजर्व रखती है ।··· मुरलीसिंह जी सवर्ण हिंदू हैं । सुनते है—उनके लड़के ने अपने को 'अनुसूचित जाति' की संतान बताकर, स्कालरशिप 'झीट' लिया है । साठ रूपए प्रतिमास ।)

इस 'महाभारत' के बीच इन नौजवानों के उत्साह को देखकर मन प्रसन्न हो गया । नाटक खेल रहे हैं ।

दलित वर्ग को हर तरह से मर्दित करके रखा गया था अब तक । नाटक मंडली के लिए प्रत्येक वर्ष खलिहान पर चंदा काट लेते हैं—मालिक लोग । लेकिन, कभी भी द्वारपाल, सैनिक, अथवा दूत का पार्ट छोड़कर अच्छा पार्ट··· माने 'हीरो' का पार्ट नहीं दिया सवर्ण टोली के लोगों ने ।···

इस बार उन लोगों ने नाटक खेलने की तैयारी की है । पिछले साल गाँव के नाटककार श्री प्रेमकुमार 'दीवाना' जी ने एक नाटक लिखा । नाटक मंडली के एक-एक

सदस्य को उन्होंने सुनाया-समझाया, मगर लोगों ने पसंद नहीं किया।

दलित वर्ग के नौजवानों ने 'दीवाना' जी के नाटक को काफी पसंद किया है। नाटक का नाम है 'प्यार का बाजार'।

दीवानाजी ने नाटक की रचना खासकर गाँव की नाटक 'मंडलियों के लिए' की है। दीवानाजी की बात विचार करके देखने की है। नाटक मंडली के लिए चंदा सभी देते हैं। और, नाटक में राजा, राजा का बेटा पुरोहित, मंत्री आदि जितने भी अच्छे पार्ट होते हैं, ऊँची जातिवालों को दिए जाते हैं। बाकी बचे हुए लोगों को 'जो आज्ञा' वाला पार्ट देकर टरका दिया जाता है।···कहेंगे—नाटक में जितना पार्ट लिखा है, उससे ज्यादा लोगों को कैसे दिया जाए। भला, शहर के नाटक लिखनेवालों को क्या मालूम कि गाँव में कितने लोग यों ही बिना पार्ट के रह जाते है। 'प्यार का बाजार' में तीस हीरो हैं। औरत का पार्ट कोई लेना नहीं चाहता, इसलिए एक घूँघटवाली हिरोइन की व्यवस्था की गई है—किताब में।··· गाँव में गाँव के नाटककार का नाटक नहीं स्टेज करते··· देश का कल्याण करने चले हैं।

—इसके बाद 'प्यार के बाजार' ने एक 'विराट् व्यापार' का रूप धारण कर लिया।

—दलित नाटक समाजवाले जब सवर्ण टोली से 'पर्दा-पोशाक' लेकर चले गए तो मालूम हुआ कि अब वे पर्दा-पोशाक' लौटाकर नहीं देंगे।··· पच्चीस साल से चंदा लिया जा रहा है, मगर कभी 'हीरो' का पार्ट नहीं मिला।··· छित्तन बाबू ने पुस्तकालय को 'हथिया' लिया। बिकू बाबू सरकारी रेडियो बजाते हैं—अपनी कोठरी में!··· पर्दा- पोशाक पर दलित नाटक समाज का कब्जा होना जायज है।

—देखना है, कौन माँगने आता है पर्दा-पोशाक !

—एक मूँछ भी नहीं मिलेगी!

किंतु, सवर्ण टोली पर ज़ाहिरा इसकी कोई भी प्रतिक्रिया नहीं हुई। नाटक शुरू होने के दो घंटा पहले सवर्ण टोली के लोग भी पहुँचे! सबों ने मिलकर स्टेज की तारीफ की, सजावट को सराहा।

टोले में एक अभूतपूर्व आनंद की लहरें आई हुई थीं। पहली बार इस टोले में स्टेज बना था।···

सवर्ण टोलीवालों ने अपनी गलती मान ली। मंत्रीजी बोले—"नाटक ही करना था तो मिल-जुलकर करते।"

—"दूर-दूर से लोग देखने आए हैं। क्या कहेंगे लोग?"

—"अरे भाई जमीन की लड़ाई ज़मीन पर, गाँव की लड़ाई गाँव में।"

—"नाटक मंडली में फूट होने से तो दुनिया हँसेगी।"

—"परानपुर की प्रतिष्ठा का प्रश्न है प्यारे भाइयो।"

'दीवाना' जी को समझा दिया गया कि नाटक-मंडली ने उनकी किताब को अस्वीकृत करके भारी भूल की है। किंतु, यह बात भी ठीक है कि 'दूसरे सीन' में संशोधन की आवश्यकता है। संशोधन करते ही नाटक चमक उठेगा। दीवानाजी ने उत्साह से हाथ फेंकते हुए कहा—"यह तो मेरे लिए बाएँ हाथ का खेल है। पाँच मिनट में कर सकता हूँ—संशोधन !"

सर्वसम्मति से यह संशोधन भी स्वीकृत हो गया कि सवर्ण और दलित दोनों टोले के लोग मिल-जुलकर नाटक खेलेंगे। सवर्ण टोलीवाले सिर्फ संशोधित 'सीन' में उतरेंगे, दलित टोले के एक भी हीरो को 'ड्रॉप' नहीं किया जाएगा।

हारमोनियम मास्टर ने जब 'मार कटारी मरि जाना'—बजाना शुरू किया तो किसी को भी होश नहीं रहा। दर्शकों ने तालियाँ बजाकर पर्दा उठाने की उत्कंठा प्रकट की।

पर्दा उठा। प्रथम दृश्य में नाटककार—दीवानाजी ने पंद्रह मिनट भाषण देकर प्रमाणित कर दिया कि सिर्फ़ नाटकों से ही ग्राम सुधार-संभव है। शर्त यह है कि गाँव में—गाँव के योग्य ही नाटक खेले जाएँ। गाँव में बढ़ती हुई कटुता नाटक से ही दूर हो सकती है, कुछ क्षण पूर्व की घटना द्वारा, प्रत्यक्ष प्रमाणित करने के बाद इंगलैंड, अमेरिका, चीन, रूस आदि देशों के नाटकों पर भी प्रकाश डालने में काफी समय लग गया।

दूसरे ही सीन में (संशोधित सीन में) सवर्ण टोली के बीसों कलाकारों को एक ही साथ उतरना था।

सबसे पहले एक व्यक्ति हाथ में तलवार लेकर स्टेज पर आया।··· दीवानाजी पर्दे की आड़ में जोर-जोर से 'प्रांपटिंग' कर रहे थे। किंतु उस 'हीरो' ने अपने 'डायलाग' में पुकारा—"साथियो ! तैयार हो ?"

—अंदर से सम्मिलित आवाज आई—"हम तैयार हैं।"

—हुक्म हुआ—"एक-एक कर प्रवेश करो !"

बीसों कलाकार, किस्म-किस्म की पोशाकों और हथियार से लैस होकर आए। आठ-दस 'नायकों' के सिर पर बक्से भी लदे थे।··· दीवानाजी दौड़कर स्टेज पर आए। उन्होंने कुछ कहने की चेष्टा की।

प्रथम 'हीरो' ने हुक्म दिया—"इस व्यक्ति को कैद कर लो।" दीवानाजी को सबों ने घेर लिया। उन्होंने बहुत हाथ-पैर मारने की चेष्टा की। इस घेर-भाग और धड़-पकड़ से समवेत दर्शक मंडली बेहद खुश हुई और तालियों से इस संशोधित सीन का स्वागत किया गया।··· हारमोनियम मास्टर साहब ने लड़ाईवाली धुन छेड़ दी। 'हीरो' आखिरी डायलाग बोला—"निकल पड़ो !" बीसों 'हीरो' सारे साजो-सामान तथा पोशाक के साथ दरशकों के बीच उतर पड़े।

दो नायकों ने 'नाटककार' जी को कंधे पर बेबस करके लटका लिया था। प्रथम हीरो ने दलित टोले के 'पंचायती पेट्रोमैक्स' को आगे बढ़ाकर गुल कर दिया।··· भीषण कलरव और कोलाहल में किसी की समझ में कोई बात नहीं आई कि क्या हुआ।

—कहते हैं, टँगे हुए पर्दे की डोरी तक वे काटकर ले गए !

—बारह-तेरह व्यक्ति बाँस के खरोंच से घायल हुए।

—थाने में खबर दी गई है। डकैती का अभियोग लगाकर नालिश की गई है।

सब हँसते हैं।··· मैं हँसने के 'मूड' में नहीं हूँ। पंचायती-पेट्रोमैक्स गुल हो जाए—यह हँसने की बात नहीं।

गैबी कल मर गया।

जुम्मन उसकी लाश के पास घंटों चुपचाप खड़ा रहा।

—पशु-पक्षी को भी शोक होता है क्या ?

बेकार की बातों में अपना दिमाग खराब करूँ, पागल हो जाऊँ शॉक से—यह मेरी व्यक्तिगत स्वाधीनता है ! हमारी 'ह्यूमन-डिगनिटी' है !

['एकलव्य के नोट्स' के उपर्युक्त तीन असंलग्न खंडों को एक साथ किसी मासिक पत्रिका में प्रकाशित किया गया। 'कथा-साहित्य को ऐसी स्थूल चीजों की आवश्यक्ता नहीं' संपादकीय 'नोट' के साथ !

···किंतु, समाजविज्ञान के एक प्रोफेसर साहब इसके लेखक एकलव्य से अस्पताल में मिलने आए। ··· संपादकजी से बातें करते समय प्रोफेसर साहब ने 'विलेज सर्वे' पर थोड़ा प्रकाश डाला।··· फील्ड स्टडी, इकलोजिकल स्टडी, स्टेटिक तथा पेराडॉक्स आदि शब्दों से प्रयुक्त वक्तव्य के द्वारा 'एकलव्य के नोट्स' की आवश्यक्ता बतलाई।··· 'पोथा' उन्हें सुपुर्द कर दिया गया है !]

[संकेत ( संपादक-उपेंद्रनाथ अश्क )
1955 में संकलित]

# जीत का स्वाद

24 दिसंबर 1959 !

दैनिक कैलेंडर की तारीख बदलते समय सुधामयी उस तारीख को एक बार मन ही मन दुहराती है—24 दिसंबर ।

सुधाकांत को पिछले कई दिनों से बुखार है । हल्की सर्दी, हल्का ज्वर ! डाक्टर ने आराम करने की सलाह दी है ।

कैलेंडर की तारीख बदलने के बाद, सुधामयी ने रेडियो खोल दिया । भजनामृत का कार्यक्रम चल रहा था—'अबकी टेक हमारी, लाज राखो गिरधारी !'

इस भजन को मानो सुगंध से भर दिया सुधामयी ने, अगरबत्ती जलाकर । थर्मामीटर में सुधाकांत का ज्वर देखकर उसका चेहरा खिल गया—नार्मल !

'आज भात खाने दोगी तो !'—सुधाकांत बच्चों की तरह पूछता है । कहता है—'आज मैं चंगा हो गया ।'

सुधा हँसी । सुधाकांत को बड़ी भली लगती है यह हँसी । आज उसको सबकुछ अच्छा लगता है ।

भजनामृत-कार्यक्रम में अब प्रसिद्ध भजन-गायिका गा रही थी—'निरबल के बल राम ।'

जब कभी यह भजन बजता है—वह इसको अजाने ही गुनगुनाने लगती है ।

सुधाकांत कहता है—निरबल के बल राम नहीं; निरबल के बल भात !

सुधा फिर वैसी ही हँसी हँसती है—सुधाकांत को भली लगनेवाली हँसी ।

माँ ने कमरे में प्रवेश किया—बहू ! भैया का जी कैसा है आज ? माँ रोज सुधाकांत के ललाट को अपनी ठंडी-ठंडी उँगलियों से छूती हैं । पूजाघर से तुरत निकली माँ की उँगलियों से चंदन की भीनी-भीनी सुगंध निकलती है । पावन-पवित्र सुगंध !

माँ बोली—अभी रामू अपने संगी-साथियों के साथ होस्टल से आया है—मैच सुनने के लिए।

सुधाकांत को हँसी आई। उसका सबसे छोटा भाई रमाकांत अपने स्कूल की क्रिकेट टीम का अच्छा खिलाड़ी समझा जाता है। सुधामयी उस दिन कह रही थी—जब से रामू की तस्वीर अखबार में छपी है, माँ भी क्रिकेट में दिलचस्पी लेने लगी हैं।

यह क्रिकेट सुधाकांत की समझ में कभी नहीं आया। इसलिए कुछ हद तक वह इस खेल से चिढ़ा रहता था।—यह भी कोई खेल हुआ। पाँच दिनों तक खेल रहे हैं; हर पंद्रह-बीस मिनट के बाद विश्राम। न जाने क्यों हमारे यहाँ इस खेल को इतना बढ़ावा दिया जा रहा है।

लेकिन, जब से रमाकांत की तस्वीर छपी है—अखबार के खेलकूदवाले पृष्ठ पर वह भी रोज एक बार सरसरी निगाह डाल लेता है।

उसके परिवार में उसका छोटा भाई रमाकांत एकमात्र स्पोर्ट्समैन निकला···गाँव जाता है तो चरवाहों के साथ कबड्डी का भी वह अच्छा खिलाड़ी समझा जाता है—सारे गाँव में। सुधाकांत ने पिछले पाँच-सात दिनों का दैनिक समाचारपत्र नहीं देखा है···कहाँ खेल हो रहा है ?

रेडियो से सुबह का समाचार प्रसारित किया जा रहा है।

"क्रिकेट : आज दूसरे टेस्ट मैच का पाँचवाँ और अंतिम दिन है। कल भारतीय दल ने अपनी दूसरी इनिंग्स में दो सौ इक्कानवे रन बनाए और उसके सभी खिलाड़ी आउट हो गए। इसके बाद आस्ट्रेलियन टीम मैदान में उतरी। कल खेल खत्म होने तक आस्ट्रेलिया ने उनसठ रन बनाए और उसके दो खिलाड़ी आउट हो गए हैं···।"

रामू अपने संगी-साथियों के साथ ऊपर आया। सुधाकांत ने उन्हें चिढ़ाते हुए कहा—क्या होगा कमेंट्री सुनकर। हर मैच में एक इनिंग्स से।···

सभी लड़के प्रायः एक साथ चीख पड़े—भैया ! वैसी बात मत कहिए।

सुधाकांत को अचरज हुआ।···हार, पराजय, डिफीट, शिकस्त आदि शब्दों का उच्चारण न करे कोई आज इनके सामने। कोई अपशकुन न हो जाय कहीं।

सुधामयी हँसती है—तो रामू बाबू ! जीत के लिए कितना विष्णुजाप करवाया है माँ से ?

"एक हजार; क्यों माँ !"

बूढ़ी माँ लजा गई। सुधाकांत मुँह धोकर, तौलिया से मुँह पोंछते हुए पूछता है—तो क्या उम्मीद करते हैं आप ? विष्णु सहस्रनाम जाप करवाकर संसार की सर्वश्रेष्ठ टीम को हरा दीजिएगा !

रमाकांत के एक छोटे साथी ने तुतलाते हुए कहा-–भैया, यह क्रिकेट है। कुछ नहीं कहा जा सकता।

रमाकांत पिछले चार दिन के खेलों का संक्षिप्त विवरण सुनाता है—19 दिसंबर को टास जीतने के बाद हम लोग बैट करने उतरे। 'सिर्फ 152 रन बनाकर हमारे सभी खिलाड़ी आउट हो गए।'

—चलो, छुट्टी !

'अभी सुनिए तो।'—सभी चिल्ला उठे। 20 तारीख को लंच के पहले तक आस्ट्रेलिया की जीत के सभी लक्षण स्पष्ट थे। यानी 1 विकेट पर 128 रन।

लेकिन, लंच के बाद—गुजरात का आफ-स्पिन-बौलर, जासू पटेल—आस्ट्रेलिया का सहज विजयपथ रोककर खड़ा हो गया। उसकी संहारमूर्ति तथा आक्रमण के सामने आस्ट्रेलिया के बड़े- बड़े महारथियों के पाँव उखड़ गए। चाय के पहले का स्कोर सुनिए : जासू पटेल का—18 ओवर, जिसमें 10 मैडेन और सिर्फ 24 रन देकर 8 विकेट लिया हमारे हीरो ने।

सुधाकांत को विश्वास नहीं हुआ—सच !

रमाकांत कहता गया—चाय के कुछ क्षण बाद ही—219 रन बनाकर आस्ट्रेलिया की पहली इनिंग्स समाप्त हो गई।···पटेल ने अकेला 9 विकेट दखल किया।

"तीसरे दिन क्या हुआ !"—सुधामयी पूछती है।

आस्ट्रेलिया दल दूसरी इनिंग्स में खेल रहा है। उसके हाथ में अभी 8 विकेट हैं और जीत के लिए 166 रन की जरूरत है।···उसका सबसे खतरनाक खिलाड़ी नील हार्वे कल ही आउट हो गया।··· आज खेल का पाँचवाँ दिन है।···24 दिसंबर !

संसार की सर्वश्रेष्ठ टीम—आस्ट्रेलिया की टीम। एक ओर आधुनिक साज से सज्जित विश्व की श्रेष्ठ सेना को लेकर धुरंधर सेनापति खड़ा है। दूसरी ओर मुकाबले में खड़ी है दुर्बल और क्षुद्र सैन्यवाहिनी !

अपनी शक्ति और स्वरूप की उपलब्धि करके सुधाकांत का मन मुरझा जाता है। कमरे में बैठे हुए सभी के मन में एक ही प्रश्न उठता है—क्या जासू पटेल फिर पहली इनिंग्स का चमत्कार दिखला सकेगा ? क्या भारत जीत सकेगा ?··· क्या कल्पना और सपना सच हो सकता है ?

कमरे में ही नहीं—सारे भारत के क्रिकेट-उत्साहियों के मन में यही जिज्ञासा जगी हुई है—जीत सकेगा भारत ?

माँ उठकर पूजाघर की ओर जाती है। सुधाकांत कहता है—"रेडियो बगल के कमरे में ले जाओ।" सुधा रामू तथा उसके मित्रों के लिए जलपान लाने रसोई घर में गई।

सुधाकांत का मित्र प्रफुल्ल आया—क्या हाल है प्यारे। मारो इस बुखार को गोली।

सुधाकांत की अष्टवर्षीया पुत्री नवनीता दौड़ी आई और प्रफुल्ल को देख-देखकर मुस्कुराने लगी।

प्रफुल्ल ने प्यार से पूछा—क्यों, क्या बात है बेटी ?

नवनीता अपनी भेदभरी मुस्कराहट को नहीं खोलती। वह अपने पापा के कान में चुपके-चुपके कुछ कहती है।

सुधाकांत ठठाकर हँसता है—ओ प्रफुल्ल ! आज तुम्हारी कठिन परीक्षा है।···आज सुबह-सुबह आए हो तुम ! यदि भारतीय दल की जीत हुई तो तुम सदा प्रफुल्ल; नहीं तो तुम सदा मनहूस···।

बात समझकर प्रफुल्ल हँसता है—यह तो सचमुच कठिन परीक्षा है।···नवनीता लजाकर नीचे भागी।

सभी की आँखें बार-बार घड़ी की सुई पर जाती हैं।

शुभ शकुन के सभी उपादान इकट्ठे किए गए हैं। मंगलघट, मछली तथा अन्य पदार्थ। नीचे दही बेचनेवाली ने हाँक दी—दही ले-ले !!

दही माने सही।···वामे फणपति दहिने सियार; दही ले दही ले करति गुआरि···ये शुभ लक्षण हैं।

सुधामयी कभी दही नहीं खरीदती। लेकिन आज वह दही खरीदेगी—'ओ दहीवाली।''

अब सिर्फ पाँच मिनट बाकी हैं। रेडियो ट्यून किया गया।

एक सीटी जैसी अनवरत ध्वनि निकलती है रेडियो से।

फिर खड़खड़ाहट—यह आकाशवाणी है···चलिए, कानपुर चलें।

रमाकांत ने अपनी कापी पर लिखा···श्री गणेशाय नमः।

रमाकांत के एक साथी ने धीरे-से कहा···जासू पटेल जिंदाबाद।

माँ पूजाघर से फूल ले आई। रेडियो के ऊपर पूजा का पत्र- पुष्प डाल दिया गया।

गुड मार्निंग···रिपोर्टिंग फ्राम ग्रीन पार्क ऑफ कानपोर···

एक ही साथ···सभी के कलेजे की धड़कन तेज हो गई। प्रसिद्ध कमेंटेटर की चिरपरिचित आवाज।···उसके मन में भी यही जिज्ञासा है···गुजरात का यह लिट्लमैन पटेल फिर अपना कौशल दिखा सकेगा क्या ?··· यदि ऐसा हुआ तो···तो क्या यह संभव है !

नीचे गली में शोरगुल बढ़ रहा है। ऊपर-नीचे, अगल-बगल, अली-गली और

सड़क-फुटपाथ पर···जहाँ भी रेडियो बज रहा है···लोग जमा हो रहे हैं। युवक-वृद्ध-किशोर के दल। सभी के चेहरे पर एक ही सवाल है—क्या होगा !

खेल शुरू हुआ। कमेंटेटर बार-बार दुहरा रहा है···आस्ट्रेलिया के हाथ में अभी 8 शक्तिशाली विकेट हैं और जीत के लिए उन्हें सिर्फ 166 रन चाहिए।

···आस्ट्रेलिया के दोनों बैट्समैन मेकडोनाल्ड और ओ नील मैदान में उतरे।···जय माँ काली।

भारतीय बौलर···एक ओर उम्रीगर, दूसरी ओर जासू पटेल !

उम्रीगर टु मैकडोनाल्ड !··· गुड बौल !

संसार के दक्ष बल्लेबाज हैं दोनों। रमाकांत अपनी कापी पर···मैदान का खाका बनाकर फीलिंडग एरेंजमेन्ट को सुनकर जगह- जगह लाल बिंदियाँ लगा रहा है···सिली मिड ऑन !··· अधिनायक रामचाँद के मन की बात को समझ रहा है रमाकांत ! कैप्टेन के मन में भी यही सवाल है ···क्या सपना साकार हो सकता है !

···टु ओ नील !··· आउट ? यस, हि इज़ आउट। ओ नील इज़ आउट···।

प्रफुल्ल, जो अब तक साँस रोककर बैठा था, चिल्ला उठा—'कहाँ गई नवनीता ? ओ बेटी नीता···अब मैं भागूँ। इज्जत बची।''

नवनीता ही नहीं, सभी एक साथ अनुनय करते हैं—नहीं-नहीं। आप बैठिए···प्रफुल्ल काका, प्रफुल्ल भैया। ऊपर-नीचे, अगल-बगल, सड़कों और गलियों में कोलाहल, हर्षध्वनि···कमेंटेटर की बोली हजारों-हजार दर्शकों की तालियों की गड़गड़हट में डूब गई। सुधामयी शंख बजा रही है।

···कौन आ रहा है अब···मैके। कमेंटेटर प्रसन्न है। कहता है···मैके···नाट मकै···

···पटेल टु मैके। एंड बिलीव मी···हि इज़ आउट।

···यह क्या हो रहा है ? मैके आया और वापस जा रहा है—बैक टु दि पेवेलियन ! उम्रीगर और पटेल में होड़ लगी है, कौन ज्यादा विकेट लेता है। आनंद की लहरें आती हैं। रमाकांत का एक साथी शुरू से ही आँख मूँदकर बैठा है। पूछने पर कहता है, आँख मूँदते ही मैं कानपुर पहुँच जाता हूँ। सारा मैदान मेरे सामने है···मैं भी देख रहा हूँ, डेविडसन आ रहा है !··· उम्रीगर टु डेविडसन।···लगता है, डेविडसन खेल के रुख को मोड़कर ही दम लेगा। रन बनते हैं। और फिर वातावरण शांत हो जाता है। बिजी, सर्वाधिकारी, माइकेल चार्ल्टन एक के बाद दूसरे कमेंटेटर अपनी-अपनी राय प्रकट कर रहे हैं···सर्वत्र उत्तेजना की लहर दौड़ रही है। विश्व की अपराजेय टीम के एक- -से- एक सिद्धहस्त बैट्समैन, बॉल की गति को समझने में असमर्थ हैं। रमाकांत, आस्ट्रेलियन कमेंटेटर माइकेल चार्ल्टन की आवाज को ध्यान से सुनता है। और ओपनिंग बैट्समैन मैकडोनाल्ड, अभी भी अविचल

होकर खेल रहा है। माँ फिर पूजाधर से कुछ ले आई।

···पटेल टु डेविडसन।···हि इज़ बिट्न। यस, हि इज़ आउट। डेविडसन इज़ आउट।

गली में पानवाले की दुकान के पास अब तिल धरने की जगह नहीं।

रमाकांत का साथी आँख मूँदकर कानपुर के मैदान का तमाशा देख रहा है।

डेविडसन वापस जा रहा है। बेचारा मुस्कराने की चेष्टा कर रहा है।

अब आ रहे हैं खुद कैप्टेन। अधिनायक विनोड।

माँ पूछती है—यह विनोद और अनिल तो अपने ही खिलाड़ी हैं न ?

सभी हँस पड़ते हैं। बूढ़ी लजा जाती है। सुधाकांत खुली खिड़की के बाहर झाँककर देखता है—लगता है, हठात् सारा शहर क्रिकेट-उत्साही हो गया है। पटेल टु विनो···। आउट !

फिर कलरव, कोलाहल, पटाखे, शंख, घंटा-ध्वनि और घड़ियाल की मिलीजुली गगनभेदी आवाज !

उम्रीगर टु जेरमन ! आउट !'

आनंद की बाढ़ आ गई, अब तो ? लहरें आती हैं रह-रहकर।

सुधामयी दौड़ी आती है—अरे, बस···अरे, गली का पानवाला पागल हो गया।

चंगेरी-भर पान और सिगरेट लुटा रहा है !

अब कौन धनुर्धर आ रहे हैं ? क्लीन···माने साफ।

क्लीन नहीं क्लाइन ! लिंडसे क्लाइन !

पटेल टु क्लाइन···क्लाइन इज़ आउट !!

विनोड, जेरमन और क्लाइन—एक के बाद एक सभी शून्य !

लहरें आईं··· आनंद और उल्लास की उमड़ती धारा में असंख्य लहरें··· उनमें ओपनिंग बैट्समैन आस्ट्रेलिया का···यह मैकडोनाल्ड अभी भी अविचल है। 8 विकेट पर मात्र 84 रन !

मेकिफ आया है। लगता है, मेकडोनाल्ड ऐसे ही साथी की प्रतीक्षा में था। दोनों ने पीटकर खेलना शुरू किया है। दस मिनट में इक्कीस रन बनाए हैं। जीतने के लिए मात्र 61 रन रह गए हैं।···दिल बैठने लगे सभी के !

पटेल टु मेकडोनाल्ड। आई थिंक हि इज़ आउट; यस, हि इज़ आउट !

तुमुल कोलाहल के बीच, मैकडोनाल्ड के आउट होने का संक्षिप्त विवरण सुना रहा है कमेंटेटर !··· पटेल के बॉल को, आगे बढ़कर मारते समय उसने बॉल की गति को नहीं समझा। उसने उलटकर, अचरज से देखा कि भारतीय विकेट कीपर तमाने, उसी बॉल से स्टम्प की गुल्ली उड़ाकर···मंद-मंद मुस्कुरा रहा है !

रोरके बीमार है—नहीं खेलेगा ! तो, दूसरी इनिंग्स समाप्त ! खेल खत्म ! सचमुच जीत गया भारत ! अपराजेय दल आस्ट्रेलिया का···हार गया ! पहली हार। तो, सपने भी सच होते हैं !

रमाकांत उठकर माँ, भैया और भाभी की चरण-धूलि लेता है···बारी-बारी से। मानो, भारतीय दल का अधिनायक वही हो।···सभी ने आशीर्वाद दिया···टेस्ट मैच में खेलो। आनंदमुखर वातावरण में कोई किसी की बात नहीं सुनता है।···यह राम नाम की माया है। अधिनायक रामचंद। नहीं, यह विष्णु सहस्रनाम जाप की महिमा है। नहीं नहीं, यह जीत प्रफुल्ल के सुबह-सुबह आने के कारण हुई है।···मंगलघट, मछली, दहीवाली, नीलकंठ···पूजा के फूल, इसके बाद, अब जो कुछ भी हो। संसार की सर्वश्रेष्ठ टीम को हमने शिकस्त दी है। यह जीत···जीत का यह पहला स्वाद !

"मेरे जीवन का सबसे अधिक आनंद का दिन है आज।"··· भारतीय दल के अधिनायक रामचंद ने अभी-अभी पत्र-प्रतिनिधियों को बताया है। आस्ट्रेलियन कैप्टेन विनोड ने आस्ट्रेलियन टोपी भेंट की है।

सड़क पर···शहनाई, बैंड तथा अन्य बाजे-गाजे के साथ एक जुलूस निकला है क्रिकेट उत्साहियों का।···विजय का यह पहला स्वाद। पहली जीत की यह खुशी। यह ऐतिहासिक खुशी।

आज का दिन, यह 24 दिसंबर···त्यौहार का दिन जैसा लगता है। सुधाकांत अपलक दृष्टि से अपने छोटे भाई रमाकांत की सुंदर सुडौल देह को देख रहा है। किसी दिन मेरा यह छोटा भाई भी टेस्ट में खेलेगा। सुधाकांत को भूख लगी है। वह सुधामयी की ओर देखता है।

सुधामयी थर्मामीटर में शाम का बुखार देखती है—नार्मल !

24 दिसंबर स्मरणीय दिवस।

अजेय आस्ट्रेलियन दल की पराजय···पराजय का पहला स्वाद···क्रीड़ा-जगत के इतिहास में एक स्मरणीय घटना।

रात में, सुधाकांत के घर पर एक छोटा-मोटा प्रीतिभोज हो गया। सात दिनों के बाद सुधाकांत ने मुँह में आज अन्न दिया है।···मुँह का स्वाद फिर लौट आया है।

रमाकांत कहता है···भाभी, ग्रीन पार्क की इस घटना ने हमें सिर उठाने की शक्ति दी है। सारे भारत में आनंद का प्लावन।···यह पारिवारिक उत्सव। सारा क्रिकेट

संसार भारत की इस सफलता को देखकर अवाक् हो गया है !

असंभव को संभव करने का यह आनंद ! विस्मय की यह सिहरन ! यह दूसरा टेस्ट : यह पहला स्वाद !

24 दिसंबर 1959 !!

[साप्ताहिक 'योगी' के 25 जून, 1960 के अंक में प्रकाशित]

# समय की शिला पर : सिलाव का खाजा !

*दादी अम्मा तीरथ से आई*
*झूठ बोलने का ठेका ले आई।*
—एक आंचलिक लोकोक्ति का भावार्थ।

गत वर्ष राजगिर-नालंदा-यात्रा की योजना तीन-तीन बार बनकर बिगड़ गई तो समझा, सनीचर बाम हैं। दाहिने होंगे, 'अयात्रा' में भी यात्रा पर निकल जाना पड़ेगा—इच्छा नहीं रहते हुए भी।

सो, शनैश्चर देव की कृपा हुई। 17 मार्च (शनिवार) 1962 ई. को दस बजे दिन में, हमारे एक निकट के आत्मीय चीखते-पुकारते हड़बड़ाते हुए आए,। आत्मीय, पिछले दो महीने से राजगिर में सपरिवार स्वास्थ्य-लाभ कर रहे हैं। आवश्यक कार्य से पटना आए हैं। आज वापस जा रहे हैं—अभी-ई-ई ! यदि हम चलना चाहें तो, उनकी गाड़ी द्वार पर खड़ी है। उन्हें प्रसन्नता होगी···

मैं उनकी गाड़ी पर कोई मंतव्य न प्रकट कर बैठूँ, इसलिए उन्होंने एक स्थानीय गैरेज का 'बिल' दिखलाकर मुझे आश्वस्त किया, "दस दिन पहले ही सर्विसिंग हुई है, देखिए।"

उनकी गाड़ी पर 'असवार' होने का सौभाग्य प्राप्त नहीं हुआ था। कहानियाँ बहुत सुन चुका था, उनकी गाड़ी की—इसलिए मुस्कराकर रह गया।

आत्मीय बोले, "गाड़ी से उतरकर धक्का नहीं मारना पड़ेगा। हैंडिल भी नहीं मारना पड़ेगा। 'सेल्फ' लगा लिया है। भोंपा खोलकर अंदर रख दिया है और 'हार्न' कितना तेज है, यह तो आपने थोड़ी देर पहले सुन ही लिया है।"

—"तेज या कर्कश ?··· और भाई मेरे—सर्विसिंग करवाने से क्या होता है ? नई

दुलहिन और पुरानी गाड़ी के नखरे ! फिर, जिसकी कुंडली में दोनों एक साथ हों···!!"
ठहाके में बात उड़ी नहीं, किंतु !

पहले तो समझा विशुद्ध औपचारिकता की बातें हैं । पर, बाद में देखा वे हमें ले चलने को तुले हुए हैं ।

दूर के नहीं (पत्नी की सहोदरा, छोटी बहन के पतिदेव !), अति निकट के इस आत्मीय को सिर्फ धन्यवाद देकर टालना अच्छा नहीं लगा ! इसलिए गंभीर होकर कहा, "भाई, इस जाने का कोई मतलब है ? अभी कोई मौसम है राजगिर जाने का ? पाँच दिन के बाद ही होली है । मुझे सर्दी और हल्का बुखार है । नौमी का जी अच्छा नहीं । और 'उनकी' परीक्षा निकट है ।"

सुना, नौमी बहुत पहले ही—बकलस-साँकल सहित भागकर गाड़ी में जा बैठी है । (दो वर्षीया सुनहली-धुँघराली कॉकर स्पेनियल, हमारी नौमी !) घर की दूसरी महानुभावा चावल-दाल-आलू—खिचड़ी के सामान की गठरी-पोटली बाँध रही हैं ।··· दस- ग्यारह वर्ष से पटने में हैं । पिछवाड़े की 'जगह' भी इन्होंने नहीं देखी । कोई सुनेगा तो क्या कहेगा, भला ! आलस्य की भी एक सीमा होती है । दुनिया के लोग आकर देख गये···

शिकायत और उलाहना की गठरी खोली जा रही थी ।

मैंने तनिक तेज होकर कहा, "इस तरह जाने का कोई अर्थ है ? दौड़कर गए और भागकर आए ! अभी कोई मौसम है जाने का ?··· चार दिन में क्या स्वास्थ्य- लाभ हो जाएगा ? रह तो आए हैं दो माह—देख लीजिए इनकी सुधरी हुई तंदुरुस्ती !"

किंतु, जनमत जानेवालों के साथ था । उस समय हमारे घर पर जो आया, उसी ने कहा, "तो, हो आइए न !"

और, उस लँगोटिया यार को भी उसी समय आना था । उसने आते ही 'रूलिंग' दे दी, "तुमको जाना पड़ेगा ।" यार मेरा, मेरे ही क्षेत्र से साढ़े पाँच हजार 'वोट' से जीतकर आया है—पहली बार । उसकी 'रूलिंग' का मतलब है—हमारे क्षेत्र की 'जनता' की आज्ञा ।

निरुपाय, डायरी खोलकर मैंने एक 'बुद्धवचन' पढ़ दिया ।

*"चरंचे नायिश्च्छेय्यं सेय्यं सदिमत्तनो,*
*एकचरियं दव्हं कयरा नत्थि बाले सहायता ।"*

आत्मीय ने अर्थ पूछा । कहा, "बंगला में इसका अर्थ हुआ—'यदि तोर डाक सुने केउ ना आसे, तबे एकला चलो रे !' और हिंदी में कहें, तो कहना पड़ेगा, यदि यात्रा में अपने से अच्छा अथवा अपने सदृश्य सहयात्री नहीं मिले, तो दृढ़व्रत होकर अकेला ही चलना । मूर्खों की सहायता किसी काम की नहीं ।"

आत्मीय मुस्कराकर बोले. "मैं चिढूँगा नहीं । मैं प्रमाणित करना चाहता हूँ कि मूर्खों की सहायता भी काम की होती है ।"

जनता के प्रतिनिधि, अपने यार को मैंने इतिहास के आदिगुरु मरहूम मौलाना हफीज साहब की याद दिलाई, जो इतिहास को भी संस्कृत की भाँति 'रटंत विषय' मानते थे। जो नहीं रटता उसे एक पैर पर खड़ा रहना पड़ता। हमें मुर्गा बना- बनाकर—'ऐसा इतिहास विमुख' किया उन्होंने कि फिर कभी 'बी.सी., ए.डी., अथवा 'दि नागाज, दि पालाज' के पाले नहीं पड़ा।

लगा, युगों बाद फिर हफीज साहब के क्लास में बगैर रटे हुए जाना पड़ रहा है!

इसके पहले तीन बार बनी-बिगड़ी योजनाओं की याद आई।

पहली बार—'यायावर' (हिंदी के) के साथ। वे नहीं आए। उनकी चिट्ठी आई··· अब तो लौटकर आएँगे, तभी! दूसरी बार —'अंधायुग' के लेखक ने लिखा—राजगिर जाने के लिए ही आऊँगा। वे भी नहीं आए। अंतिम प्रचेष्टा—बंबई के दो तरुण फिल्म-डाइरेक्टरों के साथ जाना निश्चित हुआ। किंतु, उस समय वे जिस चित्र की कहानी पर काम करने के लिए बिहार आए थे—उससे राजगिर और नालंदा का कोई संबंध नहीं था और न वहाँ 'आउट-डोर शूटिंग' के लिए कोई 'लोकेशन' मिलने की संभावना थी। यात्रा स्थगित हो गई। इसलिए, सोचा था—एकचरियं ! कभी जाऊँगा तो अकेला जाऊँगा।

अंत में मैंने उस राह में होनेवाली दैनिक दुर्घटनाओं की ओर लोगों का ध्यान आकर्षित किया।··· तिस पर आज शनिवार है।

उधर, टिफिन-कैरियर के डब्बों में 'लंच' भरकर कब्जा लगाया जा रहा था—ये जड़भरत हैं। ये जगद्दल हैं। कहीं जाने का नाम सुनते ही इन्हें···!

बुद्धं शरणं गच्छामि !

मेरे आत्मीय का नाम बुद्धदेव (भट्टाचार्य !) है। इसलिए, राजगिर- नालंदा से मोह होना स्वाभाविक है। उनकी पत्नी भी इतिहास पढ़ती-पढ़ाती थी। विवाह के बाद बौद्धयुग में दिलचस्पी और बढ़ी होगी, किंतु हमारे परिवार को खंडहर और शिला- लिपि से क्या लेना-देना ? भगवान की दया से, फिलहाल कोई रोग-शोक भी नहीं कि गर्म पानी के कुंड में नहाने जाएँ।

किंतु, अपने चाहने से क्या होता है ? नहीं चाहने पर भी चार जन के कंधे पर, पाँच जन के साथ जाना पड़ता है।

आखिर बुद्धदेव के हाथ में अपने को सौंप दिया। बुद्धदेव ने कहा, ''दादा, घबराइएगा नहीं, मेरा हाथ अब परिपक्व हो गया है।''

बुद्धदेव अपनी गाड़ी में बैठाकर, स्वयं 'ड्राइव' करके हमें राजगिर ले चले। ठीक

साढ़े बारह बजे दिन में।

घर से बाहर पैर रखते ही संभवतः दो किलोमीटर जाते-जाते—फाहियान और ह्यूएन च्यांग की प्रेतात्माएँ दोनों कंधों पर सवार हो गईं। बुद्धदेव ने पूछा, "कुम्हरार आपके घर के इतना निकट है। यहाँ तो आप अक्सर आते ही होंगे? ···क्या? आपको यह भी नहीं मालूम कि यहाँ खुदाई हो रही है?"

"मालूम तो है। लेकिन, खुदाई देखकर क्या करूँगा?"

सामने से आती हुई विशालकाय ट्रक की ओर उसका ध्यान आकर्षित किया। गाड़ी चलाते समय उनको बातें करने की आदत है और मेरा कहना है कि गाड़ी चलानेवाला, इतिहास-भूगोल पर बहस न करे।

इसके बाद बुद्धदेव दृढ़तापूर्वक 'धर्मचक्र' (स्टियरिंग) धरकर एकाग्र होकर रथ का संचालन करते रहे।

इस घुमावदार, सँकरी, ऊबड़-खाबड़, गड्ढों से भरी (बाइ-पास) सड़क पर कोई भला (आदमी) ड्राइवर क्यों किसी से आगे बढ़ जाने की मूर्खता करेगा? और, कोई नई गाड़ीवाला 'ओवरटेक' करके आगे निकल ही गया तो उसके पीछे हाथ धोकर पड़ने की क्या जरूरत?··· बुद्धदेव के कर्कश हार्न से मेरे कान के पर्दे पर गुदगुदी लगती है और छींकने के लिए मन व्याकुल हो जाता है।···क्या लड़कपन है!

लड़कपन नहीं, बुद्धदेव अपना धर्मपालन कर रहे हैं। सड़क के गड्ढे में हिचकोला खाकर अगली गाड़ी का पेट्रोल-टैंक फट गया है।··· देखिए न, किस तरह हू-हू कर तेल गिर रहा है और ड्राइवर को कोई होश ही नहीं।

होश में कैसे रहेगा? गाड़ी में अकेला मर्द, ड्राइवर ही है। गाड़ी में औरतों की संख्या अधिक है। बुद्धदेव का हार्न सुनकर वह—'अफसर का ड्राइवर'—जरूर गाली दे रहा होगा।··· एक लड़की पीछे की ओर देख-देखकर हँस रही थी।

डेढ़-दो किलोमीटर तक यह दौड़ चली। अंत में बंका घाट के आसपास कहीं ड्राइवर साहब का जोश उतरा।

बुद्धदेव गाड़ी से उतरकर अपना दूसरा धर्मपालन करने गए। 'योग्य सेवा' पूछ आए।

रथ रुकने के बाद महसूस—किया हार्न-ध्वनि से मेरी श्रवणेंद्रिय ही आक्रांत नहीं, हड्डियों के जोड़ भी ढीले पड़ गए हैं।

मेरी धारणा थी कि बिहार शरीफ तक अब 'इतिहास' मौन रहेगा। पर, बैकट गाँव की सीमा में प्रवेश कर बुद्धदेव की गाड़ी की चाल धीमी हो गई। यहाँ बहुत

प्राचीन शिवमंदिर है । कहते हैं, जरासंध अपने कंधे पर इस शिवलिंग को ढोकर लाया था ।

बाएँ मुड़कर, गाड़ी मंदिर की ओर चली ।

मंदिर के पास पहुँचने के पहले ही पंडों की भीड़ लग गई, बच्चे- जवान- बूढ़े ! सभी आकार-प्रकार के पंडे । इस असमय में एक गाड़ी-भर श्रद्धालु शिवभक्त जजमान-जजमानियों को पाकर वे अत्यधिक प्रसन्न हुए । जब वे आपस में लड़ने- झगड़ने लगे तो हमारी नौमी ने उन्हें भूँक-डाँटकर चुप किया ।

गंगा के कछार पर—गाँव से बाहर बैकट का यह पुराना शिवमंदिर !

पटना सिटी के किसी रईस ने इसका जीर्णोद्धार किया था कभी । मंदिर के चँदोवे पर फिरंगी-कलम (पटना शैली ?) से राम या शिव कथा अंकित है । चित्र स्पष्ट नहीं । वात से पीड़ित वृद्ध पंडाजी ने कहा, 'जीर्णोद्धार करवाइए आप लोग इस मंदिर का । आप ही लोगों की कृपा से··· ।'

शिव- शिव ! हमारी कृपा ? सो भी, शिवजी पर ? और, शिवमंदिर का जीर्णोद्धार करके शिव को कौन अप्रसन्न करना चाहेगा ? शिव तो ऐसी ही जगहों में मस्त रहते हैं । मंदिर के प्रांगण में वन-कपोतों की बीट फैली हुई है । छोटे- छोटे पंडे (या पंडों के बच्चे) हाथ पसारकर अपना प्राप्य माँग रहे हैं ।

मेरे मन में एक बार शंका हुई··· यहाँ के शिव का नाम तो नहीं सुना कभी ? अचानक एक फगुआ-गीत (होली) की पंक्ति मन में गूँजी—

*बैकट, बैकट, बैकट रे बम भोला,*
*शिव शंकर हो लाल*
*बैकट से होरिया खेले !*

पछिया हवा के झोंके पर मंदिर की अँगनाई में एकत्र पेड़ की सूखी पत्तियाँ उड़ चलीं—सैंकड़ों घुँघरू बजाती !

बख्तियारपुर होकर बहुत बार आया-गया हूँ । कभी फेरीवालों ने इस तरह नहीं घेरा । इस बार हमारे चेहरों को देखकर ही ये समझ गए—हम राजगिर के तप्त कुंड में स्नान करने, जरासंध का सोन-भंडार देखने, गृद्धकूट पहाड़ पर चढ़ने और नालंदा के भग्न विहार में भटकने जा रहे हैं—लाई है लाई, रामदाने की लाई । बख्तियारपुर की लाई, मशहूर लाई—बूढ़ों का टिफिन और बच्चों की मिठाई । लाई है···

महिला-सहयात्री को 'लंच' के लिए यही स्थान और काल, उचित-उपयुक्त लगा ।

इस समय यदि कहूँ कि यह भोजन मुझे दुख देगा तो सड़क पर तमाशा शुरू हो जाएगा। भीड़ लग जाएगी।

···बख्तियारपुर ! बख्तियार खिलजी ने नालंदा-विहार को जलाकर स्वाहा किया था। उसके नाम पर यह 'पुर' आज तक बसा हुआ है। तरक्की कर रहा है !···

···शरतचंद्र का श्रीकांत भ्रमण करता हुआ यहाँ आया था। बीमार पड़ गया था। पटना सिटी से राजलक्ष्मी दौड़ी आई थी।

बख्तियारपुर के बाद सड़क फिर सँकरी हो गई है। सड़क पर एक ओर मोटर, बस, ट्रक और बैलगाड़ियाँ आती-जाती हैं, दूसरी ओर बी.बी.एल. रेलवे की पटरी बिछी हुई है !··· मध्यम मार्ग कोई नहीं !···

पुल पर दो गाड़ियाँ एक साथ नहीं आ-जा सकती हैं। इसलिए, प्रत्येक पुल के पास पाँच से लेकर पंद्रह मिनट तक रुकना पड़ा। बख्तियारपुर से बिहार शरीफ तक छोटे- बड़े सब मिलाकर पाँच-सात पुल हैं। हर पुल पर आलू से लदी बैलगाड़ियाँ अथवा पत्थर के 'चिप्स' से लदी भीमकाय ट्रक !

यह इलाका आलू के लिए प्रसिद्ध है। भारत के बड़े-बड़े होटलों के 'खरीद-अफसर' या 'कंट्राक्टर' यहाँ 'पटनियाँ आलू' खरीदने आते हैं।

पाँच साल पहले की बात याद आई।···

कलकत्ता से पटना आ रहा था। एकमात्र सहयात्री 'साहब' ने रात- भर बख्तियारपुर, बिहार शरीफ, राजगिर के बारे में, कुछ न कुछ पूछ-ताछ की— कैसी जगह है ? जलवायु कैसा है ? लोग कैसे हैं ? होटल-वोटल है ? मजदूर मिलते हैं या नहीं ?

रात-भर मैंने उनको पुरातत्व विभाग का कोई 'उत्खनक' समझा। प्रातःकाल मैंने जब 'खुदाई' के बारे में पूछा तो वे बोले, "आलू की खुदाई का यही मौसम है। हम खेत ही खरीद लेते हैं !"····

उन्होंने कलकत्ता के एक प्रसिद्ध होटल का नाम लिया, "हम उसी होटल का पोटेटो- सप्लायर है !"

बिहार शरीफ से पहले, दूर से जिस कस्बे को देखकर बिहार शरीफ का भ्रम होता है, वह असल में सोहसराय है। आलू की सबसे बड़ी मंडी !

···क्यों न सोहसराय का नाम बदलकर 'आलू शरीफ' कर दिया जाय ?

हजारीबाग-राँची जानेवाली सड़क बाईं ओर निकल गई। इसके बाद की मंजिल मेरे लिए एकदम नई थी।

दीपनगर 'बाइ-पास' से गाड़ी गुजरी। दूर से ही 'नव- नालंदा विहार' के नए भवन की झलक मिली। महिला-सहयात्री इस झलक पर अकारण ही मुग्ध हो गई—'की सुंदर !'

हँसी आई। अभी तो न जाने कितना 'भीषण-सुंदर' देखना बाकी ही है।

नालंदा स्टेशन (बस स्टाप, रेलवे स्टेशन) पर बुद्धदेव का रथ रुका। नालंदा के खंडहरों में जाने के लिए, सड़क उत्तर की ओर निकल गई है।

यहीं कहीं 'नालो' ग्राम रहा होगा। सारिपुत्र-मौद्‌गलायन का जन्म स्थान। संभव है, जहाँ हमारी गाड़ी खड़ी है—यहीं···।

दक्खिन-राजगिर-गिरिव्रज !

रामायणकालीन- वसुमति । महाभारतकाल का-बृहद्‌-रथपुर, बौद्धयुग का कुशाग्रपुर—मगध के राजाओं की राजधानी राजगिर !

यहाँ, एक प्रेतात्मा और आकर गाड़ी में सवार हो गई—इत्सिंग !

···पंद्रह साल पहले, सारिपुत्र-मौद्‌गलायन की हड्डियाँ, विदेश से आईं और भारत के नगरों में घूमती-फिरती पाटलिपुत्र पहुँचीं, तो इन हड्डियों के स्वागत में एक विशाल जुलूस निकला था। उस जुलूस को देखकर दासानुदास ने (पार्टी-पत्रिका में) एक निबंध प्रकाशित करवाया था—हड्डियों का जुलूस !

इत्सिंग की प्रेतात्मा ने बतलाया, उस निबंध में एक-दो तथ्य की बातें जोड़ देना आवश्यक है··· सिद्धि-लाभ के कुछ दिन बाद ही संबुद्ध कपिलवस्तु गए। उनके साथ शिष्य सारिपुत्र भी था। बालक राहुल को (भगवान का आदेश पाकर) सारिपुत्र ने ही भिक्षुव्रत के प्रथम-पर्याय में प्रवेश करवाया था।

बालक भिक्षु को घेरकर जब महाप्रजावती गौतमी, राहुल-माता यशोधरा—सारा राज-परिवार छाती पीट-पीटकर रोने लगे, उस समय सारिपुत्र के मन में सौ- सौ तूफान चल रहे थे। हड्डियाँ तक करुणा से काँप रही थीं··· ।

सिलाव गाँव की तख्ती पढ़ते ही खाजा की याद आई, मन में प्रश्नोदय हुआ—सिलाव के खाजा का इतिहास कितना पुराना है ? क्या चीनी यात्रियों के यात्रा-वर्णन में कहीं भी इस मिठाई की कोई चर्चा नहीं ?

देश-विदेश के लोग राजगिर-नालंदा आते हैं। जाते समय सिलाव का अति प्रसिद्ध खाजा खरीदकर ले जाते हैं।··· महिला सहयात्री अभी से खाजा खरीदने को उत्सुक दिखाई पड़ीं। लेकिन, बुद्धदेव फिर एक 'बाइ-पास' से मुड़ गए।

साढ़े बारह बजे हमारी यात्रा शुरू हुई थी। ठीक साढ़े तीन बजे बुद्धदेव का 'भूपति' (लैंड मास्टर), धूल-धूसरित अवस्था में राजगिर पहुँचा।

धूल के गेरुए बादल के नीचे सूरज क्रमशः निष्प्रभ होता जा रहा था। नातिउष्ण फागुनी हवा चल रही थी और तप्त जल के कुंडों में साँझ को नहानेवाले स्नानार्थियों के छोटे-बड़े झुंड निकल पड़े थे।

बुद्धदेव का डेरा, कुंड स्टेशन के पास ही सटा हुआ है।

काशीधाम पहुँचने के बाद यात्रियों का दल सबसे पहले गंगा के घाट पर जाता है। यहाँ आकर तुरंत ही कुंड की ओर जाते हैं, लोग।

पाँच बजे हम भी 'स्नान-यात्रा' पर निकले। साँझ के झुटपुटे में बिंबिसार के 'नया राजगिर' की गढ़ी देखी।

··· कहते हैं, एक बार राजा बिंबिसार को, 'तपोद' (गर्म पानी के कुंड का तत्कालीन नाम) में नहाते समय कुछ विलंब हो गया। जब वे लौटे, तो बहिर्नगर के बत्तीसों द्वार बंद हो चुके थे। निरुपाय, उन्होंने वेणुवन मठ में भगवान बुद्ध के साथ रात्रियापन किया था।

बुद्धदेव से पूछा, "इस घटना के बाद ही बिंबिसार ने 'नया राजगृह' बसाया होगा ?"

बुद्धदेव ने हँसकर कहा, "जोर देकर कुछ भी नहीं कहा जा सकता। फाहियान लिखता है, बिंबिसार के पुत्र अजातशत्रु ने इसे बसाया और ह्वेनसांग कहता है, बिंबिसार ने ही इस 'दुर्ग- -गर' का निर्माण किया।"

महिला-सहयात्री बोली, "दोनों ने मिल-जुलकर बनाया होगा।"

जो भी हो, इस कहानी से यह तो प्रमाणित ही हो जाता है कि पुराकाल से कुंड में लोग शाम को भी स्नान करते हैं।··· मैं बेकार डर रहा था।

महिला-सहयात्री की पुरानी आदत है, हर दुकान के साइन बोर्ड को सस्वर पढ़ती है—राह चलते।···वेणुवन होटल ! उदयन होटल !! वाह की सुंदर नाम !

—तब तो, यहाँ कोई 'जीवक मेडिकल स्टोर' भी होना चाहिए ! है क्या ?

बुद्धदेव को यह नाम बहुत पसंद आया, "अभी तक तो नहीं है। जब कलियाकोर्मा की दुकानवाले 'वेणुवन' और 'उदयन' नाम रख सकते हैं तो 'सल्फा ड्रग' या सिर दर्द की गोलियाँ बेचनेवालों को यह नाम कभी-न-कभी जरूर सूझेगा। मुझे कोई मिला तो, सुझा दूँगा !"

बुद्धपत्नी बोली, "कौन जीवक ? आम-बागानवाला प्रसिद्ध राजवैद जीवक, जिसने देवदत्त द्वारा लुढ़काए पत्थर से घायल बुद्ध की जान बचाई थी अथवा राम-रावण युद्ध में मूर्च्छित राम की जिसने चिकित्सा की थी ?"··· नहीं महाशय, सुषेन नहीं। बौद्ध साहित्य जीवक का ही नाम लेता है।

मैंने पूछा, "आप किस राम की बात कर रही हैं ? जिसकी बहन सीता थी ? कौन रावण ? जिसने बुद्ध से धर्म पर वार्तालाप किया था ? कौन सीता ? जिसका जन्म मंदोदरी के गर्भ से हुआ था और जिसके पिता रावण ने ज्योतिषियों की भविष्यवाणी के भय से सोने की पिटारी में बंद करके जिसे मिथिला में गड़वा दिया था ?"

महिला-सहयात्री बोली, "छिः-छिः, कैसी बेबात की बात ?"

"छिः-छिः बेबात की बात मत कहिए। शास्त्रोक्त बातें हैं !"

हम कुंड-क्षेत्र में पहुँचे !

यह राजगिर का सबसे 'जीवंत' इलाका है, जिसको अंग्रेजी में कहते हैं—हम्मिंग विद एक्टिविटीज़ !

कुंड के पास ही एक छोटा-सा मार्केट बसाया गया है, हाल ही। 'नया राजगिर' की खुदाई हो रही है। पुरातत्व विभाग के कार्यकर्ताओं के कैंप में लताबाई की स्वरलहरी गूँज रही है—आ जा रे-ए-ए-ए !!

बाहर रोशनी की अच्छी व्यवस्था है। किंतु, उस दिन कुंडों के अंदर जलनेवाले बल्ब या तो खराब हो गए थे या चुरा लिए गए थे। 'स्नानागार' (सप्तधारा) में एक 'शून्य-शक्ति' का लट्टू भुकभुका रहा था।

नौमी को लेकर अथवा जूता पहनकर हम स्नानागार में झाँक भी नहीं सकते ? यहाँ पर स्वच्छंद विचरण करनेवाले, कटखने और घाववाले कुत्तों को कोई रोकता- टोकता नहीं।

स्नानागार में, ट्रस्ट, जिला अधिकारी तथा पंडा कमिटी की ओर से बहुत- सी 'वर्जना- वाणियों' की तख्तियाँ लटकी हुई हैं—यहाँ साबुन लगाना मना है। मिट्टी लाना मना है। फोटो लेना मना है।

इसके बावजूद गंदगी और गोलमाल ?

पाँचों धाराओं को ऊँची दीवार से बाँध दिया गया है। पाँचों धाराओं में संगमरमर के गोमुख लगे हुए हैं। प्रथम धारा से, जो प्रवेशद्वार के पास ही है, अधिक पानी गिरता है। इसके पास ही, ऊपर दीवार को फोड़कर एक छोटी-सी धारा निकली है। इस छोटी धारा के नीचे एक सज्जन मुँह बाकर शायद पानी पी रहे थे। पूछने पर मालूम हुआ—पायरिया की प्राकृतिक-चिकित्सा कर रहे हैं।

धारा में हाथ डालकर जल का ताप मापा। जो सर्दियों में गर्म पानी से नहाते हैं, उनकी देह पहली बार ही इस ताप को सह लेगी। बहुत दिनों तक मैं भी इसी मुगालते में था कि आमाशय के रोगी यहाँ खिचड़ी का सामान लेकर आते हैं। तसले में चावल-दाल-घी डालकर धारा का जल डाल दिया और खिचड़ी तैयार ! एक बार, अपने एक दक्षिण भारतीय मित्र को मैंने लिखकर सलाह भी भेजी थी।

धारा में नहाने के बाद कुंड-स्नान !

फूल, बेलपत्र, दूर्वादल लेकर बैठे हुए माली और कुंड में नहानेवाले प्रत्येक यात्री से चिपकने की चेष्टा करनेवाले पंडे—आदमी पहचानते हैं। कौन स्वास्थ्य कामी है और कौन पुण्यार्थी—यह पहचानना उतना कठिन नहीं।

कुंड के एक कोने में—छोटे से गर्भ-गृह में गणेश सहित कई देव- देवियों की

प्रतिमाएँ विराजित हैं, जिन्हें मैं अंधकार में नहीं देख सका ! जब, नहाते हुए पंडाजी ने मुझे जरा उधर सरक चलने को कहा, तो मैं अकचकाया !

···महिलाओं के लिए अलग कुंड है । तब, फिर यह महिला इस कुंड में क्यों नहाने आई है ? पाँच हाथ से भी कम की परिधि में, गले-भर पानी में डूबे हुए—किलोल करनेवाले असभ्य-पुरुषों के धक्के और बोली क्यों सह रही है ?

कुंड से निकलकर फिर धारा में नहाने का नियम है । कह नहीं सकता, यह नियम धार्मिक है या व्यावहारिक । तब, एक बात अपने अनुभव के बल पर कह सकता हूँ कि कुंड के बँधे हुए जल में नहाने के बाद खरस्रोता धारा के नीचे बैठकर नहा लेने से मन परम-पवित्र हो जाता है ।

तत्काल फल मिला : देह-पिंजर के जोड़ की हड्डियों में अब दर्द नहीं । सिरदर्द, जो नहाने के पहले तक था, दूर हो गया । सर्दी के कारण बंद नासारंध्र—परिष्कार !!

डेरे पर पहुँचने के बाद फिर चाय पीने की इच्छा नहीं थी । किंतु कुंड में नहाने के बाद चाय पीने का नियम है, शायद ।

महिला-सहयात्री पर मन प्रसन्न हो गया । मशहरी ले आई हैं । उन्हें दुःख है, झाड़ू लाना भूल गईं ।

···पिछले साल डॉ. नर्मदेश्वर प्रसाद ने, राजगिर से लौटकर एक अद्भुत कहानी सुनाई थी । सिस्टर निवेदिता के एक जीवनी-लेखक ने उनकी राजगिर यात्रा पर थोड़ा- सा प्रकाश डाला है कि निवेदिता जब राजगिर आईं तो एक पहाड़ी पर चुपचाप बैठकर उन्होंने कुछ देर तक 'हिस्ट्री को रिकंस्ट्रक्ट' (इतिहास से पुनर्परिचय ?) करने की चेष्टा की थी ।

डॉक्टर नर्मदेश्वर कुंड की सीढ़ी पर इमली के पेड़ की छाया में बैठकर सामने विपुला और रतन-पहाड़ी को देख रहे थे और मन ही मन सोच रहे थे कि किस तरह निवेदिता ने 'हिस्ट्री को रिकंस्ट्रक्ट' किया होगा । किस युग में किधर से सड़क निकली होगी, सार्वजनिक आनंदोत्सव किन स्थानों में मनाए जाते होंगे···

इसी समय एक देहाती अधेड़ उनके पास आकर बैठ गया । कुछ देर तक चुप रहने के बाद उस व्यक्ति ने डॉक्टर प्रसाद से पूछा, "कहाँ आए हैं बाबू साहेब, राजगिर देखने ? अजी बाबू साहेब, आप लोग क्या राजगिर देखिएगा, राजगिर देखने आई थीं कभी सिस्टर निवेदिता···"

डॉक्टर प्रसाद अवाक् ही नहीं, परेशान भी हुए ! वह व्यक्ति सीढ़ियों पर चढ़ता हुआ कुंड की ओर चला गया । बाद में उन्होंने उसको बहुत खोजा (अब भी जाते हैं तो खोजते हैं उसको !), वह नहीं मिला कभी ।···ठीक जिस समय निवेदिता की बात सोच रहा था मन में, उसी समय उस व्यक्ति का ऐसा कहना···क्या कहा जाय ? सिर्फ,

काकतालीय ?

मैं भी किसी अलौकिक अथवा अद्‌भुत घटना की प्रतीक्षा में था : यात्रा के शुरू से ही।

महिला-सहयात्री हड़बड़ाती हुई कहाँ से आ रही हैं ?

मेरा कलेजा धड़कने लगा। हुआ अब कुछ अलौकिक ! मैं जो कुछ भी सोच रहा हूँ, वही कुछ वह भी तो नहीं कहने आई है ?

"जानते हो, यहाँ अंडा कितना सस्ता है ? सिर्फ डेढ़ रुपए दर्जन ! और सहिजन और इमली का तो यहाँ जंगल ही है।"

मैंने कहा, "की सुंदर !"

रात्रि भोजन के समय, आनेवाली कल के लिए प्रोग्राम बनाया गया। सबसे पहले प्रातःकाल कुंड स्नान और सबसे अंत में कुंड स्नान (साँझ में)...

अपनी सुविधा-असुविधा के अनुसार, प्रोग्राम में हेर-फेर की चेष्टा किसी ने नहीं की। यद्यपि, मुझे यह कहना था कि दोपहर को एक-डेढ़ घंटा सो लेने से उपकार ही होगा। और यह कि नालंदा के विहार में सूरज ढलने के कुछ पहले, गृद्धकूट पर्वत पर चाँदनी रात के प्रथम प्रहर में और सोन-भंडार की गुफाओं में दस बजे रात को मोमबत्ती (टार्च नहीं !) जलाकर जाने में जो सुख मिलेगा...

किंतु परदेश में कम खाना चाहिए, यह बात कौन किसे समझावे ? यहाँ का जल पत्थर को भी पचा सकता है, मानता हूँ। और यह भी जानता हूँ कि पत्थर को पचानेवाला जल अँतड़ी को भी सिद्ध कर दे सकता है।...कुंड में नहाते समय ही मैंने अनुभव किया था, स्नानार्थियों में—वात, लकवा, चर्म रोग से पीड़ित व्यक्तियों के अलावा—अधिकांश पेटू पांडे हैं। आवश्यकता से अधिक, पेट में ठूँस लेनेवाले भोजन-भट्टों को अंत में राजगिर-सेवन के सिवा और चारा नहीं, यहाँ पहुँचकर फिर 'ओवरलोडिंग !'

...सन् 1908 या 1911 ई. में राजगिर में दर्शनार्थियों की एक विशिष्ट टोली आई थी। उस दल के कुछ सदस्यों के नाम हैं—सिस्टर निवेदिता, रवींद्रनाथ ठाकुर, जगदीशचंद्र बसु, और यदुनाथ सरकार।

...जहाँ तक मुझे मालूम है, सिस्टर निवेदिता का एक लंबा लेख (राजगिर पर) उनकी किसी किताब में संकलित है। कवि ने किसी को एक लंबी चिट्ठी लिखी थी यहाँ से (संभवतः 'श्यामा' की रचना इस यात्रा के बाद ही हुई हो !), और यदुनाथ सरकार का 'मॉडर्न-रिव्यू' (कलकत्ता) में एक निबंध प्रकाशित हुआ था। सुना है, तप्त कुंड के संबंध में जगदीशचंद्र बसु की राय—कवि के पत्र में ही है।

...किसी अच्छे ग्रंथागार में बैठकर—मॉडर्न रिव्यू, प्रवासी और विश्व भारती आदि

पत्रिकाओं की पुरानी फाइलों पर परिश्रम करने से सभी सामग्रियाँ उपलब्ध हो सकती हैं। राजगिर-नालंदा-साहित्य में दिलचस्पी रखनेवालों का ध्यान आकर्षित करने के लिए किसी दैनिक पत्र के 'संपादक के नाम पत्र' प्रकाशित करवाना अच्छा होगा ! हिंदी में कोई गाइड बुक भी नहीं।

···प्रातःकाल कुंड में स्नान करने के बाद, कुंड-मार्केट से कुछ यात्रियोपयोगी सामान खरीदने गया तो, फिर अचरज में पड़ा। दुकानदार ने दो मिनट में ही यहाँ के जलवायु से लेकर प्राचीन इतिहास और वर्तमान अवस्था की झाँकी दिखला दी। उन्होंने टूरिस्ट सर्विस रोजगार की सेवाओं की चर्चा की (इस संस्था के सेक्रेटरी की हैसियत से) और कृपापूर्वक टूरिस्ट सर्विस का एक अंग्रेजी पर्चा भी दिया।

मैंने पूछा, "हिंदी में टूरिस्ट सर्विस का कोई पर्चा नहीं ?"

उन्होंने गंभीर होकर कहा, "और साहब, यह रोमांटिक जगह भी है। माने, यहाँ भी ऐसे स्पाट हैं, ऐसे निभृत- निकुंज, मनोरम 'कूजी'··· मेरा दावा है कि नैनीताल और मंसूरी में भी ऐसे स्पाट्स नहीं। एक-से-एक स्कैंडल प्वाइंट्स !"

उन्होंने अंग्रेजी में मेरा नाम पूछा। मैंने, अपने पूरे नाम के प्रत्येक 'ण' और 'र' का स्पष्ट उच्चारण करके सुना दिया। नाम सुनकर उन्होंने पूछा, "आप साउथ- इंडियन हैं ?"

फिर रोमांटिक स्थानों की रोमांचक लोमहर्षक और लुभावनी बातें शुरू हुईं—कोई लिखनेवाला हो तो एक दिन में दर्जनों 'लव स्टोरी' यहाँ लिख सकता है।···जी, मैं तो सिर्फ जर्नलिस्ट हूँ।

दिन के प्रकाश में इस सार्वजनिक सर्व-रोग-पापहर स्नानागार का सही रूप देखने को मिला। एक ओर महिलाएँ नहा रही थीं। ऊपर मंदिर के छज्जे पर खड़े कुछ लोग उन्हें टकटकी लगाकर देख रहे थे। उन लोगों के साथ स्थानीय किसी मठ का एक (चीनी या जापानी !) रंगीन भिक्षु भी था, जो अपलक दृष्टि से देखता ही नहीं—बीच-बीच में उत्तेजित होकर कुछ बोलता और अश्लील इशारे भी करता था।

रात को अँधेरे कुंड में पुरुषों के साथ नहानेवाली महिला सुबह भी नहा रही थी, उसी तरह हँस रही थी, देह मल रही थी और जाग्रत देवता का नाम ले रही थी।···

कोख-मर्दन का स्थान मर्दकुक्षि··· नौमी गुर्राई···यह कौन आकर बैठ गई मेरे सामने ?

असंतोष और अतृप्ति की साकार प्रतिमा !

मैं गाइड-बुक में डूब गया।

सामने बैठी प्रतिमा अपने आप बड़बड़ाने लगी, "तुम्हीं मौज में हो। सुख से हो!"

किससे कह रही हैं? मुझसे या नौमी से?

किसी से नहीं। वह अपने से ही कह रही है, और नहीं तो क्या?··· "भगवान, मैं यदि जानती कि पेट में साँप पल रहा है! साँप का बच्चा! जब से जन्म लिया—बाप को जकड़े हुए है। रक्त चूस रहा है। दस वर्ष हुए—देह में हाड़ ही नहीं। मुँह में बोली कहाँ से आएगी! साँप भी बोलता है, भला! और उसका अभागा बाप? जिस दिन से इस पितृहंता का जन्म हुआ है—घर-गृहस्थी, सगे-संबंधी की बात तो दूर, वह मुझे भी भूल गया है। उसे उम्मीद है कि उसका बेटा एक दिन उठकर खड़ा होगा —हा-हा—चलेगा—हा-हा—दौड़ेगा—हा-हा—फुटबाल खेलेगा—हा-हा···भगवान! मुक्ति दो। इस भले आदमी को मुक्ति दिला दो। सुबह-शाम प्रार्थना करती हूँ—बेचारे को साँप की लपेट से छुड़ा लो प्रभु!··· दुश्मन! यदि जानती कि तू बाप को जिंदा चबाने के लिए मेरे कोख में आया है तो गरम पत्थर से पेट सेंककर···सभी मौज में हैं, सुख भोग रहे हैं। एक वही बेचारा इस अपंग जानवर के पीछे सबकुछ···"

वह रोने लगी, बिलखकर!

···तो, वह अपंग लड़का इसी महिला का है जिसे उसका बाप एक धारा से दूसरी धारा के पास—अपनी तलहथी पर रखकर ढोता फिरता है! मैंने देखा है, इस महिला के पति को, गुमसुम-उदास किंतु जिसके मन में अटूट विश्वास है।

महिला रोती हुई चली गई।

उसी समय गाइड-बुक में मैंने जो कुछ पढ़ा—उसे क्या कहें? काकतालीय? ···यहीं, पास ही—गृद्धकूट की तलहटी में 'मर्दकुक्षि' नामक स्थान है, जहाँ बुद्ध, अपने आत्मीय देवदत्त के द्वारा लुढकाए पत्थर से घायल हुए थे।···मर्दकुक्षि नाम के पीछे एक ऐतिहासिक 'किस्सा' है। कहते हैं, जब राजा बिंबसार की रानी को यह पता चला कि उसके पेट में पितृहंता (अजातशत्रु!) पल रहा है तब इसी स्थान पर 'कोखमर्दन' करवाकर अजन्मे बालक से पिंड छुड़ाने की चेष्टा की थी।

महामाया! यह मैंने, तुम्हारा कौन-सा रूप देखा आज?

महिला-सहयात्री ने बक्स से मेरा कैमरा निकाल दिया।

मैंने पूछा, "और मेरी मोटीवाली डायरी?"

"वह भी है। यह लीजिए।"

"डायरी नहीं, यह तो 'सिद्ध साहित्य' है।"

"जो है, यही है। बस।"

मेरा माथा गर्म हो गया, "सिद्ध-साहित्य क्या होगा ?" महिला-सहयात्री इमली चुनने चली गई।

···फिर काकतालीय व्यापार ?

—'चलो रे मन, गंगा-यमुना तीर !' स्वर्गीय पलुस्कर का गीत आकाशवाणी के किसी केंद्र से प्रसारित हो रहा था—'गंगा-यमुना निर्मल पानी, शीतल होत शरीर। चलो रे मन···'

गंगा-यमुना तीर नहीं। चलो रे मन—नाला, नालक ग्राम !

राजगिर से नालंदा की दूरी—पालिग्रंथों के अनुसार एक योजन और संस्कृत साहित्य (बौद्ध) के मुताबिक आध योजन है। पिछले साल तक यह—राजगिर से सात माइल उत्तर था। और इस वर्ष···7 माइल कितने किलोमीटर हुए ?

···पता नहीं हम कहाँ जा रहे हैं—नाला ? नालक ? नालक ग्राम ? नालंद ? नालंदा ?

···हम उदंतपुरी तो नहीं जा रहे ? उदंतपुरी विहार नालंदा के पास ही था।

···जोर देकर, अधिकारपूर्वक, कुछ नहीं कहा जा सकता।

बुद्धदेव ने ब्रेक लिया। गाड़ी एक धक्का देकर रुकी। कुत्ते का दुबला-पतला रोगी बच्चा बाल-बाल बच गया।

विहार अथवा म्यूजियम के अंदर नौमी को ले जाने की अनुमति मिलेगी तो ?

कल बुद्धदेव ने सिलाव 'बाइ-पास' से गाड़ी निकाल ली थी। आज हम सिलाव गाँव के बीच से निकलेंगे।···सड़क के दोनों ओर 'खाजा' की दुकानें। हर दुकान में 'सिलाव का असली खाजा' मिलता है।···असली खाजा ! गर्द-गुबार, धूल और मक्खियों के बावजूद जिसके स्वाद में कोई फर्क नहीं पड़ता। जितना बासी हो, उतना ही ताजा समझा जाता है।

हमने ताजा खाजा लिया।

नालंदा स्टेशन पर आज का ताजा अखबार मिला।

मैं अखबार को एक सरसरी निगाह से देख रहा था।···फिर, अलौकिक कांड ?

···नालंदा म्यूजियम से फिर मूर्तियों की चोरी ?

*'नालंदा म्यूजियम से मूल्यवान सामग्री की चोरी हो गई'*

सात महीने के अंदर यह दूसरी बार चोरी ? पुलिस पता लगाने में असमर्थ ? ···कांस्य की अलभ्य बुद्ध मूर्तियाँ !

—की सुंदर ?

पालि इंस्टिच्यूट को देखकर यह मंतव्य प्रकट किया गया या मूर्तियों की चोरी का

संवाद सुनकर ?

गाड़ी आगे बढ़ी । अखबार की यह खबर तुरत ही—डेढ़ मिनट में ही—इतिहास की बात हो गई । मैं बहुत ही देर तक 'स्टेच्यू-स्मगलर' का हिंदी शब्दार्थ ढूँढ़ता रहा···मूरत चोर ? प्रतिमा तस्कर ?

···इन प्यारे भाइयों से और दो दिन नहीं रहा गया ? हमें देख लेने देते, तब फिर ठिकाने लगाते ।

म्यूजियम के दरबानों ने नौमी को पुलिस का चोर-पकड़नेवाला कुत्ता समझा । इसलिए, नौमी जब उन्हें बारी-बारी से सूँघने लगी तो वे आँखें मूँदकर पत्थर की मूर्ति की तरह खड़े रहे ।···आज सुबह को ही पुलिस का कुत्ता एक दरबान को पकड़ चुका है । अब न जाने किसकी बारी हो ।···

कांस्य-मूर्तियों की सूनी वेदियाँ ! सूना कक्ष !

जो मूर्तियाँ अब तक चोरी नहीं हुई हैं—उन्हें अधिकारियों ने इस कक्ष से 'अपसारित' कर दिया है । हमने जानने की चेष्टा की—कौन- कौन मूर्तियों को चोर ले गए ? कुछ पता नहीं चला । बची हुई मूर्तियों को देखते रहे और अनेक विचार मन में घुमड़ते रहे ।

तंत्रयान का गढ़ (केंद्र !) नालंदा महाविहार !

जहाँ ये मूर्तियाँ पूजी जाती थीं—गढ़ी जाती थीं । गढ़ना सिखलाया जाता था । संभवतः जहाँ मूर्तियों का गोदाम भी हो ! पुराने यात्रियों में से किसी ने इसको 'मूर्ति उत्पादन केंद्र' भी कहा है ।

हम विहार के द्वार पर आए ।

द्वारपाल हमें देखकर मुस्कराया । लगा, अब वह अपनी प्रश्नावली शुरू करेगा !

ह्यूएन-च्यांग ने नालंदा महाविहार की गतिविधि के संबंध में लिखते हुए कहा है, "अन्य मतावलंबी विद्वान, जो शास्त्रार्थ करने के लिए अंदर जाना चाहते, द्वारपाल उनसे कई कठिन प्रश्न करता था । अधिकांश प्रवेशार्थी उत्तर नहीं दे सकते और उन्हें निराश होकर लौटना पड़ता ।···"

द्वारपाल ने हमसे सिर्फ एक प्रश्न पूछा, "बाबूजी, कुत्ता काटता तो नहीं ?"

प्रवेशार्थियों की ओर से कहा गया, "अकारण ही कभी नहीं ।"

यह सुनकर द्वाररक्षक ने हमारा सहर्ष स्वागत किया ।

बुद्धदेव यहाँ कई बार आ चुके हैं । हम उनके पीछे-पीछे चले । द्वारपालजी ने हमें पीछे से पुकारा, "सुनिएगा ! ठहरिए, जरा मैं आ रहा हूँ ।"

···तो, द्वारपालजी ही गाइड का काम करते हैं ! वे हमारे दल के आगे- आगे चले । भला आदमी जरा-सा तुतलाता है और शुद्ध हिंदी बोलने की चेष्टा करते समय,

लिंग संबंधी गलती न हो—इसका जरा अधिक ध्यान रखता है। अंग्रेजी शब्दों का जी खोलकर व्यवहार करता है और किसी भी चीज को सबसे पहले 'अथि' कहता है—यह 'अथि' जो देख रहे हैं न सो देखने में तो 'अथि' के ऐसा लगता है। मगर, असल में यह 'अथि' नहीं है।···पढ़ते-पढ़ते जब 'इश्टूडंट' को नींद लगने लगती थी तो यहीं, इस 'पिलाटफारम' पर 'गते-गते' सो जाता था !

···अब, इधर देखिए जरा। एक्सकेवेशन जब हुए तो पता चला कि इसके 'लेयर' में भी एक पिलाटफारम है। जब पिलाटफारम का एक्सकेवेशन हुआ तो मालूम हुआ कि इसके नीचे भी कमरे हैं !···

मैं अपने 'झंझटियल' (कंप्लिकेटेड) कैमरे में उलझा हुआ था। इससे तो अच्छा हमारा—बचपन का—पुराना बेबी बॉक्स कैमरा ही था। विश्वासपूर्वक, बेखटक, फटाफट बटन दबाता जाता। और, विउफाइंडर में देखी हुई सैकड़े पंचानबे छवि, फिल्म पर हू-ब-हू उतरती थी।

···अचानक, महापंडित राहुलजी की याद न जाने कैसे—उस समय आ गई; खंडहर के कोने-कोने में जमी उदासी—मानो प्राण पर छा गई।

उधर, द्वारपाल कह रहा था "गुप्ता-पेरियट के 'डिजैन' में एक खास बात है कि गंथाई 'धनुष के आकार की मेहराबदार' होती थी। यह देखिए, "गुप्ता पेरियट' का 'डिजैन' !···"

टोली से बिछुड़कर एक भग्न-प्राचीर की छाया में जा बैठा। अब दल के लोग मुझे जो कहें, मैं यहाँ थोड़ी देर बैठूँगा।

द्वारपालजी का कथन है, इसके 'मेन-गेट' का अब तक पता ही नहीं लगा है कि किधर था और किस 'डिजैन' का था।

भारत सरकार के पुरातत्व विभाग की पुस्तिका (गाइड बुक ?) खोलकर देखा, मैं 'मोनेस्टरी साइट (?) में—मठवासियों की कोठरियों के सामने बरामदे पर बैठा हूँ।

···इन्हीं कोठरियों में से किसी एक में नागार्जुन रहते होंगे। किसी में शीलभद्र, आर्यदेव, आसंग, वसुबंधु, धर्मपाल, पद्मसंभव।

···शून्यवाद का प्रारंभिक चिंतन; मध्यमकारिका की रचना—इन्हीं कोठरियों की कृपा है।

···और, कालांतर में मंजूश्रीमूल कल्प की प्रयोगशाला ?

···स्वामी विवेकानंद के पत्रों का अनुवाद करते समय एक पत्र की पंक्तियों को कई बार अनुवाद करना पड़ा। इसलिए, याद हो गई हैं और इस समय मेरी आँखों के सामने स्पष्ट अंकित हो रही हैं···"हमारे यहाँ अभी तक जो तंत्र प्रचलित हैं—मेरा विश्वास है—इनके 'आदि स्रष्टा' बौद्धगण ही हैं। इन तंत्रों में व्यभिचार को अतिमात्रा

में प्रश्रय मिला था।···जिस प्रकार संन्यासीगण शंकर को—बाउल, चैतन्य महाप्रभु को—व्यभिचारी, सुरापायी तथा नाना प्रकार के जघन्य आचरणकारी कहते हैं, उसी तरह आधुनिक (मॉडर्न) तांत्रिक बौद्धगण-बुद्धदेव को घोर पापाचारी कहते हैं, और प्रजापारमितोक्त तत्वगाथा के सुंदर-सुंदर वाक्य की कुत्सित व्याख्या करते हैं।···

"···पाषंड ! पाषंड !! जो उनके धर्म को नहीं जानते उन्हें वे पाषंड कहते। 'पाषंड' बौद्धों की बहुत पुरानी गाली है। तब भी एक बात है, बेचारों ने कभी तलवार नहीं उठाई !··· तर्क से—वेद उड़ा। किंतु, तुम्हारे धर्म का प्रमाण ?—वही पुराना जवाब, विश्वास करो ! जो सभी धर्मों की टेक है।···दुनिया में दुख है। भागो- भागो—क्यों भागूँ ? सुख क्या एकदम नहीं ? दुख है तो है ! ···बुद्धदेव मेरे इष्ट हैं, मेरे ईश्वर हैं। वे ईश्वरवाद में विश्वास नहीं करते—वे स्वयं ईश्वर हैं। किंतु 'इति' करने की शक्ति किसी में नहीं। ईश्वर में भी—अपने को सीमाबद्ध करने की शक्ति नहीं।···"

मोक्षदेव (ह्यूएन-च्यांग नालंदा का विहारवाला नाम !) कहता है—यहाँ हेतुविद्या (लॉजिक), शब्दविद्या (व्याकरण) और चिकित्साविद्या के अलावा अथर्ववेद की भी पढ़ाई होती थी। अथर्ववेद ? मंत्र-तंत्र, जादू-टोना का कोष ?

मैंने प्रस्ताव किया, अब कहीं बैठकर चाय पी ली जाए। थरमस हल्का हो जाएगा।

चाय के पहले, सिलाव के खाजा की चंगेरी खुली।

···सचमुच ! प्रशंसनीय पदार्थ है। बगैर खाय जिसके स्वाद की ओई कल्पना ही नहीं की जा सकती। एक पर्त के बाद दूसरा स्तर, दूसरे के बाद तीसरा, चौथा, पाँचवाँ, छठा, सातवाँ। सात 'लेयर'। और प्रत्येक पर्त में समान रूप से रस, गंध।

···नालंदा के भग्न महाविहार का प्रतीक यह मिष्टान्न—सिलाव का खाजा—चीन, जापान, अमरीका, रूस—कहीं ले जाइए—हमेशा ताजा !!

मुख्य चैत्य- 3 के ऊँचे बुर्ज के पास—दोनों चौमुख-गुंबदों में बाँस की बल्लियाँ बँधी हुई थीं। मरम्मत कर रहे हैं ?··· संस्कार ?

द्वारपाल जी बोले—"जी, मरम्मत नहीं। यहाँ भला मरम्मत ? गुंबदों में जो मूर्तियाँ बनी हुई हैं वे मिट्टी की हैं। बीच-बीच में 'लोनी' लग जाती है। उसी को मथुरा के मसाले से साफ किया जा रहा है !"

इतिहासकारों का कथन है, इस महाविहार में कम-से-कम एक बार तो जरूर आग लगी थी।··· बख्तियार खिलजी के लूटने-जलाने की कहानी, मुस्लिम इतिहासकार मिनहास ने विस्तारपूर्वक कही है। पर एक बार हिंदुओं के द्वारा भी

'अग्नि-संयोग' की सूचना मिलती है—विद्याभूषण के 'हिस्ट्री ऑफ इंडियन लॉजिक' में।

'तुर्कों की चढ़ाई के बाद इसके मंदिरों और चैत्यों को मुदितभद्र नामक महात्मा ने फिर से बनवाया। इसके बाद मगध-राज्य के मंत्री कुक्कुटसिद्ध ने नालंदा का पुनर्निर्माण किया। महाविहार में फिर से नई जान आई।··· एक बार जब महाविहार में कोई धार्मिक अनुष्ठान हो रहा था—दो ब्राह्मण तीर्थिक क्रोधी योगी यहाँ आए ! कई नटखट नवयाचकों (नॉविस मौंक्स) ने इनके ऊपर मखौल में शौचजल डाल दिया। दोनों योगी बहुत क्रुद्ध हुए। उन्होंने बारह वर्षों तक सूर्य की उपासना करने के बाद यहाँ एक यज्ञ का अनुष्ठान किया। और 'हवन कुंड' से अंगारे निकालकर बौद्धविहारों, चैत्यों में डाल आए। भीषण आग सुलगी और उसी आग में नालंदा के ग्रंथागारों में प्रमुख 'रत्नोदधि' जलकर भस्म हो गया···'

··· सवाल उठता है, जब हवन-कुंड की आग से ही 'अग्नि-संयोग' करना था तो योगियों ने व्यर्थ बारह वर्षों तक सूर्य की कठोर उपासना क्यों की ?··· बारह वर्षों तक 'जनमत' तैयार करके आग बटोरी होगी योगियों ने ? अथवा—योगबल ?

नौमी जब से आई है, सिर्फ सूँघ रही है। बेचैन है, कोने-कोने में नाक लगाकर कुछ सूँघती है—दौड़ती है किसी सूत्र को पकड़कर। घ्राणसूत्र जहाँ टूट जाता है, वहाँ चक्कर काटने लगती है, इधर-उधर खोजती है। शून्य में सूँघती है। अपने 'सिक्स्थ सेंस' से किसी अदृश्य आत्मा की उपस्थिति का अनुभव कर रही है ? एक बार गुर्राई भी ! ···

हमें बताया गया, हम जहाँ खड़े हैं वह 'गोर स्थल' है।

बुद्धदेव की पत्नी को भूत-प्रेत पर अगाध विश्वास है। उसको तनिक सचेत कर दूँ तो वह इन खंडहरों में अट्टहास भी सुन सकती है। ···हा-हा-हा-हा-हा-हा-हा,!!

द्वारपाल जी ने कहा, "साढ़े पाँच बजे बंद होने का समय है !"

द्वारपाल—गाइडजी को (अर्थपूर्ण) धन्यवाद देकर हम बाहर निकल आए।

मैं न जाने कब से शंभूनाथ भाई की यह प्रसिद्ध पंक्ति मन-ही-मन गुनगुनाता रहा था :

*'समय की शिला पर मधुर चित्र कितने*
*किसी ने बनाए किसी ने मिटाए।'*

'तो, दादा ! चाँदनी रात के प्रथम प्रहर में ही गृद्धकूट पर्वत पर चढ़िएगा ?"

"हाँ भाई।"

"और, दस बजे सोन-भंडार के गुफाओं में ?"

महिलाओं और बच्चों की ओर से आपत्ति प्रकट की गई। "और आज नहाना नहीं होगा कुंड में ?"

"सब होगा।"

हम सब राजगिर-कुंड-मार्केट के पास पहुँचे तो रोशनी जल चुकी थी।

··· द्वादशी-शुक्ल का चाँद पहाड़ी के ऊपर ?

··· की सुंदर !

कुंड-मार्केट से सचमुच मोमबत्तियाँ ले आया, यह देखकर दल के कई सदस्य यहाँ नहाने के लिए उतर गए।

हमारी गाड़ी आगे बढ़ती गई—बहिर्नगर की अदृश्य दीवार को पार कर अंतर्नगर में। दाहिनी ओर 'मनियारमठ' को छोड़कर हम 'बिंबिसार की जेल' के पास पहुँचे। इन स्थानों को, चाँद की 'आलो-छाया' में गाड़ी में बैठकर ही देखा। अंतर्नगर के दक्षिणी द्वार के पास आकर हम पूरब की ओर मुड़े।···

भाई सी.एस.पी. सिन्हा ने ठीक ही कहा था !···

'जीवक आम्रवन' में हम पहुँचे तब चाँद गृद्धकूट पर्वत से और भी ऊपर उठ गया था !··· चाँदनी रात में इस तरह आसपास बैठकर रवींद्र संगीत गानेवाली जोड़ी के पास ही गाड़ी रोककर, बुद्धदेव ने अच्छा किया या बुरा ?

देखा, यहाँ 'मर्दकुक्षि' में—गृद्धकूट की तलहटी में—कई गाड़ियाँ (सब कलकत्ते की !) पार्क की हुई हैं !

हमारी टोली बिंबिसार-पथ पर चढ़ने लगी।···

···लगा, हजारों मजदूरों के साथ मैं भी पत्थर ढोता हुआ गृद्धकूट पर्वत पर चढ़ रहा हूँ !

··· हमारे दल के कई सदस्य गाड़ी में ही रह गए। नौमी भी ! वह जोर-जोर से भूँक रही है। वह हमारे साथ आना चाहती थी।

··· जीवक के आम्रवन में ही शुभादेवी की कथा याद आई।

··· शुभ या सुभा ? अग्रश्राविकाओं में एक विशिष्ट भिक्षुणी—जो वैद्यराज जीवक के आम्रवन में रहती थी और जिसने छुरी से अपनी आँखें निकालकर, एक लंपट को पाप-पथ से पुण्य-पथ की ओर लौटाया था।

मेरे मन में शुरू से ही पाप समाया हुआ है शायद ! नहीं तो, गृद्धकूट पर्वत पर चढ़कर—अग्रश्राविकाओं की ही याद क्यों आती रही—बहुत देर तक ?··· उत्पलवर्णा, ऋषिदासी, आम्रपाली और अर्धकाशी !

उतरते समय हम सभी चुप थे। सिर्फ, एक चिड़िया रह-रहकर कचपचा उठती थी।··· मर्दकुक्षि-क्षेत्र में, पत्थर तोड़नेवाले मजदूरों ने ढोल-झाँझ या तसला- थाली पर फगुआ गीत

शुरू कर दिया था।

मोमबत्ती जलाकर सोन-भंडार की पच्छिमी गुफा में प्रवेश किया।

सोन-भंडार या स्वर्ण-भंडार ? दक्षिणी दीवार पर जैन तीर्थंकरों की छोटी- छोटी मूर्तियाँ अंकित हैं ? कनिंघम ने इन्हें पहली बार देखा था और पहले 'पिप्पला- गुफा' माना; फिर 'सप्तपर्णी गुफा' कहा। कनिंघम के सहायक बेगलर ने इन गुफाओं को बुद्ध और आनंद की गुफाओं के रूप में पहचाना। किंतु पच्छिमी दीवार पर खुदी शिलालिपि (निर्वाण लाभाय तपस्वी-योगये सुभे गुहे··· इत्यादि) को पढ़ने के बाद इसमें संदेह नहीं रह गया कि उन्हें किसी जैन-तपस्वी ने निर्वाणलाभ के लिए बनवाया था।

··· फिर, जरासंध के स्वर्ण-भंडार की अलौकिक कहानियाँ अपनी जगह पर हैं।

पूर्वी गुफा की छत गिर गई है। इस गुफा से एक नेवला निकलकर हमें अचरज से देखता रहा, कुछ क्षण। नौमी जंजीर छुड़ाकर झपटी। बहुत देर तक हम नौमी को पुकारते रहे। हमारी बोली पहाड़ियों में गूँजी। 'रणभूमि' की ओर से आते हुए कमकरों की टोली का एक युवक बोला, "ले बलैया ! कोनो लड़की जंगलवा में हेरा गेल हो, लगैत है !"

··· नेवले की बात पर साँप की बात निकली। साँप की बात करते समय ख्याल हुआ—हम 'मनियारमठ' के बहुत ही निकट हैं, जहाँ साँप की पूजा होती थी। महाभारत के अनुसार राजगृह में 'मणिनाग' निवास करते थे। मनियारमठ की दीवारों पर अंकित 'नाग-नागिनों' (मनुष्याकृति !) की मूर्तियों के नीचे कहीं 'मणिनाग' भी लिखा हुआ है। मिट्टी के बहुत सारे बर्तन सौ-मुँहवाले घड़ों के साथ अन्य प्राप्त वस्तुओं को देख-परखकर यह बात मान ली गई है कि यह स्थान कभी सर्प-पूजा का केंद्र अवश्य था।

"साँप तुम सभ्य तो नहीं हुए, नगर में बसना भी नहीं सीखा !"

मनियारमठ में इस समय जाने के लिए कोई तैयार नहीं हुआ। इसलिए, हम 'रणभूमि' की ओर चले। रणभूमि जिसका एक नाम 'अखाड़ा' भी है। कुछ दूर पैदल चलकर हम तार से घिरी हुई जगह में पहुँचे। तख्ती पर पढ़ा, यहाँ अट्ठाईस दिनों तक लड़ाई हुई थी।

···अतुल बल प्राप्ति के लिए लोग यहाँ की मिट्टी अपनी देह में मलते हैं।··· इतनी मुलायम मिट्टी, उजली मिट्टी पहले कहीं नहीं देखी थी। दल के एक किशोर ने मिट्टी चखकर कहा, "मीठी है, ठीक ग्लुकोज जैसी !"

दस बजे रात में भी कुंड-स्नान चल रहा है !

मैं फिर इमली के पेड़ के नीचे जा बैठा। पास ही कुछ लोग बैठकर, 'राजगिर-महात्म्य' कह-सुन रहे थे।

बात जब 'मखदुम कुंड' के संबंध में होने लगी, तब मेरी इच्छा हुई कि एक 'गप' अपनी ओर से भी चला दूँ। मैंने कहा, "एक बार मखदुम शाह शर्फुद्दीन नामक एक मुसलमान योगी इस कुंड में नहाने आए। हिंदू, जैन, बौद्ध सभी धर्म के योगियों ने मिलकर विरोध प्रकट किया। तब मखदुम योगी ने कहा, 'रखो अपना गर्म कुंड, अपने पास। चाहूँ तो ऐसे-ऐसे गर्म पानी के हजार कुंड चुटकी बजाकर बना दूँ।' सभी हँसे—'हजारों नहीं, पहले एक ही बनाओ मियाँ साहब!' बस, मखदुम योगी ने सामनेवाली पहाड़ी में एक जगह चिमटा मारा और गर्म पानी की धारा कलकल करती हुई फूट पड़ी···।'

इस कहानी को और भी रोमांचक और दिलचस्प बनाया जा सकता है, यह मुझे बाद में मालूम हुआ। सीढ़ी के पास लेटे हुए वृद्ध ने मेरी कहानी को अधूरी कहा और इस तरह पूरी की, "जब गर्म पानी की धारा निकली तो ऐसी-वैसी नहीं—एकदम खौलता हुआ पानी। पानी जिधर से बहता, पत्थर जल जाते। पेड़ झुलसने लगे। धरती सूखने लगी। हाहाकार मच गया। तब, सभी लोगों ने—हिंदू, मुसलमान, क्रिस्तान--सबने मिलकर मखदुम फकीर रो 'अर्जी' की···।"

राजगिर में, हर रात कोई-न-कोई स्वप्न अवश्य देखा।

यों, छोटे-मोटे अथवा असंलग्न सपने अनेक आए। जैसे—पत्थरों की दीवारों को कँपाती हुई किसी की कातर वाणी पहाड़ियों में प्रतिध्वनित हो रही है—बेटा, अजातशत्रु! इस राह से बुद्ध जाएँगे··· मुझे एक बार, बस एक बार, एक झलक देखने दे!

··· राजा गृद्धकूट पर जाएँगे भगवान से मिलने। हजारों मजदूर जंगल-पहाड़ को काटकर सड़क बना रहे हैं! राजा पहाड़ की चोटी पर पत्थर का घर बनवा रहे हैं। हम मजदूर बड़ी-बड़ी चट्टानों को ढोकर पहाड़ की चोटी पर ले जा रहे हैं। छाती पर पत्थर!... एक राजा साँप के भय से भागा हुआ आया—वह हर तरफ साँप ही साँप देखता है। एक भिक्षु उनसे कहता है, कोई भय नहीं। सब दूर हो जाएँगे, तू मेरी शरण में आ!

संक्षेप में कहूँ, फिर भी दो सपने की बात कहे बिना यह यात्रा-कथा पूरी नहीं होगी। पहला सपना—

मैं नालंदा-विश्वविद्यालय का एक मुंडित-मस्तक नया विद्यार्थी हूँ।

आचार्यों और मठाधीशों के कठोर अनुशासन में—महाविहार में मेरा युवक तन-मन उचाट हो गया है। मैं असंतुष्ट हूँ यहाँ के वातावरण से। भिक्षुणियों और महा-मुद्राओं की गदराई हुई देह देखकर—सभी सूत्र भूल जाता हूँ। गुरु-देवताओं की तरह आनंदमय जीवन

बिताने के लिए अभी वर्षों कठोर परिश्रम और प्राणांतक परीक्षाएँ पार करनी होंगी।··· दो हिंदू युवक-वेदांती आए हैं। सारे विहार में कोलाहल है—दोनों हिंदू-योगियों ने द्वारपाल के कठिन से कठिन प्रश्नों का उत्तर एक ही शब्द में दे दिया। रह-रहकर महाविहार में उनका हुंकार गूँज रहा है—शिवोऽहं !! एक मूर्ति को देखकर दोनों ही क्रोध से पागल हो गए—किसने कल्पना की है ऐसी ? शिव और पार्वती को पदमर्दित करने की हिम्मत ?··· आचार्यों ने ललकारा—शास्त्रार्थ करो ! शुरू हुआ शास्त्रार्थ। रोज-रोज शास्त्रार्थ ! वे दोनों रोज ही बाजी मार रहे हैं। मैं खुश हूँ। विद्यार्थियों को हराने के बाद आचार्यों की बारी आई। उन्होंने आचार्यों को भी परास्त करना शुरू किया। सारे महाविहार पर दोनों योगी छा रहे हैं। विद्यार्थीगण प्रभावित हो रहे हैं। भिक्षुणियों और महा-मुद्राओं ने उन दोनों की ओर प्रशंसा भरी दृष्टि से देखा।··· तब, एक शाम को मेरी ही कोठरी के पास रहनेवाले दो दुष्ट विद्यार्थियों को आचार्यों ने बुलाया। मैं छिपकर सबकुछ सुन रहा हूँ। आचार्य कहते हैं, "तुम दोनों की 'दुष्ट-सरस्वती' भी मंद पड़ गई है, क्यों ? इन 'पाषंडों' को किसी तरह यहाँ से 'टहला' नहीं सकते ?"

दुष्ट-सरस्वती के पुजारियों ने कहा, "बस, कल प्रातःकाल ही।"

सुबह, गलियारे में कोलाहल ! दोनों योगी गलियारे में खड़े ऊपर की ओर देख रहे हैं। ऊपर, छज्जे पर खड़े दोनों चंचलमति विद्यार्थियों ने कहा, "आप शिव हैं, तो लीजिए यह तीर्थजल !··· किंतु, आश्चर्य ! जल नीचे नहीं गिरा। उनकी देह के पास पहुँचते ही अग्नि की लपट !··· आग उड़ रही है, चारों ओर ! आग के बादल !··· इसे कोई नहीं रोक सकता—इस अग्नि-घूर्णि-चक्र को।···स्वाहा !!

इस स्वप्न के बाद, सुबह तन का ताप मापकर देखा—101° !

अब दूसरा स्वप्न—

मैं किसी संग्रहालय का क्युरेटर या डायरेक्टर अथवा··· न जाने क्या हूँ। लेकिन, हूँ कोई उच्च अधिकारी ही।

···रात को संग्रहालय का निःशस्त्र दरबान आकर मेरा दरवाजा पीट रहा है, "हुजूर। उठिए।"

मैं हड़बड़ाकर दरवाजा खोलता हूँ, "क्या है ?"

डर के मारे उसकी बोली स्पष्ट नहीं निकल रही, मानो जीभ बँधी हुई हो। "हुजूर, मु-मु-मुर्तियाँ···इश्टैचू सब···!!!"

"क्या, चोर ?"

"जी नहीं, इस्टैचुआ सब भागल जात बा ··· ।"

"क्या बकता है। जरूर चोर आए हैं। लो, मेरी बंदूक। आगे बढ़ो। चलो, देखें !"

दरबान बोला, "हुजूर, पहले तो हमहुँ यही समझे कि ससुरा चोर-चुहाड़ है। मगर, करीब जाके देखली तो देखा कि इश्टैचुआ सब अपने-आप घसकल जात है-गते-गते।'

मैं उसके हाथ से बंदूक लेकर दुश्मन की ताक में सतर्क सिपाही की तरह चारों ओर देखता हुआ आगे बढ़ा। लॉन के पास पहुँचकर एक हिलती-डुलती छाया पर दृष्टि पड़ी। निशाना लेकर चिल्लाया, "खबरदार !"

छाया जरा हिल-डुलकर स्थिर हो गई।

··· छाया नहीं, यह तो काँसे का अमिताभ है !

अचानक मूर्ति मुस्कराई, बोली, "तात ! बंदूक की नली मेरी छाती से हटाओ, जरा।"

मैं अचरज के मारे गूँगा हो गया।

मूर्ति की मुस्कराहट चारों ओर बिखर गई, "तात ! अचरज मत करो।··· हम स्वयं ही जा रहे हैं।"

'कहाँ ?"

"विदेश। मैं पेरिस जा रहा हूँ। एक महिला के घर।··· और, वज्रपाणिजी··· चले आइए वज्रपाणिजी !"

पत्थर के वज्रपाणिजी झाउ की झाड़ी की आड़ से बाहर निकलकर खिसकते हुए आए।

मैंने कहा, "आप जा रहे हैं, लेकिन हमारी नौकरी ?"

वज्रपाणि बोले, "तात ! हम जानते हैं। पाँच-सात कन्याओं के विवाह की चिंता से तुम अर्धमृत-अवस्था में हो। तुम किसी सचिवालय में होते, तो लोहे या सिमेंट के इस फाइल को खोल अथवा बंद करके ही हजारों की प्राप्ति कर सकते थे। और यहाँ हमारी 'खानापूरी' और हाजिरी लेकर ··· ।"

अमिताभ बोले, "तात ! दुखनिरोध आर्य-सत्य है। दुख को दूर करने का उपाय उसके कारण को दूर करना है।"

वज्रपाणि ने समझाया, "और सम्यक्-आजीव ? जिस रोजगार में लाभ नहीं उसे छोड़कर ऐसे रोजगार में लगना, जिससे धर्म नहीं बिगड़ता है। 'राजधर्म' पालन करो तात !"

अमिताभ ने अभय-मुद्रा में कहा, "डरो मत। हमें जाने दो, तुम्हारा कल्याण होगा। हमें यहाँ से ढोकर ले जाने के लिए ट्रक प्रतीक्षा कर रही है। आलू की बोरियों के नीचे, पत्थर की गिट्टियों के तले सोकर हमें सैकड़ों योजन की यात्रा तय करनी पड़ेगी।··· पेरिस की वह महिला मुझे पाकर धन्य हो जाएगी। सारा जीवन मुझे ही देखेगी और दिखलाएगी !"

वज्रपाणि ने हमें सम्यक् दृष्टि से देखा। मेरे और दरबान के हाथ में क्रमशः एक-एक भारी थैली दे दी—दस-दस हजार हैं। बराबर-बराबर !! और, भविष्य में भी इसी ज्ञान के प्रकाश में कार्य करना, तात ! निर्वाण-प्राप्ति होगी।

यात्रा-कथा समाप्त करते समय; फिर, भाई सी.एस.पी. सिन्हा साहब का एक पत्र प्रकाशित हुआ है, संपादक के नाम—कुंड तथा कुंड-क्षेत्र में फैली हुई गंदगी से उन्हें दुख हो रहा है।

दूसरी खबर : अखबार में एक ही साथ दो खबरें छपी हैं। समाचार की पहली पंक्ति : बख्तियारपुर से राजगिर तक बड़ी लाइन चालू हो गई !

दूसरी पंक्ति : (पुरानी लाइन) बख्तियारपुर-बिहार लाइट-रेलवे के तीन सौ से अधिक कर्मचारी बेकार !!

['धर्मयुग' के 15 जुलाई 62, 22 जुलाई 62 एवं 29 जुलाई 62 के अंकों में प्रकाशित]

# एक फिल्मी यात्रा

पटना जंकशन !

दिसम्बर की एक कोहरा-लिपटी सुबह। हावड़ा-दिल्ली-एक्सप्रेस में जुड़नेवाली बोगी के सामने—'सी-ऑफ' करनेवालों ने—मिट्टी के चुक्कड़ों में चाय पीते हुए शुभकामनाएँ प्रकट कीं—आपकी यात्रा शुभ हो !··· यात्रा फिल्म जगत् की !!

'दूर-देखने' के लिए जमा हुए मित्रों में कई किस्म के लोग हैं। साहित्यिक, गायक, लोकगीत गायक, रेडियो-ड्रामा-स्क्रिप्ट-राइटर, म्युजिक कंपोजर, पत्रकार, रेडियो स्टेशन के कंट्रोल-रूम का एक नौजवान इंजीनियर, रिक्शाचालक यूनियन का एक राजनीतिक कार्यकर्त्ता और सी.आई.डी. विभाग के अधेड़—सेन दादा ! इत्तफाक से सभी जमा हो गए हैं—कोई सुबह की ड्यूटी पर जा रहे थे, कई लोग कलकत्ते से आनेवाले अपने अतिथियों को 'रिसीव' करने आए थे और किसी की ड्यूटी स्टेशन पर आने- जानेवाली गाड़ियों को देखने के लिए ही लगी हुई थी। मुझे बाजाप्ता 'सी-ऑफ' करने आनेवाले साहब की नींद ही नहीं खुली ! कोई नहीं आए थे !

साहित्यिक मित्र—जो नई कविता लिखते हैं इसलिए नए कवि हैं—कोहरे की मशहरियों पर फँसी सुबह की धूप जैसी हँसी हँसकर बोले—चले दिल्ली ?

मैंने कहा—अब वहाँ क्यों जाना ? लालकिले पर तिरंगा तो कब का फहर चुका।

इस बात पर मेरे लँगोटिया यार रिक्शाचालक यूनियन के कार्यकर्त्ता ने सबसे पहले जोर का ठहाका लगाया। साहित्यिक मित्र ने 'कदम-कदम बढ़ाए जा' और 'दिल्ली चलो' के 'आजाद- हिंदी' नारे से संबंधित मेरे इस जवाब को शायद नहीं समझा। और समझा भी हो तो गलत समझा !

सेन दादा मेरे पास सट आए—कार झंडी फहरा ? की झंडा फहरा बोलले ?

नए कवि जी ने इस बार दूसरा माकूल सवाल किया—बंबई ? 'इलम' छोड़कर

'फिलम' में ?

जवाब दिया—हुक्का-चिलम अपना साथ लिए जा रहा हूँ, इसीलिए !

सुबह की सर्दी का मुकाबला करने के लिए, मैंने अपना पाइप सुलगाया। भारत जी···भारतभूषण जी [फिल्म अभिनेता नहीं, हिंदी के प्रमुख नए कवि और हिंदी के एकमात्र प्रवीण (लिमेरिक राइटर) तुक्तक !] के एक 'इलम-फिलम- चिलम' वाले 'तुक्तक' के आधार पर उठाई गई बात का जवाब भारत जी के ही प्रतीक- शब्दों में सुनकर हिंदी के नई कवि जी 'मधुर्मधुर्' [यह प्रयोग भी संयोगवश भारत जी के एक तुक्तक का है !] मुस्कराते हुए चाय पीने लगे।

अंग्रेजी के पत्रकार मित्र ने विशुद्ध मैथिली में आत्मीय प्रश्न किया—बंबय प्रथमे जा रहल ही ?

—प्रथमे !··· पहली बार जा रहा हूँ।

साहित्यिक मित्र को चाय पीकर पूरी स्फूर्ति मिली, शायद। बोले—जाते हैं, जाइए, मगर कहानी आपकी 'मर्डर' होकर रहेगी।

इस 'मर्डर' शब्द ने, जाने क्यों कंट्रोल-रूम के नौजवान इंजीनियर को अत्यंत आतंकित कर दिया—लाहौल···किसका मर्डर ?

हर आने- जानेवाली गाड़ियों को देखने के लिए जिनकी ड्यूटी लगी हुई थी, जिन्हें मैं सन् 1942 ई० से ही जानता हूँ, और सेन दादा कहता हूँ—एक अजीब प्राणी हैं। मुझे सचमुच स्नेह की दृष्टि से देखते हैं। वे मेरे पास फिर आए और कान में पूछा—तोमरा कार मडरेर कथा बोलछिले ?

—दादा, स्टोरी के मर्डर की बात हो रही थी !

उन्होंने पूछा—तोमार बुझि कोनो क्राइम-स्टोरी बोई होच्छे ?

—जी नहीं, सीधी-सादी प्रेम-कहानी है।

—की नाम ?

—तीसरी कसम, अर्थात् मारे गए गुलफाम।

दादा ने नाम सुनकर भयाकुल होने की मुद्रा बनाई—इसका तो नाम में ही 'मर्डर' है···मारे गए गुलफार्म···किंतु ई गुलफार्मटा की ? कोनो फूल-टूलेर नाम बुझि ?

—फूल नहीं, फूल जैसी सूरतवाला। जिसका रंग गुलाब के फूल का-सा हो।

नए कवि उर्फ साहित्यिक मित्र ने समय का लाभ उठाते हुए पूछा—नाम क्या पूरा-का-पूरा रहेगा ?

—कह नहीं सकता। इन्हीं बातों पर विचार करने के लिए बुलाहट है।

पत्रकार मित्र ने पूछा—किंतु, नामक संबंध में अपनेक अपन-विचार ?

—प्रथमार्ध के प्रथमे प्रश्रय···।

—बुझि गेलो !

लोकगीत गायक बंधु ने कहा—मगर, एक बात पर ध्यान रखिएगा कि 'लोकगीत' बिहार का सही, 'फोक म्युजिक'···माने···'फोक सौंग' हो। आजकल इस फोक सौंग के नाम पर खूब 'होक्स' चला हुआ है।

कवि जी ने कहा—अजी, इन्हें खुद पर ध्यान रखने को कहिए। सहीसलामत लौट आएँ। साला फोक सौंग होक्स या 'ट्वेंटिएथ-सेंचुरी फौक्स' हो !

—तुक तो खूब भिड़ाया आपने !

रेडियो स्टेशन के ड्यूटी-ऑफिसर हड़बड़ाते हुए आए और कवि जी चुप हो गए।···मुझे बाजाप्ता 'सी- ऑफ' करने के लिए आए हैं ! इस ड्यूटी- ऑफिसर मित्र को सभी जानते हैं—गंभीरतम समस्याओं और प्रश्नों की खिल्ली उड़ा देने में उस्ताद ! आते ही बोले—मैं जानता था, आप समय से दो घंटे पहले ही स्टेशन पर पहुँच जाइएगा और कवि जी आपके दिमाग पर, किसी रचनाप्रक्रिया से संश्लिष्ट कोई पेंचदार समस्या ठोंकने के लिए प्लेटफॉर्म पर पहले से ही उपस्थित रहेंगे।···लेकिन, हवड़ा-बंबई बाय-वीकली को छोड़कर इस दिल्ली- एक्सप्रेस से बंबई- यात्रा करने का मतलब है कि आप एक निपट अनाड़ी यात्री हैं।

गाड़ी चलने लगी तो सभी के चेहरों पर मैंने एक ही भाव अंकित देखे—अब, लौटकर आइए तो···!

सचमुच मैं निपट अनाड़ी यात्री हूँ। कहीं जाने का नाम सुनते ही मेरे हाथ-पाँव फूल जाते हैं। यह अड़तीस घंटे की लंबी यात्रा ! किंतु, इस बार गाड़ी खुलने पर सदा की भाँति बेवजह मन उदास नहीं हुआ !

बंबई ! बॉम्बे !!··· बॉम्बेटे !! बंबइया !!

एक नई जगह देखने का आतंक मुझ पर सवार है। इस शहर के नाम की 'भीम भयानकता' और 'विस्फोटकता' से मैं बचपन से ही आक्रांत हूँ।···हमारे गाँव में हर बड़ी और वजनी चीज को 'बंबइया' की संज्ञा दे दी जाती है और हर छोटी चीज को विलायती कहते हैं, हम। आम हो या बैंगन अथवा केला या हरी मिर्च हो—आकार में बड़ा हुआ तो उसको तुरंत कहेंगे—अरे यह तो बंबइया है !

···यह है बंबे, मेरी जान ! मेरे एक प्रोफेसर मित्र को यह गीत, और खास प्रथम पंक्ति इतना प्रिय है कि अपनी पालतू कुतिया के चारों बच्चों के नामों पर इसको फिट कर दिया है। एक का नाम है—जरा हट के ! दूसरा—जरा बच के ! तीसरा—यह है बंबे और चौथी संतान चूँकि 'कन्या' है इसलिए उसको 'मेरी जान' कहकर पुकारते हैं।

यदि मेरे सहयात्री सपरिवार इस दर्जे में सवार नहीं होते तो मैं इस गीत को जोर से गुनगुना लेता—जरा हट के…!

इलाहाबाद तक की धरती जानी-पहचानी हुई है। सो, खिड़की से बाहर, दूर तक नजर दौड़ाने के बदले आधी रात से उचटी हुई नींद से समझौता किया जा सकता है। मैं बिस्तरबंद खोलकर लेट जाता हूँ।

…चले ? चले फिल्म में ! फिल्मी दुनिया की ओर ? फिल्मलैंड, मूवीवर्ल्ड ??

…तो क्या बंबई फिल्म-जगत है ? बंबई-यात्रा का अर्थ हुआ—फिल्म-जगत की यात्रा ?

…नहीं। यदि फिल्म-जगत नामक कोई दुनिया है तो वहाँ की यात्रा मैंने एक माह पूर्व ही शुरू कर दी है। दिल्ली से ही। आकाशवाणी-भवन के टेलिविजन सेक्शन के एक कमरे से—जहाँ बैठकर मैंने अपनी कहानी, फिल्म के लिए बेची !

…दिल्ली !

दो माह पहले दिल्ली जाते समय भी इसी तरह लेटकर मैंने नींद को बुलाने की चेष्टा की थी। उस बार भी कुछ फिल्म और फिल्मी दुनिया की बातों की कल्पना-अल्पना करता रहा और नींद नहीं आई।…जा रहा हूँ टेलिविजन-स्क्रिप्ट-राइटर की ट्रेनिंग के लिए और सोच रहा हूँ शंकर शैलेंद्र के पत्र के संबंध में (तत्कालीन टेलिविजन-स्टेशन डायरेक्टर शंकर शैलेंद्र के पत्र के संबंध में नहीं—फिल्म के मशहूर गीतकार शंकर शैलेंद्र की चिट्ठी…!)

दफ्तर के पते पर आए हुए व्यक्तिगत पत्रों की वही दुर्गति होती है जो अत्यावश्यक दफ्तरी चिट्ठियों की ! तिस पर जिस दिन बड़े या छोटे साहब अथवा किसी गुरु- —लघु औरत-मर्द सहकर्मियों से किसी कारणवश कुछ सुनना-सहना पड़ा हो तो उस दिन की डाक से आई हुई 'प्रेम की पाँति' भी अप्रतिभ होकर टेबल के एक ट्रे में पड़ी रहती है। किंतु, एक चिट्ठी जिसके लिफाफे के पुश्त पर अंग्रेजी में अत्याधुनिक 'लेटरिंग' वाला मोनोग्राम एंग्रेव्ड था—एस. एस.—मेरे हाथ में सबसे पहले आ गई। हालाँकि, उस समय मैं अंदर ही अंदर कुढ़ा हुआ था। टेलिविजन- स्क्रिप्ट- राइटर्स की ट्रेनिंग के लिए दिल्ली से आई, बुलाहट पर एक महीना पहले भी बड़े साहब के 'दरबार' में टीका- टिटकारी, ( टिटकारी, खिसियाकर खंभा नोचनेवाले व्यंग्य को कहते हैं !) हुई थी। और, मैं कोई माकूल बहाना बनाकर गाँव चला गया था—छुट्टी में। लौटकर आया तो देखा, दूसरे 'बैच'
के लिए फिर मेरे नाम पर्वाना आया हुआ है।

…श्री पी. एल. देशपांडे का नाम मैंने सुन रखा था। ये उन दिनों ऑल इंडिया

रेडियो-दिल्ली में चीफ ड्रामा प्रोड्यूसर और टेलिविजन के भी प्रमुख प्रोड्यूसर थे। नई पीढ़ी का एक प्रवीण कथाकार, कमलेश्वर वहाँ पहुँचा हुआ था स्क्रिप्ट—राइटर होकर। और, शिवेंद्र—हम लोगों के पटना शहर का तेजस्वी लड़का जो विलायत से ड्रामा और टेलिविजन के बारे में बहुत कुछ पढ़-लिखकर हाल ही में लौटा है और टेलिविजन का एसिस्टेंट प्रोड्यूसर है। फिर, वीरेंद्र मेरा पुराना मित्र—वह भी युनाइटेड किंगडम से ड्रामा और स्टेज- क्राफ्ट की कोई डिग्री ले आया है और आकाशवाणी- भवन में ही उसका दफ्तर है—म्युजिक-डांस-ड्रामा···।

इतने सारे आकर्षणों के ऊपर युग के एक अत्याधुनिक माध्यम—टेलिविजन—से निकटतम संबंध का। तदुपरि, दिल्ली के लड्डू का जो आजकल विभिन्न रूप धरकर कनाट में चक्कर देता रहता है !!

···उन दिनों टेलिविजन के स्टेशन डायरेक्टर जो सज्जन थे, उनका नाम भी संयोगवश शंकर शैलेंद्र ही था !··· शंकर शैलेंद्र को लिख दिया है—यह जानकर प्रसन्नता हुई कि आपने मेरी कहानी 'तीसरी कसम अर्थात्···' में फिल्म की संभावनाएँ देखी है।···मैं दिल्ली जा रहा हूँ, इस संबंध में पत्र-व्यवहार दिल्ली के पते पर ही करें,। आदि-दि।

···दिल्ली में श्री पी. एल. देशपांडे को जितनी बार देखा, उतना ही करीब खिंचता गया। इस बेजोड़ कलाकार से—क्लास में अथवा स्टूडियो में रह-रहकर एक प्रश्न पूछने की इच्छा होती थी। जब वे पूछते थे—किसी को कुछ पूछना है तब भी वही सवाल मेरी जीभ पर आकर अटक जाता था। दफ्तर से बाहर—एक दिन उन्होंने कहा—आपसे एक सवाल पूछना है। मैंने कहा था—मुझे भी !

···उस दिन दफ्तर पहुँचा तो आकाशवाणी- भवन की पहली मंजिल पर ही खबर मिली—देशपांडे जी आपको खोज रहे हैं। दूसरी मंजिल पर सूचना दी गई—कमलेश्वर बहुत जोर से ढूँढ़ रहे हैं। तीसरी पर शिवेंद्र ने कहा—एक सज्जन आपसे मिलने के लिए आए हैं, बहुत देर से इंतजार कर रहे हैं। मैं देशपांडे जी के कमरे की ओर लपकता हुआ बढ़ा कि वीरेंद्र ने रोक लिया—एक जेंटलमैन तुम्हारे लिए बैठे हैं। और, सभी लोग तुम को उन्हीं के लिए ढूँढ़ रहे है।

···एक कमरे में कई काम करते हुए व्यक्तियों के बीच, अकेलेपन से ऊबे हुए व्यक्ति से आँखें चार हुई। उनके चेहरे से घुटन की छाया दूर हुई। मुस्कराकर, मद्धिम आवाज में अंग्रेजी में बोले—शंकर—शैलेंद्र···।

मैंने शंकर शैलेंद्र के नाम की लटकती हुई तख्ती की ओर उँगली दिखलाकर अपनी कुढ़न जाहिर की।

—जी नहीं। मैं शंकर शैलेंद्र का पत्र लेकर आया हूँ।

—बंबई से ?

—जी !

हम लोगों ने एक-दूसरे के हाथ को पकड़ लिया—अनायास !

(अपूर्ण)

[साप्ताहिक 'उर्वशी' (बंबई) के 6 सितंबर 1963 के अंक में प्रकाशित]

# 'तीसरी कसम' के सेट पर तीन दिन

पूरे चालीस घंटे की लंबी और ऊबभरी यात्रा का अंत डेढ़ बजे दिन में दादर स्टेशन पर हुआ। प्लेटफार्म पर पैर रखते ही सूचना मिली कि 'तीसरी कसम' की शूटिंग कमाल स्टूडियों में 'चालू' है और प्रोड्यूसर तथा डायरेक्टर साहब ने कहा है कि तनिक विश्राम करके मैं भी तीन बजे तक स्टूडियो पहुँच जाऊँ, तो अच्छा···!

कमाल स्टूडियो के तीन नंबर फ्लोर के फाटक पर मैं ठीक तीन बजे दिन में हाजिर था और 'तीसरी कसम' के डायरेक्टर नंबर तीन, श्रीमान बाबूराम 'इशारा' ने पहली निगाह में मुझे पहचानने से साफ इंकार कर दिया। मूक अभिवादन-भरी मेरी मुस्कराहट पर उनकी मुख-मुद्रा और गंभीर हो गई, 'शूटिंग देखना माँगता है यह आदमी !' बाद में गले से लिपटकर बोले, 'दादा, आप तो एकदम मेकअप बदलकर आए हैं ···!' (रेणु ने अब बाल लंबे रख लिए हैं, पिछली बार जब वे बंबई पधारे थे तब ऐसे नहीं थे।—सं.)

स्टूडियो के अंदर कदम रखते ही डायरेक्टर (यंग !) बासु भट्टाचार्य का उच्च ग्राम में बँधा हुआ स्वर सुनाई पड़ा, 'शैलेंद्र !··· उधर देखो—तुम्हारा गेस्ट !···

हाँ, बासु भट्टाचार्य ही नहीं—'इमेज मेकर्स' के प्रायः सभी लोग मुझसे नाराज, दुखी और रूठे हुए थे··· आधी तस्वीर बन चुकी है और अभी तक 'राइटर साहब' ने एक बार भी···!

मुझे भी इस बात का कम दुख नहीं था कि मैंने अभी तक अपनी तस्वीर की शूटिंग नहीं देखी। अपनी ही क्यों, किसी की, किसी भी तस्वीर की शूटिंग मैंने अब तक नहीं देखी !

···गीतकार शैलेंद्र जब मुस्कराता है तो प्यार भरे गीत का कोई 'गुखड़ा' गूँज उठता है।··· 'कौन कहता है कि हम पूरे ढाई साल के बाद मिले हैं ?'

एक ओर नौटंकी (दि ग्रेट भारत नौटंकी कंपनी) का सेट लगा हुआ है और स्टेज के

पीछे करीब आध दर्जन तंबू··· तो, 'लोकेशन' देख आने का यह शुभ परिणाम है। हू-ब-हू वैसा ही स्टेज, जैसा पूर्णिया के गुलाबबाग मेले में—प्रोड्यूसर, डायरेक्टर, कैमरामैन और असिस्टेंट्स देख आए हैं।

दूसरी ओर, गाड़ीवान, पट्टी के एक किनारे एक 'टप्पर' गाड़ी खुली पड़ी है। गाड़ी के पास, गोबर, गोमूत्र के कीचड़ में घुटना टेककर, भक्ति-भाव से गाड़ी की 'बल्ली' पर एक अभिनेता अपने हृदय की श्रद्धा बिछाए जा रहा है। 'डॉयलॉग' और 'एक्शन' का रिहर्सल कर रहा है, पलटदास ?

··· तो यह उस समय की बात है जब 'जनाना जात और रातवाली बात' सोचकर हिरामन ने पलटदास को चेतावनी देकर भेजा था। 'लेकिन तुम वहाँ अपना 'भजन' मत शुरू कर देना !'

··· लेकिन टप्परगाड़ी के अंदर तो सिर्फ एक तकिया चादर में लिपटा हुआ है और यह पलटदास उस तकिए को ही भक्ति-गद्‌गद स्वर में कह रहा है : 'ए सीता मैया !··· सिया- सुकुमारी··· ?'

कैमरामैन सुब्रतबाबू भ्रू- कुंचित करके एक ओर असंतुष्ट और तटस्थ खड़े थे, 'मेला में हम जैसा फॉगी-ईवनिंग (कुहरा-भरी संध्या) देखा है वैसा इफेक्ट कहाँ ···?'

तीनों डायरेक्टर एक साथ चिल्ला उठे, 'ए ! चालू करो धूप !··· लोहवान डालो !··· गुग्गुल !! डालो !···'

तुरत सुब्रत मित्रा के 'मन के माफिक' कुहरा भरी साँझ (पवित्र सुगंधमयी संध्या) घिर आई—गाड़ीवान पट्टी के उस कोने पर। ऐसे वातावरण में पीछे से एक भद्र महिला सिलेटी रंग की फूलदार- साड़ी में—झुकी निहुरी (भले घर की बहू-बेटी जैसी !) प्रकट हुई !··· बासु भट्टाचार्य सेट पर ही नहीं—सेट के बाहर भी किसी बात पर तनिक अधिक जोर डालकर बोलते हैं। और खास-खास मौके पर उनकी बात 'दुधारी' मार करती है। बोले, 'देखुन राइटर साहब ! आपनार हीराबाई।'

('···देखून हीराबाई ! आपनार राइटर साहब !')

हीराबाई टप्पर के अंदर जाकर बैठ गई। गाड़ीवान की 'आसनी' पर उसके दोनों पैर ! पैरों में चाँदी के पाजेब, उँगलियों में चाँदी के छल्ले !··· मुझे, न जाने क्यों 'किसी प्रिय कवि' की किसी कविता की एक पंक्ति, बार-बार याद आने लगी : 'ये शरद के चाँद से उजले धुले-से पाँव ···!!'

उधर, पलटदास इन चरणों की सेवा करने को आतुर ! डायरेक्टर साहब पैरों के पोज के लिए परेशान, कैमरामैन 'फ्रेम और पोजीशन' ठीक करने में व्यस्त और असिस्टेंट कांटीन्यूटी खोज रहे थे। और, मेरे पास बैठा हुआ गीतकार-प्रोड्यूसर शैलेंद्र, दूर से ही पैरों के रिद्‌म की बात सोच रहा था। ··· पौन घंटे के बाद सभी एक साथ

संतुष्ट हुए और तब 'संवाद' और अभिनय का रिहर्सल शुरू हुआ ।

'क्या है ? बोलो ··· हाँ- हाँ- कहो··· अरे, क्या ? बाजा बजाना चाहता है ?'

'जी···चरणसेवा···आप सिया सुकुमारी··· मैं सेवक ···!'

हीराबाई तमककर पैर छुड़ाती है, 'अरे, भाग ! ··· भाग जा यहाँ से ।' पलटदास देखता है··· सिया सुकुमारी की आँखों में चिनगारी ? वह भागता है । हीराबाई मुस्कराकर बुदबुदाती है, 'पागल !'

'ठीक है । रेडी फॉर टेक ··· ।'

किंतु, सुब्रत बाबू किसी कारणवश जरा 'बिब्रत' हैं, 'ऐंगिल ठो तो ठीक है लेकिन ?··· अच्छा ठीक है ! पलटदास का 'पीछू' में माने 'पेंदी' में एक छै इंची का देना पड़ेगा !'

तीनों डायरेक्टर चिल्लाए, 'लगाओ छै इंची !'···यह छै इंची क्या है राम ? देखा, लकड़ी का एक पीढ़ा पलटदास के नीचे डाल दिया गया ।

इसी बीच असिस्टेंट डायरेक्टर बासु चटर्जी ने मेरे पास आकर धीरे-से कहा, 'चलिए, जरा कैमरा के 'व्यू फाइंडर' में आँख सटाकर देखिए, तब पता चलेगा कि गाड़ी में कैसा 'चंपा का फूल'···!'

बासु चटर्जी असिस्टेंट डायरेक्टर के अलावा बंबई का एक मशहूर 'कार्टूनिस्ट' है, जो हर सप्ताह अपनी बाँकी निगाह से दुनिया को देखता है और दिखलाता है । इसलिए उसकी किसी बात पर पहली बार गंभीरतापूर्वक मैं कभी ध्यान नहीं देता । मैंने कहा, 'नहीं चटर्जी मोशाय ! मैंने जिस चश्मे से हीराबाई को देखा है, देख रहा हूँ !'

तब चटर्जी मोशाय को यह कहना पड़ता है, 'मैं 'सीरियसली' कह रहा हूँ । ···चलून ना, एक बार देखून तो !'

एक बात कह दूँ, मैं सुब्रत बाबू के कैमरे को सुब्रत बाबू की देह से भिन्न नहीं—उनका सजीव अंग मानता हूँ । मेरे दिल में इस व्यक्ति (कैमरा सहित) के लिए असीम श्रद्धा है । मुझे याद है, आज से तीन वर्ष पहले जब आउट डोर के लिए 'लोकेशन' देखने और गुलाबबाग मेले की शूटिंग के लिए 'तीसरी कमस' की यूनिट पूर्णिया गई थी···'पथेर पांचाली', 'जलसाघर', 'अपराजितो', 'अपूर संसार' को सेल्यूलाईड पर अंकित करनेवाले व्यक्ति (और मशीन) को निकट से देखने का सुअवसर मिला था । हम करीब एक सप्ताह एक साथ रहे थे । वे मेरे गाँव—मेरे घर में कई दिन ठहरे ही नहीं थे—मेरी हवेली के अंदर (कथांचल के लोगों के चलने-फिरने, बोलने- बतियाने के ढंग को चित्रबद्ध करने के लिए !) परिवार की महिलाओं का 'चलचित्र' लिया था ।···तीन दर्जन बैलगाड़ियों की दौड़··· आम के बाग की ढलती हुई छाया·· सिंदूरी-साँझ की पृष्ठभूमि में उड़ते हुए बगुलों की पाँतियाँ·· इन सारे दृश्यों को 'ग्रहण' करते समय सुब्रत बाबू के चेहरे पर एक अद्‌भुत चमक खेल जाती

थी।···

इसके बावजूद, मैं उनकी आज्ञा के बिना उनके कैमरे को छूने का साहस नहीं कर सकता।···सुब्रत बाबू मुस्कराए (बहुत बड़ी बात है !) और मैंने आँख सटाकर देखा और देखकर उसी तरह भड़का जैसे टप्परगाड़ी में झाँककर पलटदास भड़का था : 'अरे आप !' कंपनी की औरत ? कंपनी का बाघ ? आँखें—बाघ की या औरत की ?

व्यू फाइंडर से देखा कि एक जोड़ी घुड़कती हुई आँखें मुझे घूर रही हैं। सिया सुकुमारी की आँखों से चिनगारी निकल रही है ?

कई बार कट-कूट करने के बाद—अंतिम 'टेक' हुआ। डाइरेक्टर ने 'ओके' बोल दिया। मगर कैमरामैन से जब प्रोड्यूसर साहब ने पूछा तो जवाब मिला, 'कुछ कहने नहीं सकता।···ठीक हुआ है शॉट, किंतु हम आखिरी डॉयलॉग के समय वाहिदाजी का चेहरा 'मन का माफिक' नहीं पाया !'

'रिटेक !'···'ओके!'

मेरे अंदर में किसी ने 'डॉयलॉग' दुहराया : 'इस्स ! इतना तेज जेहन ? ···और बोली भी हू-ब-हू फेनूगिलासी ?'

कल हीराबाई के नाच का 'पिक्चराइजेशन' होगा स्टेज पर। मैं, टेक-रिटेक एनजी-ओके-ऑल, लाइट-बेबी-पंजा-कटर-एलकटर-नेट-फ्लोरा-जूम और छै इंची जैसे शब्दों को रटता हुआ अपने निवास स्थान पर लौटा।

सामने, स्टेज पर पनघट का सेट लगाया जा रहा है। दोनों ओर विंग्स में आधे दर्जन जलते हुए पेट्रोमेक्स लटक रहे हैं। नृत्य-निर्देशक लच्छू महाराज सपत्नीक स्टेज पर खड़े डायरेक्टर बासु को अंग-प्रत्यंग नचाकर कुछ समझा रहे हैं। और, एक रुपयावाले 'क्लास' में एक बेंच पर बैठकर मैं, गीतकार शैलेंद्र के मुँह से गीत की पंक्तियाँ सुन रहा हूँ : हाय गजब कहीं तारा टूटा···!!

आज, इस शूटिंग के तीसरे दिन, तीन तारे टूटनेवाले हैं। पहला तारा—अटरिया पर, दूसरा फुलबगिया में, तीसरा—बीच बजरिया में !

···कलवाली हीराबाई, भले घर की बहू-बेटी जैसी, थकी सिया सुकुमारी-सी हीराबाई कहाँ चली गई ?

···मुझे फुटबाल के एक मैच की याद आई। मोहन बागान टीम का कैप्टन चुन्नी गोस्वामी तथा उसकी टीम के अन्य खिलाड़ी मैदान में उतरने के पहले अपनी-अपनी देह के हर जोड़ को तोड़-मरोड़ और झकझोर रहे हैं। किंतु मेरी निगाह सिर्फ चुन्नी गोस्वामी पर है। वह खंजन की चाल में कुछ दूर दौड़कर हठात् दाएँ-बाएँ तिरछी चाल चलता है, फिर कमर पर हाथ रखकर लगातार कूद रहा है···!

···घाघरी और घुँघरू ! चंद्रहार और बाजूबंद और कंगना और नकबेसर और यह खिलखिलाहट ?··· चुन्नी गोस्वामी खंजन की चाल में कुछ दूर दौड़कर फिर तिरछी चाल चलता है !··· मैदान में उतरने के पहले देह के हर जोड़ को तोड़-मरोड़ रहा है। किंतु सबकुछ एक ताल पर हो रहा है।···हीराबाई स्टेज पर लापरवाही से चलती है, हँसती है, बतियाती है और हँसत-हँसते लोट-पोट हो जाती है। मेकअप करती है, घुँघरू बाँधती है। और सबकुछ एक लय में बँधा हुआ है।

···सीटी बजी। म्यूजिक शुरू हुआ और घुँघरुओं ने गीत के बोल का स्पष्ट उच्चारण कर दिया। लच्छू महाराज के मुँह से बरबस निकल पड़ा : 'जीयो ! जीयो !!'

एक-डेढ़ घंटे के घनघोर-रिहर्सल के बाद पहली पंक्ति और नाच के पहले टुकड़े की 'टेकिंग' के लिए क्षणिक विश्राम दिया गया : 'लाइट्स आफ !'

तब, हम दोनों भाइयों (कथाकार और गीतकार) ने मिलकर नौटंकी का एक गीत गुनगुनाना शुरू किया :

*'अरे तेरी बाँकी अदा पर मैं खुद हूँ फिदा,*
*तेरी चाहत का दिलबर बयाँ क्या करूँ।*
*यही ख्वाहिश है कि तू मुझको देखा करे—*
*और दिलोजान मैं तुझको देखा करूँ।'···*

किर्र्र-र-र-किर-किर-घन-घन-घन-घड़ाम। घन-घन-घन-घड़ाम !!

···पिछले तीन वर्षों से हम दोनों किसी बात पर जब एक साथ अति-प्रसन्न होते हैं तो नौटंकी की इन्हीं पंक्तियों को इसी तरह गाते हैं और एक-दूसरे को कई मिनट दिलोजान देखते रहते हैं, फिर हँसते-हँसते लोट-पोट हो जाते हैं। हाँ, हम सैंकड़ों योजन दूर बैठकर अपनी चिट्ठियों में भी इस गीत को गाते हैं !

गीत का मुखड़ा और नृत्य का पहला टुकड़ा सकुशल 'चित्रित' (पिक्चराइज़) हुआ ! ··· आश्चर्य ! 'लंच' शब्द के साथ ही इतनी जोर की भूख जग पड़ती है ! अथक और सार्थक परिश्रम के बाद भोजन में यों भी बहुत स्वाद मिलता है।

उस दिन लच्छू महाराज के पास जितने नुकीले टुकड़े थे (तीर, तलवार, कटार, खंजर, बल्लम, बर्छी, भाला!!) बासु भट्टाचार्य एक-एक कर माँगता गया और वयोवृद्ध कथक-आचार्य ने प्रसन्नचित्त सबकुछ दिया !

मैंने भी माँग की, 'शैलेंद्र भाई ! कोण-त्रिकोण-त्रिभुज तो बहुत लिए गए। किंतु कुछ वृत्त और चक्र भी चाहिए—हिरामन के मन को चर्खी पर चढ़ाने के लिए कुछ 'स्पिनिंग'···!'

शैलेंद्र जी को बात भा गई और वे उठकर डाइरेक्टर और कैमरामैन से कह आए और तब सुब्रत बाबू ने मेरी ओर जिस मीठी निगाह से देखा, उसे मैं कभी नहीं भूल

सकता। उन्होंने सोत्साह पुकारकर कहा, 'क्रेन माँगता है !'···

पुरइन के पात की तरह खिली हुई घाँघरियाँ !!

और, उसी दिन सेट पर एक डॉयलॉग सुना, जिसे मैंने नहीं लिखा। रिहर्सल के बाद डाइरेक्टर ने कहा, 'टेक !'

वहीदा रहमान ने कहा, 'नो टेक विदाउट टेप !'

रिहर्सल के सिलसिले में घुँघरू बाँधने की जगह छाले पड़ जाते हैं तब 'ल्युको- प्लास्ट' नामक फीते का टुकड़ा काटकर चिपका दिया जाता है। किंतु, पैरों की गति के 'क्लोज़अप' लेने में कैमरामैन को इससे थोड़ी असुविधा होती है। इसलिए बासु बाबू ने कहा, 'नो टेप !'···नौटंकी की लड़कियाँ इतनी नाजुक नहीं होतीं।'

'नाजुक न हों, इंसान तो होती हैं,' वहीदा के इस जवाब ने मार्क्सवादी बासु भट्टाचार्य के मुँह पर ताला जड़ दिया।

चाय के समय पूर्णिया से आए मेरे मित्र अरुण भारती ने विशुद्ध मैथिली में पूछा, 'साँझुक की प्रोग्राम अछि ?' और मैंने उन्हें शाम को जिस स्थान पर मिलने को कहा, वह बंबई में नहीं, भट्टाबाजार पूर्णिया में है। अरुण अवाक् होकर मुझे कुछ क्षण देखता रहा, तो मुझे होश हुआ कि मैं गुलाबबाग मेला में नहीं—कमाल स्टूडियो में हूँ !

तीसरे दिन लंच के बाद शैलेंद्र जी कहीं चले गए तो मैं अकेला पड़ गया। गीत और नाच की अंतिम कड़ी के कई 'रिटेक' हो चुके थे। मुद्राओं के क्लोज़अप लिए जा रहे थे। स्टिल-कैमरामैन राकेश इधर-उधर घूमकर अपना फ्लैश चमका रहा था। इसी समय मेरे पासवाली खाली कुर्सी पर वहीदा रहमान की 'हेयर ड्रेसर' आकर बैठी। उसकी मुस्कराहट से लगा, वह मुझसे कुछ पूछना चाहती है।

उसने पूछा, "एक्सक्यूज़ मी···यह कहानी आपने लिखी है ?"

"जी हाँ !"

"और आप भी इस फिल्म में उतर रहे हैं !"

"नहीं तो ?"

"ओ !··· तो, फिर आपने ये बाल क्यों 'उपजाए' हैं ? कोई धार्मिक कारण है या··?"

"थोड़ा धार्मिक और थोड़ा शौक भी ! गंजा होने के पहले एक बार बालों की बागवानी··?"

"नाइस !··· कौन-सी क्रीम व्यवहार करते हैं ?"

"पिछले तीस साल से कोई तेल या क्रीम कुछ नहीं डाला।"

भद्र महिला अचरज में पड़ गई, "सिर चकराता नहीं ? केश झड़ते नहीं ? रंग

तो किंतु···!"

अंग्रेजी भाषा में दो-चार गज से ज्यादा बात करते मेरा दम फूलने लगता है। इसलिए मौका पाते ही सवालों का सूत्र मैंने अपने हाथ लिया, "आप स्टुडियो की 'हेयर ड्रेसर' हैं?"

"नहीं, सिर्फ (एक्सक्लूसिवली) वहीदा रहमान की।"

"ओ!"

"बेतरतीब होने के बावजूद, आपके बाल सुंदर लगते हैं।···खूब घने हैं, नरम भी होंगे।"

('काले भी हैं!' मैं कहना चाहता था।)

···मेमसाहब के गंगा-जमुनी केश पर नजर पड़ते ही मैंने बात बदल दी, "मैं बहुत दिनों से किसी 'हेयर ड्रेसर' की सलाह लेना चाहता था।"

वह हँसकर बोली, "हेयर ड्रेसिंग के अलावा मैं वेस्टर्न-म्यूजिक कंपोज करती हूँ। मैंने अपना दो कंपोजीशन पर्ल बक को भेजा है। उन्होंने लिखा है, किसी फिल्म में उपयोग करेंगी।"

इस तरह बात केश-प्रसाधन से शुरू होकर पश्चिमी संगीत पर आई, फिर वहीदा रहमान की ओर मुड़ गई। वह बोली, "मिस्टर राय (सत्यजित) की वहीदा रहमान के बारे में क्या राय है, जानते हैं?"

"हाँ, किसी बँगला-सिने-पत्रिका में पढ़ा था।···आनेवाले पच्चीस साल में इस कलाकार से फिल्म बनानेवाले कितना और क्या वसूल कर सकते हैं, यह उनकी प्रतिभा और शक्ति··!"

उधर स्टेज पर अचानक काम रुक गया। किसी ने किसी से हल्की आवाज में कहा, "लु। लुक।···व्हाट ए नाइस पेयर।" डायरेक्टर, असिस्टेंट्स, कैमरामैन, आर्टिस्ट्स सभी खामोश हो गए, किंतु हम बातचीत में मशगूल रहे। और उधर स्टिल कैमरामैन राकेश को किसी ने इशारा किया। फ्लैश की चमक पर हमारा ध्यान भंग हुआ और फ्लोर पर बहुत देर तक हँसी और ठहाके और कहकहों का आर्केस्ट्रा बजता रहा।

शाम को लौटते समय मुझे क्या—वर्षों से मेरी छाती पर बैठकर मूँग दलनेवाला हिरामन, लालमोहर, पलटदास और लहसनवाँ—सभी देवदानव एक साथ उतरकर कहीं चले गए। सिर्फ चक्की की घरघराती हुई, घूमती हुई एक रागिनी मेरे मन में मँडरा रही थी। मैंने गीतकार की ओर देखा। उनकी मुखमुद्रा से लगा वह फिर 'तेरी बाँकी अदा पर' शुरू करेंगे। मैंने कहा, "नहीं भाई, ···वह···वह बंदिनी का वही गीत··!"

गाड़ी घोड़बंदर रोड छोड़कर लिंकिन रोड की ओर मुड़ रही थी। गीतकार गुनगुना रहा था : "अबकी बरस बाबुल भैया के भेज···"

मेरा 'भैया-मन' दूर अपने गाँव की गलियों की राह ढूँढने लगा। जहाँ मेरी बहनें मिल-जुलकर गा रही थीं : "सुनु मोरी सखिया सावन-भादव केरि उमड़लि नदिया—भैया अइले बहिनी बुलावे लाहे—सुनु सखि या-या-या।"

['धर्मयुग' 26 अप्रैल, 1964 के
अंक में प्रकाशित]

# स्मृति की एक रील

"अजी, खेला तो पर्दे के अंदर है। अभी तो लोगों को जमाने के लिए 'जमनिका' दिया जा रहा है।"

मैं पहले चौंका। फिर थोड़ा सहमकर शैलेंद्र भाई की ओर देखने लगा। उनकी बड़ी-बड़ी आँखों ने मुस्कराकर कहा —"देखिए!"

देखने लगा, आर. के. का शानदार 'ऑडिटोरियम' ! जहाँ उस रात 2 जुलाई '66 को 'कव्वाली' का विशेष आयोजन था ! अत्याधुनिक वेशभूषा में सुसज्जित स्त्री-पुरुष, आधुनिकतम केशविन्यास के एक-से-एक नमूने ! रुपहले पर्दे पर छानेवाले नए-पुराने—किंतु, हाड़-मांस के—टेकनिकलर तथा ईस्टमैनकलर के चेहरे। हर चेहरे पर, रह-रहकर रंग-बिरंगी हँसी खेल जाती है।

"जा रे जवानी !"

कुर्सियों की प्रत्येक पंक्ति में हँसी की हिलोरें सरगम के सुर में बज उठीं। बजती गईं—'हँ-हँ-हँ-हँ—स-र-ग-म-प-ध-नी ···!'

उस 'एयरकंडिशंड माहौल' में भी मैं पसीने से पानी-पानी हो गया। मुझे लगा, 'तीसरी कसम' का संवाद बोलकर राजकपूर साहब मुझ देहाती गँवार का मखौल उड़ा रहे हैं ?

"रेणुजी ! आप पानी के साथ 'पाइएगा' या···?"

"जी, पानी··· ।" इससे ज्यादा मेरे मुँह से कुछ नहीं निकला। ऑडिटोरियम में आवाज गूँज उठी, "रेणुजी के लिए भी पानी···अजी, कहाँ गए सब ? जा रे जमाना ! बड़ी 'हैफवाली' बात। क्या था और क्या से क्या हो गया !··· जयराज, इनसे मिलो। आप ही हैं 'तीसरी कसम' के लेखक···जोहार, इनसे परिचय है ?···डेविड साहब, इधर देखिए—यही हैं रेणुजी।··· मेरा नाम तो हीरामन है जी, हीरामन।"

जयराजजी गले से लगे और आत्मीयता से बतियाने लगे। डेविड साहब ने हाथ मिलाकर बधाई दी—"मैंने ट्रायल देखा है।"···जयकिशनजी मुस्कराते हुए आए।

हसरत साहब ने मिलते ही कोई मिसरा दुहराया। कुछ क्षण के लिए हम इस तरह हिल-मिलकर हँसते रहे कि नए आनेवाले मेहमानों ने समझा शायद इसी लंबे गेसूवाले का प्रोग्राम होनेवाला है। यानी, मैं ही अजमेर-शरीफ से आया हुआ वह 'मीर कव्वाल' हूँ, जिनकी 'पार्टी' का अभी प्रोग्राम होगा।

कव्वाली शुरू हुई। और, जैसा कि होना चाहिए—देखने-सुननेवाले ताल पर तालियाँ बजाते हुए झूमने लगे। पहली ग़ज़ल खत्म हुई। लोग—'वाह-वा, बहुत अच्छे, क्या कहना, कोई जवाब नहीं' कहने लगे। सिर्फ एक व्यक्ति बोला—'धन्न है, धन्न है।' फिर मेरी ओर मुड़कर और आँखों में मीठी शरारत भरकर पूछा—'है कि नहीं ?''

एक-दो ग़ज़ल के बाद खान-पान के लिए क्षणिक विश्राम की घोषणा होते ही उसके मुँह से निकला, ''अरे हाँ-हाँ। भूख-प्यास सभी को लगी है।··· रेणुजी, इधर आइए। देखिए, ये हैं मेरी कृष्णा। और आप हैं मेरी पूजनीय माताजी—यह सब इन्हीं 'देबी-मैया' का 'परताप' है।'' दोनों हाथों को पसारकर एक खास (यानी हीरामन की) अदा के साथ कहा गया।

अब मुझसे चुप नहीं रहा गया। मैंने कहा, ''देखिए कृष्णाजी ! मुझे लगता है कि मैंने आपके पतिदेव के लहजे और बोली को एकदम बिगाड़ दिया है। आपको तो बहुत बुरी लगती होगी इनकी···?''

''अजी नहीं। बहुत अच्छी—रैदर—बहुत मीठी लगती है। ये तो घर पर भी अब हमेशा इसी लहजे में बोलते हैं—'फेनूगिलासी', डैमफैटकैटलैट, उपलैन···।'

हम हँसे और हमारी मिली-जुली हँसी पर उसने एक मासूम अदा के साथ मुँह बनाकर कहा, ''इस्स !'' और मेहमानों की खातिरदारी के लिए एक ओर चल पड़ा।

ढाई बजे रात को जब हम लौट रहे थे, तो रह-रहकर मेरे पेट में गुदगुदी लगती। मैंने कहा, ''भाई साहब ! अपना हीरामन तो सचमुच हीरा आदमी है। सभी 'डायलाग' तीसरी कसम का ही बोल रहा था।''

शैलेंद्रजी भेद-भरी मुस्कान के साथ बोले, ''यह आप देखिए।''

मैं समझ गया कि भाई ने 'आप' पर जोर क्यों दिया है। बात चार साल पीछे की है जब हीराबाई और हीरामन के लिए सही मूरतों के चुनाव किए जा रहे थे···डेरे पर लौटकर मुझे नींद नहीं आई। चार साल पहले की बातें याद आती रहीं—रात-भर।

## चेहरे की तलाश : एक फिल्मी शिकार पार्टी

उस रात की याद, जब मैं पहली बार बंबई आया था। शैलेंद्रजी ने मुझसे पूछा था, ''अच्छा ! कहानी लिखते समय आपके सामने हीराबाई की कोई तस्वीर तो जरूर होगी। अब, जबकि फिल्म की बात हो रही है, तो फिल्म इंडस्ट्री में आपकी उस मूरत

से कोई सूरत मिलती-जुलती नजर आती है ? यानी, आप किसको इस भूमिका के लिए···।"

मैंने हँसकर जवाब दिया था, "भाई ! हम लोग काननबाला, उमाशशि, यमुना, देविका रानी, सुलोचना और नसीम वगैरह के युग में सिनेसा देखा करते थे । अब तो सब चेहरे एक ही साँचे में ढले-से लगते हैं । किसका क्या नाम है, याद ही नहीं रहता ।"

"यह तो बात को टालनेवाली बात हुई ।" वे हँसे थे ।

थोड़ी देर के बाद मैंने कहा था, "वह एक···'प्यासा' में माला सिन्हा के साथ कोई लड़की थी न···?"

शैलेंद्र ने बासु भट्टाचार्य की ओर देखा और बासु के मुँह से एक किलकारी के साथ निकला था—'स्साला !'···मैं जानता था, यह कोई गाली नहीं । बंगाली विद्यार्थी जब किसी बात पर बहुत खुश होते हैं, तो उनके मुँह से यह शब्द अनायास ही निकल पड़ता है ? किंतु मैं झेंप गया था—शायद मैं किसी गलत और सर्वथा 'मिसफिट' चेहरे की बात कह गया ।

शैलेंद्रजी 'ताड़' गए थे । बोले, "हमारे मन में भी उसी की सूरत है ।···आप क्या सचमुच उसका नाम नहीं जानते ?··· वह वहीदा रहमान है ।"

मैंने पूछा, "इंद्राणी रहमान की कोई लगती है क्या ?"

"नहीं जी ! मगर नाचना जानती है और अच्छी तरह जानती है ।"

दूसरे या तीसरे दिन वे वहीदा रहमान को कहानी सुनाने गए । लौटे तो बहुत खुश नजर आए । सूचना दी, "साहब ! हो गई आपके मन की हीराबाई । परसों हम एग्रीमेंट पर दस्तखत कराने जाएँगे ।···कहानी सुनकर उसकी आँखें छलछला आईं ।"

मैंने धीरे से पूछा था, " और हीरामन ?"

शैलेंद्रजी कोई जवाब देने के बदले मुस्कराने लगे थे । बासु भट्टाचार्य को उन दिनों लोग 'आग निगलनेवाला' मानते थे । उसने कहा था, "शैलेंद्र ! तुम फिर से सोचो···आमार एक्केबारे आसल हीरामन चाय ।···"

बासु के जाने के बाद मैंने पूछा था, "आप क्या राजकपूर साहब को लेने की बात सोच रहे हैं ?··· लेकिन, लेकिन···!"

तब तक मुझे 'जागते रहो' के राजकपूर की याद आ गई थी । मैंने कहा था, "राज साहब तो कर सकते हैं, लेकिन, करेंगे क्या ? माने हीरामन की आत्मा में पैठ सकेंगे ? सुना है अपनी तस्वीर के सिवा···!"

शैलेंद्रजी ने कहा था, "आप अगर यह मानते हैं कि वे कर सकते हैं, तो समझ

लीजिए 'करेंगे' । ···आपने सुना है, देखा तो नहीं ?''

'तीसरी कसम' के पलटदास के इस संवाद के बाद मुझे धुन्नीराम के सुर में कहना पड़ा था, ''झूठ क्यों बोलूँ, देखा नहीं है ।''

''देख लीजिएगा ।''

(कव्वाली सुनकर लौटते समय—'यह आप देखिए' कहकर इसी प्रसंग की याद 'कविराज' ने दिलाई !)

दो- तीन दिन बाद हमारे प्रोड्यूसर और डायरेक्टर साहब मुँह लटकाकर वापस आए, ''राइटर साहब ! वहीदा नहीं हो सकती । नहीं हो सकेगी । उसको भूल जाइए अब ।''

''मतलब ?'' मैंने पूछा था, ''इन दो दिनों में ही उसके मन में क्या हो गया···?''

''जी हाँ । मन ही तो है ।''

मेरा दिल अचानक बुझ गया । बासु भट्टाचार्य ने एक हल्की चुटकी लेकर बात को हँसी में उड़ा देने की चेष्टा की थी । किंतु, मैं हँसकर भी हँस नहीं पा रहा था । बासु कहता जा रहा था, ''चलो । हम एकदम नया लड़की लेगा । नया प्रोड्यूसर, नया राइटर, नया हीरो, नया हीरोइन···।''

शुरू हुई नए चेहरों की खोज । इस 'शिकार पार्टी' में मैं भी कई दिनों तक उनके साथ रहा । कई मशहूर होटलों के नाम लिए गए । समुद्रतट पर, यानी 'बीच' पर ढूँढ़ने की बात तय हुई ।

समुद्र के तट पर, एक प्रसिद्ध होटल के लॉन पर एक रंगीन 'छत्र' के नीचे हम जा बैठे । मैं समुद्र की ओर देख रहा था । बासु ने पूछा, ''की देखछेन ?''

मैंने जवाब दिया, ''मेये···!'' अर्थात् लड़की ।

''समुद्र में से लड़की कहाँ से आएगी ।''

''समुद्र से जो लड़की आवेगी उसका मुँह चाँद के समान होगा । और उसकी बोली में अमृत घुली होगी और चाल में हाथी की मस्ती और उसका नाम होगा, 'लक्खी'···।''

थोड़ी देर के बाद कई विदेशी जोड़े तैरने की पोशाक में आए । देह में तेल मलकर समुद्र में नहाने लगे । एक मोटी और बेडोल लड़की नहाकर लौटी और ठीक हमारे सामने लॉन पर चित लेट गई । फिर लॉन की सिंचाई करनेवाले पाइप से अपने चेहरे पर छिड़काव करने लगी । बासु ने पूछा, ''एइ से मेये ?'' अर्थात् यही वह लड़की है ?

कहा गया, सांताक्रुज हवाई अड्डे पर भी लड़कियाँ दिखलाई पड़ती हैं । अतः दूसरे दिन हमारी टोली हवाई अड्डे के रेस्तराँ में जा बैठी । डायरेक्टर साहब का हुक्म हुआ, ''सभी अपनी निगाह खोलकर रहें ।''

अंत में डायरेक्टर साहब की आँखों ने ही एक रूपसी को देखा । वह कार से उतरकर रेस्तराँ में आई और सीढ़ियों से ऊपर के केबिन में चली गई । हमने बासु साहब

को उत्साहित किया और वे उस लड़की से बातें करने के लिए ऊपर गए। दस मिनट के बाद वे उतरे तो उनके चेहरे पर खनक तो थी, किंतु चमक गायब थी। आते ही बोले, "चलून ! आर एखाने नय"···यहाँ ठहरना उचित नहीं।

गाड़ी में बैठने के बाद उन्होंने जो किस्सा बताया, तो हमने महसूस किया कि यदि एक कप चाय और पीने के लिए हम बैठे रहते तो- -तो-तो न जाने क्या होता।···पीठ में गुदगुदी के बदले···!!

पिछले तीन-चार वर्षों में, हर वर्ग और हर उम्र के परिचित तथा अपरिचितों ने मुझसे जो सवाल पूछे हैं, उन्हें कभी नहीं भूल पाऊँगा। इन सवालों को सुनकर ही मुझे लगा है कि हम 'फिल्म युग' में जी रहे हैं। मैं चेहरा देखकर कह सकता हूँ कि कौन व्यक्ति मुझसे क्या प्रश्न पूछेगा। नायक, नायिका, गीत-लेखक, संगीत-निर्देशक, पार्श्व गायक-गायिका, खलनायक और हास्य अभिनेताओं के 'फैन'—समाज के हर वर्ग में हैं। उन्हें एक बार मालूम हो जाए कि आप बंबई से यानी फिल्म-जगत् से आए हैं और आप उनके 'प्रिय' से परिचित हैं—वे रोज आपके पास आवेंगे और रोज़ एक ही सवाल पूछेंगे। मुझसे पूछे गए प्रश्नों के कुछ नमूने प्रस्तुत हैं —

"अच्छा ! राजकपूर की, यानी हीरामन की पीठ में गुदगुदी लगने को किस तरह दिखलाया गया है ?"

"आपकी कहानी में जो संवाद हैं वे बदले तो नहीं हैं ?"

"क्या राजकपूर ने सचमुच बैलगाड़ी हाँकी है ?"

"बैलों को हाँकते समय 'टिटकारी' दी है ?"

"नौटंकी के 'बहरत' और 'चौबेला' को सही-सही गवाया है न ?"

"वहीदा रहमान नौटंकी की बाई की तरह लगती है न ?"

"राजकपूर क्या खाते हैं ? यानी भात या रोटी ?"

"लता मंगेशकर कभी बोलती है या चुप ही रहती है ?"

"मुकेश भगवान को मानता है या नास्तिक है ?"

"शंकर- जयकिशन अंग्रेजी बोलना जानते हैं ?"

"आपने कहानी को तोड़ने- मोड़ने तो नहीं दिया ?"

"नूतन होनेवाली थी हीराबाई। क्यों नहीं हुई ? वहीदा ने तो इंकार किया था ?"

"राजकपूर ने शैलेंद्र से भी पैसा लिया है ?"

"वहीदा सचमुच पान नहीं खाती ?"

"आपने राजकपूर को छुआ है ?"

"गीत कैसे हैं ?···जब गीतकार की ही फिल्म है तो जरूर अच्छे होंगे।"

"वहीदा साँवली है या काली ?"

"बाँसगाड़ी और ताँगे की भिड़ंत के बाद लोगों ने सचमुच राजकपूर को मारा ?"

"आपकी और भी कोई कहानी···?"

"फिल्म स्टार दिन में घर से बाहर नहीं निकलते ?"

"उनका आजकल किससे···चल रहा है ?"

"उनके लिए ही उसने नींद की···?"

## सजनवाँ बैरी हो गए उर्फ बैलगाड़ी का खेला

जिन्होंने मेरी कहानी पढ़ी है, वे सबकुछ पूछने के बाद एक सवाल पूछना कभी नहीं भूलते—"और कहानी का अंत ? माने दोनों को मिला तो नहीं दिया है ?" अंत में सभी बेताबी से यही पूछते हैं—"कब रिलीज हो रही है ?··· कब देखने को मिलेगी ?"

मगर, सिक्के का दूसरा रुख भी मैंने देखा है !

पिछले दो-तीन साल से तस्वीर 'रिलीज' होने की जितनी संभावित तिथियाँ बतलाईं, गलत साबित हुईं । इस बीच 'क्या से क्या हो गया'—और मेरी फिल्म अभी तक पर्दे का मुँह नहीं देख पाई, तो जाहिर है, 'सजनवाँ भी बैरी' हो गए । जो जन्म के बैरी हैं, वे तो मेरे घर के सामने बिस्तर बिछाकर पड़े रहते और घर से निकलते ही 'चालू' हो जाते ! अपने, पराए, दोस्त, दुश्मन, परिचित, अपरिचित सभी मुझे देखकर मुँह बिदकाने लगे । ऐसा कोई दिन नहीं गुजरता जिस दिन पीठ पीछे या आमने-सामने (गुदगुदी लगानेवाली नहीं !) चुभनेवाली दस बातें सुनने को नहीं मिलतीं—"एक इनकी फिल्म बन रही है सो मुद्दत से बन रही है ।"

"अजी, 'मुगले-आजम' के बाद अब इनकी 'बेगमे-आजम' बन रही है !"

"भैया ! बैलगाड़ी का खेला है, जेट प्लेन का नहीं । इतनी जल्दी कैसे बन जाएगी । बैलगाड़ी तो अपनी ही चाल से चलेगी ।"

"कहिए जनाब ! राजकपूर के साथ कोई फोटो खिंचवाई या नहीं ? चः चः, नहीं ? वहीदा के साथ तो जरूर···।"

"मारे गए गुलफाम !"

"यार ! तुमने फिल्म को बहुत 'सीरियसली' ले लिया है । फिल्म में तो ऐसा होता ही है । बनते-बनते नहीं बनती है । बनकर बिगड़ जाती है । मारो गोली । बने या न बने, तुमको क्या ? कुछ पैसे मिल गए और 'फोकट' में 'पबलिसिटी' भी हो गई । पढ़ाई-लिखाई जारी रखो ।"

"अरे ! आप पटने में हैं ? हमने तो समझा कि आप बंबई जा बसे ।"

"इलम छोड़कर गए फिलम में, हाय ! चिलम भी हाथ नहीं आई ।"

सो, जनवरी 1966 को शहर छोड़कर गाँव की ओर भागा। जानता था, ट्रेन के 'चेकर' और 'गार्ड' भी पूछेंगे अथवा कोई फिकरा कसेंगे। इसलिए, चौबीस घंटे की यात्रा कंबल ओढ़कर पूरी की। किंतु अपने स्टेशन पर उतरा, तो बूढ़े स्टेशन मास्टर साहब ने पूछा ही दिया, "छबि आर रिलीज हबे ना ?"

गाँव पहुँचकर भी चैन नहीं। हलवाहे, चरवाहे, मजदूर, दुकानदार, फेरीवाले जो मिलते, सिर खुजलाकर सवाल पूछ बैठते—"आपके सलीमा का क्या हुआ ?"

"अपने गाँव में गाड़ी- दौड़ की जो फोटो- छापी हुई थी, सो कब दिखलाई जाएगी ?"

"बाबू ! सुना कि बायस्कोपवालों ने आपको ठग लिया !"

तीन वर्षों तक इंतजार करने के बाद अब गाँव में भी कानाफूसी शुरू हो गई थी। यहाँ भी तरह- तरह की अफवाहें फैल चुकी थीं, जिनमें दो अफवाहों का बाजार गर्म था—

(1) बांबे का कोई एक्टर ऐसा 'थड किलास पाट' करने को तैयार ही नहीं हुआ। बोला—देहाती का, सो भी गाड़ीवान का पाट कभी नहीं करेंगे।

(2) सलीमा कंपनी की औरत इनको (अर्थात् मुझे) पान देने लगी, तो इन्होंने (अर्थात् मैंने) उँगली में दाँत काट लिया। बस, कंपनीवालों ने गुस्साकर खेला खत्म कर दिया।...बात 'गजट' में छप गई है !

गाँव के लड़के—जो स्कूल- कॉलेजों में पढ़ते हैं, हजार किस्म की फिल्मी पत्रिकाएँ खरीदकर ले आते हैं। उन्होंने भी खबर फैलाई थी कि लता मंगेशकर और आशा भोंसले—कोई भी नौटंकी की बाई का गाना गाने को तैयार नहीं हुई। कि राजकपूर कहता है कि 'डायलॉग' नहीं बदलोगे और हीरामन से हीराबाई की शादी नहीं करवाओगे तो काम नहीं करेंगे। और शंकर- जयकिशन और शैलेंद्र- हसरत में जमकर लड़ाई हुई है—एक ही लड़की के लिए। सो, अब 'तीसरी कसम' की कोई उम्मीद नहीं।

## पिंजड़ेवाली मुनियाँ

गाँव आकर, घर से बाहर हाट- घाट- बाट में निकलना भी मुश्किल ! मैं क्या दुनिया- भर के मुँह में ताले लगाता फिरूँगा ! एक बार सोचा, क्यों नहीं शैलेंद्रजी की चिट्ठी का ब्लॉक बनवाकर, पर्चा छपाकर बँटवा दूँ ? फिर अपनी मूर्खता पर खुद हँसता। चुपचाप अपने दरवाजे पर बैठा रहता और किसी आगंतुक को देखते ही 'अंदर- हवेली' में जाकर छिप जाता।

हमारी ओर मई का महीना चैत- बैसाख के दिन बहुत उदासी के दिन होते हैं। बेवजह मन रोने- रोने को होता है। एक दिन अपने गाँव से उत्तर बाँध पर तीसरे पहर अकेला बैठा हुआ था। स्टेशन की ओर से एक औरत सिर पर सौदा- सुलफा लेकर आ

रही थी। करीब आई तो पहचाना—गाँव की पूरब टोली के कोहाय मड़र की औरत है। यह गाँव में गीत गानेवाली औरतों की 'मेंट' है। जब रेडियो का मुलाजिम था तो एक बार 'जाट-जटिन' गीत-कथा रिकार्ड करके ले गया था। प्रोग्राम के दस दिन पहले ही घरवालों को लिख दिया था कि कोहाय की बीबी को प्रोग्राम सुनने के लिए जरूर बुला लिया जाए। कई महीने के बाद जब गाँव लौटा तो 'जटिन' की तरह हाथों को नचाकर, आँखों में आनंद के आँसू भरकर हँसती हुई बोली थी, "जुग-जुग जीयो बाबू ! अपना गाया गीत अपने कान से सुन लिया···।"

उस दिन भी उस महिला के चेहरे पर वैसे ही भाव थे। नजदीक आकर, सिर की गठरी जमीन पर रखकर बोली, "बाबू बोलो मिठाई कब खिलाते हो ?···अरे, अब काहे उदास हो भैया ? सतरंगा-घाँघरी और बाँह में बाजूबन और कान में झुमका और नाक में नथिया पहनकर, इस तरह टेढ़ी-बाँकी आँख निकालकर—उँगलियों से यों 'बतौना' बताकर नाचती हुई तुम्हारी सलीमा की 'हिरौनी' ने अखबार में ख़बर दिया है कि हम रेणुबाबू का सलीमा बनाकर तैयार कर दिया।···आप 'परतीत' नहीं करते ? अभी 'टीसन' पर अपने नगेंदर बाबू को घेरकर 'टीसन मास्टर' से लेकर सभी लड़के और 'बाबू- बबुआइन' पढ़ रहे थे। मैं झूठ काहे बोलूँगी ? आ रहे हैं नगेंदर बाबू। अभी देखिएगा।···लेकिन, इस बार फूलछाप साड़ी वसूल करके रहूँगी मैं। हाँ···।"

नगेंद्र यानी मेरा चचेरा भाई 'माधुरी' का अंक लेकर आया। उसमें वहीदाजी का एक सचित्र लेख छपा था।···मुझे हँसी आई, कोहाय की स्त्री ने ठीक ऐसी ही मुद्रा बताई थी। और, लेख में एक स्थान पर लिखा था—"अब, जबकि 'तीसरी कसम' बनकर तैयार हो चुकी है···।"

एक दिन सुबह मेरे एक प्रिय आत्मीय श्री बालगोविंदजी ट्रांजिस्टर ले आए। मैंने पूछा, "तीसरी कसम के गीत आ रहे हैं ?"

"मैंने अब तक नहीं सुना है। लेकिन कहते हैं कि अब आने लगा है," कहकर वे रेडियो ट्यून करने लगे।

और अचरज की बात ! लगा, वे 'टेपरेकर्डर' बजा रहे हैं। यानी, रेडियो ट्यून किया और ढोलक की गमक, और हारमोनियम के सुर पर मन्ना डे की स्वर- लिपि गूँज उठी—"चलत मुसाफिर मोह लिया रे पिंजड़ेवाली मुनियाँ···।"

गीत समाप्त हो गया। किंतु, दरवाजे पर भीड़ बढ़ती गई। लोग घंटों रेडियो अगोरकर बैठे रहे। कोई गीत नहीं बजा। किंतु वे निराश नहीं हुए। कहने लगे, "जब शुरू हुआ है तो रोज बजेगा। किसी न किसी दिन सुनेंगे ही। 'खेला' जब बनकर तैयार हो गया है, तो कभी-न-कभी देख ही लेंगे।"

एक तेज जहनवाले चरवाहे ने—जो गीत शुरू होने के समय मौजूद था—चलते समय 'अंतरा' गुनगुनाया—'उडि-उड़ि बैठे हलवैया दोकनियाँ, बर्फी के सब मजा ले लिया रे पिंजड़ेवाली मुनियाँ !'

['धर्मयुग' के 11 सितंबर, 1964
अंक में प्रकाशित]

# पुरानी कहानी : नया पाठ

बंगाल की खाड़ी में डिप्रेशन—तूफ़ान—उठा !

हिमालय की किसी चोटी का बर्फ़ पिघला और तराई के घनघोर जंगलों के ऊपर काले- काले बादल मँडराने लगे। दिशाएँ साँस रोके मौन-स्तब्ध !

कारी-कोसी के कछार पर चरते हुए पशु—गाय, बैल-भैंस—नदी में पानी पीते समय कुछ सूँघकर भड़के, आतंकित हुए। एक बूढ़ी गाय पूँछ उठाकर आर्तनाद करती हुई भागी। बूढ़े चरवाहे ने नदी के जल को गौर से देखा। चुल्लू में लिया—कनकन ठंडा ! सूँघा—सचमुच, गेरुआ पानी !

गेरुआ पानी अर्थात पहाड़ का पानी—बाढ़ का पानी ?

जवान चरवाहों ने उसकी बात को हँसी में उड़ा दिया। किंतु जानवरों की देह की कँपकँपी बढ़ती गई। वे झुंड बाँधकर कगार पर खड़े नदी की ओर देखते और भड़कते। फिर धरती पर मुँह नहीं रोपा किसी बछड़े ने भी।

कारी-कोसी की शाखा-नदियाँ—पनार, बकरा, लोहंद्रा और महानदी के दोनों कछारों पर भदई धान, मकई और पटसन के खेतों पर मोटी कूँची से पुता हुआ गहरा-हरा रंग ! गाँवों की अमराइयों और आँगनों में 'मधुश्रावणी' के मोहक गीतों की गूँज ! हवा में नववधुओं की सूखती- लहराती लाल, गुलाबी, पीली चुनरियों की मादक गंध ! मड़ैया में लेटे, मकई के दुधिया बालों की रखवाली करनेवाले अधेड़ किसान के मन में रह-रहकर एक मीठा पाप जगता है—पाट के खेतों में साग खोंटनेवाली काली-काली जवान मुसहरनियों के झुंड को देखकर। वह विरहा अलापने लगता है, ऊँचे सुर में—'अरे साँवरी सुरतिया पर चमके टिकुलिया कि छतिया पर जोड़ी अनार गे—छौंड़ी छतिया पर जोड़ी अ-ना-आ-आ-आ-र !'

"मार मुँहझौंसे बुढ़वा-वानर को। बुढ़ौती में अनार का सौख देखो।"

लड़कियाँ खिलखिलाकर हँसीं। हँसते-हँसते एक-दूसरे पर गिर पड़ीं।··· छौंड़ी माने तू बोली हमार गे—छौंड़ी माने तू बतिया ह-मा-आ-आ-आ-र !

···अनार नहीं, अन्हार ! अर्थात अंधकार !

पाट के खेतों सहित काली- काली जवान मुसहरनी छोकरियाँ आकाश में उड़ गईं ? दल बाँधकर मँडरा रही हैं ? हँसती हैं तो बिजली चमक उठती है।···रखवाला सूरज दो घड़ी पहले ही डूब गया ! अं-ध-का-आ-आ-आ-आ-र !

साँझ को बूँदाबाँदी शुरू हुई। मन का हुलास, गले से बरसाती गीत 'बारहमासा' की लय में फूटकर निकल पड़ा—'एहि प्रीति कारन सेतु बाँधल सिया उदेस सिर-राम हे-ए-ए-ए-ए-ए !'

हे-ए-ए-ए-हो-ओ-ओ-ओ !

···हथिया (हस्ता) नक्षत्र की आगमनी गाती हुई पुरवैया हवा, बाँस के बन में नाचने लगी। उसके साथ सैकड़ों प्रेतनियाँ, डाल-डाल में झूले डालकर झूल पड़ीं।···विकट किलकारियाँ !

झमाझम वर्षा में दूर से एक करुण अस्फुट गुहार आकर गाँवों को सिहरा गया—हे-ए-ए-ए-हो-ओ-ओ-ओ !

···कोई औरत राह भूलकर अँधेरे में पुकार रही है ?

बाँस- बन की प्रेतनियाँ, करोड़ों जुगनुओं से जड़ीं चुनरियाँ उड़ाती दौड़ीं, खेतों की ओर।···डरे हुए बच्चों को माताओं ने अपनी छातियों से चिपका लिया। दूर नदी के किनारे खेतों में खड़ी कोई उसी तरह पुकारती-गुहारती रही—हे-ए-ए-ए-हो-ओ-ओ-ओ !

···खेत की लछमी आधी रात में रो रही है ?

···सर्वनाश !

गुहार की पुकार क्रमशः क्षीण होती गई और एक क्रुद्ध गुर्राहट की खौफ़नाक आवाज उभरी—'गों-ओं-ओ-ओ !'

···हवाई जहाज ?

गुर्राहट क्रमशः निकट आ रही है। सबसे उत्तरवाले गाँव के सैकड़ों लोग एक साथ चिल्ला उठे। भयातुर प्राणियों के कंठों से चीखें निकलीं—"बा-आ-आ-ढ़ ! अरे बाप !"

"बाढ़ ?"

"बकरा नदी का पानी पूरब- पच्छिम दोनों कछार पर 'छहछह' कर रहा है। मेरे खेत की मड़ैया के पास कमर-भर पानी है।"

"दुहाय कोसका महारानी !"

इस इलाके के लोग हर छोटी-बड़ी नदी को कोसी ही कहते हैं।···कोसी-बराज

बनने के बाद भी बाढ़ ?··· कोसका मैया से भला आदमी जीत सकेंगे ?··· लो और बाँधो कोसी को !

"अब क्या होगा ?"

कड़कड़ाकर खेतों में बिजली गिरी । गाँव के लोगों की आँखों की रोशनी मंद हो गई ।···एक तरल अंधकार में दुनिया डूब रही है ।···प्रलय—प्रलय !

निरुपाय, असहाय लोगों ने झाँझ-मृदंग बजाकर कोसी मैया का वंदना-गीत शुरू किया ।

जवानों ने टाँगी- कुदाली से बाँस की बल्लियों, लकड़ियों को काटकर मचान बाँधना शुरू किया ।

मृदंग-झाँझ के ताल पर फटे कंठों के भयोत्पादक सुर···"कि आहे-मैया-कोसका-आ-आ-हैय- मैया-तोहरो-चरनवाँ-गै मैया अड़हूल-फूलवा कि-हैय-मैया-हमहु- चढ़ायब- हैय··!"

···धिन-तक-धिन्ना, धिन-तक-धिन्ना !

···छम्मक-कट-छम, छम्मक-कट-छम !

उतराही-गाँव का एकमात्र 'पढुआ-पागल' हँसता हुआ इसी ताल पर जनकवि नागार्जुन की कविता की आवृत्ति कर रहा है—"ता-ता थैया, ता-ता- थैया, नाचो-नाचो कोसी मैया···!"

और सचमुच इसी ताल पर नाचती हुई कोसी मैया आई और देखते-ही-देखते खेत-खलिहान-गाँव-घर-पेड़—सभी इसी ताल पर नाचने लगे—ता-ता थैया ता-ता थैया···धिन तक-धिन्ना, छम्मक कट-म !

—मुँह बाए, विशाल मगरमच्छ की पीठ पर सवार दस-भुजा कोसी नाचती, किलकती, अट्टहास करती आगे बढ़ रही है ।

अब मृदंग-झाँझ नहीं, गीत नहीं—सिर्फ़ हाहाकार !

किंतु नौजवान लोग जीवट के साथ जुटे हुए हैं; मचान बाँध रहे है; केले के पौधों को काटकर 'बेड़ा' बना रहे हैं ।···जब तक साँस, तब तक आस !

"ओसरे पर पानी आ गया !"

"बछरू बहा जा रहा है । धरो- पकड़ो- पकड़ो !"

"किसका घर गिरा ?"

"मड़ैया में कमर- भर पानी !"

"ताड़ के पेड़ पर कौन चढ़ रहा है ?"

"घर में पानी घुस गया । अरे बाप !"

"छप्पर पर चढ़ जा !"

''माय गे-ए-ए-ए—बाबा हो-ओ-ओ-दुहा-ई-ई-सँभल के-ले ले गिरा-गिरा—छप्पर पर चढ़ जा—ए सुगनी- रे···रमललवा-आ-आ दीदी ई-ई-हाय-हाय—माय गे—बाबा हो-हो—हे इस्सर महादेव—ले ले गया-गया—डूबा-डूबा—आँगन में छाती- भर पानी—यह छप्पर कमजोर है, यहाँ नहीं—यहाँ जगह नहीं—हे हे ले ले गिरा—भैंस का बच्चा बहा रे-ए-ए-ए—डोमन ए डोमन-साँप-साँप—जै गौरा पारबती—रस्सी कहाँ है—हँसिया दे— बाप रे बाप—ता-ता थैया, ता-ता थैया, नाचो- नाचो कोसी मैया—छम्मक-कट-छम···!''

भोर के मटमैले प्रकाश में ताड़ की फुनगी पर बैठे हुए वृद्ध गिद्ध ने देखा—दूर, बहुत दूर तक गेरूआ पानी-पानी-पानी ! बीच-बीच में टापुओं जैसे गाँव-घर, घरों और पेड़ों पर बैठे हुए लोग। वह वहाँ एक भैंस की लाश ! डूबे हुए पाट और मकई के पौधों की फुनगियों के उस पार···।

राजगिद्ध पाँखें तोलता है—उड़ान भरता है ! हहास !

जंगली बत्तकों की टोली अपने घोंसलों और अंडों को खोज रही है। टिटही असगुन और अमंगल- भरी बोल रही है।

बादल फिर घिर रहे हैं। हवा फिर तेज हुई।···दुहाई !

इस क्षेत्र के पराजित उम्मीदवार, पुराने जन-सेवकजी का सपना सच हुआ। कोसका मैया ने उन्हें फिर जनसेवा का 'औसर' दिया है।···जै हो, जै हो ! इस बार भगवान ने चाहा तो वे विरोधी को पछाड़कर दम लेंगे। वे कस्बा रामनगर के एक व्यापारी की गद्दी से टेलीफ़ोन करके जिला मैजिस्ट्रेट तथा राज्य के मंत्रियों से योगसूत्र स्थापित कर रहे हैं—'हैलो ! हैलो···!''

राजधानी के प्रसिद्ध हिंदी दैनिक- -पत्र के स्थानीय निज संवादाता को बहुत दिन के बाद ऐसा महत्वपूर्ण समाचार हाथ लगा है—क्या ? प्रेस-टेलीग्राम का फ़ार्म नहीं है ?··· ट्रा-ट्रा-टक्का-टक्का-ट्रा-- ट्रा···!

'हैलो हैलो। हैलो पुरनियाँ, हैलो पटना, हैलो कटिहार।''

···ट्रा-ट्रा-टक्का-टक्का···!

''हैलो, मैं जनसेवक शर्मा बोल रहा हूँ। जी ? जी, करीब पचास गाँव एकदम जलमग्न—डूब गए। नहीं हुज़ूर, नाव नहीं, गाँव। गाँव माने विलेज जी ? कुछ सुनाई नहीं पड़ रहा जी ! नाव एक भी नहीं है। हुजूर, डी. एम. को ताकीद किया जाय जरा। जी ? इस इलाके का एक एम. एल. ए. ? जी, वह तो विरोधी पार्टी का है। जी···जी ? हैलो-हैलो-हैलो !''

जनसेवकजी ने संवाददाता को पोस्ट ऑफ़िस के काउंटर पर पकड़ा और उसे चाय

की दुकान पर अपना बयान लिखाने के लिए ले गए। किंतु चाय की दुकान पर सुविधा नहीं हुई, तो उसे अपने डेरे पर ले गए। लिखो—"स्मरण रहे कि ऐसा बाढ़···बाढ़ स्त्रीलिंग है ? तब, ऐसी बाढ़ ही लिखो। हाँ, तो स्मरण रहे कि ऐसी बाढ़ इसके पहले कभी नहीं आई···।"

"किंतु दस साल पहले तो···।"

"अजी, दस साल पहले की बात कौन याद रखता है ! तो लिखो 'कि सूचना मिलते ही आधी रात को मैं बाढ़ग्रस्त इलाके···।' और सुनो, आज ही यह 'स्टेटमेंट' चला जाए। वक्तव्य सबसे पहले मेरा छपना चाहिए।"

संवाददाता अपनी पत्रकारोचित बुद्धि से काम लेता है—"लेकिन एम.एल.ए. साहब ने तो पहले ही बयान दे दिया है—'फर्स्ट प्रेस ऑफ इंडिया' को—सीधे टेलीफोन से।"

जनसेवक शर्मा का चेहरा उतर गया।···इतने दिन के बाद भगवान ने जनसेवा का औसर दिया और वक्तव्य चला गया पहले विरोधी का ? दुश्मन का ? चीनी आक्रमण के समय भी भाषण देने और फ़ंड वसूलने में वह पीछे रह गए। और, इस बार भी ?

"सुनो। मैंने कितने बाढ़ग्रस्त गाँवों के बारे में लिखाया था ? पचास ? उसको डेढ़ सौ कर दो।···ज़्यादा गाँव बाढ़ग्रस्त होगा तो रिलीफ़ भी ज़्यादा-ज़्यादा मिलेगा, इस इलाक़े को। अपने क्षेत्र की भलाई के लिए मैं सब-कुछ कर सकता हूँ। और झूठ क्यों ? भगवान ने चाहा तो कल तक दो सौ गाँव जलमग्न हो जा सकते हैं !"

संवाददाता को अपना वक्तव्य देने के बाद उन्होंने अपने कार्यकर्ताओं की विशेष 'आवश्यक और अरजेंट' बैठक बुलाई। वक्तव्य में उन्होंने जिस बात की चर्चा नहीं की, उसी पर विशेष प्रकाश डालते हुए सुझाया—"यह जो बरदाहा-बाँध बना है पिछले साल, इसके कारण इस कस्बा रामपुर पर भी इस बार खतरा है। पानी को निकास नहीं मिला तो कल सुबह तक ही—हो सकता है—पानी यहाँ के गाड़ीवान टोला तक ठेल दे !"

गाड़ीवान टोले के कर्मठ कार्यकर्ताओं ने एक-दूसरे की ओर देखा। आँखों-ही-आँखों में गुप्त कार्रवाई करने का प्रस्ताव पास हो गया।

दूसरे दिन सुबह को संवाददाता ने नया संवाद भेजा—"आज रात बरदाहा-बाँध टूट जाने के कारण करीब डेढ़ सौ गाँव फिर डूबे···।" टक्का-टक्का-ट्रा-ट्रा ! जनसेवकजी 'ट्रंक' से पुकारने लगे—'हैलो-हैलो-हैलो पटना, हैलो पटना···!!"

कस्बा रामपुर के व्यापारियों और बड़े महाजनों ने समझ लिया—'सुभ-लाभ' का ऐसा अवसर बार-बार नहीं आता। चीनी आक्रमण के समय वे हाथ मलकर रह गए।···यह अकाल का हल्ला चल ही रहा था कि भगवान ने बाढ़ भेज दिया। दरवाजे के पास तक आई हुई गंगा में कौन नहीं हाथ धोएगा भला ! उनके गोदाम खाली हो गए, रातों-रात बही-खाते दुरुस्त ! अकाल-पीड़ितों के लिए फ़ंड में पैसे देने की सरकारी-गैर-सरकारी अपील पर,

उन्होंने दिल खोलकर पैसे दिए।···अनाज ? अनाज कहाँ ?

सरकारी कर्मचारियों ने उनके खाली गोदामों पर सरकारी ताले जड़ दिए।

"भाइयो ! भाइयो !! आज शाम को। स्थानीय टाउन हॉल यानी 'ठेठरहोल' में। कस्बा रामपुर की जनता की एक विराट सभा होगी। इस सभा में बाढ़-पीड़ित-सहायता-कमिटी का गठन होगा। भाइयो ! भाइयो···!"

"प्यारे भाइयो ! द अनसारी टूरिंग सिनेमा के रुपहले परदे पर आज रात एक महान पारिवारिक खेल···प्यारे भाइयो···आज रात !"

"मेहरबान, आँख नहीं तो कुछ नहीं। जिन भाइयों की आँखों में लाली हो—आँख से पानी गिरता हो—मोतियाबिंद और रतौंधी हो—एक बार हमारी कंपनी का मशहूर और मारूफ अंजन इस्तेमाल करके देखें···।"

···मैं का करूँ राम मुझे बुड्ढा मिल गया !

···छप गया- छप गया। इस इलाके का ताजा समाचार। दो सौ गाँव डूब गए।

···आ गया ! आ गया ! सस्ता बंबैया चादर !

···आ गई। आ गई। रिलीफ की गाड़ी आ गई।

···आ गईं। आ रही हैं। तीन दर्जन नावें।

···सिंचाई मंत्रीजी आ रहे हैं।

···भिक्षा दो भाई भिक्षा दो—चावल-कपड़ा पैसा दो।

···इंकलाब जिंदाबाद !

कस्बा रामपुर के दोनों स्कूल, मिडिल और उच्च-माध्यमिक विद्यालय के लड़के जुलूस निकालकर, गीत गाकर, फटे-पुराने कपड़े बटोरते रहे। शाम होते-होते वे दो दलों में बँट गए। बात गाली-गलौज से शुरू होकर 'लाठी-लठौवल' और छुरेबाज़ी तक बढ़ गई।···दिन-भर जुलूस में गला फाड़कर नारा लगाया—गाना गाया मिडिल स्कूल के लड़कों ने और लीडर में नाम लिखा जाए हायर सेकेंड्री के लड़के का ? मारो सालों को !

किंतु रिलीफ- कमिटी के सभापति श्री जनसेवक शर्माजी निर्विरोध निर्वाचित हुए। एम.एल.ए. साहब को लोगों ने मिलकर खूब फींचा। "वोट माँगने के समय तो खूब 'लाम काफ' बघार रहे थे। और अभी सरकारी रिलीफ—बोट की बात तो दूर, एक फूटी नाव तक नहीं जुटा सकते ?··· जवाब दीजिए, क्यों आई यह बाढ़ ?··· आपकी बात नहीं सुनी जाती तो दे दीजिए इस्तिफा !"

एम.एल.ए. साहब के सभी 'मिलीटेंट-वर्कर' अनुपस्थित थे। नहीं तो बात यहाँ भी रोड़ेबाजी से शुरू होकर···!

सभी राजनैतिक पार्टियों के प्रमुख नेता अपने-अपने कार्यकर्ताओं के जत्थे के साथ

कस्बा रामपुर पहुँच रहे हैं। उनके अलग- अलग कैंप गड़ रहे हैं।

सरकारी डॉक्टरों और नर्सों की टोली अभी- अभी पहुँची है। डाकबँगले के सभी कमरों में आफ़िसरों के डेरे हैं।···अफ़सरों की 'कोर्डिनेशन मीटिंग' बैठी है।

सभी राजनैतिक पार्टी के नेताओं ने अपने प्रतिनिधि का नाम दिया है—विजिलेंस- कमिटी की सदस्यता के लिए। प्रायः सभी पार्टियों में दो गुट हैं—आफिशियल ग्रुप, डिसिडेंट···। हर कैंप में एक दबा हुआ असंतोष सुलग रहा है।

···कल मुख्यमंत्रीजी 'आसमानी- दौरा' करेंगे।

···केंद्रीय खाद्यमंत्री भी उड़कर आ रहे हैं।

···नदी-घाटी-योजना के मंत्रीजी ने बयान दिया है।

···और रिलीफ़ भेजा जा रहा है। चावल-आटा-तेल-कपड़ा-किरासन तेल- माचिस- साबूदाना-चीनी से भरे दस सरकारी ट्रक रवाना हो चुके हैं।

···कल सारी रात विजिलेंस-कमिटी की बैठक चलती रही।

"भाइयो ! आज शाम को। म्युनिसिपल मैदान में। आम सभा होगी। जिसमें सरकार की वर्तमान 'रिलीफ नीति' के खिलाफ घोर असंतोष प्रकट किया जायगा। रिलीफ कमिटी का मनमाना गठन करके···।"

"भाइयो ! कल साढ़े दस बजे दिन को। कामरेड चौबे। स्थानीय रिलीफ- आफिसर के सामने। अनशन करने के लिए···!"

···जा जा जा रे बेईमान, तोरा एको न धरम। एको न धरम हाय कछू ना शरम। जा जा जा रे बेइमान तोरा···!

"भाइयो !"

दो दिन से छप्परों, पेड़ों और टीलों पर बैठे पानी से घिरे भूखे- प्यासे और असहाय लोगों ने देखा—नावें आ रही हैं।

अगली नाव पर झंडा है। काँग्रेसी झंडा !

पिछली नाव पर भी। मगर दूसरे रंग का।

···जै हो ! महात्मा गाँधी की जै !

···ए ए ! इसमें महात्मा गाँधी की जय की क्या बात है ?

···हड़बड़ाओ मत। नहीं तो डाली टूट जाएगी।

···तीसरी नाव ! अरे- रे ! वह नाव नहीं। मवेशी की लाश है और उस पर दो गिद्ध बैठे हैं।

···हवाई जहाज ! हवाई जहाज !

नावें करीब आती गईं। अगली नाव पर जनसेवकजी स्वयं सवार हैं। उनकी नाव

पर 'माइक' फिट है। वे दूर से ही अपनी भूमिका बाँध रहे हैं—"भाइयो, हालाँकि पिछले चुनाव में आप लोगों ने मुझे वोट नहीं दिया। फिर भी आप लोगों के संकट की सूचना पाते ही मैंने मुख्यमंत्री, सिंचाई-मंत्री, खाद्य-मंत्री···!"

पिछली नाव पर विरोधी दल के कार्यकर्ता थे। उन्होंने एक स्वर से विरोध किया—"यह अन्याय है। आप सरकारी नाव और सरकारी सहायता का इस्तेमाल गलत तरीके से पार्टी के प्रचार में···।"

जनसेवक रिलीफ-कमिटी के सभापति हैं। उन्हें विरोध की परवाह नहीं। वे जारी रखते हैं—"भाइयो, आप लोग हमारे कार्यकर्ताओं को अपनी संख्या नाम- ब- नाम लिखा दें। आप लोग एक ही साथ हड़बड़ाकर नाव पर मत चढ़ें। भाइयो, स्टाक अभी थोड़ा है। नाव की भी कमी है। इसलिए जितना भी है आपस में सलाह करके बाँट-बटवारा···!"

रिलीफ़- कमिटी के सभापति की नाव जलमग्न क्षेत्र में भाषण बोती हुई चली गई। साथवाली नाव पर बैठे लोग लगातार विरोध करते हुए साथ चले। दोनों नाव से कुछ कार्यकर्ता उतरे—बही-खाता लेकर।

"बड़ी नाव आ रही है !"

"भैया, खाली नाव ही आ रही है या और भी कुछ ? बच्चे भूख से बेहोश हैं। मेरी बेटी लबेजान है।"

दो दर्जन नावें शाम तक लोगों को बटोरती रहीं। रात को विजिलेंस-कमिटी की बैठक में रिलीफ- आफिसर ने स्पष्ट शब्दों में कह दिया, "नावों पर किसी पार्टी का झंडा नहीं लगेगा !··· बगैर अँगूठा-टीप लिए या बिना दस्तखत कराए किसी को कोई चीज़ नहीं दी जाए।···हमें दुख है कि हम बीड़ी नहीं सप्लाई कर सकते।···रिलीफ बाँटते समय किसी पार्टी का प्रचार या निंदा करना ग़ैरवाजिब है। ऐसा करनेवालों को कमिटी का किसी प्रकार का काम नहीं सौंपा जाएगा।"

डॉक्टरों और नर्सों को अभी कोई काम नहीं। 'इनडोर' और 'आउटडोर' खेलों में मस्त हैं···गेम बॉल !··· टू स्पेड !··· की मिस बनर्जी—की होलो ?··· नो ट्रंप !

रेलवे लाइन के ऊँचे बाँध पर—कस्बा रामपुर के हाट पर पेड़ों के नीचे स्कूलों में बाढ़- पीड़ितों के रहने की व्यवस्था की गई है। जिन गाँवों में पानी नहीं घुसा है, मगर पानी से घिरे हैं, ऐसे गाँवों में भी लोगों के रहने की व्यवस्था की गई है। उनके लिए रोज़ राशन लेकर नावें जाती हैं। डॉक्टरों और नर्सों के कई जत्थे गाँवों में सेंटर चलाने के लिए भेजे गए हैं।

पानी धीरे- धीरे घट रहा है !

मुसहर तथा बहरदारों का दम, कैंप के घेरे में कई दिन से फूल रहा था। इन

घुटते हुए लोगों ने पानी घटने की खबर सुनते ही डेरा-डंडा तोड़ दिया। वे पानी के जानवर हैं। पानी- कीचड़ में वे महीनों रह सकते हैं···टीप देते-देते अँगूठे की चमड़ी भी काली हो गई।···भीख माँगकर खाना अच्छा, मगर रिलीफ का हलवा- पूड़ी नहीं छूना। छिः छिः !!···वह 'कुर्र-अंक्खा' भोलंटियर मेरी सुगनी को फुसला रहा था, जानते हो ?··· सब चोरों का ठठ्ठ !

''भाइयो, कैंप से जाने के पहले। अपने इंचार्ज को। अवश्य सूचित करें। जिन गाँवों से पानी हट गया है वहाँ के लोग अब जा सकते हैं। उनके पुनर्वास के लिए रिलीफ- कमिटी की ओर से बाँस- -बाड़-सूतली तथा और जरूरी सामान···!''

''भाइयो, आपको मालूम होना चाहिए। कि आपकी सहायता के लिए। आए हुए सामान के वितरण में। घोर धाँधली हो रही है। आप खुद अपनी आवाज़ बुलंद करके। मौजूदा कमिटी को···!''

''···भाइयो—भाइयो ! सुनिए । दोस्तो !!''

भाइयो- भाइयो पुकारते हुए दोनों घोषणा करनेवालों ने एक- दूसरे को झूठा और बेईमान कहना शुरू किया। फिर मारपीट शुरू हुई। पुलिस ने शांति स्थापित करने के लिए लाठी-चार्ज किया। कई बाढ़-पीड़ित रात-भर हिरासत में रहे।

···राजधानी के प्रमुख अंग्रेज़ी पत्र ने परदाफ़ाश करते हुए लिखा—''छोटी- छोटी नदियों, खासकर कोसी की पुरानी धाराओं में, छोटे- -बड़े बाँध बाँधने में पी. डब्ल्यु. डी. के इंजीनियरों ने अदूरदर्शिता से काम लिया है। यही कारण है कि जिन क्षेत्रों में कभी बाढ़ नहीं आई, वे जलमग्न हैं इस बार। सरकार के अकर्मण्य कर्मचारियों···।''

···दूसरे दैनिक ने इस बाढ़ की ज़िम्मेदारी पड़ोसी राज्य के अधिकारियों के सिर थोपते हुए लिखा—''पड़ोसी राज्य ने हमारे राज्य की सीमा से सटे हुए क्षेत्र में बराज बाँधकर सारे उत्तर-पूर्वी बिहार की तमाम छोटी नदियों का निकास अवरुद्ध कर दिया। बराज बनाने के पहले यदि हमारे राज्य- अधिकारियों से सलाह- परामर्श किया जाता तो ऐसी बाढ़ नहीं आती।''

स्थानीय, अर्थात ज़िला से निकलनेवाली साप्ताहिक पत्रिका ने इस बाढ़ को 'मैनमेड' बाढ़ करार देते हुए प्रमाणित किया—''पड़ोसी राज्य नहीं, पड़ोसी राष्ट्र के कर्णधारों ने ही हमें डुबाया है।''

बरदाहा- बाँध टूटने की ज़िम्मेदारी चूहों पर पड़ी। चूहों ने बाँध में असंख्य 'माँद' खोदकर जर्जर कर दिया था—एक ही साल में।

···पढ़िए-पढ़िए—ताजा समाचार ! सारे राज्य में हाहाकार ! राज्य की मौजूदा सरकार के खिलाफ अविश्वास के प्रस्ताव की तैयारी ! मुख्यमंत्री के निवास पर अनशन !

पचास टिन किरासन, दस बोरा आटा और चावल के साथ रिलीफ की नाव पनार नदी की बीच धारा में डूब गई !···लापता हो गई ।

जनसेवकजी के विरोधियों ने मुक़दमा दायर किया है। करें। जनसेवकजी का काम बन चुका है। सारे इलाके में उनका जयजयकार हो रहा है।··· चुनाव में हारने और चीनी आक्रमण के समय पिछड़ जाने की सारी ग्लानि दूर हो गई है। उन्होंने सूद- -सहित वसूल लिया है।···भगवान जरूर है, कहीं-न-कहीं ।

···भाइयो !

···ओ मेरे वतन के लोगो ! ज़रा आँख में भर लो पानी···!

आकाश में गिद्धों की टोली भाँवरी ले रही है। सैकड़ों काले- काले पंख—मँडराते हुए बादलों जैसे ।

धरती पर मरे हुए पशुओं की लाशें—कंकाल ! हरी-भरी फसलों के सड़ते हुए पौधे !

···दुर्गंध-दुर्गंध-गंध !

···कीचड़-केंचुए-कीड़े—धरती की सड़ी हुई लाश !

सर्वहारा लोगों की टोली, सिर झुकाए बचे-खुचे पशुओं को हाँकते, बाल-बच्चों, मुर्गे-मुर्गियों, बकरे-बकरियों को गाड़ियों, बँहगियों और पीठ पर लादकर अपने- -अपने गाँव की ओर जा रही हैं, जहाँ न उनकी मड़ैया साबित है और न खेतों में एक चुटकी फसल। किंतु उनके पैर तेज़ी से बढ़ रहे हैं। तीस-बत्तीस दिन के रौरववास के बाद उनके दिलों में अपने बेघर के गाँव और कीचड़ से भरे खेतों के लिए प्यार की बाढ़ आ गई है।···कीचड़ पर उनके पैरों के छाप दूर-दूर तक अंकित हो रहे हैं।

गाँव फिर से बस रहे हैं।

सरकारी रिलीफ़, कर्ज़ और सहायता के बोझ से दबी हुई आत्माओं में फिर देवता आकर बसने लगे। तीस- बत्तीस दिन तक अपनी-अपनी जान के लिए वे आपस में लड़ते रहे, रिलीफ़ के कार्यकर्ताओं की खुशामद करते रहे। स्वार्थ- सिद्धि के लिए उन्होंने एक- दूसरे की गरदन पर हाथ रखे, दूसरे का हिस्सा हड़पा, चोरी की, झगड़ा किया।···सभी के दिल में शैतान का डेरा था।

आसिन का सूरज रोज धरती को जगाता है। सूखते हुए कीचड़ों पर दूब के अँखुए हरे हुए।

जंगली बत्तकों की पाँती 'पैंक-पैंक' करती हुई चक्कर मार रही है। चील, काग, गिद्ध—सभी प्यारे लगते हैं। गड्ढों में 'कोका' के फूल हैं या बगुले ?···हरसिंगार की डाली फूलों से लद गई। हवा में आगमनी का सुर—माँ आ रही है !

डाली फूलों से लद गई । हवा में आगमनी का सुर—माँ आ रही है ! भिखारिनी—अन्नपूर्णा माँ !

मिट्टी- कीचड़ की प्रतिमा में प्राण-प्रतिष्ठा का मंत्र फूँककर मिट्टी की संतान ने पुकारा—माँ-आँ-आँ ! हमें क्षमा करो···!

पूजा के ढोल बजने लगे, सभी ओर ।

कारी-कोसी की निर्मल धारा में अष्टमी का चाँद हँसा । शरणार्थी बंगाली मल्लाहों के गीत की एक कड़ी रजनीगंधा के तुनुक- कोमल डंठलों की तरह टूट—टूटकर बिखर रही है—ओ रे भा-य य य ! तोमारि लागिया-बधुआ-आ-आ-काँदे हाय हाय—उगो पिरित करिया बधुआ मने पस्ताय···!

इलाक़े का 'पढ़ुवा पागल' आजकल 'निराला' की एक ही पंक्ति को बार- बार दुहराता है—'मिट्टी का ढेला शकरपाला हुआ ।'

['धर्मयुग', 8 नवंबर, 1964 के अंक में प्रकाशित]

# रस के बस में–चार रात

24 दिसंबर, '64—रामकृष्ण मिशन- आश्रम, पटना, में आयोजित 'क्रिसमस ईव' से लौट रहा हूँ। मन-प्राण स्वर्गीय सुगंध में डूबा हुआ है। जीभ पर प्रसाद (केक) की गुलाबी मिठास ! किंतु, ओवरकोट इतना भारी है कि लगता है कंधे पर सलीब ढो रहा हूँ। एक कुहरा-भरी साँझ में अभी जो कुछ देखता हूँ, उस पर एक 'क्रॉस' की छाया उभर आती है : सड़क, रोशनी, रिक्शा, आदमी, क्रॉस+क्रॉस+क्रॉस+++ — आश्रम से निकलकर दाहिनी ओर मुड़ रहे थे पैर—जिधर जाते- जाते गाँधी मैदान के पास जाकर मैं एक 'जहन्नुम' में चला जाता। मन मना कर रहा था, मगर पैर मुड़ रहे थे। हठात् कर्कश हॉर्न सुनकर वाम दिशा के फुटपाथ पर चढ़ गया। देखा, एंबुलेंस बाय-पास होकर छुतहा अस्पताल जा रहा है। कुहरे में भी, दूर तक, सफेद मोटर-वान पर अंकित रेड-क्रॉस दिखलाई पड़ता है। फिर कुहासे के झीने पर्दे पर—कंपलिमेंटरी-कलर में क्रॉस+क्रॉस+क्रॉस ! बाईं ओर चलता हुआ घर आया।

मेरी सूरत देखकर ही घर के लोग समझ जाते हैं, मैं आज जहन्नुम से नहीं, जन्नत से आ रहा हूँ।

संयोग की बात, बिजली चली गई ! हमने आध-दर्जन मोमबत्तियों को जलाकर उजाला किया। घर का हर प्राणी, नौमी—सुनहरी, झबरी, हमारी नौमी !—और तोतू (हरबोला पंछी !) भी, अचानक ईश्वरोन्मुख हो गया। सभी के चेहरों पर एक दिव्यभाव ! काँपती हुई रोशनी में काँपते हुए हम भोजन करने बैठे। लगता है कहीं पास ही कोई मद्धिम आवाज में गद्‌गद कंठ से पढ़ रहा है—'भोजन करते समय येशु ने रोटी ली और उसे अशीष देकर तोड़ा और अपने शिष्यों को देते हुए कहा—लो और खाओ, यह मेरा शरीर है ···तब कटोरा लेकर धन्यवाद दिया और यह कहते हुए उन्हें दिया—इसमें से सब-के-सब पी लो, क्योंकि यह मेरा लहू है, व्यवस्थान का लहू जो बहुतों के लिए बहाया जा रहा है, कि उन्हें पापों की

क्षमा मिले।''' मैं ही रोटी हूँ, जीवित रोटी, जो स्वर्ग से उतरी है'''जो संसार के जीवन के लिए समर्पित है।'''

यदि उस समय एंबुलेंस का हॉर्न मुझे बाएँ फुटपाथ पर नहीं कर देता, बहुत दूर तक रेडक्रॉस नहीं जगमगाता रहता, तो मैं दाहिनी ओर मुड़ रहा था।

जन्नत से लौटकर जिस साँझ आता हूँ—उस रात को नींद नहीं आती है। इसी के डर से मैं वहाँ हर साँझ नहीं जाता। महीनों नहीं जाता। हर साँझ को मौत खरीदने निकल जाता हूँ—जहन्नुम की ओर !

"कल, 25 दिसंबर को बड़ा दिन है, 'श्री श्री माँ' परमा प्रकृति सारदामणि का दिन है। सुबह साढ़े आठ बजे से विशेष-पूजा और हवन—रात में 'श्री श्री माँ' फिल्म-शो"—सूचना देने के लहजे में, मैं बोला—कल 'श्री श्री माँ'। परसों—'विरेश्वर विवेकानंद' और 'मीराबाई'। 27 दिसंबर को 'परमहंस रामकृष्ण'—'

हमारे सोने के कमरे का एक कोना—'मिनिएचर मंदिर' है। एक छोटी-सी चौकी पर रंगीन चदरी बिछी हुई है। उस पर गणेश, शिव, बुद्ध, सरस्वती, ईसा और रामकृष्ण की छोटी-छोटी मूर्तियाँ हैं—दीवार के सहारे दशभुजा-दुर्गा की रंगीन तस्वीर (पट !) टिकी हुई है और रामकृष्ण-सह-महाकाली की छवि ! मेरे गुरु स्वामी माधवानंद का फोटोग्राफ। दाहिनी दीवार पर ध्यानरत विवेकानंद। और इन सभी के ऊपर हैं—श्री श्री माँ !

चौकी के पास फर्श पर धूपदानी है और'''और सोलन की बोतल में गंगाजल'''। बोतल का लेबल ज्यों-का-त्यों चिपका हुआ है।

बस एक बार, बंग देश की एक इंटेलेक्चुअल महिला ने पूछा था—'सबसे ऊपर श्री माँ को रखने का कोई खास मतलब है क्या ?'

जो सही बात थी निवेदन किया—'मूर्तियों और तस्वीरों को सजाने-बैठाने-लटकाने के समय कोई खास मतलब नहीं था। जगह, आकार और आयतन के हिसाब से, सहूलियत जैसा हुआ'''मगर, अब एक मतलब निकाल लिया है। विवेकानंद अमेरिका से अपने गुरुभाई शिवानंद को लिखते हैं—जीती-जागती दुर्गा की पूजा दिखलाऊँगा। भाई, माँ की याद आते ही कभी-कभी कहता हूँ—को रामः ? (अशोकवाटिका में सीता को देखकर, हनुमान भूल गए थे राम को—को रामः ?) रामकृष्ण परमहंस ईश्वर थे या आदमी—जो भी कहो—किंतु, जिसकी माँ पर भक्ति नहीं—उसको धिक्कार।'

फिर रामकृष्ण-सारदा कथोपकथन का एक टुकड़ा।

रामकृष्ण की पदसेवा करती हुई सारदा एक दिन हठात् पूछ बैठती हैं, "मैं तुम्हारी कौन लगती हूँ ?"

"तुम ? तुम मेरी आनंदमयी हो !''' जो माँ मंदिर में हैं (अर्थात्—भवतारिणी

काली) वही नहबत-घर में (रामकृष्ण की माँ चंद्रमणि) हैं और वही यहाँ अभी मेरा पैर टीप रही हैं।"

भद्र महिला को स्मरण दिलाया था—'और, स्वयं रामकृष्ण ने जिनकी पूजा की थी। षोड़सी-पूजा ! चरणों पर भक्ति-श्रद्धापूर्ण प्रणाम निवेदन किया था...।'

तब, उन्होंने मुस्कुराकर पूछा था, "और, इस बोतल में क्या है ?"

मैंने तनिक हकलाकर कहा था, "वह मैं हूँ।"...अर्थात्, वह मेरा प्रतीक है।...यानी, सोलन की बोतल में गंगाजल।

बोली, "आपके अहंकार की तारीफ...।"

मैं बोला, "दासोऽहं। सोऽहं नहीं। रामकृष्ण की सीख !"...वह झुँझलाकर हँसी थी। मन-ही-मन बोली थी—'भाँड !

सचमुच, मैं 'भाँड' ही हूँ क्या ? बगुला-भगत ? संभव है, होऊँ। मगर, अभी इस समय आधी रात को—जब गाँधी-मैदान के पासवाले गिर्जाघर में घड़ीघंट घनघना उठा है—मैं भाँड नहीं। मैं हड़बड़ाकर, कुर्सी छोड़कर उठता हूँ और दीवार के सहारे खड़ा होकर दोनों हाथों को दोनों ओर फैला देता हूँ ! और, तब देवदूत कहता है—'डरो नहीं—सुनो, मैं तुम लोगों के लिए बड़ी खुशखबरी ले आया हूँ, जिससे सारी जनता को आनंद होगा। आज दाऊद की इसी नगरी में तुम्हारे लिए मुक्तिदाता जन्मे हुए हैं...।'

मैं हूँ सत्य, मैं हूँ मार्ग, मैं हूँ जीवन !—प्रभु ईसा कहते हैं।

पूजा और हवन में, समय पर नहीं पहुँच पाने के कारण, नहीं सम्मिलित हो सका,। किंतु, प्रसाद-वितरण के बहुत पहले ही आश्रम पहुँच गया था। भंगी-टोली के सैकड़ों प्रसादार्थियों की भीड़ में खड़ा होकर इस बार माँ का प्रसाद लूँगा। खिचड़ी प्रसाद,। खेचरान्न ! रामकृष्ण तथा माँ को खिचड़ी बहुत प्रिय थी। इसलिए, इनकी पूजा में, भोग खिचड़ी का ही निवेदित होता है।

मैंने, पिछले कई वर्षों में एक बात की परीक्षा ले ली है। कई अभक्त [अर्थात् जो रामकृष्ण के भक्त नहीं, नास्तिक हैं, द्वंद्वात्मक भौतिकवादी हैं !] जनों को यह प्रसाद खिलाकर पूछा है—'ऐसी खिचड़ी पहले भी आपने कभी खायी थी ?' और, भोजन- रसिक मेरे मित्रों ने निस्संकोच जवाब दिया है—'कभी नहीं। इतनी सुस्वाद खिचड़ी !'

अथच, मूँग की दाल और चावल, आलू के अलावा इसमें न घी होता है और न

कोई सुगंधित मसाला !

खिचड़ी खाकर अघाए हुए नंग-धड़ंग बच्चे में एक अजीब उत्साह है। रात में सिनेमा होगा। एक रात ही नहीं। तीन-तीन रात !

बंद, अँधेरे हॉल में बैठकर आनंद लूटने को, कोई आत्म-रति कहे तो, उसे मैं पागल नहीं कहूँगा। रामलीला, रासलीला, नौटंकी, जात्रा देखनेवाली जनता को भी देखा है और अंध-बंद-हॉल के दर्शकों की सिलहुट छवि भी। लालटेन, गैसबत्ती, पंचलाइट, डे-लाइट, किरोसिन लाइट, पैट्रोमेक्स की रोशनियों में हर मुखड़े पर अंकित, हँसी-रुदन, आनंद-अवसाद की रेखाएँ, स्पष्ट हो जाती हैं। किंतु, फिल्मयुग में अब नाटक भी अँधेरे में होता है।···अंधकार में टटोलती हुई हँसी, ···लड़खड़ाती हुई मुस्कराहट, गुपचुप, फिसफिस···!

लेकिन, खुले मैदान में जब-जब फिल्म देखी है, एक अद्‌भुत आनंद मिला है। पर्दे पर तस्वीरें अस्पष्ट उतरती हैं, आवाज झनझनाई हुई निकलती है, फीता बार-बार कट जाता है, इनके बावजूद—सुख मिलता है।

एक हजार दर्शकों में से सात सौ को छाँट देता हूँ—वे सिर्फ बायस्कोप देखने आए हैं। तीन सौ में, दो सौ को अभक्त की श्रेणी में डालकर—एक सौ दर्शकों को मैं रामकृष्ण का भक्त मान लेता हूँ।

रामकृष्ण मिशन के इस मैदान में, साल-भर में कई बार भारी भीड़ होती है। उस समय, आश्रम के विद्यार्थी जूतों की रखवाली से लेकर ट्राफिक कंट्रोल तक करते हैं। आश्रम के बड़े महाराज, समय-समय पर, शोरगुल करनेवालों को शांत करते हैं। किंतु, आज की भीड़ को कोई नहीं सँभाल रहा। लोग, जूते पहनकर ठाकुर-मंडप में खड़े हैं। उन्हें कोई कुछ नहीं कहता ! कुछ कहना बेकार है।···कोलाहल···कलरव···आनंदोल्लास !

आज की रात—'श्री श्री माँ' में रामकृष्ण की भूमिका में श्री गुरुदास बंदोपाध्याय हैं। सुना है रामकृष्ण की भूमिका करते समय—शूटिंग के दिनों—आप रामकृष्ण-रस में विभोर रहते हैं। सबकुछ 'ऐबनॉरमल' हो जाता है ! पर्दे पर रोशनी उतरी और भीड़ धीरे-धीरे संयत हो रही है। स्वयं चारों ओर खामोशी छाती गई। खेल शुरू होने के पहले··· ट्रेलर, डाक्यूमेंटरी दिखाई जा रही है—सिविक सेंस··· व्यक्ति है जो सार्वजनिक स्थलों पर, बसों में, ट्रेन में, ट्राम में, पब्लिक टेलिफोन पर, लिफ्ट पर, मुहल्ले के नल पर, घर में—हर जगह अपनी हरकतों से अनेकानेक हास्यास्पद स्थितियाँ पैदा कर जाता है।··· हहहह ! हहहह !

नहीं, भीड़ ने मूल बात को ग्रहण कर लिया है। एक तेरह साल का स्कूलिया-लड़का अपने साथी से कह रहा है—'अभिये न देखले लकऊ पर्दा पर !'

···श्री श्री माँ ! इसके अलावा मैं कुछ भी नहीं पढ़ सका। शायद, पढ़ना ही

नहीं चाहता था—क्योंकि मैंने चेष्टा नहीं की। सिनेमा-हॉल में भी मैं यही करता। एक अंधभक्त की दृष्टि से मैं यह 'लीला' देखने आया हूँ।··· मैं पलटदास हूँ ! मैं माँ सारदामणि को सीता कहता हूँ, मानता हूँ।

···अद्भुत-भाव-विभोर होकर सभी ने काम किया है। एक रील समाप्त होने के बाद विराम के क्षण में मुझे लगा, मैं उन्नीसवीं शताब्दी में पहुँच गया हूँ। मैं उस युग का आदमी नहीं··· मैं लट्टू महाराज हूँ जो, परम- आह्लाद से माँ की रोटी बेलने को ही असल पूजा मानता है !

···रामकृष्ण की आँखों को, विभिन्न अवस्था और 'भाव' के क्षणों में देखकर—देखते- देखते मैं चंचल हो उठा। लगा, ओवरकोट के नीचे—स्वेटर के नीचे कोई पतंगा घुस गया है। नहीं, मैं डर गया हूँ असल में।

मुझे बार-बार ऐसा लगता है कि जोर-जोर से रोने लगूँगा—चिल्लाने लगूँगा—हँसूँगा,। हालाँकि, मैंने आज किसी किस्म का नशा नहीं सेवन किया है, मगर लोग कहेंगे—'साला ! यहाँ भी आया है पी के।' ··· अथवा कहेंगे—'साला, गिरीश घोष की नकल कर रहा है !'

जब माँ सारदामणि, पगली वैष्णवी को प्यार से पुचकार शांत करने लगीं—मैं डगमगाता हुआ उठ खड़ा हुआ। फिर, उस भीड़ से कैसे बाहर निकला—स्मरण नहीं। बड़े महाराज ने पूछा—'क्यों ? चले ?' जवाब दिया—'नहीं। ज़रा खड़ा होकर इस पेड़ के नीचे से देखूँगा।'··· लेकिन, पाँच मिनट के बाद मैंने भागकर घर जाने में ही कुशल माना।

घर आकर लगा, इस भारी ओवरकोट के कारण ही मेरी वैसी अवस्था हो गई थी, शायद। बोझ और गर्मी के मारे 'ब्लड प्रेसर' पर असर··· नहीं, मुझे ब्लड प्रेसर की शिकायत नहीं। फिर भी, एक बार जँचवा लेने में क्या है ?··· ब्लड प्रेसर आपरेटस···डाक्टर··· अस्पताल··· मेरे कमरे के मंदिर में कोई बोला—'अरे दुर साला ! निजे के रोगी-रोगी भाबले सत्ति-सत्ति रोगी हँये जाबे ! किछु नेई···!!' ओवरकोट के कारण नहीं—असल में रामकृष्ण के कारण ही मैं, 'लीला' से भाग आया।

मुझे बार-बार अस्पताल के उस महान् दिन की याद आती है; उन क्षणों की याद आती है, जब मैंने ठीक इसी तरह इस 'मूरत' को भाव- विह्वल होकर बोलते देखा था। उन क्षणों—उस दिन—के पहले तक रामकृष्ण की तस्वीर को देखकर—मेरे मन में कभी भक्ति नहीं उमड़ी, बल्कि, अश्रद्धा ही अधिक होती थी। और, मैं उनके संबंध में कुछ नहीं जानता था। न कभी जानने की उत्सुकता हुई। यहाँ तक कि विवेकानंद उन्हीं के शिष्य हैं और विवेकानंद ने क्या-क्या कहा, क्या-क्या किया—यह सब जाने बगैर मन में विवेकानंद से बैर ठाने हुए था। मार्क्सवादी की हैसियत से हर मजहबी आदमी को

अफीमखोर या गँजेड़ी आदमी मानता था !

1951-52···

···दो-दो बाल्टी रक्त उगलकर मैं ठंडा होता जा रहा था। उस दिन हमारे वार्ड में आध दर्जन से अधिक व्यक्ति मर चुके थे। पंखा बंद था, नल में पानी नहीं। मेरी जीभ पर··· गोंद··· मेरी साँसों को कोई गोंद से चिपकाकर··· फेफड़े का रोगी, अंतिम क्षणों तक होश में रहता है··· त्राहि-त्राहि मची हुई वार्ड में··· मुझे रह-रहकर नींद आती है··· गंध, दुर्गंध भीषण नरक—आँखें खुलते ही एक छाया चेहरे पर झुकी हुई—हट गई छाया ! समझ गया—यह उचक्का मेहतर हर वार्ड में मरनासन्न लावारिस 'रोगियों' के इर्द-गिर्द मँडराता है। मरा कि टूटा !! वह झुककर परीक्षा कर रहा था—साँस चल रही है या नहीं। मुझे जिंदा देखकर छिटककर अलग जा खड़ा हुआ। मैंने तकिये के नीचे रखी हुई घड़ी-कलम को टटोलकर देखा। हाथ शायद तकिये के नीचे ही रहा और मैं फिर सो गया। हालाँकि, जगे रहने की अंतिम दम तक मैंने चेष्टा की।··· एक पागल या नशाबाज-दाढ़ीवाला हाथ में गाँजे का चिलम लेकर धुआँ उड़ाता हुआ मेरे पास आता है। जोर से धुआँ मेरी ओर फेंककर हँसता है—ठठाकर !··· वह मुझसे पूछता है कि तुम रो क्यों रहे हो ? और आश्चर्य—बंगला में ही पूछता है—फिर हँसकर कहता है—'दुर साला ! कांदछिस केन ?'—मैं कहता हूँ—'मुझे बहुत काम करना था, लेकिन यह नींद।··· मैं सोना नहीं चाहता···' दाढ़ीवाला गंभीर होकर, व्यंग्य भरी मुद्रा में कहता है—'देश का उद्धार तो कर दिया, अब क्या ?··· साला देशेर सेबक···सेबकेर जालाय लोके बाय-बाय कोर्बे···तोमार तो कलम सोनार'··· 'हाँ, पार्कर फिफ्टी-वन है न !'—मैं लजाकर कहता हूँ। दाढ़ीवाला बोला—'इस सोने की कलम से क्या-क्या लिखा ? कभी मेरा नाम लिखा ?··· दुर साला—किच्छुई जाने ना—हो-हो-हो—दुर साला—तोर किच्छुई नेई—तुमी भालो—तुमी रोगी नउ—तुमी सुस्थ—तुमी सुस्थ—उठो···।'

आँख खोलकर देखा—वार्ड के बरामदे पर धूप है ! लगा, मैं स्वस्थ हो गया। डेढ़ साल से चढ़ा हुआ बुखार आज आधा डिग्री उतरा—पहली बार !

डाक्टर हर्ड साहब आए—'क्राइसिस की रात कट गई !'

···और उसी दिन से मेरा बुखार घटता गया, (कुल 90 पाउंड) वजन बढ़ता गया··· क्रमशः। पाँच-छै महीने के बाद डाक्टरों ने वजन घटाने की सलाह दी। अस्पताल से 'डिस्चार्ज' होने के दिन डाक्टर साहब कह रहे थे, अपने विद्यार्थियों से—'कुछ अद्‌भुत ढंग से यह आराम हुआ—है न ?'

अस्पताल से निकलकर, दूसरे दिन एक किताब की दुकान पर गया। बंगला पुस्तकों में एक 'गेटअप' ने आकर्षित किया। परमपुरुष रामकृष्ण परमहंस। लेखक—अचिंत्य

कुमार सेनगुप्त ।··· प्रच्छदपट परिकल्पना—सत्यजित राय । (उस समय तक फिल्म- डायरेक्टर नहीं हुए थे)—और- और—अंदर फोटोग्राफ्स देखकर—मैं घबरा गया था । यह तो- तो- तो- तो उस दिन—छै- सात महीने पहिले अस्पताल में उस महान दिन को—उस रात को—यही मूरत ??

'रामकृष्ण विवेकानंद साहित्य' पढ़ना शुरू किया ।··· वर्षों के भूखे- प्यासे आदमी को भोजन मिला हो, मानो बार- बार पढ़कर भी तृप्ति नहीं होती । अंत में इन ग्रंथों का 'पाठ' शुरू किया ।

रामकृष्ण की छवि के सामने, विधिपूर्वक !··· अपना पहला उपन्यास लिखना शुरू किया । पांडुलिपि पर सबसे पहले 'ॐ भगवते श्री रामकृष्णाय नमः' लिखना चाहता था । ···से कि रे ! सोनार कलम दिए बई लिखबे ? आमार नाम लिखबे ? प्रथमे गणेशेर नाम लिखते हय रे बोका··· साला ! आमार की सूँड आछे जे आमि गणेश होबो ? जा स्साला, तोर जा मने इच्छे ताई लिख···! तब, मैंने 'श्री गणेश' नहीं लिखकर लिखा—सिर गनेश ! और तब उपन्यास का सिरगनेश ( बिसमिल्लाह ) किया ।

आश्रम में 'श्री- श्री माँ' देखते वक्त मुझे वह अद्‌भुत हँसी सुनाई पड़ती थी । लगता था, बस अब मुझसे सवाल करेंगे—'की रे साला ! सोनार कलम दिए की लिखली ?'··· जो माटी वही सोना, जो सोना वही माटी ! फोरटीन कैरेट सोना—फोरटीन कैरेट माटी !

रामकृष्ण ने कहा था—'माँ, मुझे सूखा संन्यासी मत बनाना ।—मुझे रस के बस में रखना ।'

यदि, रामकृष्ण रस के बस में नहीं रहते, सूखा संन्यासी हो जाते तो—तो—मैं समझता हूँ—आज बंगाल में न कोई गीत गाता, न नाटक खेलता, न फिल्म बनाता, न चित्र आँकता, न साहित्य- सृष्टि करता ।··· मात्र, बारूद का गोदाम ! कल, 'विवेकानंद' और 'मीरा' की लीला देख सकूँगा या नहीं—राम जाने ।··· लेकिन आज की रात भी नींद नहीं आएगी—यह मैं जानता हूँ ।

नहीं, आज भी नहीं देख सका पूरा खेल । शिकागो- भाषण स्वामीजी ने शुरू किया और मेरी देह काँपने लगी !

घर लौटकर सिस्टर निवेदिता लिखित किताब The Master as I Saw Him पढ़ता रहा । बीच- बीच में मन में एक सवाल उठता—'सिस्टर निवेदिता भी अंधभक्त थी क्या ?

'हाँ, निवेदिता ने भी अपने गुरु की तरह, अपने गुरु को 'ठोंक- बजा' कर देख

लिया था और फिर 'अंध' हो गई थी।—रामकृष्ण ने कहा था, नरेन (विवेकानंद) से—'हाँ, ठोंक-बजाकर देख लो। तुम दूसरों की कही-सुनी बातों को, अंधों की तरह क्यों ग्रहण करोगे ?…

'मन चलो निज निकेतने'—पहली मुलाकात के दिन, रामकृष्ण को भजन सुना रहा है—नरेन। रामकृष्ण ने भाव-समाधि ली। देखा, यह तो वही है—मेरा गुरु—वह प्रकाश पुंज—जिसने मुझे यहाँ भेजा—तुम चलो, मैं आ रहा हूँ।

…गीत समाप्त हुआ। रामकृष्ण की विह्वल-गद्गद वाणी…फिर आना। बार-बार आना।—ओ आमार गुरु—ओ नारायण—ओ शिव—ओ अग्नि—नरेन आमार खापाखोला (म्यान से निकली) तरवार !

विवेकानंद, अपने पश्चिमी भक्त-पाठकों को अपने गुरु (मदीय आचार्य देव !) के संबंध में सुनाते हुए लिखते हैं—"…इस तरह, मैं क्रमशः नास्तिक होता जा रहा था। ऐसे समय में ही…यह आध्यात्मिक-ज्योतिष्क मेरे भाग्य-गगन में उदित हुआ। उसने मुझे बुलाया—उपदेश सुनने गया। लेकिन, मैंने देखा—यह तो साधारण आदमी की तरह ही है। कोई असाधारणत्व नहीं देखा। वह अति सरल भाषा में बातें करता था—मैंने सोचा, यह आदमी एक बड़ा धर्माचार्य कैसे हो सकता है ?… मैं जो कुछ कह रहा हूँ—वह कोई मनगढ़ंत या कल्पित कथा नहीं—यह वास्तविक सत्य है। मैं दिन-प्रतिदिन इस व्यक्ति के निकट आने लगा। सारी बातें तो मैं अभी नहीं बताऊँगा, तब, इतना कह सकता हूँ कि—धर्म भी दिया जा सकता है—यह मैंने वास्तविक रूप से प्रत्यक्ष किया। मैंने ऐसा बार-बार होते देखा है—एक 'स्पर्श'—अथवा एक 'दृष्टि' से समग्र जीवन परिवर्तित !…मैंने बुद्ध, ईसा, मुहम्मद और प्राचीन काल के विभिन्न महापुरुषों के बारे में पढ़ा था—उन्होंने उठकर कहा, 'स्वस्थ होओ !' और वह व्यक्ति स्वस्थ हो गया। मैंने अब जाना, यह सत्य है ! मैंने जब इस 'पुरुष' को देखा—मेरा सारा संदेह बह गया। धर्मदान संभव है। मेरे गुरुदेव कहते—'दुनिया की और चीजें जैसे ली-दी जाती हैं—धर्म तदपेक्षा अधिक प्रत्यक्ष रूप से दिया-लिया जा सकता है…।'

नरेन—एक तूफान ! केशवचंद्र, ईश्वरचंद्र विद्यासागर, गिरीश घोष, बंकिम चंद्र—सभी की आँखें इस तूफान पर थीं। आश्चर्य ! उस पागल ने, दक्षिणेश्वर के अपढ़ व्यक्ति ने इस आँधी को मुट्ठी में कैद कर लिया !

—'यह आपने क्या किया ? मुझ पर कौन-सा जादू डाल दिया ? नहीं-नहीं। ऐसा मत कीजिए। मेरी माँ है, भाई है—परिवार है। मेरा सबकुछ क्यों छीन लिया आपने ? मुझे छोड़ दीजिए—दुहाई…!' —आर्तनाद कर उठा नरेन। रामकृष्ण 'जै माँ-जै माँ' कहते—हाथों से तालियाँ बजाते हुए कहते हैं—'जा ! जा ना ! कहाँ

जाएगा ? हो-हो-हो-हो !'··· विचित्र हँसी !!

···चारों ओर लहराता समुद्र ! कन्याकुमारी की चट्टान पर खड़ी गैरिककाया—दूर से देख रही है । या सूरज को उगा रही है—मंत्र पढ़कर ?··· उठो ! जागो ! प्राप्त करो या··· ।

रोमाँ रोला परिचय देते हैं—'उनके शब्द महान संगीत हैं, बीथोवन-शैली के टुकड़े हैं, हैडेल के समवेत गान के छंद-प्रवाह की भाँति उद्दीपक लय हैं । शरीर में विद्युत-स्पर्श के-से आघात की सिहरण का अनुभव किए बिना मैं उनके इन वचनों का स्पर्श नहीं कर सकता जो तीस वर्ष की दूरी पर पुस्तकों के पृष्ठों में बिखरे पड़े हैं । और, जब वे नायक के मुख से ज्वलंत शब्दों में निकले होंगे तब तो न जाने कैसे आघात एवं आवेग पैदा हुए होंगे !'

पिछले साल की बात याद आती है । एक 'भौतिकवादी'—(भारतीय) प्रकाशक मुझे देखकर ही, मन का क्षोभ उतारने लगे—"साहब हद है ! इस अंतरिक्ष-यात्रा के युग में—विज्ञान, टेक्नोलॉजी वग़ैरह की किताबें नहीं खरीदकर—सरकार ने इस बार सारी खरीदारी—सब पैसे—'विवेकानंद ग्रंथावली' के लिए लगा दिए हैं । हद है ! अजब देश है यह !"

मैंने कोई जवाब देना उचित नहीं समझा । क्योंकि, एक समय था, जब मैं भी इसी तरह आग-पेशाब करता फिरता था । जिस दिन मेरा अभिमान चूर्ण हुआ था—देखा, मैंने अनेकानेक 'शिव' को अपवित्र कर दिया है । तब जोर- ज-र से रोया था ।···आँसुओं में नहाकर पापमुक्त हुआ हूँ । अब राह चलते वक्त, हर मील के पत्थर (माइल स्टोन !) के सामने श्रद्धावनत् होकर माथा टेकता हूँ । किंतु पिछले साल से अब तक बच्चों के लिए प्रकाशित जीवनी-पुस्तिकाओं में सबसे अधिक प्रिय पुस्तिका प्रमाणित हुई—रामकृष्ण-मिशन प्रकाशन द्वारा प्रकाशित—'बच्चों के विवेकानंद !' उस तेज प्रकाशक से यह बात छिपी नहीं होगी ।···विवेकानंद-जन्मशती के अवसर पर घटी हुई दूसरी घटना ! आश्रम (पटना) में आयोजित एक सार्वजनिक सभा में उस दिन 'दिनकर' जी बोलनेवाले थे । पटना के प्रायः हर वर्ग के श्रोता उपस्थित थे । संख्या अधिक थी बुद्धिजीवियों की ही । दिनकर जी ने उठकर रामकृष्ण की मूर्ति को नमस्कार किया—विवेकानंद के तैलचित्र की ओर देखा, फिर बोलने लगे । और, जब बोलने लगे तो बोलते- बोलते एक बार रवींद्र, गाँधी को विवेकानंद के सामने 'कुछ भी नहीं' कह दिया ।··· मैंने आज तक उनके मुँह से वैसा भाषण कभी नहीं सुना । डॉ. प्रसाद बोले—मैंने भी नहीं ।··· किंतु सभा में क्षोभ की लहर भी आई । कई रवींद्र-भक्तों ने, सभा के बाद उनसे पूछा—'यह आपने क्या कह दिया ?' दिनकरजी बोले, 'मुझे याद नहीं कि मैंने क्या कहा ? लेकिन, जो कुछ भी कहा—उसकी सफाई मैं नहीं दूँगा ।···' एक गाँधी-भक्त ने पूछा—'दिनकरजी,

आपने समयोपयोगी भाषण देने के लिए वैसा कहा या आप···।'

'जी नहीं, मैं अपनी बात पर अटल हूँ।'—शायद, दिनकरजी ने इन्हीं शब्दों में उत्तर दिया था।

···किंतु सुबह अखबार पढ़कर काँप गया! रामकृष्ण की ओर मुँह करके पूछा, "रामेश्वरम् और धनुषकोटि में यह क्या कर दिया आपने, ठाकुर?"—"दुर साला! आमार खुशी। तुमी जवाबदीही कोरनेवाला के रे? तोमरा आटम बोम फटाम- फोटोम कोरे सारा पृथ्वी के फाटाते पारिस, आर आमि दु-चार जाएगा खेए फेलेछी क्षुधार ताड़ाय तो चेचाछिस?"

"क्षुधार ताड़ाय? तबे की तुमी एके बारे 'हंग्री'···माने···हंग्री जेनरेशनेर?"

"हो- हो- हो- हो, साला भाग—नहले आमि एखूनी लेंगटो हबो—काछा खुले!"

मैंने घर में कहा, "आज खिचड़ी बनाओ। ठाकुर 'खिचड़ी' खाएँगे। ही इज वैरी हंग्री।"

जवाब मिला, "ठाकुर खाना चाहते हैं या अपनी तबियत हुई है?"

"एक ही बात है।"

'आज की रात शुरू से अंत तक बैठकर—देखने देना ठाकुर।'—खिचड़ी-भोग देते समय मैंने अनुनय के स्वर में कहा।

आज प्रार्थना-मंडप में जगह मिल गई, बैठने की। किंतु, 'लीला' जब शुरू हुई तो देखा, मैं औरतों के गिरोह में बैठा हूँ। उठने की चेष्टा की तो एक साथ एक दर्जन नारी-कंठों से झिड़की निकली—'बोसे पड़ून!' नहीं, मैं औरतों के झुंड में नहीं—औरतें ही मर्दों के साथ बैठ गई हैं!

सामने पर्दे पर (भैरवी) संन्यासिनी समझा रही हैं रामकृष्ण को—'वत्स! तोमार मतन उन्मत्तता जाहार आसिया छे, से धन्य! समग्र ब्रह्मांडई पागल—केह धनेर जन्य, केह सुखेर जन्य, केह नामेर जन्य, केह बा अन्य किछुर जन्य। सेई व्यक्ति- ई धन्य, जे ईश्वरेर जन्य पागल।'

फिर—जब सारदामणि पहली बार अपने स्वामी के पास आई। भैरवी (तंत्र-गुरु) की इच्छा के विरुद्ध रामकृष्ण ने अपनी पत्नी की पूजा की—'आमि जानियाछि, सकल रमनीई आमार जननी! तथापि, एखन तुमि जाहा बलिबे, ताहाई प्रस्तुत आछि!'

माँ बोलीं—'आमार आपना के ज़ोर करिया संन्यासी करिबार ईच्छा नाई, आमि आपनार निकट आपनार सेवा एवं साधन-भजन सिखिते—'

···मेरे पास बैठी हुई महिला रोने लगी। मैं भी, शायद रोने लगूँगा! शायद क्यों, समचमुच!

तंत्र की शिक्षा भैरवी ने दी। तब आए तोतापुरी। परम पंडित और दर्शनशास्त्रविद् संन्यासी—मायावादी तोतापुरी !··· गुरुदास का जीवन है। निश्चय ही, ठाकुर रामकृष्ण की यह महिमा है कि वह इतना ···!

किंतु, मैं जब कभी रामकृष्ण की 'लीला'—अर्थात् 'फिल्म' बनाऊँगा—रामकृष्ण के अन्य गुरुओं और साधनाओं की कहानी भी दिखलाऊँगा। तोतापुरी के बाद ही गोबिंदराय को लाकर उपस्थित करूँगा—दक्षिणेश्वर। क्षत्रिय थे। किंतु, एक भ्रातृत्व के आदर्श पर मुग्ध होकर मुसलमान हो गए हैं, गोबिंदराय। रामकृष्ण दौड़कर उनके पास जाते हैं—'एसेछो ?··· आमि मुसलमान हब !'

गोबिंदराय ने अचरज से पूछा—'क्या ?'

—'आमि मुसलमान हब ! इसलामेर पथउ तो एकटा पथ।···इस रास्ते से कितने ही साधक वांछित धाम तक पहुँचे हैं। मैं ही उस पथ को क्यों छोड़ दूँ ?··· तुमी आमा के दीक्षा दाउ।'

···ला-इलाहाइलिल्लाह—मुहम्मद दुर्र रसूलिल्लाह !—गोबिंदराय दीक्षा देते हैं। फिर, रामकृष्ण को दो गंजी- लुंगी पहनाकर पेश करूँगा। वह मंदिर के आसपास तक नहीं फटकता। मूर्तिपूजा की निंदा करता है। देव-देवी का नाम सुनकर चिढ़ता है। नित्य पाँचों वक्त की नमाज। अज़ान-पोखरे में जाकर वजू कर रहा है।··· नमाज पढ़ते समय चेहरे पर व्याकुलता का भाव। स्पष्ट उच्चारण। अंत में, एक वृद्ध फ़क़ीर, जिसके बड़े- बड़े बाल सन के समान सुफेद हैं, सुफेद दाढ़ी—गले में काँच की माला, हाथ में लाठी। एक स्वर्गीय मुस्कुराहट मुख मंडल पर—तुमी एसेछे ? बेश··· । फिर रामकृष्ण ने देखा, एक मुसलमान 'सानकी' (थाली) में भात लेकर आया। वह वहाँ एकत्रित मुसलमानों को खिलाकर—रामकृष्ण को भी एक ग्रास दे गया।··· माँ आमाके देखालेन, एक ही है—दूसरा नहीं !

गोबिंदराय के बाद दिखलाऊँगा—शंभू मल्लिक का घर ! रामकृष्ण, दीवार पर टँगी हुई एक तस्वीर को देख रहे हैं। तस्वीर—मरियम की गोदी, बालक क्राइस्ट ! पूछते हैं रामकृष्ण—'ये कौन हैं ? बोलो न ?' शंभू मल्लिक जवाब देते हैं—'वह एक मेमसाहब और उसके बेटे की तस्वीर है।'

रामकृष्ण बालक की तरह विश्वास कर लेते हैं। लेकिन, तस्वीर से आँखें हटा नहीं सकते—फिर पूछते हैं, 'कहो न, ठीक—ठीक। कौन हैं ? वह तो कोई देव-शिशु जैसा लगता है। और, माँ ? वह तो कोई पवित्रता की साक्षात् प्रतिमा ही है।'

शंभू··· माँ मेरी और येसु ख्रिष्ट !

रामकृष्ण देखते ही रहते हैं, एकटक—माँ यशोदा की गोदी में बाल-गोपाल !

कट टु : गिर्जाघर के घंटे की आवाज़। गिर्जाघर के अंदर सभी प्रार्थना कर रहे हैं।

बाहर, सीढ़ियों के पास रामकृष्ण डगमग कर चलते हैं—धीरे-धीरे सीढ़ियों पर चढ़ते हैं। फिर, दरवाजे के पास आकर खड़े हो जाते हैं!

रामकृष्ण देखते हैं—यह तो काली-मंदिर ही है। भीतर, वेदी पर माँ बैठी हैं। माँ जगदंबा। माँ भवतारिणी।

रामकृष्ण की आँखों से आँसू झर रहे हैं आनंद के आँसू!

गिर्जाघर से लौटते हुए, ईसाईभक्त श्री मिश्र, देखते हैं रामकृष्ण को और चिल्लाते हैं—'यही ईश्वर हैं, यही राम और यही कृष्ण···।'

—'आरे दुत। बलछि, कि देखचो ?'

मिश्र भरे गले से कहता है—'सिर्फ आपको देख रहा हूँ। आप और यीशु एक···!

रामकृष्ण पर—यीशु का भाव। समाधिस्थ!

कट टु : मथुरबाबू का दक्षिणेश्वर स्थित बँगला।

माइकेल मधुसूदन दत्त आए हैं। रामकृष्ण को देखना चाहते हैं। रामकृष्ण जाना नहीं चाहते—'अरे बाप! उतना बड़ा आदमी—उसके पास खड़ा हो सकूँगा? ···ओ, नारायण शास्त्री—तुम मेरे साथ चलो।··· आमि इंगरेज़ी-टिंगरेज़ी जानि ना···।'

कट टु : तीर्थयात्रा। वैद्यनाथ धाम में मथुरबाबू के साथ रामकृष्ण। साथ में सिपाही, बरकंदाज, अमला-फैला, खज़ांची वगैरह हैं—मथुरबाबू के। हठात्, रामकृष्ण की दृष्टि, नंग-धडंग और गरीब संथालों पर पड़ती है। वे जिद पकड़ते हैं—मथुर ! इन्हें भोजन कराओ। कपड़े दो। नहीं तो, मैं भी नहीं खाऊँगा। मैं भी नंगा हो जाऊँगा··· अरे, ये ही असल शिव हैं।··· क्या? नहीं है संभव? तब रखो अपना तीर्थ—आमि जाबो ना कोथाउ।

कट टु : सभी गरीब, कंगाल, अर्धनग्नों की भीड़—तृप्तिपूर्वक भोजन कर रहे हैं सभी। रामकृष्ण रो रहे हैं।

अचानक, धक्का खाकर—मन की तस्वीरें मिट गईं। सामने, पर्दे पर श्री गिरीश घोष आ चुके थे। नशे में धुत्त—दक्षिणेश्वर आए हैं। आँगन में आकर लड़खड़ाती हुई आवाज में पुकारते हैं—'केउ आछे ए-ए-इखाने ?··· नेइ केउ !' रामकृष्ण अंदर से निकलते हैं।

गिरीश घोष के अभिनय से एवं उसके संवाद को सुनकर लोग हँस रहे हैं।···

> मैं, किंतु अपनी तस्वीर में यह भी दिखलाऊँगा कि रामकृष्ण—गिरीश घोष का नाटक देखने गए हैं। बॉक्स में बैठे हैं!··· नायिकाओं को स्टेज पर देखकर प्रणाम करते हैं।··· सत्ति आमि महामाया के देखछी!···
>
> पीछे खड़े, बकबक करनेवाले नौजवानों में से एक ने पूछा—'की रे सब

सत्ति ना गाँजा ?

मेरे मन में एक जवाब आया। जोर गले से जवाब देना चाहता था। किंतु, चुप रहना ही धर्म समझा।

पर, जिन लड़कियों का सान्निध्य पाकर वे नौजवान इतना मुखर थे—उन्हीं लड़कियों में से एक ने जवाब देना, अपना धर्म समझा। आश्चर्य, उसने ठीक वही जवाब दिया—अक्षर-अक्षर—जो मैं देता—वह उलटकर बोली—'आप जिस स्थान पर खड़े हैं, वह सच है या झूठ ? यदि सच है तो सामने पर्दे पर जो कुछ देख रहे हैं, वह भी सच है।'

युवकों की टोली वहाँ से हट गई।

हाँ, मैं हिंदी में बनाऊँगा, तस्वीर। नहीं, जरा भी अस्वाभाविक नहीं लगेगी हिंदी बोली, रामकृष्ण के मुँह में। किसी भी पात्र के मुँह में।··· मेरे पास कुंजी है एक।

निरालाजी ने श्री 'म' लिखित 'श्रीरामकृष्णवचनामृत' का अनुवाद किया है। एक बार, आश्रम में रामकृष्ण जन्मोत्सव के दिन बड़े महाराज स्वामी वीतशोकानंद ने मुझसे कहा—'आप ही पाठ करें।'

यद्यपि सुननेवालों में अधिक संख्या बंग- भाषियों की ही थी, पाठ हिंदी में होना था। जब पाठ समाप्त हुआ तो महाराज, सुनील महाराज तथा स्टुडेंट- होम के विद्यार्थियों ने एक स्वर में कहा—'अचरज की बात ! जरा भी अस्वाभाविक नहीं। रामकृष्ण ने बंगला में ये बातें कहीं थीं—कभी नहीं मन में उठा।'

बंगला से हिंदी में अनुवाद करनेवालों से मेरा नम्र निवेदन होगा—वे एक बार इस ग्रंथ का अनुवाद, मूल से मिलाकर पढ़ जाएँ। बंगला की पुरानी से लेकर तरुणतम पीढ़ी की रचनाओं के अनुवाद-कर्म में सहायता मिलेगी—निराला ने अनुवाद नहीं किया है—पूजा की है, भाव-विभोर होकर ! तन्मय होकर।

पर्दे पर, तिरोधान की तैयारी कर रहे हैं रामकृष्ण। अंतिम क्षण : सारदामणि से कहते हैं—'वह मेरी तस्वीर ले आओ इधर।' सारदामणि, तस्वीर ले आती हैं। रामकृष्ण कहते हैं—'थोड़ा फूल भी देना।'

···रामकृष्ण ने अपनी तस्वीर पर पुष्पार्पित किया। भक्तिपूर्वक प्रणाम किया—देखना। घर-घर में इस तस्वीर की पूजा होगी··· घरे-घरे पूजो हबे !

समाप्त

लेकिन, मैं यहीं समाप्त नहीं करूँगा।

दिखलाऊँगा—विधवा सारदामणि हाथ से 'बाला' खोल रही है।

रामकृष्ण की तस्वीर हँसकर कहती है—केन गो ? आमि कि कोथाउ गेछि। ए तो ए घर—आर ओ घर ?··· मैं कहीं गया थोड़े हूँ। यहीं तो, इस घर से—उस घर में ! आमि के मरेछि जे विधवार वेष धरबे ?

[अणिमा (संपादक : शरद देवड़ा) के जनवरी- मार्च, 1965, प्रवेशांक में प्रकाशित ]

# युद्ध की डायरी

## रामपाठक की डायरी से

15 *भाद्र ( हिंदी 10 भाद्र ), अंग्रेजी 1 सेप्टेंबर, मु. जमा-यल··· बुद्धवार··· षष्ठी··· घं. 4/1/9 मध्ये नीम तथा बाद में ताल अभक्ष्य··· यात्रा, घं 4/1/9 गते सिद्धियोग !*

आज सिद्धियोग नहीं भी होता, यात्रा करनी पड़ती। संयोग की बात, सिद्धियोग है। घर लौटने के समय 'खना-वचन' की प्रसिद्ध उक्ति याद आती है—'की कोरो ससूर लेखा-जोखा··· !' अर्थात्—घर लौटने के लिए 'पंजी-पोथी' देखकर यात्रा 'उचारने' की क्या जरूरत ?

गाँव से आई हुई चिट्ठियों को निकालकर पढ़ा। रेडियो की बैटरी और पेट्रोमेक्स खरीदकर लाने को कहा गया है। न बैटरी खरीदूँगा, न पेट्रोमेक्स। पिछली बार ही बैटरी खरीद दिया है, डेढ़ महीने में ही स्वाहा ? और, पेट्रोमेक्स बार-बार चोर चुरा ले जाता है !

तय किया : इस बार ने अखबार पढ़ूँगा, न रेडियो सुनूँगा। घुप्प अँधेरे में रहूँगा ! बावजूद हितचिंतकों की चेतावनी के रोज़ सुबह-सवेरे-रात में भैंस का दही खाऊँगा—भादों के महीने में। बैटरी, पेट्रोमेक्स नहीं—एक दुधारू भैंस इस बार खरीदना आवश्यक है। ··· काली भैंस जैसी रात। अंधकार ! घोर ! झमाझम बरखा। भींगती-भागती 'बरौनी-जोगबनी' पैसेंजर-गाड़ी। हड़बड़ाकर उठ बैठा। मैंने सपने में देखा—गाड़ी पानी को चीरती अतल-तल की ओर भागी जा रही है, पूरे वेग से ! गाड़ी नहीं, पनडुब्बी जहाज ?

**16 भाद्र, अंग्रेजी 2 सेप्टेंबर···**

गाड़ी कटिहार जंक्शन पर पहुँची। कुछ क्षणों के लिए सूर्योदय हुआ। फिर, बादल

उमड़ने लगे। फुहिया बरखा··· ! ऐसी सुबह में, कटिहार पहुँचकर 'सोराबजी रेलवे होटल' की याद—कलेजे में ही नहीं—जीभ में 'टीस'··· । गाड़ी रुकते ही सोराबजी का बेरा अबदुल अपने साफ-सुथरे लिबास में—ततोधिक परिष्कार—पॉट, प्याले, चम्मच··तश्तरी में तैरते दो स्वस्थ-अंडे का वाटरपोच ! और सर्वोपरि दार्जिलिंगिया-चाय की मनोहारी-सुगंध।—तीन साल पहले तक भोगा हुआ सुख अब सपना हो गया।

अखबार नहीं खरीदा। ऊब··ऊब··उबकाई ? ब्लिचिंग- पाउडर और मलमूत्र की मिली-जुली गंध !··· आँखों पर पट्टी बँधे··हथकड़ियों में जकड़े पाकिस्तानी घुसपैठियों की तस्वीरें··· खेतों- जंगलों में छिपे हुए शत्रुओं को खोजते —'मॉपिंग' करते भारतीय जवानों की तस्वीरें··कपड़ा धोती हुई हँसती यौवनवती की तस्वीरें··दाँत धोकर दिखलाती हुई दंतवती··ऊब··ऊब !! शायद, नया 'ब्रश' थैले में नहीं रखा गया। पुराना इतना गंदा है कि किसी के सामने निकाल नहीं सकता।···

नार्थ-ईस्ट-फ्रंटियर-मेल सामने आ लगी। हर—घासी-रंग में रँगे हुए डब्बे। डब्बों के अंदर उसी रंग की वर्दी में बैठे 'जवान'—हर डब्बे के दरवाजे को खोलकर··एक जवान खड़ा है ! आश्चर्य ! वह ठीक कथाकार महीपसिंह ? कच्ची-कच्ची, छोटी- छोटी दाढ़ी- मूँछ, घासी रंग की वर्दी- पगड़ी। पगड़ी के नीचे, ठीक कपाल पर लाल फिफ्टी···। फिफ्टी पगड़ी के नीचे···! ओंठों पर वैसी-ही मुस्कुराहट। संभव है, उसका नाम महीपसिंह ही हो।

नहीं, मैं लड़ाई के मैदान से भागकर नहीं जा रहा। नहीं, मैं लड़ाई के डर से घर के कोने में छुपने नहीं जा रहा। लेकिन, बार- बार अपने मन को इस तरह समझाने का मतलब स्पष्ट है कि मैं डरा हुआ हूँ। मैं कायर हूँ !··· महीपसिंह जैसे नौजवानों को लड़ाई के मोर्चे पर जाना पड़े, कितनी अश्लील बात है ! इस समय, ऐसी सुबह में यह लड़का यानी महीपसिंह, पलँग पर किस अंदाज़ से अपनी नवविवाहिता अथवा अविवाहिता को चूमकर जगाने की चेष्टा करता··बगैर पगड़ी, बगैर कपड़े···??

नहीं, मैं सिर दर्द की गोली नहीं खाऊँगा। ब्रेसरी नहीं खरीदूँगा। सरल संतति-निग्रह का उपाय नहीं जानूँगा। प्रेसर कुकर, बिस्कुट, खाँसी की दवा, साड़ी··आज का समाचार नहीं पढ़ूँगा। न जाने कब से पढ़ रहा हूँ ! रोज़- रोज़ एक ही खबर। लड़ाई अब छिड़ी, तब छिड़ी। छिड़ क्यों नहीं जाती ? घमासान। घनघोर···'फॉग सिगनल' की तड़तड़ाक-आवाजें ! मिलेटरी-स्पेशल खुल गई। मेरा मन भीषण उदास हो गया।

पूर्णिया स्टेशन पर जब एक युवती-माता ने मुझे भक्तिपूर्ण प्रणाम (यानी चरण छूकर !) किया तो मुझे लगा, मैं 'बिरंची बाबा' हूँ !··· 'कापुरुष ओ महापुरुष' नहीं देख सका। अजितकेशकंबलियों को हिजड़े के अलावा 'साधु' भी समझते हैं, लोग।

यों, साधू भी वही हो जाता है, कठोर-साधन करके ! पटना के प्रसिद्ध हनुमान जी का 'प्रसाद' मेरे पास था । उसके पुत्र को प्रसाद देकर, ललाट पर सिंदूर का तिलक लगा दिया—'सर्व शांति करो भव !'

बैटरी और पेट्रोमेक्स के बदले सिर्फ हनुमान जी का प्रसाद पाकर परिवार के बड़े से छोटे सदस्य तक असंतुष्ट हुए हैं । रात के सवा आठ बजे हैं । अब हिंदी में समाचार सुनाया जा रहा होगा । पता नहीं कौन सुना रहा होगा ? नारी कंठ या पुरुष ? शुभ या अशुभ समाचार ? मैंने मन-ही-मन समाचार सुनने की चेष्टा की—शुभ कंठ ही सुना···हमारे जवानों ने हाजी पीर दर्रा पर कब्जा करके पाकिस्तानी घुसपैठियों का रास्ता बंद कर दिया है ।···आज जनरल निमो घर लौट रहे हैं ।···

सचमुच बैटरी खरीदना बहुत ज़रूरी है और रोशनी की भी समुचित-व्यवस्था आवश्यक है । भादव मास की भयंकर रात, बादल छाए हैं, मगर बरसते नहीं । रोपे हुए धान के पौधे पीले पड़ रहे हैं । अब वर्षा नहीं हुई तो सारी 'कृषि' सूख जाएगी ।···दुहाई इंद्र महाराज !

पुरवैया हवा मे लालटेन भुकभुका कर बुझ गया । सारे गाँव के खेत, बाग, जंगल के अंधकार को मुझसे पाँच गज दूर रोक रखनेवाला नन्हा-सा प्रकाश प्रहरी जूझ मरा और मैं अंधकार का बंदी ।···वह किस फिल्म का गीत है—ये कहानी है···हुँ···आँ···सैकड़ों सियार बोलने लगे ।···रात ढलने लगी, चाँद छुपने चला ! आ-आ भी जा !··· शैलेंद्र को एक खत लिखना होगा । कब 'तीसरी कसम' रिलीज़ करोगे प्यारे ?

### 3 सेप्टेंबर, शुक्रवार

बैटरी मँगा देने पर भी काम नहीं चलेगा । रेडियो के अंदर से चूहों के एक दर्जन बच्चे चूँ- चूँ कर बाहर निकले । बल्बों के इर्द-गिर्द भृंगों ने मिट्टी के घर बना लिए हैं । सूक्ष्म तार कई कटे हुए हैं । चलो, छुट्टी । अब काहे को बाँसुरी बजेगी फिर ?

लोग सुबह से ही आकाश की ओर आँखें लगाए बैठे रहते हैं । आसमान में बादल नहीं, गिद्ध मँडराते हैं । त्राहिमाम !

कुशल-क्षेम पूछने के पहले ही लोग पूछते हैं, उधर (अर्थात्—पटना में) 'पानी- बुन्नी' हुआ है या नहीं ?

दूर—उत्तर की ओर, कहीं किसी कोने में बादल गरजा । कूप से पानी भरती हुई एक ग्रामबाला ने (ग्राम्य) गाली दी—'मुड़कटवे ! दूर-ही-दूर से गरजते हो । बरसते लाज आती है ?'

लड़ाई की खबर मामूली लोग नहीं पूछते !

आज दिन-भर बासी अखबार की एक ही खबर को बार-बार पढ़कर रह गया—हमारे जवानों ने उन्नीस चौकियों पर अधिकार कर लिया और एक स्थान पर पैंतालीस टन गोला- बारूद···एक महीने की रसद···!!

किंतु, दो- तीन दिन में वर्षा नहीं हुई तो बिहार का अन्न भंडार ?··· (ग्रेनरी ऑफ बिहार) ···हाहाकार मच जाएगा ।

**4 सेप्टेंबर**

युद्ध ! जंग ! लड़ाई ! वार !··· धुआँधार । गोलीबारी—बमबारी···??

क्या करूँ ? पाट बेचकर अभी पाँच- सौ भी प्राप्त नहीं होंगे । सूखा तो अगहन में 'खान्न' के दिन 'परमान्न' (खीर !) नहीं, 'परान्न' भी नहीं मिलेगा । अभी नया रेडियो खरीदना हिमाकत है ।

अखबार पढ़े बिना खाया- पीया हजम नहीं होता । तय किया गया कि एक आदमी रोज़ शहर जाकर अखबार ले आएगा । लेकिन, आज जो व्यक्ति गया, वह 'अफवाहों' के सिवा और कुछ नहीं ला सका । उसका कहना है, पाकिस्तान ने एलान किया है कि एक सप्ताह में सारे हिंदुस्तान को दखल कर लेगा ।

तय हुआ, कल जो व्यक्ति जाएगा, वह अपने साथ एक हट्टा- कट्टा लठैत लेकर जाएगा और हिंदी, बंगला, उर्दू, अंग्रेजी जो अखबार मिले, लेकर ही घर लौटेगा ।

आज दिन- भर रामपाठक ने मंद-मंद-सुर में सस्वर रामायण-पाठ किया । लंका- कांड !

*'मैं तव दसन तोरबे लायक'*

बालिकुमार अंगद, लंकापति से कहते हैं ।

*'आयसु मोहि दीन्ह रघुनायक ।'*

हम शांति- कामी हैं । अकारण अपने पड़ोसी पर आक्रमण करने की आज्ञा (आयसु) जनतंत्र के जननायक नहीं देते ।

*'गूलर फल समान तव लंका*
*बसहु मध्य तुम्ह जं असंका ।'*

मंदोदरी भी समझाती है—

*'निकट काल जेहि आवत सोई*
*तेहि भ्रम होइ तुम्हारिहि नाई ।'*

···इस बार···इस बार···भगवान···दुश्मन का मोह भंग करो !

**अब लोग लड़ाई की खबर पूछने आते हैं । और, अंत में यह पूछना नहीं भूलते कि लड़ाई छिड़ने के बावजूद पटसन का भाव तेज़ क्यों नहीं हो रहा है ? पूछनेवाला कुछ जाने या नहीं, इतना जानता है कि लड़ाई में बोरियों की जरूरत होती है । जूट** (पटसन) पाकिस्तान में और हिंदुस्तान में पच्छिमी बंगाल और बिहार के पूर्णिया जिला में ही पैदा होता है ।···फिर, पटसन का दर आसमान क्यों नहीं छूता ? उन्हें अचरज होता है ।

आज का बाज़ार- भाव : पटसन, चालीस रुपए मन । चावल, पचपन रुपए मन ।

## 5 सेप्टेंबर···3.45 मिनट (सुबह)

घनघोर वर्षा शुरू हुई ।···टूट खाट, टपकत···सोना बरस रहा है । मोती की बरखा हो रही है । कौन कहता है कि भादों की रात भयानक होती है ! ऐसी रूपसी रात्रि ?

कुछ देर तक 'तानसेन' फिल्म का गीत गुनगुनाता रहा—'बरस रे-ए-ए-ए-कारे बादरवा···।'

अविरल, अविराम वारिपात ! डेढ़ घंटे तक सैकड़ों रविशंकर, अली अकबर, विलायत खाँ, थिरकवा, चतुरलाल, राधिका मोहन की युगलबंदी । युगलबंदी नहीं, सहस्रबंदी !

बजते दमामे, नक्कारे और नाचती जलपरियाँ !

बैठकखाने के सामने परती पर छलमलाहट ? फिर छपछप, छटपट···मछलियाँ ? सबकुछ बिसर गया अचानक !

धानखेतों के मेड़ों को डुबाकर भागती हुई जलधारा ! कुलकुल-कुलकुल ! सारी कृषि जीवंत । चारों ओर ज़िंदगी ही ज़िंदगी ।

रेवा, सोनापोठी, माँगुर, रेहू के बच्चे, बोआल ! कोसी की मछलियाँ । सोने- चाँदी की मछलियाँ···हीरे और 'लाल' की आँखें !

'आ-आ रे सुन पखिस्थनियाँ, हमरो-ओओ पचनियाँ, तोहरो जुलुमियाँ···।'

पाँच सेर मछलियाँ अकेले पकड़ने की खुशी में एक खेतिहर मजदूर 'उछाह' में गीत जोड़कर गा रहा है । मुझे देखकर ज़ोर से कहता है—मछली का 'सगुन' हुआ है । समझिए कि लड़ाई में 'फत्ते'···

*आ-रे-ए-ए-तोहरो कलेजवा पे दलब दलनियाँ, चिनियाँ चपाट चोर तोहर*

···'मार- मार ! भागा ! भागा—साला साँप !'

'फत्ते' अर्थात् फतह !

रामपाठक को 'खनावचन' की एक उक्ति याद आई—'पंडित-ज्योतिषी का गुनी और मूरख- गँवार के मुँह से अनायास निकली बात—बाराबर।'

तो, लड़ाई में हमारी जीत होगी ? हमने एक मोर्चा जीत लिया है। अब 'मूसिन' (चूहिया) पूछेगी 'मूस' से—'कहाँ रखूँगी धान ?'

**अब, तारीख, दिन, महीना कुछ नहीं**
**सिर्फ युद्ध के दिन···!**

घर से उत्तर, नहर के किनारे खड़ा रहता हूँ। शाम के चार बजे उत्तर और दक्षिण से गाड़ियाँ आती- जाती हैं। रोज घड़ी देखकर मिलाता हूँ, कोई भी ट्रेन देर से नहीं आती। शांति के समय हर गाड़ी एकाध घंटे देर से आती थी !

गाड़ियाँ समय पर आ-जा रही हैं। पूरब की ओर एक हवाई जहाज रोज़ जाता है। पहले की तरह। मतलब, सबकुछ ठीक-ठाक चल रहा है।

पटने की चिट्ठी में लिखा है—'ब्लैक आउट है। सारे भारत में ब्लैक आउट है।'···

···1941 में, 1962 में, फिर 1965 में ब्लैक आउट ? 'लतिका' हवाई हमले से बचने- बचाने की शिक्षा 1962 में ले चुकी है।

मैं नहर पर ऐसी जगह आकर खड़ा होता हूँ जहाँ से तीन ओर जाने के रास्ते निकले हैं। हर यात्री से लड़ाई की खबर पूछता हूँ, चाहे वह कोई हो और कहीं से आता हो। सभी अपने-अपने ढंग से सुनी हुई बातों को सुनाते हैं। कई शंकालु व्यक्ति मेरे सवाल को सुनकर चुप रहते हैं, मेरा मुँह देखते हैं, फिर—'हम लोगों को क्या मालूम'—कहकर खैनी थूक देते हैं। मैं उनके मन की बात को सुनता हूँ—'पता नहीं, क्यों लड़ाई की खबर पूछ रहा है यह आदमी ! पता नहीं, मुँह से क्या-क्या भला-बेजा बात अनजाने निकल जाय !'

दरअसल, मैं अखबार पढ़ने के पहले लोगों के मुँह से खबर सुनना चाहता हूँ। झूठ, सच, अफ़वाह—जो भी सुनता हूँ, सुनने में अच्छा लगता है।—टैंक, पैटन टैंक, जेट, नैट, सेबर के अपभ्रंश रूप और उच्चारण पर हँसी नहीं आती।···आज हमारे गाँव में यह अफ़वाह बहुत ज़ोर से फैली कि दुश्मनों ने 'किशनगंज' पर बमबारी की है।··· किशनगंज यानी हमारे ज़िले का वह हिस्सा जो पाकिस्तान की सीमा पर है। तो पूर्वी मोर्चा भी सक्रिय हुआ ?··· पाकिस्तान-निसिचर गैर-सैनिक क्षेत्रों पर बम गिराते हैं ?

बगैर कहे ही आज रात गाँववालों ने 'ब्लैक आउट' कर दिया है। मैं भी लालटेन की रोशनी बुझा देता हूँ। अंधकार मेरी रक्षा के लिए तैनात हो जाता है !

रात-भर आकाश की ओर देखता रहा—कहीं कोई विमान नहीं। छतरीधारी घुसपैठिए नहीं !

## किशनगंज नहीं—किशनगंगा !

*निसा सिरानि भयउ भिनसारा*
हमारी सेना लाहौर की ओर बढ़ रही है !
*'सन्मुख मरन वीर के सोभा ।'*
*'अवघट-घाट बाट गिरिकंदर !'*

आज से दालान पर बैठकर रामायण- पाठ शुरू किया । पंद्रह-बीस साल पहले तक इस दालान पर बैठकर रामायण, महाभारत, सुखसागर, प्रेमसागर का 'पाठ' होता था । गाँव-भर के लोग रात में दो-तीन घड़ी यहाँ बैठते थे । आज फिर, बीस साल बाद, रामायण सुनकर गद्‌गद हो रहे हैं सभी ।

दोपहर को 'को- ऑपरेटिव' की दुकान के सामने एक नौजवान लेक्चर देने के लहजे में लोगों से कह रहा था—'अमेरिकन गेहूँ मत खाओ । उसमें ज़हर मिलाया हुआ है । खबरदार !'

बहुत दिनों के बाद अखाड़े में फिर ढोल बजा । लड़के कुश्ती खेलने के लिए जमा हुए हैं । दोपहर को बरगद के नीचे 'आल्हा' का आयोजन किया गया है । एक बूढ़े 'अल्हैता' को खुशामद करके बुलाया गया है । वह दाहिने हाथ की कलाई पर घुँघरू बाँधकर ढोलक पर 'थाप' देता है—

*'सुमरि भवानी जगदंबा को, औ काली को शीश नवाय ।*
*हाल सुनाऊँ महुवा गढ़ का··· ।'*

आज कई मुकदमेबाज़ और चालाक लोगों से मिलकर अपने दुश्मन को समूल नष्ट करने का समयोपयोगी सीधा उपाय निकाला । उन्होंने गाँव में घूम-घूमकर गुप्त-प्रचार किया कि अमुक व्यक्ति के घर में रोज़ रात में पाकिस्तानी जासूस आकर सोते हैं । रात में उसके घर को घेरकर··!

सभी तैयार थे । मैंने मना किया तो भीड़ से एक आवाज आई—'यह भी एजेंट है ।···शहर से गाँव में आकर इसीलिए बैठा है ।'

अकबर मियाँ (जिसके घर में पाकिस्तानी जासूसों के रहने की बात फैलाई गई थी) को हम बचपन से ही अकबर काका कहते हैं । उसकी बेटी शरबतिया को 'दीदी' कहता हूँ ।···किंतु, आज रात अकबर काका कहकर नहीं पुकार सका । पुकारता तो मेरा हलवाहा ही मेरे मुँह पर थप्पड़ लगाना शुरू कर देता ।

हम उसके आँगन में चुपचाप घुसे। देखा, झोंपड़े के अंदर, चटाई पर कोई कराह रहा है। पास में कई लोग बैठे हैं। शरबतिया का बेटा बीमार है। पेट के दर्द से लबेजान है। कोई दवा 'काट' नहीं करती। अकबर मियाँ, उसकी बीवी और बेटी खुदा पर भरोसा कर चुपचाप हैं। अचरज की बात, लोगों को क्या हो गया! कहाँ गया इनका क्रोध? एक आदमी आगे बढ़कर बोला—'अकबर मियाँ! बैठकर क्या देख रहे हो? डाक्टर को क्यों नहीं बुलाते?'

अकबर मियाँ की बेटी बोली—'टका कहाँ से देंगे डाक्टर को?

गाँव का सबसे नामी कंजूस आदमी (जिसका सुबह में कोई नाम नहीं लेता) कहता है—'अरे जान से बढ़कर टका-पैसा! जाओ, डाक्टर को बुला लाओ। रुपया मैं दे दूँगा।'

मैं रामायण लेकर बैठ जाता हूँ और लाल पेंसिल से जगह-जगह दाग़ देता जाता हूँ:

*'रावन रथी, विरथ रघुवीरा।'*

अर्थात् हमारे पास पैटन टैंक और सेबर जेट नहीं। किंतु—

*'सखा धर्ममय अस रथ जाके,*
*जीतन कहँन कतहुँ रिपु ताके।'*

—प्रधानमंत्री लालबहादुर शास्त्री कहते हैं कि हम 'विरथ' हैं किंतु अधर्मा नहीं। और जिधर धर्म, उधर जय!

*'नभ चढ़ि बरप विपुल अंगारा।'*

*'निसिचर छलबल करई अनीती।'*
*'मारु मारु धरु धरु मारु*
*सीस तोरि गहि भुजा उपारु।'*

*'ढाहे महीधर सिखर कोटिन्ह*
*विविध विध गोला चले।*
*घहरात जिमि पठिपान गजत*
*जनु प्रलय के बादले॥*
*मर्कट विकट भट जुटत कटत*
*न लटत तन जर्जर भये।*
*गहि सैल तेहि गढ़ पर चलावहि*

*जहँ सो तहँ निसिचर हये ॥'*

*'राम विमुख* (अर्थात्—शांति विमुख) *अस हाल तुम्हारा*
*रहा न कोउ कुल रोवनिहारा !'*

शांति, शांति !

[अणिमा/दीपावली विशेषांक/
अक्तूबर- दिसंबर, 1965 के अंक में
प्रकाशित]

# भूमिदर्शन की भूमिका

## भूमिदर्शन की भूमिका : 1

पिछले कई वर्षों से सैंकड़ों शब्द, नाम, देश, समस्याएँ और समाचार मेरे लिए बेमानी हो रहे हैं, होते जा रहे हैं, उनमें––डेमोक्रेसी, चाइना, चुनाव, रेल-दुर्घटना, खाद्यान्न, भ्रष्टाचार, जनता, सत्यमेव जयते, कर्फ्यू, फायरिंग, बाढ़- फ्लड, दहाड़, सूखा-जरी-सुखाड़ जैसे नित्य के समाचारों में इस्तेमाल होनेवाले शब्द भी हैं जिनके बिना आजकल किसी का काम नहीं चल सकता।

रोज़ाना अखबार के पन्नों में खोजकर निकालता हूँ—धनबाद के 'डबल-मर्डर' यानी दुहरी-हत्या अर्थात् दो बहनों के खून की रहस्यपूर्ण कहानी···किस तरह उनकी प्रेतनियाँ, सड़क से आने-जानेवाले प्रतिष्ठित और भद्र जनों की कार को रोककर अपने घाव दिखलाती हैं। दुहाई देती हैं—'बचाओ···पुलिस···इंसाफ़' और फिर लोप हो जाती हैं

···मोहित मजुमदार के मुकद्दमे में मेरी ज्यादा दिलचस्पी है। इसलिए, कौन राज्य-मंत्री 'रूलिंग-ग्रुप' में और कौन 'डिसिडेंट'—यह जानने की कभी उत्कट अभिलाषाएँ नहीं होतीं। इसलिए, 'हथिया-नच्छत्तर' नहीं 'फरा' और भयानक सूखे की आशंकाओं और संभावनाओं- भरी खबरें प्रकाशित होने लगीं तो 'फ्लड-बाढ-दहाड़' की तरह 'ड्राउट' सूखा- सुखाड़- भुखमरी भी मेरे लिए धीरे- धीरे बेमतलब हो गए।

···इसी कारण, कलकत्ते के एक प्रसिद्ध बंगला (अंग्रेजी) दैनिक का विशेष संवाददाता—जिसको विशेष रूप से 'ड्राउट' देखने के लिए भेजा गया था—मेरी बातें सुनकर 'हतभंभ' हो गया ( हुँ ! ड्राउट देखने आए हैं मानो छत्तर-सोनपुर का मेला देखने आए हैं।)

दीपावली के तीन दिन पहले पाँच बजे शाम से हज़ारों पटाखे हमारे शहर, यानी बिहार

की राजधानी, पटने की सड़कों, गलियों, फुटपाथों, हमारे फ्लैट के मुँडेरे, गलियारे में धूम-धड़ाके और धमाके-से छूट रहे थे और मुझसे सवाल पूछा जा रहा था, "मोशाय ? खाबेन की ?··· खाइएगा क्या ? उधर गाँवों में जो कुछ देखकर आ रहा हूँ··· "

मैंने बीच में ही टोककर कहा था, "आमादेर दिके माने आमार खेते कोसी-प्रोजेक्टेर कृपाय भालो धान होये छे।"

मेरा जवाब सुनकर 'विशेष संवाददाता मोशाय' अवाक् कुछ क्षण मेरी ओर ताकते रहे। फिर, अपनी गलती के लिए क्षमायाचना की मुद्रा बनाकर बोले, "आमि भेबेछिलाम जे आपनि हिंदी- राइटर श्री···, सुना था, हिंदी में एक ही 'पेन नेम' के हजारों आदमी होते हैं···देखछि, कथाटा सत्ती।"

उसके जाने के बाद मुझे भी अपने 'लेखक' पर अचरज मिली दया आ गई। मेरा लेखक जो इस हद तक कुंठित और पतित हो गया है कि हर अहम सवाल और समस्या पर मुँह बिदकाकर एक ही बात कहता है—"सब झूठ है। बकवास है। आल फ्रॉड ! स्टंट !"

आईने में अपनी काया की छाया से पूछता हूँ—"तुमने कभी कोसी-कवलित जनों, अकाल-पीड़ितों और शरणार्थियों के दुख-दर्द को भोगकर जीती-जागती छवियाँ आँकी थीं ? क्या हो गया तुझे जो इस तरह 'बोतल प्रसाद' हो गया तू ?"

इस सवाल के जवाब में मुझसे सवाल किया जाता है—"कौन कहता है सूखा पड़ा है ? सरकार ? सोशलिस्ट (प्रजा-संयुक्त) ? कम्युनिस्ट ? कांग्रेसी ? कौन बोलता है ? कोई मिनिस्टर ? कोई जनता का सेवक ?··· आल फ्रॉड।"

किंतु, दूसरे ही दिन लेखकजी यानी 'बोतल प्रसाद' ने देखा कि सूखे के नाम पर राजधानी के 'बॉर' और सब्जी बाज़ार में सुरा से लेकर बैंगन तक की कीमतें अचानक बढ़ गई हैं तो उसका माथा ठनका, तब वह पटना की सड़कों पर 'ड्राउट' देखने निकला।

नगीनाराम सब्ज़ीवाले ने हँसते हुए कहा, "सूखा नहीं, हुजूर, बाढ़ ! बाहर से पाँच हज़ार 'बाबू लोग' पटना आए हुए हैं। गर्दनीबाग, आर ब्लाक से शुरू करके भिखना पहाड़ी तक के सभी होटलों में जाकर देखिए—एक भी कुर्सी खाली नहीं मिलेगी आपको।"

कल्लू अंडेवाले ने बात में ज़रा पेंच लगाकर कहा, "ज्यादा दिन नहीं सर ! बस, पचीस तारीख तक !··· उसके बाद सभी लोग अपने- अपने घर लौट जाएँगे। भाव खुद- ब- खुद गिर जाएगा। यह कमाई तो समझिए कि बाढ़ का पानी···"

(···बाढ़। दुग्धोज्ज्वल खादी की टोपियों की बाढ़, ज्वार-भाटा। तरंग ! एक लहर इधर से जाती है, एक लहर उधर से आती है···जय हे-ए-ए, जय

हे-ए-ए-ए-भारत··! )

'बॉर' का बेरा अब्दुल सूखा जवाब देता है, "साहब ! व्हिस्की कोई भी नहीं । न स्काच, न देशी, न नेपाली···"

होटल के मैनेजर ने सुनाया, "तंदूरी क्या, कोई भी चिकन नहीं। डेढ़ सौ मुर्गियों के आर्डर तो रोज़ 'उधर' से यानी बाहर से मिलते हैं···प्लीज वेट टिल ट्वेंटी फ़िफ़्थ ।'

(सूखा पड़ा है 'बॉर' में । अकाल है, होटलों में···पड़ गया बंगाले में काल, भरी कंगालों से धरती—पटी कंकालों से धरती···) ।

रोज़ दिल्ली अर्थात् केंद्र से कोई-न-कोई 'अन्नदाता' उड़कर आता है 'ड्राउट' देखने । (छत्तर का मेला हो गया यह ड्राउट !) रोज राज्य का कोई-न-कोई मालिक (बड़ा, छोटा, मँझला, सँझला, पाँचू, छठ, सत्तो···मालिकों का अकाल है यहाँ ? एक पर एक मालिक हैं ) 'भयानक' और 'भीषण' बयान दे डालता है, केंद्र के अन्नदाता कहते हैं, पहले उन चूहों का अंत करो जो अन्न-वस्त्र को ही नहीं—सारे राज्य की जनता की आत्मा को कुतर रहे हैं ।

अखबारों की मोटी सुर्खियाँ रोज़-रोज़ एक ही बात को विभिन्न शब्दों में दुहराती हैं। राजधानी में, शहरों में दीपावलियाँ सजती हैं । पटाखे फूटते हैं, फुलझड़ियाँ छूटती हैं । ···उधर, गया के गाँवों में, मुंगेर के दक्षिणी हिस्से में, पलामू और हजारीबाग की पहाड़ियों और जंगलों की धरती की छातियाँ दरकती जाती हैं, पानी पाताल की ओर खिसकता जा रहा है । आदमी भूख से ऐंठ-ऐंठकर मरने लगते हैं ।

(···सब झूठ ! जयप्रकाश नारायण नामक 'आदमी' को कोई काम तो है नहीं । अतः इसी तरह कभी भूदान, कभी भोटान, कभी नागालैंड, कभी कश्मीर पर बे-बात की बात करता है । अब सूखा की समस्याओं पर बात करता है और एक सर्वदलीय सभा बुलाकर सुख-चैन से सोए हुए लोगों के सूखे हृदय में 'करुणा' का संचार करने की कोशिश कर रहा है । मगर, उसकी अपील लोगों के सिर और टोपियों के ऊपर से गुजर जाती है···इतना फ़ालतू समय और पैसे किसके पास हैं ?··· चलो दिल्ली···जय हिंद !)

'आदमी मर रहे हैं'—खबरें आने लगीं !

दिल्ली से 'दिनमान' के संपादक का तार आया है । वह सूखा क्षेत्र देखने आ रहे हैं । (मानो छत्तर का मेला देखने आ रहे हैं !) क्या मैं कुछ दिन उनके साथ चल सकूँगा ? किंतु तार पाकर मुझे तनिक भी खुशी नहीं हुई । मुझे अपनी 'अच्छी फसल' काटने के लिए गाँव जाना है···उनके आने के पहले ही 'कट पड़ो बंदे !'

लेकिन लाख कोशिश करके भी 'बंदा' कट नहीं सका । 'दिनमान' संपादक वात्स्यायनजी ही नहीं, आ रहे हैं एक पुराने क्रांतिकारी, कवि-उपन्यासकार और

चिंतक—अज्ञेय यानी यायावर ! सूखी धरती पर भूख से तिलमिलाकर मृत्यु से साक्षात्कार करनेवालों से साक्षात्कार करने के लिए।

भारी मन लेकर हवाई-अड्डे पर जाता हूँ। हवाई जहाज से करीब डेढ़ दर्जन स्थानीय असंतुष्ट कांग्रेसी नेता उतरते हैं। सबसे बाद में अज्ञेय जी दिखलाई पड़े। राजनैतिक पहलवानों की टुकड़ी मार्च करती हुई आगे बढ़ी। मैंने वात्स्यायनजी को छूकर रोक दिया···इन्हें जाने दीजिए ! वे मुस्कराए !

मैं अपने चेहरे पर सूखे-से-सूखे हुए आदमी का मुखौटा लगाना चाहता था। किंतु, हड़बड़ी में जो मुखौटा लगाया, वह एक अपराधी का था। झुकी हुई निगाहें और बुझा हुआ दिल !

अज्ञेय प्रसिद्ध मितभाषी हैं। किंतु मुझे हमेशा यही लगा है कि उनका मौन ज़्यादा मुखर होता है। उन्होंने मुझसे कोई सवाल किए बिना—चुप रहकर ही—पूछना शुरू कर दिया—आप सूखा क्षेत्र में हो आए हैं ? क्यों नहीं ? लेखक क्या समाज के बाहर का प्राणी है ? क्यों ? ऐसी उदासीनता क्यों ? तुम इस हद तक बीमार हो ? क्यों ? जवाब दो—क्यों ?

मैं सिर झुकाकर चुप रहता हूँ। कोई जवाब नहीं दे सकीं, मेरी आँखें।

## भूमिदर्शन की भूमिका : 2

पटना, गया, मुंगेर, हजारीबाग, पलामू ज़िले के नक्शे सामने बिछे हुए हैं, पचास- साठ अथवा सौ बरस पहले आँके गए नक्शे।···मैं यह भी नहीं जानता कि पटना से जमूई कौन-सी सड़क जाती है। गया से चतरा तक जानेवाली सड़क कैसी है। मुझे नहीं मालूम कि छतरपुर किस ज़िले में पड़ता है। मैं चश्मा लगाकर भी नक्शों के नन्हे अक्षरों को नहीं पढ़ सकता। अज्ञेय नक्शा देखते समय चश्मा उतार लेते हैं। वह बीच-बीच में कोई सवाल करते हैं। मैं सुनकर भी नहीं सुनने का भाव दिखलाता हूँ। जवाब देते हैं पत्रकार-मित्र जितेंद्रसिंह। सोचता हूँ, यदि आज जितेंद्र नहीं होते तो···?

मैंने सोचा था, अज्ञेय सबसे पहले बिहार के मुख्यमंत्री से मिलेंगे। फिर कृषिमंत्री से। तब सरकारी हवाई जहाज़ अथवा हेलिकॉप्टर या जीप पर सवार होकर सरकार की मर्जी से सूखा- क्षेत्र में जाएँगे। जहाँ-जहाँ जाएँगे, वहाँ के सरकारी अधिकारी पहले से ही उनकी यात्रा के उद्देश्य की पूर्ति के लिए तत्पर और प्रस्तुत रहेंगे। किंतु, उनकी डायरी में सबसे ऊपर जयप्रकाश नारायण का नाम था—जो एक दिन पहले पटना से गया चले गए थे और अज्ञेय उनसे मिलने के बाद ही संकटग्रस्त क्षेत्रों में जाएँगे। अतः तुरत गया चल पड़ना उचित

समझते हैं।

सोचा था, भोजन के बाद एक घंटा विश्राम करेंगे तो अपनी भी दिवानिद्रा में कोई व्याघात नहीं होगा। दोपहर के भोजन के बाद भोजन-पान-शयनविलासी तन-मन को तनिक सुख-नींद तो चाहिए ही। किंतु, मैं नींद-भरी आँखों और अनमना- मन लेकर ओढ़ना- बिछावन, तहमत- तौलिया वगैरह समेटकर तहियाने लगा। और, जिसकी निगाह में संसार का सर्वश्रेष्ठ आलसी हूँ यानी 'आलस्य-श्री', 'आलस्य-भारती' और 'आलसी- बिहार का प्रतीक' आदि हूँ—वह मेरी दयनीय दशा देखकर खुशी से हँस- हँसकर मरी जा रही थी, क्योंकि मेरे चेहरे पर बँगला का एक 'छड़ा' (फ़िकरा) स्पष्ट लिखा हुआ था—"पड़ेछि मोगलेर हाथे, 'खाना' खेते हबे साथे···"

जितेंद्र बिना टैक्सी के निराश वापस लौटे तो भरोसा हुआ, कम- से- - कम कुछ घंटों की मोहलत मिली। पर सवाल उठा कि अगर टैक्सी से नहीं चलना है तो गया जानेवाली गाड़ी में अब ज़्यादा देर नहीं। सिर्फ़ बीस मिनट। मेरी राय ली जाती तो कल सुबह के पहले किसी गाड़ी से चलने का प्रोग्राम नहीं बनाता। किंतु 'यायावर' ने तुरंत कंधे में कैमरा लटकाया—एक हाथ में अटैची और दूसरे में बास्केट···मेरा अब तक बिस्तर भी नहीं बँधा है, बैग में डाली जानेवाली चीज़ें चारों ओर 'छत्राकार' बिखरी हुई हैं। मैं एक पाँव में पाताबा डालकर, पाजामा में पहनाई जानेवाली डोरी खोज रहा हूँ, और, मन- ही- मन मना रहा हूँ कि यदि मेरे 'अयात्रीसुलभ संस्कारों' को यात्रा के लिए अशुभ मानकर—अथवा नाराज होकर भी—मुझे मुक्ति दे दें तो मुझे दुख नहीं होगा। (उनके जाते ही लंबी तानकर चैन से सो रहूँगा !) एक बार ऐसा लगा कि वह चुप रहकर जो कुछ कह रहे हैं, उसका आशय है, "तो, आप आराम कीजिए। मैं चला।"

लेकिन, मुस्कराकर बोले, "मैं मदद करूँ ?"

मैं चुप रहा। घर का दूसरा प्राणी मदद करने के साथ बड़बड़ा रहा था, "भाईजी तो एक बेकार का बोझ ले रहे हैं अपने साथ···"

समझनेवाले ने मुझे 'बोझा' समझकर भी 'बेकार का' नहीं समझा।

(समझते तो अच्छा होता ! और मुझे लगा कि अब देर करूँगा तो दरवाज़े के पास खड़ी विशाल काया मुझे अपने दूसरे कंधे पर लटकाकर चुपचाप चल पड़ेगी।

कार्तिक पूर्णिमा से एक दिन पहले—'छोटी नहान' का दिन। बिहार में हर पर्व के एक दिन पहले एक छोटा पर्व मनाया जाता है, छोटी होली, छोटी दिवाली ! 'नहान' का दिन अर्थात् छत्तर के मेले का दिन और पटना-गया लाइन (पी.जी. ट्रेन !) की रेलवे यात्रा ! दुर्गा का नाम लेकर निकला था। स्टेशन पहुँचकर 'काली'

का नाम जपने लगा··· गाड़ी में कहीं भी तिल धरने की जगह नहीं। दोनों फ़र्स्ट क्लास के डिब्बों पर पुण्यार्थियों का पूर्ण अधिकार। हमें कंपार्टमेंट के अंदर क्या, पाँवदान पर भी पैर रखने देना नहीं चाहते थे। मुझे पंद्रह-बीस दिन पहले की एक घटना याद आई। आसाम मेल पर इसी तरह मेला देखनेवालों ने पूरा कब्ज़ा कर लिया था और सबसे तेज़ चलनेवाली उस गाड़ी को बरौनी से खगड़िया तक ही पहुँचने में दस घंटे लग गए थे। चेन खींचने से लेकर घनघोर 'रोड़ेबाज़ी' तक हुई थी—जमकर। पचासों निरपराध यात्री घायल हुए थे और अंत में 'फौजी पैसेंज़रों' को राइफ़ल निकालकर 'लोड' करने की ज़रूरत महसूस हुई थी··· मुझे 'पटना-गया लाइन' की अपनी उन यात्राओं की याद आई जिनमें रोड़े से लेकर रगड़-झगड़ और गालियों का मुक़ाबला करना पड़ा था··· आज भी यही सारे लक्षण उपस्थित हैं। प्लेटफ़ार्म पर चहलक़दमी करता हुआ पुलिस का सिपाही हमारी कोई मदद करने में असमर्थ है। जितेंद्र हार गए तो 'अज्ञेय' आगे बढ़ गए और अपनी दोनों भुजाओं को पसारकर भीड़ को ठेलने लगे—"आप बाहर नहीं निकलेंगे तो मैं गाड़ी को आगे नहीं बढ़ने दूँगा। चलिए···"

भीड़ में सन्नाटा छा गया। लोग हड़बड़ाकर उतरे। किंतु भीड़ को भड़कानेवाला 'एलिमेंट' सक्रिय हुआ तो भीड़ कंपार्टमेंट के सामने लग गई। हमने दरवाज़ा बंद किया और दरवाज़े पर हज़ार धक्के पड़ने लगे। खिड़कियों पर आघात होने लगे। अंदर खड़े लोगों ने दरवाज़ा खोलकर अपने मित्रों को अंदर बुलाना शुरू किया। मैं चुपचाप 'नाम-जाप' कर रहा था। मुझे लगा, अब 'क्लाइमेक्स' बहुत नज़दीक है। अज्ञेय टमककर फिर दरवाज़े के पास जाने लगे। मैंने जितेंद्र की ओर देखा और जितेंद्र दौड़कर दरवाज़े पर गए··· गाड़ी खुली, लटकते हुए लोग चिल्लाने लगे—"अंदर आने दीजिए, गिर जाएँगे।" मुझे मालूम है, अंदर आने के बाद वे बहस शुरू करेंगे और गालियाँ बकेंगे। फिर, अगले स्टेशन पर उतरकर—रोड़े से हमारे सिर तोड़ेंगे!··· अंदर आनेवालों ने तुरत अपना कार्यक्रम शुरू कर दिया यानी 'युद्धं देहि' की मुद्रा बनाकर बहस करने लगे। शुरू किया एक नौजवान ने। बात का सूत्र ज़ोर-ज़बर्दस्ती अपने हाथ में लिया एक अधेड़ खादीधारी आदमी ने, जो अपने को किसान कहता था और हर बात को 'एज़ ए किसान' पेश करता था। पोलिटेक्निक स्कूल का विद्यार्थी और 'बस' का 'कंडक्टर' (सबसे मूर्ख यह बस कंडक्टर) और एक बूढ़ा देहाती और एक किशोर—बहस के वक्ता थे। ···हमारे 'सेंस ऑफ़ ह्यूमर' ने वातावरण के तनाव को ढीला कर दिया और हम जीत गए। हमारी गर्दन पर सवार और बात-बात में सिर तोड़ने को तैयार 'किसान जी' कांग्रेस राज को गाली देने लगे। नेताओं को भला--बुरा कहने लगे। उनका सारा गुस्सा एक ही पदार्थ पर था—जिसे खाकर (उनके कथनानुसार) आज के नेता 'लीडरी' करते हैं—'मुर्ग-मुसल्लम'! हर बात के बाद वह मुर्गा-मुर्गी

और मुर्गी के अंडे का ज़िक्र करना नहीं भूलते—हम लोगों ने लाठी खाए, जेल गए, देश को आज़ाद किया···अब तो एक मुर्गी का अंडा खिला दीजिए और काम···अब तो बिना मुर्गी के ···।

मैंने उनकी मुर्गी की टाँग पकड़ी यानी उनका हथियार अपने हाथ में लिया और हर बात के बाद उसका इस्तेमाल शुरू किया तो 'सिंहजी' यानी 'एज ए किसान' बोलनेवाले की बत्तीसी निकल आई। वह समझ गए कि हम उनमें से नहीं, जिन पर उनका गुस्सा है। व्यंग्य-विनोद का जादू चल गया। जो हमारा सिर तोड़ने आए थे—उतरते समय मुस्कराकर नमस्कार करके उतरे। जो नौजवान अपने स्टेशन पर उतरकर हम पर रोड़ा फेंकता—वह जहानाबाद स्टेशन पर उतरकर हमारे लिए चायवाले को बुलाने गया।

कहते हैं, यात्रा शुभ हो तो पद-पद पर संयोग भी बढ़िया जुटता जाता है। गया स्टेशन से हमें बुनियादगंज मुहल्ले में—जे.पी. के पड़ाव पर जाना था। प्लेटफ़ार्म पर पाँव रखते ही मेरी एक पुराने साथी पर नज़र पड़ी, जो रेलवे कर्मचारी है। जब कभी गया स्टेशन पर पहुँचा हूँ, उससे मुलाकात हो गई है और हर बार वह पुराना 'कामरेड' (रेलवे यूनियन का!) मेरे काम आया है। इस बार, उसकी नज़र बचाकर, कतराकर एक ओर से गुज़र जाना चाहता था। किंतु, उसने देख लिया। सलाम का 'चलता-फिरता जवाब' देकर आगे बढ़ जाना चाहा, मगर उसने हाथ थाम लिया—"इस तरह खब्तुलहवास··· कहाँ···जे.पी. से मिलने ? यार, कहाँ जा रहे हो ? जे.पी. अभी स्टेशन आ रहे हैं। सच कहता हूँ, उनकी गाड़ी लगी हुई है ···एडिटर साहब को रोको; नाहक कहाँ परेशान होने जाएँगे ? बनारस जा रहे हैं जे.पी. ···"

मैं दौड़कर स्टेशन के बाहर गया। हमारा सामान टैक्सी के मुँडेरे पर रखा जा चुका था। वे हमारी प्रतीक्षा कर रहे थे।

मैंने यह सूचना दी। सामान उतार लिया गया। जितेंद्र ने बुनियादगंज टेलिफोन करके पता लगाया, बात सच थी। वह प्लेटफ़ार्म की ओर गए और हड़बड़ाए लौटे—"बुला रहे हैं आप लोगों को। गाड़ी खुल रही है···"

गाड़ी और प्लेटफ़ार्म के आखिरी छोर तक हम दौड़ गए। दूर से ही देखा—एक कंपार्टमेंट के दरवाज़े के फ्रेम में जड़ा-सा एक व्यक्ति खड़ा है। मद्धिम रोशनी में भी चेहरे को एक प्रसन्न मुस्कान आलोकित कर रही है—"कब आए ?··· मैं तो अभी बनारस जा रहा हूँ, तीस तारीख को झुमरी तिलैया में रहूँगा···उसके बाद ? दो-तीन-चार लगातार पटना।'

मुझे देखकर हँसकर बोले—"अच्छा···तो आप भी हैं।"

मैं चुपचाप मुस्कराता रहा। जवाब दिया जितेंद्र ने हाथ जोड़कर—"जी ! हिंदी के दो···।"

जयप्रकाश जी ने गया, जमूई, हज़ारीबाग़ और पलामू के कई इलाकों और गाँवों के नाम बताकर कहा—"वहाँ ज़रूर जाइए···हाँ, वह इलाका भी सबसे ज़्यादा 'एफ़ेक्टेड' है···वहाँ तो पीने को पानी भी नहीं। वहाँ जरूर जाइए···"

गाड़ी खुली तो मैंने पढ़ा, जे.पी. के ओठों पर हमारे लिए यह संदेश स्पष्ट अंकित था : नाभिनंदेत मरणं नभिनंदेत जीवितम्, कालमेव प्रतीक्षेत निर्देशं मृतको यथा··

एक नई (प्राइवेट) टैक्सी लेकर तीन अपटूडेट जवान सरदार किसी गाँठ और परिवार के पूरे हिंदू या बौद्ध पुण्यार्थी की ताक में घात लगाकर बैठे थे। हमें देखकर उनके दिमाग़ मे कोई बात नहीं आ रही थी। एक मेरे लंबे केशों की ओर देखता, दूसरा अज्ञेय की दाढ़ी को और तीसरा जितेंद्र के गोरे एवं गोल मुखमंडल को। इसीलिए, बुनियादगंज मुहल्ले तक जाने का भाड़ा उन्होंने हमसे 'फकत' बीस रुपए माँगा था। और, लौटकर जब बुनियादगंज के बदले 'सर्किट हाउस' पहुँचाने का किराया पूछा तो वे अवाक् होकर एक-दूसरे को देखने लगे।

अज्ञेय को चाय से प्रीति नहीं। किंतु, उन्होंने खानसामा को बुलाकर मेरे लिए 'बेड-टी' का आर्डर देते हुए मुझसे समय पूछा तो मुझे लगा कि मैं सचमुच इनका बेकार का बोझ हूँ, मिनमिनाकर जवाब दिया—"साढ़े छह बजे हैं !"(ईमान की बात है, घर में साढ़े सात से पहले कभी नहीं···)

···अज्ञेय आज तक 'बोधगया' कभी नहीं गए, बोधि का दर्शन नहीं किया। फिर कहाँ पाई करुणा ?··· मैं भी बोधगया कभी नहीं गया···बोधगया के रास्ते के गाँव संकटग्रस्त हैं। बौद्धधर्म स्वीकार करता है कि दुःख है और इतना ही पर्याप्त है कि हम दुःख से मुक्ति पा सकते हैं। सुख पाएँगे या नहीं, हम नहीं जानते···बौद्ध संसार से परे कोई वस्तु नहीं मानते। बुद्ध ईश्वर के विषय में पूर्णतया अज्ञेयवादी हैं , किंतु हमारे धर्म में ईश्वर का हर जगह उपदेश देते हैं—सगुण-निर्गुण दोनों का···

मैं रामकृष्ण का स्मरण करता हूँ···देवघर में भूखे-नंगे संथालों को देखकर, काशी-यात्रा स्थगित करके बैठे हैं—"पहले इन्हें भरपेट भोजन दो···चूल्हे में जाय तुम्हारी काशी की गंगा···मैं तीर्थ करने नहीं जाता···इन्हें भरपेट खाने दो, ये ही शिव हैं। ये ही नारायण···"

## भूमिदर्शन की भूमिका : 3

खानसामा 'बेड टी' लेकर जिस समय आया—असली नींद का समय वही था। ऐसी नींद कि आँखें मूँदे रहिए और फिर भी सबकुछ देखिए-सुनिए।···अंदर से दरवाज़ा खोला गया। खानसामा आकर चला गया। दो-तीन मिनट के बाद चम्मच और प्यालियों के टकराने की तुनुक- टुन- टुन आवाज़ें हुईं। और तब समझा कि 'बेड टी' का एक अर्थ 'जागिए कृपानिधान' भी होता है।

इस बार भी गया आकर यहाँ के प्रसिद्ध तिलकुट की, देव के मगही पान, गया की ठुमरी और यहाँ के साहित्यिक मित्रों की यादें आईं। ऐसी सुहावनी सुबह में···नींबू-चाय पीते हुए···गया के सांस्कृतिक पक्ष पर कोई समाजशास्त्रीय 'गप- सप' शुरू करके सूरज उगाया जा सकता था। किंतु, 'यायावर' अपने कैमरे के लेंस, फिल्टर और जूम का हिसाब-किताब बैठाने में व्यस्त थे, चुपचाप···जिसका मतलब साफ था···'जागिए ही नहीं। तैयार हो जाइए कृपानिधान !'

हम लोग अभी तैयार भी नहीं हो पाए थे कि बरामदे पर कई व्यक्तियों के पग एवं पादुका- ध्वनि सुनाई पड़ी। झाँककर देखा : रात के कथाकार भाई के साथ और भी कई साहित्यिक मित्र ! परिचय और चायपान के साथ-साथ बातें शुरू हुईं। लेकिन, कविता और कहानी-उपन्यास पर नहीं, सूखा और भुखमरी से संबंधित समस्याओं पर ही। उन्होंने जो देखा-सुना और अनुभव किया है···एक-एक कर सुनाया। उन गाँवों के नाम लिखाए जहाँ की हालत बदतर है। वहाँ पहुँचने के रास्ते बतलाए। और हमारी तात्कालिक और जटिल समस्या उन्हीं के सफल उद्योग से हल हुई। दोस्तों ने न जाने कहाँ से ढूँढ़कर, एक ऐसे मस्तमौला 'टैक्सी-एजेंट' को 'ऊपर' किया जिसको देखते ही मुझे लगा, इस आदमी से पुरानी जान-पहचान है। उसके गले की आवाज़ सुनकर, बातें करने का ढंग देखकर एकाएक पहचाना···यह तो वही टैक्सीवाला है जिसके नाम का तुक, मेरे नाम से मिलाकर बंबई से आए हुए 'फ़िल्म यूनिट' के लोग चुटकी लेते थे। मैंने कहा—"तुम्हारी गाड़ी पर हम कोयलबर की ओर, देहात में गए थे। तुम्हारा नाम···रामेश्वर या कोई ईश्वर···"

"बस, बस। अब हमको भी याद हो गया। तभी से हमहूँ यही सोचं रहे थे कि···। नाम मेरा कौलेश्वर है, जी। ···बस अब समझ गया।···आप जितना दे देंगे···मंजूर होगा हमको। नवादा तक ही क्यों, एक ही दिन के लिए क्यों ? दो- तीन- चार- पाँच जितना दिन रखिए। ···मगर, गाड़ी जब छोड़िएगा और जहाँ से भी छोड़िएगा···ड्राइवर के हाथ मेरे नाम 'दू- कलम' खत लिखकर ज़रूर भेज दीजिएगा। मेरे पास बहुत-से बाबू लोगों और 'फौरेन' के साहब लोगों के सिट्टिफिकेट हैं।" उसने कहा कि उसका

ड्राइवर एकदम 'सूधा' लड़का है। (सीधा और सूधा में बहुत फ़र्क है।) कोई नशा नहीं, कोई ऐब नहीं। साथ रहेगा, देखिएगा ही। और अपनी ही गाड़ी समझिएगा।'यायावर' गाड़ी को नज़दीक से देख आए। रात में स्टेशन पर कई जरा-जीर्ण टैक्सियों की दुरवस्था वे देख चुके थे।···गाड़ी की अवस्था अच्छी है।

प्रोग्राम बना, सबसे पहले बोधगया का। कवि-मित्र के कथनानुसार बोधगया के रास्ते में ही कोख-जली धरती की पहली झलक मिल जाएगी।···साहित्यिक मित्रगण कम- से-कम मंदिर और बोधि के दर्शन के समय अज्ञेय के संग- -संग रहना चाहते हैं। वे 'टूरिस्ट ब्यूरो' की गाड़ी लेकर बोधगया की ओर चल पड़े।

बोधगया जाने के पहले स्थानीय किसी अधिकारी से सरकारी लेखा-जोखा ले लेना उचित समझा गया। हम ए.डी.एम. के बँगले पर पहुँचे। युवक हाकिम ने हमें बैठाकर अपने रिलीफ अफसर के सहयोग से बीस-पच्चीस मिनट में —"हमें पूर्ण विश्वास है कि इस लड़ाई में हमारी ही जीत होगी।"

बातचीत के सिलसिले में मैंने शुरू से ही लक्ष्य किया था, ए.डी.एम. साहब किसी भी अंग्रेज़ी शब्द और वाक्य के पहले उसका हिंदीरूप बोलते थे···कठिन श्रम योजना, लघु सिंचाई, अनाज- वितरण, अभियान, निर्माण···हमें मालूम था कि युवक और नए अफसर लोग जन- संपर्क के महत्व को समझते हैं। जानते हैं, किस वर्ग के लोगों से कैसी बातें करनी चाहिए! लेकिन, बाद में जब पता चला कि वह बंगाली है तो अचरज हुआ! निष्ठापूर्वक हिंदी बोल रहे थे···'किस' वर्ग के लोगों से 'कैसी' बातें ही नहीं···किस 'भाषा' में बातें करनी चाहिए, ए.डी.एम. यह भी जानते हैं।

बोधगया में मंदिर और बोधि का दर्शन हमने सामूहिक रूप से किया। मंदिर के प्रांगण में घूमते हुए मुझे रह-रहकर···रिपुंजय, बिंबिसार, अजातशत्रु, शिशुनाग, महापद्मनंद, चंद्रगुप्त, अशोक, शून्यपुराण और कम्युनिस्ट मैनिफेस्टो की याद आई···राहुलजी, भदंत और नागार्जुन की याद आई।···वर्षों पहले पढ़ी बातें, 'वज्रयान' और 'ब्रजत्व' की व्याख्या : ब्रजत्व- लाभ करना मनुष्य का जन्मसिद्ध अधिकार है। मनुष्य का अधिकार ही सबसे बड़ा है। मनुष्य ही सत्य है, और सब मिथ्या।··· महासुख ही महाप्रभु, महाशून्य, वही करुणा, वही सर्व-देवता।···एक्क न किज्जई मंत न तंत, निअ घरनी लई केलि करंत। निअ घर घरनी जाव न मज्जई, ताव कि पंचवर्ण बिहरिज्जई···!!

साहित्यिक मित्रों के प्रसन्न- विदा- संभाषण का संबल लेकर हम आगे बढ़े। और यहीं से हमारी असली यात्रा शुरू हुई! 'यायावर' जो अब तक पीछेवाली 'सीट' पर थे, सामने ड्राइवर के पास अपने 'लटकन-छटकन' के साथ जा बैठे। मेरे ठीक सामने। किंतु, मैं उनकी

'पीठ' नहीं···देख रहा था उनका सिर। जो स्वयंचालित यंत्र की तरह, काँच के 'वाइपर' की तरह···बाएँ से दाहिने और दाहिने से बाएँ घूम रहा था। टोह लेती हुई आँखें। ड्राइवर के बाएँ कंधे पर उनकी उँगली पड़ी···ड्राइवर गणेश ने 'ब्रेक' लिया।···'यायावर' उतर पड़े। घास 'गढ़' कर यानी खोदकर लौटती हुई औरतें···सिर पर टोकरियाँ। धान का बोझा नहीं, सूखी झुनाई घास ! साथ में वह नन्हीं बच्ची···क्लिक ! अब एक 'कलर' चाहिए, शायद। गाड़ी से दूसरा कैमरा लेकर 'यायावर' को दौड़ना पड़ा।···मगध की छोरियाँ कुछ गोरियाँ (कुछ कारियाँ भी !) कुछ भोरियाँ···बाजरे की कलगी नहीं, बिछली-घास भी नहीं···सिर पर घास की टोकरियाँ लेकर तेजी से चली जा रही हैं। 'यायावर' ने कैमरे का बटन दबाना चाहा कि सबसे अगली (जो पहले भी बच निकली थी !) मुँह पर कपड़ा डालकर अचानक इस तरह 'फिरकी' की तरह मुड़ गई कि 'यायावर' हारकर भी हँस पड़े।

ऐसा लगता है, बोधगया जाते समय ही 'यायावर' की दृष्टि में कई 'ऑबजेक्ट' या 'सबजेक्ट' पड़ चुके थे। दो फ़र्लांग के बाद, जहाँ से हमारी गाड़ी फिर गया शहर की ओर मुड़ी···ड्राइवर गणेश के कंधे को छूकर गाड़ी रोकी गई। देखा—वहाँ, एक खेत में काला-कलूटा, दुबला-पतला, भूखा-- प्यासा, थका-हारा बूढ़ा धान के सूखे पौधों को हँसिया से काट रहा है, यदि हमारी 'यात्रा' कंडक्टेड क़िस्म की होती तो मैं यह कदापि विश्वास नहीं करता कि यह बूढ़ा सचमुच कोई बूढ़ा है जो संकट से लड़ रहा है—उसने कई ऐसे 'पोज' दिए जो कुशल-सफल कोई चरित्र-अभिनेता भी नहीं दे सकेंगे। भगवान् सफल नाटककार ही नहीं, 'डाइरेक्टर' भी है। (देखिए 'दिनमान', 9 दिसंबर, पृ. 24-27)।

गया शहर छोड़कर हम नवादा की ओर जा रहे हैं। ग्राम गुरुचक्र और बुद्धगैरे के नाम पढ़कर हमें गाँवों और जगहों के नामों पर एक समाजशास्त्रीय 'गप्प' शुरू करने का अवसर मिला : इस रास्ते से बुद्ध गए होंगे। और, ग्राम गुरुचक्र में 'श्रीचक्र' की तरह कोई अनुष्ठान संपन्न हुआ होगा। वात्स्यायनजी भी मुस्कराकर इस बातचीत में शरीक होना चाहते थे कि अचानक सड़क के दोनों ओर का भू- भाग—लैंडस्केप—सपाट, सू-खा-आ-आ !!—यह क्या ? जहाँ तक दृष्टि जाती है—एक तृण नहीं। कहीं एक तिनका भी हरा नहीं। बंजर- परती धरती नहीं···धान के खेत हजारों एकड़। प्रकृति के प्रकोप की मारी धरती !—यह क्या देख रहा हूँ ? यह किसका शाप है ?··· किसका पाप···?

हँसुआ पहुँचते-पहुँचते बोतप्रसाद यानी लेखकजी न जाने कहाँ हवा में 'बिला' गए। उनकी जगह पर रह गया—बिहार के एक गाँव का एक किसान का बेटा, जो सिर्फ़ यही सोच रहा है कि यदि उसके ज़िले में, इलाके में ऐसा सूखा पड़ा होता तो उसकी ज़मीन, उसके गाँव, गाय-बैल, औरत-बच्चे ऐसे ही···इसी तरह···।

गाँवों के आसपास थोड़ी हरियाली देखकर आँखों को ही नहीं, जलते हुए दिल को भी राहत मिलती है।···जिंदगी गाँवों को अगोरकर सिमटी-सिकुड़ी पड़ी हुई है।

अब हमारी आँखें और कुछ नहीं देखतीं···सिर्फ़ सूखा और अकाल !··· आने-जानेवालों की गठरियों में क्या है—गेहूँ, मकई, बाजरा ? गाड़ियों पर क्या है, बोरे में ? अनाज या चारा ?··· अन्न के बोरे नहीं, सूखा पुआल। दुकानों के सामने क्या है—मकई ? पंजाबी मकई ?··· इधर कहाँ जा रहे हैं—सभी लोग ? वह बूढ़ी बकरी लेकर कहाँ जा रही है ? ज़रूर बेचने जा रही होगी।···गाँवों के आसपास बच्चे खेलते-भागते तो हैं ? वह छोटा-सा लड़का हमारी गाड़ी को देखकर, हाथ हिलाकर 'हो-य-य' कहकर खुश तो हुआ !··· वह लड़की हमारे गाँव की सुरती की तरह लगती है। यह बूढ़ा नई लालटेन खरीदकर ले जा रहा है।···उस गाँव में निश्चय ही किसी की शादी हुई है या गौना हुआ है, रँगे हुए कपड़े सूख रहे हैं। शादी या गौने में 'भोज' हुआ होगा ! बच्चे पढ़ने जा रहे हैं ? क्या खाकर जा रहे हैं ? स्कूल में मुफ़्त दूध मिलता होगा ? हाल ही, थोड़ी-सी वर्षा हुई है—इससे कुछ फ़ायदा तो हुआ होगा ! लेकिन, कहाँ ? देखता हूँ कहूँ—हाँ, वहाँ···वहाँ हरियाली की पतली-सी रेखा ! रबी का रंग···दूर-दूर खेतों में लोग दिखाई पड़ते हैं, हल जोतते हैं, कुदाल चलाते हुए···वहाँ रहा 'एंटिएयरक्राफ्ट'··· कच्चे कुँएँ की डोल के लंबे-लंबे बाँस—सूखी धरती और आसमान की पृष्ठभूमि में ऊपर-नीचे गिरते हुए लट्ठे—लोग लड़ रहे हैं। वहाँ भी—वहाँ कुछ खोदा जा रहा है—आहर, पैन या कूप ? कुछ भी हो···वे लड़ रहे हैं।···

यह, एकदम क़रीब ही कच्चे कूप पर तीन लट्ठे चल रहे हैं। डोरियों की लंबाई से जल के तल—वाटर-लेवेल—का पता चलता है—सचमुच पानी पाताल की ओर भागा जा रहा है।···तीन जन पानी भर रहे हैं एक 'पैन' ठीक कर रहा है। एक हल जोत रहा है। लड़ रहे हैं, सभी !··· ड्राइवर के कंधे पर अब उँगली रखने की ज़रूरत नहीं होती—एक 'हुँ' पर ही गाड़ी रोक देता है।

हल जोतनेवाले भाई जी से नाम पूछा तो उसने सुनकर भी कोई जवाब देने की ज़रूरत नहीं समझी ! (सड़क से गुज़रनेवाले हर आदमी के सवालों का जवाब देने लगे तो वह खेत कब जोतेगा ?)। बैलों को एक भद्दी गाली देकर हाँकते हुए उसने हमें भी अपने हाथ के 'पैने' से हाँकने की कोशिश की। हम हाँके नहीं गए और उसके काम में बाधा डाले बिना उसकी प्रतीक्षा करने लगे। बस, दो मिनट में ही उसका हल खेत के उस किनारे से इस किनारे की मेंड़ तक 'रेह' फाड़ता हुआ क़रीब आ जाएगा—और क़रीब—'तोमार नाम की हो भाय ?'—नाम ? नाम हमर—जागो !—क्लिक !··· जागो ने अपनी दुलहिन को—जो खेत के उस मेंड़ के पास खड़ी थी—इशारे से कुछ कहा। उसकी

'दुलहिनियाँ' पेड़ की आड़ में चली गई ।

रेपुरा-सिरसा गाँव के इस हलवाहे ने अपना नाम 'जागो' बतलाकर हमारे सभी सवालों का एक ही जवाब दे दिया था ! उधर, खेतों में काम करनेवालों के हाथ रुके नहीं । एक आदमी हमारे पास आया—हाथ की मिट्टी झाड़ता हुआ । हमें देखकर मुस्कराया । फिर पूछा—'क्या देखने आए हो ? यह सूखा ?··· ऐसा कभी नहीं हुआ—लेकिन, हम लोग लड़ रहे हैं । थोड़ा-सा पानी पड़ा है । और बाकी कूप-कुआँ से—जहाँ तक हो सके आदमी जान रहते तो हिम्मत नहीं हारेगा ।···अब, भगवान् की मर्ज़ी ।···अच्छा तो—परनाम !'

"यायावर" फोल्डर खोलकर नक्शा देखते हैं । पूछते हैं—'क्या नाम बताया था उस गाँव का ?··· आपने लिखा था, हाँ, कोसला ! हँसुआ से राजगिर रोड की ओर मुड़कर छह माइल पर है कोसला गाँव । उसके बाद मियाँबीघा···उससे पूरब कछुआरा···।

'यायावर' पूछते हैं—'कछुआरा या कहुआरा ?'—हाँ, कहुआरा ! कवि-कथाकार-आलोचक-पत्रकार मित्रों ने उन गाँवों के नाम लिखवाए हैं जहाँ भूमिहीन-जनों की—खेत-मज़दूरों की 'बस्तियाँ' हैं !

'यायावर' हँसुआ पहुँचकर बाईं ओर गाड़ी मोड़ने को कहते हैं—"राजगिर जानेवाली सड़क यही है···।"

रास्ते में, भेलुवा गाँव के खेतों में कुछ कम उम्र के लड़के भी काम करते हुए दिखलाई पड़े । कूप खोदा जा रहा है ।···बृजनंदन सिंह, बिपिन बिहारी शर्मा, बिजेंदर, विजयकुमार और लटना । मुसहर का नंग-धड़ंग बालक ।···हम जब गाड़ी की ओर लौट रहे थे, तब सुना बिजेंदर या विजयकुमार हँस-हँसकर कह रहा था—"सार ! लटनो के फोटो खिंचा गेलइ । फोटो में सार लँगटे ठाड़ रहते··· ?"

"कोसला और कितना दूर ?" हर आनेवाले राही से पूछते हैं हम ।

"बस, आगे ।···डेढ़-दू कोस ।"···हर जवाब देनेवाला जवाब देकर खड़ा हो जाता है और बहुत देर तक हमारी गाड़ी की ओर अचरज से ताकता रहता है । (अपूर्ण)

## भूमि-दर्शन की भूमिका : 4

पक्की सड़क से उतरकर, कुछ दूर तक 'कच्ची' पर गाड़ी जहाँ तक जा सकी—गई । हम गाड़ी से उतर पड़े । पगडंडी के दोनों ओर सूखी 'बारी-झारी' की क्यारियाँ—जंगली 'भुटके' का साग भी नहीं ! मिट्टी के छोटे-छोटे घर, उजड़े-अधउजड़े

झोंपड़े···हवा में श्मशान-जैसी 'चिड़ाइन' गंध···छप्पर पर सूखती चिरकुट-कथरी···फूटे हुए मिट्टी के बर्तन-बासन—कुत्ते का डोलता और हाँफता हुआ एक कंकाल बिना-भूँके एक ओर चला जाता है। एक माता अपने बच्चे को गोदी में लेकर आ रही है, हमें देखकर ठिठक गई। उसका बच्चा अ-वाक्-- उदास आँखों से हमारी ओर देखता रहता है। माँ मुँह फेर लेती है। काले-काले होंठों के बीच, सफ़ेद दाँतों पर बिजली-सी कौंध गई—मैंने 'मूलमंत्र' जपना शुरू किया।

हम गाँव के मध्य- भाग में पहुँचे। एक मिट्टी की गिरी- पड़ी दीवार के पास एक 'खुनखुन' बूढ़ी बैठी थी। हमें देखते ही बड़बड़ाने लगी। क्रोध से उसके नथुने के आसपास की सिकुड़ी- सिमटी चमड़ी थर- थर काँपने लगी—उसकी घुड़कती आँखें और टूटी दंत- पंक्तियाँ···मैं मन-ही-मन 'कालिका सहस्रनाम' जपने लगा—घोररूपा, घोरदंष्ट्रा, घोरा, घोरतरा, शुभा···कोटराक्षी··· बहुभाषिणी···प्रचंडा···चंडी···चंडवेगिनी, यक्षिणी, योगिनी, जरा, राक्षसी, डाकिनी, वेदमयी, वेदविभूषणा···निष्ठुरवादिनी···माँ···!!

एक झोंपड़े से झाँकती हैं एक जोड़ी ग़ुस्से से भरी तेज़ आँखें—एक सात- आठ साल की बच्ची की। उसकी अधेड़ माँ हड़बड़ाकर उठ बैठती है, कपड़े से अपनी देह ढँकती है। ग़ुस्से में कुछ बुदबुदाती है। दूसरे, तीसरे, फिर चौथे झोंपड़े के प्राणी भी कुनमुनाकर निकलते हैं—बच्चे, बूढ़ियाँ, अधेड़ और जवान औरतें। मर्द एक भी नहीं—एक नंग-धड़ंग, चित्ती कौड़ियों जैसी आँखोंवाले, दुबले- पतले- पीले बीमार बालक के सिवा !

हममें से कोई भी 'मगही' बोलना नहीं जानता। लेकिन मेरा विश्वास है कि जो थोड़ी-सी भी मैथिली या बंगला अथवा भोजपुरी—यहाँ तक कि ठेठ हिंदी—बोल ले सकते हैं, वे समय पड़ने पर 'मगही' बोल-समझ सकते हैं। बोली के 'लय' को पकड़कर मैं न जाने कौन-सी 'भाषा' बोलने लगता हूँ। मगही जाननेवाले इसे शुद्ध मगही नहीं मानें, समझ सब-कुछ लेंगे।

मैं बोला : "गाँव में कौनो मरद- पुरुखवन केर पता न है ! कहाँ गेल हो, ई सब ?"

"जइते कहाँ ? कमावे कोड़े ला।"—तुरत जवाब मिला।

"चुल्हवा में की पक्कत हलै ? धुँइयाँ देखैहियेक्।"

"पक्के के की है जे पकतई ! लड़कोरिया लेल गोइठवा में अगिया सुलगत हय—ओकरे धुँइयाँ···।"

"पक्के के कुछ नअ हउ—त ई बचवा सब की खइतउ ? की गे—तोर की नाम हौ ? बोल ना, लजावे है काहे ? ई लइका केक्कर है ?··· बीमार है ? ओ ?··· भुक्खल है—खाए बिना एकर एइसन दसा है···ओ···।"

—मेरी बातचीत सुनकर तनाव कम हुआ। मुझे लगा, चारों ओर तनी हुई कमानियाँ अचानक ढीली हो गईं। वे क़रीब आईं, आने लगीं। आधा दर्जन से अधिक भूखी माताओं के बीच मैंने अनुभव किया—गाँव की दादी, फूफी, काकी, मौसी चारों ओर से दौड़कर आई हैं—मेरे आने की खबर सुनकर—बाल-बच्चों को लेकर !

"पाँच जन केर मज़दूरी—पाँच मुट्ठी एहे खेसारी—देखऽ !"

"खसरियो निपट्ट घुनायेल—से देखऽ !!"

"मलिकवन के कौन फिकिर ? घर में अनाज—पानी भरल है।"

"हमनिये के उपजायेल, ओसायल- बरायल और घर में संइतल अनजवा—देखल अनजवा कहाँ चल जइतै, भैया ?"

"अपने बिजली के कुइयाँ खना रहलन हैं···।"

"गरीबन के देखेवाला केयो नहीं।'

"सात दिन केर लड़कोरिया के एह खेसारी के घाठा ? हे परमेसर, एसन कभ्भी न देखली।"

"माइए के ना खाएला मिलतइ तऽ बचवा जीयतय कैसे ?"

"दुधवे न होइ है···।"

"कीप ऑन टाकिंग···।"—'यायावर' अपने कैमरे के 'व्यूफ़ाइंडर' में देखते हुए कहते हैं।

"तोहर की नाम हौ गे···?"—मैं पूछता हूँ उस तेज़ और गुस्से-भरी आँखोंवाली सात- आठ साल की लड़की से, जो अपनी बेटी- जैसी लगती है।

"बोल ने गे। बता दहिक् ने गे, जसोधिया।"

"जसोधा।"

"वाः जसोदा माई···!" जितेंद्र कहते हैं।

सूखे मुखड़ों पर मुस्कराहट खेल गई। मैं यशोदा का हाथ पकड़कर अपनी ओर खींचता हूँ। वह नाराज़ और कुछ डरी-सी (ठीक अपनी बेटी-जैसी !) मुँह से सिर्फ़ 'बक् बक्' उच्चारण करके—घुड़कती हुई निगाह से देखती है। सौरघर से झाँककर देखती है—एक सूखी, पीली, युवती-माता। चिथड़े में लिपटे हुए शिशु की ओर दिखलाकर अपनी बहिन से हँसकर कहती है—"ई अकलवा के भी छापी उतरवा दे···।"

अकाल और सूखा में जन्मे हुए बच्चों के सही नाम 'अकालू' और 'सुखाड़ी' नहीं तो और क्या होंगे ?

पूछता हूँ—"अकलवा केर छट्ठी कहिया भेलय ?"

"कल ही त।"

"कीप ऑन टाकिंग···।"

"अकलवा के महतरिया केर की नाम ?"

"बच्ची देवी।"

"अकलवा के ई मौसी है न ? एकर की नाम ?"

"कलेसरी देवी।"

"भात खइला कतेक दिन भेलउ ?"

इस सवाल पर सभी हँस पड़ीं। एक बोली : ऐ-हे-ए···

"आसिने में भात खैलिए···।"

"तोहर की नाम हो रे बबुआ ?"

"पिनोदपा···।"—चित्ती-कौड़ी सी आँखोंवाला बीमार बालक चें-चें-कर बोला।

"बिनोदवा नाम है।"

"बिनोदवा केर बाप कहाँ ?"

"कलकत्ता में बहनोय बिजली कंपनी में काज करत हइ ओकरे लग···।"

"कौनो सरकारी 'कार्ड-उर्ड' भैटलै है केकरों ई गाँव में ? लाल रंग केर 'काट'···?"

इस सवाल पर वे फिर हँसीं। इस बार शुष्क हँसी—"कहाँ मिलल है 'कटवा' और 'कटवा' भेटओ करतय त दुकनवाँ में अनाज नहिं···।"

"मलिकवन के करेजा में तनिको दया-धरम नहिं।"

"जेकरा खातिर बाप-दादा से लेकर हमर लइका-पोता हड्डी गला के 'राँगा कइलक'—ओकरा सबके नजर में पानी नहि।"

मलिक-टोले का एक आदमी बहुत देर तक चुपचाप गप सुन रहा था। मौका मिलते ही बोल उठा : "आरे ! आदमी को खिलानेवाला कौन बाप का बेटा जनम लिया है। भगवान् जिसको चाहें खिलावें चाहे···!"

उसकी बात पूरी नहीं हो पाई। बिनोदवा की माँ बोली : "अरे, भगवान्···भगवान मलिकवने सबके ओर···नहित भगवानो आन्हर है कि बहिर···हाय रे···एसन अनियाव ? तीन-तीन दिन पर हमन के एकगो मडुओ के रोटी न मिले हुनकर हवेली में पुरनमासी के सतनरैनजी के कथा में पूड़ी-बुँदिया केर जेवार···और रूआब ऐसन कि बोलो मत। चोरी में पकड़ा देगा। डकैती में फँसा देगा। जेहल में देगा।··· जेहल में देगा, त उहे दे दो। जेलवा में खाए के त मिलतई ?··· हः हः, गरीब के देखेवाला को-य-न-हीं···।"

"ठीक बात।"—जितेंद्र ने आँख मूँदे, सिर झुकाए कहा।

"मलिकवन के घर हैजा-फौती मइसो···।"

मैं सिहर पड़ा, इस शाप से ! जितेंद्र ने भी सिर हिलाकर 'हुँहु' किया। बूढ़ी रुक गई—"पेटवा जरैहै त मुँह से गरिया निकसय है।"

"थारियो-लोटवो बेचलइए, बकरी-बकरा सब···।"

"ई जाड़ा त केतना के···।"

"अगिया जरतय कइसे ?"

"लकड़ियो- जलावनो सब मलिकवने के···।"

"आग लागो हुनकर···।"

"बिनोदवा। इधर आ! यहाँ सामने···।"

'यायावर' के कैमरे को उसकी आँखें छेद देंगी—ऐसा लगा। रोशनी एकदम कम हो गई थी।···फ़्लैश चमका तो बिनोदवा के चेहरे पर आतंक की एक हल्की झलक देखने को मिली, जिसे देखकर सभी हँस पड़े।

"जशोदा माई ? बिनोदवा···!" इससे आगे क्या कहूँ ? क्या कहना चाहिए ? कह दूँ—जाकर खाना भेज दूँगा ? दूध भेज दूँगा ? दवा भेज दूँगा ? क्या कह दूँ ? हम यहाँ क्यों आए ? यह क्या देखा ?

अज्ञेय अब चुपचाप खड़े हैं। जितेंद्र का मुँह एकदम लाल हो गया है। मैं 'बिदा' माँगने के लिए शब्द ढूँढ़ रहा हूँ—"तब ?··· अब हम सब चलित हैं। फेर आएब···।"

"अच्छा त—परनाम !··· परनाम !!···पन्नाम !!!"

हम न जाने कहाँ आए थे !··· इनफ़ेरनो ? नरक में ? या 'पाराडिसो' में यानी स्वर्ग में ? हम कौन हैं ? यह कौन 'लोक' था ? यह कौन-सा युग है ? हम कहाँ हैं ?

उलटकर देखा : सभी एकटक हमारी ओर देख रही थीं···गाँव से 'बिदाई' के दिन गाँव के हर टोले की औरतें—गाँव के आदमी को इसी तरह खड़ी होकर देखती हैं। न हाथ हिलाती हैं और न रूमाल।···चित्ती कौड़ी जैसी आँखोंवाला दुबला-पतला भूखा बिनोदवा, भूखी जशोदा, सूखी बच्चीदेवी, दाने को तरसती कलेसरी और सूखी माँ की छाती को चूसता हुआ सात दिन का शिशु—अकलवा !··· इनसे मैंने क्यों कह दिया कि फिर आऊँगा ?

मैं कोसला गाँव फिर कभी नहीं आना चाहता। कभी नहीं आऊँगा, यहाँ ! क्योंकि जानता हूँ···जब लौटकर आऊँगा तो देखूँगा···जशोदा नहीं है। अथवा अकलवा अपनी माँ को खाकर चल बसा है। सुनूँगा—बिनोदवा को आखिरी दिन घुनी खेसारी का 'धाठा' भी नहीं मिल सका था।···मैं खोजूँगा—यहाँ कहीं कोसला गाँव था ! यहाँ जशोदा थी !··· जशोदा मा-ई-ई !··· जशोदा बेटी-ई-ई !

गाड़ी में आकर हम सभी चुप बैठे रहे, घंटों। गाड़ी आगे बढ़ी—मियाँबीघा गाँव की ओर। किंतु गाँव के बाहर पहुँचकर हमारी हिम्मत नहीं हुई, गाँव में प्रवेश करने की।···हमारी गाड़ी लौट चली। रास्ते में, कोसला गाँव की ओर, खिड़की से झाँककर देखा—साँझ का अंधकार घना हो गया था। एक नन्ही-सी रोशनी भी कहीं

नहीं थी।···किंतु, लगा बिनोदवा की आँखें 'दपदपा' कर जल उठीं !

यदि कोसला गाँव की भूखी-प्यासी औरतें हमें गालियाँ देकर, झाड़ू-बुहारन से मार-मारकर, हमारे कपडे-लत्ते नोंच-खसोटकर गाँव से बिदा करतीं तो हम अपने बचाव के लिए न उँगली उठाते और न मुँह से 'चूँ' शब्द निकलता।···हमारे पेट में अन्न भरा था, देह पर ज़रूरत से ज़्यादे कपड़े थे। हमसे बढ़कर और कौन अपराधी होगा ?···

वही अच्छा होता। क्यों कह आया कि लौटकर फिर आऊँगा ?··· क्या लेकर आऊँगा ? खाली हाथ—भरे पेट, किस मुँह से आऊँगा यहाँ···अज्ञेय मुझे कहाँ ले आए ?

"हम कहाँ आए ?··· छह बज गए ?"

"नवादा।"

"हम आज रात कहाँ ठहरेंगे ?"

"यहीं। लेकिन, सबसे पहले यहाँ के एस.डी.ओ. से मिलना आवश्यक है। अभी, तुरत···।"

जितेंद्र ने घड़ी देखकर कहा : "मेरी 'बस' में अभी एक घंटा-भर देरी है। चलिए···।'

नवादा के एस.डी.ओ. जनाब अब्दुल ख़ैर के बँगले पर जब हम पहुँचे, रोशनी जल चुकी थी। बरामदे पर, बाहर में कई कारिंदे, क्लर्क और चपरासियों के अलावा तीन-चार 'व्यापारी-कम-नेता' क़िस्म के लोग भी थे। हमें 'चेंबर' में बैठाकर चपरासी अंदर से खबर ले आया कि 'साहब' नमाज़ पढ़ रहे हैं।···इस समय 'मग़रिब की नमाज' (यानी सूर्यास्त के समय पढ़ी जानेवाली) पढ़ रहे हैं या 'नमाज़े-इस्तरका' (अकाल और सूखा के समय वर्षा के लिए पढ़ी जानेवाली) ?

हम 'अरदास' लगाकर बैठे। ज़िंदगी में बहुत बार बहुत-से 'हुजूरों' के दरबार में दीदार के इंतज़ार में बैठा हूँ। इसलिए, ऐसे लोगों को अच्छी तरह पहचानता हूँ जो मिलनेवालों को 'अंदर हवेली' से खबर भेजते रहते हैं—मालिक पूजा कर रहे हैं या साहब नमाज़ पढ़ रहे हैं।

कोने की दीवार पर गया ज़िले का बड़ा नक्शा टँगा था। अज्ञेय और जितेंद्र कोने में खड़े होकर नक्शा देखने लगे। मैं बैठा सोच रहा था कि हाकिम साहब अभी आएँगे तो उनके चेहरे पर कैसे भाव होंगे। पूजा-ध्यान और रोज़ा-नमाज़ के बाद आदमी का तन- मन पिघला- सा रहता है। लेकिन हाकिम पर्दा हटाकर प्रकट हुए और मारे अचरज के अवाक् हो गए। शायद, पूछना चाहते थे—आप लोग कौन हैं जो इस तरह मेरी ग़ैर-हाज़िरी में मेरे दफ़्तर का नक्शा देख रहे हैं ? लेकिन, हकलाते हुए बोले—"आप लोग कौन···आप लोगों को पहचाना नहीं।"

जितेंद्र बोले : "आदाब अर्ज़ । अभी बतलाता हूँ । आप हैं दिनमान-संपादक··· मैं जितेंद्र···और आप हैं···। हम 'ड्राउट-एफेक्टेड' इलाक़े में घूम रहे हैं ।"

"ओ-ओ-ओ ! मैंने समझा कि आप लोग कोई रिलीफ़ देने आए हैं ।···खैर ! तो, महाशय, रिलीफ यानी 'सहाय' का काम देखने के लिए तो···और हाँ, 'रिलीफ़' का क्या मतलब समझते हैं, आप ? सहायता ? जी नहीं ! ग़लत ! रिलीफ़ का सही माने है 'स-हा-य !'···समझा ?"

जितेंद्र आँखें मूँदकर और सिर झुकाकर ख़ैर साहब के तर्ज़े- बयाँ का मज़ा ले रहे थे । अज्ञेय मेरी ओर देखते हैं : आदमी ज़िंदादिल हैं···

हमें पद-यात्रा के लिए सहर्ष प्रस्तुत देखकर उनको फिर अचरज हुआ । कहने लगे—सहाय का कार्य और 'कार्यक्रम' तो वही है जो आप लोगों ने पढ़ा होगा या यहाँ आने के पहले सुना होगा ।···अंचल अधिकारी अर्थात् अंचलाधिकारी··· अर्थात्···मतलब समझते हैं न ?"—अज्ञेयजी से इस बार पूछा गया ।

"हाँ साहब, समझने की बात है । आजकल, हर बात का सही और ग़लत मतलब होता है । अब तक मैं जानता था कि 'प्रधानमंत्री' का मतलब 'प्राइम मिनिस्टर' होता है । मगर, यहाँ आकर मालूम हुआ कि यहाँ भी एक 'प्रधानमंत्री' रहते हैं···।'

मैंने अचरज से पूछा : "दूसरे प्रधानमंत्री कौन हैं ?"

उन्होंने हँसकर मेरी ओर देखा और एक स्थानीय सार्वजनिक संस्था का नाम लिया । यह पूछने पर कि विधान-सभा में इस क्षेत्र से प्रतिनिधि कौन हैं, जवाब मिला—"साहब, यहाँ 'कांग्रेस-राज' नहीं । यह 'जनसंघी' पाकेट है ।···'जन-प्रतिनिधि' विधानसभा में हमेशा ग़लत सवाल करते हैं और उनको जवाब भी हमेशा ग़लत मिलता है ।"

हम ख़ैर साहब को मान गए !

हमें बाहर से आनेवाले खाद्यान्न के दैनिक आँकड़े पूछने की ज़रूरत नहीं पड़ी । हाकिम ने बा- तकल्लुफ हम लोगों से माफ़ी माँगकर टेलिफ़ोन उठाया और उस छोर पर बैठे किसी 'साहब' को पिछले कई दिनों के आँकड़े देने लगे—"हाँ, लिखिए ! लिख रहे हैं न ? तारीख पचीस नवंबर···पाँच वैगन मकई···जनाब, यहाँ से तिलैया स्टेशन की लाइन 'जाम' है । वैगन खाली हो जल्दी तब तो···रात में हमारे सिपाही पहरा तो करते हैं, मगर···कल ही रात कई मुसहरों को पकड़ा है—बोरे से अनाज निकाल रहे थे···और सब ठीक है···उधर का क्या हाल है···आज का 'स्टेटमेंट' तो स्टेशन से आदमी आने पर ही दिया जा सकेगा···आदाब अर्ज़ !"

एस.डी. ओ. साहब से 'रेड कार्ड' के बारे में पूछा । जवाब देते समय उनके होंठों पर फिर 'वक्र मुस्कराहट' खेल गई । बोले—'रेड कार्ड ! रिलीफ कोड 118 ?··· हाँ, साहब । कार्ड बँट रहे हैं । जहाँ अब तक नहीं बँटे हैं, आशा है कि 'शीघ्रा- ति-

शीघ्र'···!"

हमने कोसला और मियाँबिघा का नाम लिया और सूचना दी—"वहाँ रेडकार्ड नहीं मिला है किसी को ।···वहाँ की हालत चिंताजनक है ।"

इतनी देर में पहली बार ख़ैर साहब को गंभीर होते देखा । उन्होंने न जाने क्यों, हमारी ओर बारी-बारी से देखा और फिर गर्दन हिलाते हुए कहा—"हाँ, उधर नहीं बँटा है ।···मैं हँसुआ के अंचलाधिकारी को कल ही ताकीद करता हूँ ।···हालत चिंताजनक नहीं रहेगी ।···और मेरे 'योग्य' कोई सेवा ?"

## भूमिदर्शन की भूमिका : 5

हम नवादा के 'इंसपेक्शन बँगला नंबर वन' के अहाते में दाखिल हुए । पास ही बस-स्टैंड है, जहाँ आन- जानेवाली गाड़ियाँ पंद्रह मिनट तक रुकती हैं । बहुत बार इस सड़क से हज़ारीबाग गया हूँ । हर बार, इस 'इंसपेक्शन बँगलो' में एक रात गुज़ारने की ख्वाहिश हुई है । लेकिन, यहाँ आकर लगता है कि यहाँ बहुत बार रह चुका हूँ । यहाँ ही नहीं, किसी भी 'इंसपेक्शन' या 'डाक' अथवा 'हाल्टिंग'- बँगले में पहुँचकर लगा है, इसमें पहले भी रात बिता चुका हूँ । यहाँ खानसामा- बावर्ची के एक ही जैसे चेहरे । हर जगह की 'छोटी' और 'बड़ी हाज़िरी' के एक ही स्वाद और कमरों में एक ही तरह की गंध । हर 'बँगले' में देखा है, मच्छरदानी लगानेवाले डंडे और खूँटे इसी तरह, हिलते- डुलते रहते हैं ।···

ऐसे पड़ाव पर पहुँचते ही 'साहब लोग' सबसे पहले बावर्ची को बुलवाते हैं : ब्रेकफास्ट या लंच अथवा डिनर में क्या दे सकता है ? और, हर बावर्ची एक ही जवाब देता है—"जो आर्डर दीजिएगा, बन जाएगा ।··· स्पेशल-डिश भी बन् जाएगा ।"

हमने पहुँचते ही एक 'पॉट' गर्म पानी का ऑर्डर दिया ।

कॉफ़ी पीने के बाद, कुछ देर तक बाहर अकेला खड़ा पूर्णिमा के चाँद को देखता रहा । याद आई : उत्तर बिहार के भारत- नेपाल सीमावर्ती अंचलों में आज की रात 'समाचकेवा' पर्व मनाया जा रहा होगा । हिमालय से उतरनेवाले पंछियों का स्वागत कर रही होंगी—हर गाँव की कुमारी कन्याएँ—दल बाँधकर गीत गाती हुईं···! जिस साल धान की फ़सल मारी जाती है, एक भी मुर्गाबी या लालसर की आवाज़ नहीं सुनाई पड़ती—हालाँकि कभी-कभी पचासों एकड़ धान को एक ही रात में 'चुग'कर साफ कर देती हैं, इनकी टोलियाँ । फिर भी, इन चिड़ियों के आगमन को शुभ समझा जाता है ।···

एक पवित्र-मधुर सुगंध ने मन में संध्या-आरती की बेला का शंख फूँक दिया, मन के कोने में। कमरे में लौटकर देखा, 'यायावर' अपने दिन- भर के काम का 'लेखा-जोखा' ले रहा है- चुपचाप।··· यात्री को मनपंसद धूपबत्ती का एक पैकेट हमेशा साथ रखना चाहिए। हर जगह—जहाँ भी जाइए—अपने ही कमरे की गंध मिलेगी··· हर पड़ाव पर अपना घर।

बावर्ची से जिस चीज के बारे में पूछा, एक ही जवाब मिला—"फस्टक्ला-स !" आटा बढ़िया होगा न ?—फस्टक्ला-स ! फुलके यानी चपाती बनाना जानते हो न ?—फस्टक्ला- स ! बग़ैर मिर्च- मसाले की सब्जी ?—वेजिटेबल-स्टिउ ? फ्स्टक्ला-स !

बावर्ची से इस इलाके के सूखा और अकाल के बारे में कुछ पूछने का साहस नहीं हुआ। एक ही जवाब मिलेगा—फस्टक्ला- स।

रात्रि- भोजन के समय मुँह में पहला कौर डालते समय—बिनोदवा और जसौदा की याद आई। नर्म-नर्म फुलके की तारीफ नहीं कर सका। मुझे लगा, अज्ञेय की आँखों के सामने भी उन्हीं की मूर्तियाँ प्रकट हुईं। 'वेजिटेबल-स्टिउ' के बारे में कुछ कहना चाहते थे। नहीं कह सके।··· हम कुछ क्षण तक हाथ में रोटी के टुकड़े लेकर बैठे रहे।

···मड़ुआ की आधी रोटी और खेसारी का घाठा खाकर बच्चे चिरकुट- कथरी के नीचे घुटने से ठुड्डी लगाकर सो गए होंगे।··· खैर साहब ने कहा है, शीघ्रतिशीघ्र उन इलाकों में रेड कार्ड बँट जाएँगे।··· विदेशों से मिल्क पाउडर, विटामिन की गोलियाँ और 'जैम-जेली' के हजारों-हजार डिब्बे आ रहे हैं।··· कोई भूख से नहीं मरेगा।

"चपाती सचमुच फस्टक्लास बनाया है।'

"और स्टिउ भी।"

"अंचल अधिकारी अर्थात् अंचलाधिकारी।"

"रिलीफ़ का अर्थ सहायता !"

"गया के ए.डी.एम. आर.एन. घोष बहुत निष्ठापूर्वक हिंदी बोलते थे।"

"खैर साहब का प्रश्न ?··· क्या रिलीफ़ देने आए हैं, आप लोग ?"

"प्रतिनिधि ऐसे हैं कि हमेशा ग़लत सवाल पूछते हैं और ग़लत जवाब मिलता है।"

"बाहर पटाखे··· कैसे छूट रहे हैं ? पूर्णिमा··· लक्ष्मीपूजा के उपलक्ष्य में ?"

"पता नहीं।"

"धान के पौधों को काटने के बाद धरती में जो हिस्सा रह जाता है, उसको यहाँ क्या कहते हैं ?"

"खुट्टी।"

"आपने पूछा था कब भात खाया, तो क्या जवाब दिया ?"

"आसिन महीने में ही ।"

"मुसहर नाम क्यों ?"

"शायद 'मूषक' के बिल से अनाज निकालकर खाने के कारण । शायद, मूषक का शिकार करके खाने के कारण ।"

"मरते हैं और मरेंगे तो ये··· भूमिहीन लोग ही ।"

"हुँ···। कल हम लोग किस समय चलेंगे ?"

"यह आपके ऊपर हैं । आप जब तैयार हो जाएँ ।"

सुबह जल्दी उठने के लिए रात को जल्दी ही सो गया । नींद भी जल्दी आई । टूटी भी शीघ्र ही—रात के डेढ़ बजे ! कई भीषण धड़ाके और विस्फोट सुनकर 'धड़फड़ा' कर उठ बैठा—पटाखे नहीं, बम···!

डेढ़ बजे रात से शुरू करके भोर साढ़े चार बजे तक यही विस्फोटक सिलसिला रहा । हर दस मिनट के बाद गोलाबारी ! आँख में लौटी हुई नींद उड़ जाती । पेड़ों पर सोए हुए परिंदे डैने फटफटाकर अंधकार में फिर इधर- -उधर उड़ते ।··· सो नहीं सका; अच्छा हुआ । नींद के साथ सपने भी आते थे । ऐसे सपने, जिन्हें देखकर आदमी नींद में 'गों- गों' करने लगे । पसीने से तर-बतर हो जाए ।

···चाय का सही स्वाद, सौरभ और गुण रात्रि- जागरण के बाद ही मिलता है ।

सूरज उगा । नक्शा खुलते ही मुझे संस्कृत पाठ के उन 'पंडितों' की कहानी याद आती है जो हर 'चतुष्पथ' पर पहुँचकर शास्त्र खोलते और खोजते थे—कः पंथाः ? महाजनो येन गतः··· जमुई से पहले यह कौन-सी जगह है जहाँ बिहार शरीफ से एक सड़क आकर मिल जाती है ?

फिर, डायरी में लिखे जगहों के नाम नक्शे में खोजे जा रहे हैं : कौआकोल, पकरी-बरावाँ, देबनगढ़, चौरसा, खड़गौर, कादिरगंज··· । एक-एक गाँव के नाम के साथ सैकड़ों मुखड़े आँखों के सामने उभरते हैं—माटी के पुतले ! हज़ारों भूखी—आक्रोश से जलती हुई आँखें ! सिर्फ, एक स्थान के नाम के साथ एक ही व्यक्ति की सूरत सामने आती है । सोखोदेउरा : जयप्रकाश··· ।

हमारी गाड़ी नवादा छोड़कर कौआकोल की ओर बढ़ी जा रही है । और, मेरी स्मृतियाँ मुझे तेज गति से पीछे की ओर लेकर भागी जा रही हैं—1940, 41, 42 की ओर ।

···देवली कैंप- जेल से एक लेख लिखकर बाहर भेजा है जे.पी. ने । उसे पुस्तिका के रूप में प्रकाशित किया गया है—'क्या यह युद्ध अविभाज्य है ?'··· देवली कैंप- जेल से, प्रभावतीजी के हाथ भेजते समय एक चिट्ठी पकड़ी जाती है । अँगरेजी सरकार देश- विदेश

के पत्रों में उस चिट्ठी को प्रकाशित करके जे.पी. को 'बदनाम' करने की चेष्टा करती है। लेकिन वह चिट्ठी ऐतिहासिक महत्व की हो जाती है। 'अगस्त क्रांति' में जे.पी. की चिट्ठी में बताए गए प्रोग्राम ही कारगर साबित हुए।··· जे. पी. का जेल से पलायन। आज़ाद दस्ते का संगठन। हनुमाननगर (नेपाल) में गिरफ्तारी। फिर, आज़ाद दस्ते के सैनिकों द्वारा हनुमाननगर जेल पर हमला··· बहुत- सी घटनाएँ।

···जेल में हमारे एक 'मिलिटैंट कामरेड' ने एक 'प्रतिदल' के कार्यकर्ता को उठाकर पटक दिया था और छाती पर बैठकर पूछ रहा था—"फिर जे.पी. को रिएक्शनरी कहेगा ?··· जान से मार डालूँगा।"··· पगली-घंटी बज गई थी।

···जेल से रिहा होने के बाद मेरे एक मित्र ने जे.पी. की शान के खिलाफ कुछ कह दिया तो बचपन के उस लँगोटिया यार से फिर मेरी कभी बातचीत नहीं हुई—"आइ हेट टु टाक विद यू···।"

गाड़ी रुकी। 'यायावर' को भूखे-प्यासे बैल-गायों का एक झुंड मिल गया है।··· वहाँ, उस खेत में हल जुता हुआ एक जानवर गिर पड़ा है।··· आकाश में गिद्धों की टोली डैने पसारकर 'भाँवरी' ले रही है।··· सड़क के दाहिनी ओर छोटी-मोटी पहाड़ियों और चट्टानों पर कुहरा-सा छाया हुआ है। धरती पर एक ही रंग पुता हुआ है—धूसर, उदास। शस्यहीना धरती पर—दरारें।...'पतरंगा' चिड़िया पास ही किसी झाड़ी में बैठकर अपने जोड़े को पुकार रही है।

एक लड़के के हाथ में अच्छी जाति का ऊख देखकर मैं समझ गया, सोखोदउरा आश्रम अब नज़दीक है। आश्रम पहुँचने के पहले एक बार फिर पीछे की ओर मन भागा··· प्रथम आम चुनाव के बाद, पटना के अंजुमन-इस्लामिया-हॉल में चुनाव में हार-जीत के कारणों पर विचार करने के लिए 'पार्टी' की आम सभा बैठी है—सैद्धांतिक सवालों के अलावा व्यक्तिगत आक्षेप और आरोपों के तीर एक- -दूसरे पर छोड़े जा रहे हैं।··· जे.पी. आँखों में आँसू भरकर सभा-भवन से बाहर निकल गए और तभी से निकले हुए हैं।··· ऐसे लोगों की एक बड़ी जमात है जो जे.पी. से नाराज़ हैं। जो मानते हैं कि जे.पी. ने उनकी 'जवानी' को मुफ्त में बर्बाद कर दिया। भारत में ही नहीं, एशिया के समाजवादी आंदोलन को जे.पी. ने नुकसान पहुँचाया है··· मैं भी उनसे नाराज लोगों में से एक हूँ। लेकिन, मेरी नाराज़गी के ये कारण नहीं।

आश्रम पहुँचते ही कई 'प्रस्तर-मूर्तियों' पर आँखें पड़ीं।··· रानीपतरा सर्वोदय आश्रम और इस आश्रम में क्या अंतर है, वह इन कलाकृतियों को देखकर समझ गया।

आश्रमवासियों के साथ डेढ-दो घंटे तक रहकर—हमें जो कुछ जानना और पूछना

था—जान लिया। बिना कुछ पूछे जो कुछ जाना जा सकता था, जान लिया। आश्रम के कृषि-विशेषज्ञ ने हमें पाँच पके हुए अमरूद दिए—जे.पी. के आश्रम का फल। सूँघकर देखा, अच्छी जाति का है।

परसामा गाँव के पास खेत में करीब दो-तीन सौ मज़दूर काम कर रहे थे। मिट्टी का काम। पानी का खज़ाना! हमारी गाड़ी रुकी। ऐसा लगा, कोसला और मियाँबिघा के सभी भूमिहीन मुसहर रजवार हो अपने बाल-बच्चों के साथ यहाँ काम पर जुटे हुए हैं। यहाँ भी 'बोली' ने हमारी बड़ी मदद की। मुंगेर के इस अंचल में अपभ्रंश 'अंगिका' बोली जाती है।··· भात को यहाँ की बोली में 'भता' कहा जाता है।··· यहाँ भी वही आक्रोश, वही ग़ुस्सा। किंतु यहाँ भी उन्होंने अपना दिल खोलकर हमारे सामने रख दिया।··· भैया, छिपावे के की बात तोहरा से? ऐहन दिन··· जितिए में 'भता' खै लिए··· ।

जयप्रकाश जी के आश्रम के पाँच फलों में से दो हमने बंगाली मुसहर (उस नामहीन नारायण) के पाँच साल के पुत्र को दिया··· तुम्हारा फल, तुम्हीं को समर्पित···!

## भूमिदर्शन की भूमिका : 6

अज्ञेयजी ने हाथ में अमरूद लेकर बंगाली मुसहर के बच्चे को बुलाया तो पहले वह झिझका। उसको विश्वास ही नहीं हुआ। फिर 'हुलसता' हुआ दौड़ा आया। उस समय उसके सूखे-मुरझाए चेहरे पर एकाएक आनंद की आभा देखकर लगा—कोई 'अलौकिक' दृश्य देखा! ऐसा लगा, मिट्टी की मूर्ति अचनाक···(नहीं, इतना अधिक भावुक होने की आवश्यकता नहीं! भावुकता के 'दौरे' में ही 'नक्षत्र मालाकोर' ने···! )

कल शाम से ही रह- रहकर 'नक्षत्र मालाकार' की याद आ रही है।··· 1949 में पूर्णिया- भागलपुर के कुछ इलाकों में अकाल पड़ गया था। सभी बड़े किसानों और गल्ले के व्यापारियों ने अनाज छिपा लिया था। 'हाहाकार' मचा कि बंगाल के बाद इस बार बिहार की बारी है। किसान-मज़दूरों की पार्टियाँ आवश्यक बैठक बुलाकर अकाल की समस्या पर विचार करने का प्रोग्राम तय ही कर रही थीं। उधर, नक्षत्र मालाकार ने हज़ारों भुक्खड़ों की टोली लेकर बड़े किसानों और व्यापारियों के 'बखार' और 'गोले' को लुटवाना शुरू कर दिया। रोज़-रोज़ खबरें आने लगीं—आज मोहनपुर में··· आज ढोलबाजा में··· आज पीरपैंती के हाट पर··· । उसका नाम सुनते ही गरीबों के गाँव में खुशी की लहर दौड़ जाती; अमीरों की हवेलियों में सन्नाटा छा जाता

और अधिकारियों का आराम हराम !··· फ़रार नक्षत्र पर पाँच हजार रुपये का इनाम 'बोला' गया। 'हमारी' पार्टी ने स्पष्ट कर दिया कि वह हमारे दल का सदस्य नहीं, उसे पार्टी से निकाल दिया गया है !··· मैं नक्षत्र को बहुत नज़दीक से जानता था,। एक गरीब माली का बेटा, जिसके पिछवाड़े में बस एक धुर जमीन थी, जिसमें फूलों की खेती होती थी। जवानी में कदम रखने से पहले ही सत्याग्रहियों के शिविर में चला गया। जेल गया। फिर 1937-38 में जयप्रकाशजी द्वारा परिचालित 'समर स्कूल ऑफ पॉलिटिक्स' सोनपुर में समाजवाद का मंत्र पाया। (नक्षत्र मालाकार नाम जयप्रकाशजी ने ही दिया था। नहीं तो उसका नाम नछत्तर माली ही रहता या नछतरा···) 1942 की क्रांति में जिसकी बहादुरी की कहानियाँ सुनकर बूढ़ों की हड्डियाँ भी कसमसाने लगती थीं, गोरे फौजी तक जिसके नाम को सुनकर घबराते थे··· ऐसे साथी को लुटेरा और डकैत कहने का साहस हममें नहीं था। हमने उसे 'गुमराह' कहा। उन्हीं दिनों, साप्ताहिक 'जनता' (पटना) में अकाल पर मेरा एक लंबा रिपोर्ताज प्रकाशित हुआ, जिसमें नक्षत्र के 'कृत्यों' की आलोचना और निंदा की गई थी··· नक्षत्र अपने विरोधियों और दुश्मनों की 'नाक' काट लेता था। (पूर्णिया- भागलपुर में आज भी दर्जनों ऐसे नकटे- कनकटे हैं, जिन्हें नक्षत्र ने ही सज़ा दी थी।) रिपोर्ताज प्रकाशित होने के कई सप्ताह बाद मेरे पास नक्षत्र ने जो संवाद भेजा, उसका आशय था : जिस नाक-कान पर तुम सुनहले फ्रेम का चश्मा लगाकर लिखते- पढ़ते हो, उसको काटने के लिए जब रात में पहुँचा, तब तुम लिख रहे थे। उस समय तुम्हारा चेहरा मुझे फूल- जैसा लगा,। तुम जो मन में आए, लिखो। मुझे गालियाँ दो। मगर, एक बार इन गाँवों में आकर देखो। सबकुछ भूल जाओगे।···आदमी इतना बेदर्द हो सकता है ?··· सात दिन के भूखे बच्चों के मुँह पर हँसी देखकर जेल- फाँसी और नरक सब कबूल करके तुम भी वही शुरू करोगे जो मैं कर रहा हूँ।···

दस-पंद्रह वर्षों के बाद, अब लगता है कि साथी नक्षत्र ने ठीक ही कहा था—जेल, फाँसी और नरक सब कबूल··· (नहीं, इतना अधिक भावुक होने की आवश्यकता नहीं !)

जमुई पहुँचते-पहुँचते मेरे मन की वेदी पर फिर एक मूर्ति आकर विराज गई। जिसकी प्रतिमा को तोड़ चुका था, उसी जयप्रकाश की एक नई मूर्ति···(नहीं, इतना अधिक भावुक होने की आवश्यकता नहीं !) लेकिन, मेरा विश्वास है, यदि यह 'आदमी' नहीं होता तो यह सूखी धरती आज लहू की धारा में नहाती रहती।

'यायावर' मरे हुए पशुओं के कंकालों के पास लड़ते हुए कुत्तों, उड़ते हुए गिद्धों और कागों के झुंड को देखकर उतर पड़ते हैं। मैं अपने मन में सद्यःस्थापित मूर्ति को फिर

हिलाता-डुलाता हूँ। (भावुक होने के बदले 'साइंटिफिकली' सोच-विचारकर जे.पी. को 'क्रांति' की राह का रोड़ा क्यों न कहा जाए ? क्योंकि, 'शास्त्र' कहता है···! )

जमुई से वापस लौटते समय सिकंदरा के चौराहे पर फिर नक़्शा खोला गया (कः पंथाः ?) । जाते समय ही 'यायावर' ने ड्राइवर से पूछा था, "सिकंदरा से बिहारशरीफ़ जानेवाली सड़क कैसी है ?" ड्राइवर ने बिना जाने-बूझे ही कह दिया था—"बहुत रद्दी । इत्ता बड़ा-बड़ा रोड़ा है रास्ते में । कच्चा है···।" किंतु 'यायावर' की समझ में यह बात नहीं आ रही थी कि पुरानी सड़क को रद्दी क्यों बना दिया गया, जबकि नई- नई सड़कें खुलती हैं···पुरानी सड़क की तो और अच्छी अवस्था होनी चाहिए । अतः सिकंदरा पहुँचकर हमने 'बस कंडक्टरों' से पूछा । मालूम हुआ, सड़क की हालत बहुत अच्छी है । चौराहे पर पहुँचकर गाड़ी रोकी गई—हम पढ़ने लगे, यहाँ से बिहारशरीफ कितनी दूर है, नवादा कितने माइल···कि पासवाली दुकान से एक आदमी दौड़कर आया। देखने में वह 'रोड सरकार' यानी 'सड़क का चौकीदार' की तरह लगता था—नाटा, चेहरे पर चेचक के दाग़, खाकी 'हाफ़-शर्ट' पहने और हाथ में एक छोटा- सा डंडा । लपककर उसने पूछा—"ह्वाट ? ह्वाट ?"

उसके गले की आवाज़ सुनकर ही समझ गया—गाँजा ! फटी और बुझी हुई आवाज़ में उसकी अंग्रेज़ी समझ में नहीं आई । उससे पूछा—"भाई, बिहारशरीफ़ जानेवाली यह सड़क कैसी है ?"

"दिस रोड इज़ बेटर ।" उसने जवाब दिया ।

चाय की दुकानों पर बैठे हुए लोगों को हँसते-मुस्कराते देखकर समझ गया कि यह आदमी यहाँ का 'मसख़रा' है । अज्ञेयजी ने कहा—"अरे भाई, आप अंग्रेज़ी में क्यों बोल रहे हैं ? हम तो हिंदी में पूछ रहे हैं ?"

बात पूरी होने के पहले ही उसने जवाब दिया—"क्योंकि मेरा जन्म अंग्रेज़ों के समय हुआ था ।···यैस । बॉर्न इन इंग्लिश राज । माइ नेम ?··· लाला एजेंट ! यैस···थैंक्यू···सैल्यूट ।"

हम बहुत देर तक हँसते रहे ।···सिकंदरा चौक पर, चाय की दुकानों पर बैठे हुए लोग भी बहुत देर तक हँसते रहे होंगे । यदि अज्ञेय नहीं होते तो मैं यहाँ रुक जाता । तीसी के तेल में पकते हुएं उरीद के गरम-गरम पकौड़े···काली-काली केतलियों की टोंटियों से अनवरत निकलते हुए भाप···चुरमुरे···गपशप···चारों ओर के···बसों पर चढ़त-- उतरते लोगों के चेहरे···गाँजे का धुआँ और लाला एजेंट की मसखरी···!

अपनी डायरी में नोट कर लिया है : यहाँ फिर कभी आना है ।···राह-चलते,

एक-दो सेकंड के लिए कोई मिलता है और हमारे मन को गुदगुदाकर हँसा देता है। ऐसे लोग बहुत बार मिलते हैं। उनकी याद एक-एक कर आती है···।

"दिस रोड इज़ बेटर !"

'यायावर' के नक्शे में अंकित सड़क के दोनों ओर पुराने पेड़ों की पंक्तियाँ—पुरानी सड़क की यादगारी हैं। नई सड़क बनी है। बाईं ओर पेड़ों की दुहरी पंक्तियाँ और दाहिनी ओर दूर तक फैले हुए खेत !··· अगहनी-साँझ की महक पहली बार मिली।

सचमुच, यह सड़क बेहतर है। दोनों ओर के गाँवों में पुआल के ढेर लगे हैं। धान की दबनी हो रही है। गाँवों की ओर लौटते हुए पशुओं के रोम-रोम पुलकित हो रहे हैं। सड़क के आसपास आने- जानेवाले प्राणियों के चेहरे पर नमी दिखलाई पड़ती हैं। अगहनी धान के नये चूड़े की और गुड़ की मिली-जुली गंध जलते हुए पेट्रोल की गंध पर रह-रहकर छा जाती है। बोधगया से जमुई तक की सूखी-दरकी धरती और सूखे- भूखे प्राणियों को देख- देखकर जलती हुई आँखों में कोई अंजन लेप गया। मानो इस 'पट्टी' में (बेल्ट को क्या कहेंगे ?) धान की अच्छी खेती हुई है।···रबी की हरियाली गोधूलि के रंग में घुल-मिलकर तन-मन में समाने लगी।···

सामने, यानी ठीक पच्छिम में—राजगिर पहाड़ियों की चोटियों पर—तुरत डूबे हुए सूरज की किरणों के रंगीन परस ! पीछे, पूरब की ओर पूर्णिमा के एक दिन बाद उगनेवाले चाँद के उगने की खबर !··· 'अज्ञेय' जी को बचपन की बातें याद आने लगीं। पिता, माता और भाइयों की यादें !

मितभाषी 'अज्ञेय' एकाएक मुखर हो उठे। लगा, टेपरेकार्डर पर 'टेप' बजाकर 'संस्मरण' सुन रहा हूँ···!

···तीस- चालीस साल पहले, इसी इलाके में पुरातत्ववेत्ता श्री हीरानंद शास्त्री धरती की खुदाई करवा रहे हैं। मिट्टी के नीचे से निकलनेवाली सही-टूटी मूर्तियों के होंठों पर अंकित मुस्कराहट को देख-परखकर इतिहास के पुराने पृष्ठों पर फिर से कुछ लिखते जाते हैं।··· आज यहाँ, कल वहाँ—कैंप की जिंदगी !

···बालक 'अज्ञेय' अपने भाइयों के साथ बिहारशरीफ़ बाजार आया है नाटक देखने—पहली बार। सत्य हरिश्चंद्र नाटक। खेल देखकर रोया है। और, लौटते समय—बिहारशरीफ़ से नालंदा के बीच—सभी भाई डाकुओं के हाथ में पड़ जाते हैं। डाकुओं ने बैलगाड़ी के गाड़ीवान और नौकर को बाँध दिया और 'अज्ञेय-बंधुओं' को अपने साथ लेकर चले। भाई लोग डरे, रोए। डाकुओं ने धमकी दी, चुप हो गए। किंतु, 'अज्ञेय' को लग रहा था कि वह 'नाटक' ही देख रहा है। अंत में, सत्य की ही जीत होगी। और हुई

भी। डाकुओं को न जाने कैसे सुबुद्धि आई—आपस में कुछ सलाह करने के बाद बच्चों को गाड़ी के पास पहुँचा दिया !

'स्मृति-कथा' सुनते समय रह-रहकर मेरी आँखों के सामने अखबारों में प्रकाशित होनेवाले आजकल के समाचारों की सुर्खियाँ साया हो जातीं··· बिहारशरीफ़ के पास टैक्सी रोककर मुसाफिरों को लूट लिया गया··· कल शाम को हजारीबाग की ओर से आनेवाली 'बस' को रोककर डाकुओं ने यात्रियों का सबकुछ छीन लिया···!! किंतु, डरा नहीं। अंत में, सत्य की जीत होती है !

पीठ-पीछे चाँद उगा। 'आलो-छाया' का 'खेल' शुरू हुआ। सामने से आते ट्रकों और जीपों की रोशनियाँ, बैल-गाय-भैंस-कुत्ते- सियार की जलती हुई आँखें··· गाँवों में जलते हुए अलाव···, कस्बों की 'बिजली- बत्तियों' की माला।

शायद मुझे नींद आ गई थी और चलती हुई गाड़ी में सपना देख रहा था। पता नहीं··· पास बैठे गुमसुम सहयात्री से यह पूछने का साहस नहीं हुआ कि वह अभी अपने बचपन की कोई कहानी सुना रहे थे क्या ?

ऐसा ही भ्रम, डाल्टेनगंज जाते समय हुआ !

पाली, विक्रम, अरवल के धनखेतों को देखते-देखते एकाएक ऐसा लगा कि हम भारतीय नृत्यकला-मंदिर में बैठकर कुमारी वीणादास का 'मोहिनी अट्टम्' नृत्य देख रहे हैं : सोलहों सिंगार करके मोहिनी अन्नपूर्णा सज-धज कर पायल झनकारती हुई इस खेत से उस खलिहान में जा रही है—थिरकती हुई। राबिंद्रिक, किंतु, गीत चल रहा है, आज सबारि रंगे रंग मिसाते होबे।··· आज रंग-सागरे तूफान उठे··· काँचा- सबूज धानेर खेते···।

नहरी इलाके की सुजला-सुफला धरती शस्य के भार से दबी हुई- सी लगती है। जहाँ तक दृष्टि जाती है—धानी रंग की माया। प्रत्येक प्राणी के चेहरे पर पानी है, मन में रस है। धान काटकर लौटनेवाले मज़दूरों की चाल में मस्ती है। चरवाहे गीत अलाप रहे हैं। बच्चे- बच्चियों की किलकारियाँ सुनाई पड़ती हैं। भर- पेट चारा- पानी पाकर जानवर बैठे जुगाली कर रहे हैं।··· यह सब भोर का सपना तो नहीं ? मैं बार- बार आँखें मूँदकर खोलता रहा। 'यायावर' अन्नपूर्णा की इस छवि को जी भरकर निहारने और आँकने के लिए गाड़ी से उतरकर खेतों के बीचवाली मेंड़ पर चले गए हैं।

जवान मुसहर और मुसहरनियों की टोली धान काट रही है—'निहुर' कर। मालिक-किसान कंधे पर बड़ी लाठी (जिसे 'गोजी' कहते हैं यहाँ) लेकर मेंड़ पर बैठा तहलथी पर खैनी मल रहा था और रसभरी 'बतियाँ' सुनाकर मज़दूरों का मनोरंजन कर रहा था। हमें देख बोला—"अरे, फोटो लेना है तो चले जाइए मंदिर में। बहुत- से

नागा लोग आए हुए हैं।" हमारी ओर से कोई जवाब न पाकर उसने ड्राइवर गणेश से कहा—"का हो डलेवर साहेब ? गाँजा-वाँजा नहीं है पल्ले में ? एक चिलम चल जाए, तब तक।"

कौन कहेगा कि बिहार में सूखा और अकाल है ?··· यह कैसी माया (कहीं धूप कहीं छाया !)··· औरंगाबाद के बाद फिर धरती की झुलसी हुई लाश पड़ी मिली ! कुरूप, कुत्सित, भूखंड···

आकाश में छाये सलेटी रंग के बादलों का रंग और भी गाढ़ा हो गया। पहाड़ियों की घुमावदार घाटियों के तीखे मोड़ शुरू हुए और आसमान झरने लगा। 'यायावर' के कैमरों को छुट्टी मिली।··· मृदंगम ! मोहिनीअट्टम ! गाड़ी के इंजिन से लगातार एक नया सुर निकल रहा है—चढ़ाई-उतराई के समय देह में गुदगुदी लगती है।··· 'अज्ञेय' रह-रहकर डायरी में कुछ लिख लेते हैं।

घनघोर वृष्टि लेकर हम डाल्टनगंज पहुँचे, छह बजे शाम। डिप्टी कमिश्नर डॉ. कुमार सुरेश सिंह के बँगले पर सात बजे। डेढ़ घंटे तक, सारे जिले की स्थिति और समस्याओं पर प्रकाश डालते हुए डी.सी. साहब ने बार-बार कहा—बुरे दिन तो अब आनेवाले हैं !

किसी नई जगह में रात में पहुँचना मुझे हमेशा अच्छा लगता है। सुबह सूरज की रोशनी में नई जगह का रूप धीरे-धीरे उजागर होता है और एक अमिट छाप छोड़ जाता है, मन पर। किंतु, सुबह झड़ी लगी हुई थी। सबकुछ ढँका-ढँका हुआ था।

सबकुछ इसी तरह रहता तो अच्छा होता। हम कहीं नहीं जा पाते। कुछ नहीं देखते। गया और जमुई के गाँवों में खेतों में लड़ते हुए लोगों को देखकर बल मिला था। भूखी औरतों और बच्चों की आँखों में क्रोध की चिनगारी देखकर मन में एक श्रद्धा-सी उमड़ आई थी। किंतु पलामू में जो कुछ देखा···?

···24 जुलाई, 1966 को सुखाड़ी महतो ने भूख-प्यास से डाल्टनगंज में दम तोड़कर भुखमरी की घोषणा कर दी। 26 जुलाई को सुखदयाली भूइयाँ। 27 को जित्तन भूइयाँ।

···मन्नू माँझी की औरत। एक औरत तीन बच्चों के साथ कूप में गिरकर मर गई। एक अज्ञात व्यक्ति··· एक औरत··· एक बच्चा···!!

दिन खुला। हम गाँवों की ओर निकले। बसना गाँव में भारत-सेवक समाज की ओर से 'मुफ्त लंगर' चालू किया गया है। डी.सी. उद्घाटन करेंगे। आयोजकों ने हमें भी निमंत्रित किया है। बसना पहुँचकर देखा, सैकड़ों भूखी आत्माएँ एक जगह

एकत्रित होकर हाकिम के आने की प्रतीक्षा कर रही हैं।··· रोटियाँ सिंक रही हैं। भाजियाँ कतरी जा रही हैं। प्रवेश- द्वार पर अशोक के पत्ते बाँधे जा रहे हैं। 'माइक' टेस्ट किया जा रहा है। भाषण देनेवालों के नाम नोट किये जा रहे हैं। कौन स्वागत करेगा, कौन धन्यवाद देंगे—सब ठीक किया जा रहा है और भूखों की भीड़ रह-रहकर सड़क की ओर देखती है—'इस गाड़ी में कौन आए ?'

गया और मुंगेर के लोग हाथ-पाँव मार रहे थे। उबरने की जी- तोड़ कोशिश कर रहे थे। यहाँ लोगों ने हिम्मत हारकर—अपने को छोड़ दिया है··· अब जो हो ! क्या चारा है ! हर आदमी के चेहरे पर मौत की छाया, जिसे देखकर अब वे डरते नहीं। डर-भय, सुख-दुःख, भूख-प्यास, हँसी-रुदन कुछ भी नहीं।··· ठहर जाइए। प्यारे भाइयो ! अब आपके सामने श्री···रिपोर्ट प्रस्तुत कर रहे हैं। इसके बाद प्रीतिभोज। जरा सब्र कीजिए।···बैठ जाइए।···खड़े हो जाइए। इधर भीड़ मत लगाइए। सुनिए··· प्यारे भाइयो !

···ये लोग कौन हैं जो 'प्यारे भाइयों' को इस तरह 'प्यार' से संबोधित करके समझा रहे हैं ? क्या ये नहीं जानते कि 'प्यारे भाइयों और बहिनों' को भाषण सुनाना व्यर्थ है ?

अति-नाटकीय ढंग से एक महिला (जो निश्चय ही अध्यापिका होगी) हाथ में माला लेकर बेसुरी आवाज़ में—"नैनों के तारे हमारे पधारे—हृदय में हमारे' गाती हुई प्रकट हुई। मुझे लगा, डी.सी. साहब अब रोकेंगे। लेकिन, हम कुढ़ते रहे और वह महिला एक-एक पंक्ति पर एक-एक पग बढ़ाती गाती रही।··· उसके हाथ की माला··· उसकी नायलन की साड़ी··· उसके गीत की पंक्तियाँ—वातावरण को और भी कुरूप बनाती रहीं।

अंत में, पत्तल पड़े। हर पत्ते में एक रोटी और एक मुट्ठी सोयाबीन की घुघनी। ···'यायावर' तसवीरें खींचने में व्यस्त हैं। उनका कैमरा जिस पंक्ति की ओर मुड़ता है—उधर के पत्तों में रोटी तुरत डाल दी जाती है।··· जिसके पत्ते में कुछ नहीं पड़ा है, वह माँग नहीं रहा है कुछ। चुपचाप देख रहा है। बच्चे टूट पड़े हैं मगर किसी ओर न हँसी है, न खुशी।

मैंने जीवन में ऐसे लोगों की भीड़ कम देखी है, चलते-फिरते मुर्दों की टोली। मुझे लगा, मुँह में ग्रास डालकर चबाते हुए बिना कोई स्वाद पाए ही लोग निगलते जा रहे हैं।

आयोजकों में से एक 'चौधरी क़िस्म' का आदमी किसी कार्यकर्ता से कह रहा था : ''साइनबोर्ड का कपड़ा ठीक से खींच दीजिए।··· फोटो में ठीक से नाम उतरेगा नहीं।''

हम 'बसना' से भागे—पहाड़ी गाँवों की ओर। नावा, खेंगरा, केंडा, तुकबरो गाँव। जंगलों में झरबेरियों की झाड़ियों के नीचे खड़ी निराश औरतें। 'गेंठी' खोजते हुए

जवान···।

ओकराहा गाँव के रत्तूसिंह ने हमें प्रेम से पाँच बेर लाकर दिए। 'बसना' में जो कुछ देखा था—रत्तूसिंह की एक सरल मुस्कराहट ने ही सबको पोंछ- -मेट दिया। उससे पूछा गया कि जब यह बाजरा भी नहीं मिलेगा तो क्या करोगे ? क्या होगा ?

उसने उसी तरह सरलता से जवाब दिया—"होतै की ? खायला न मिलतै—त मरतै।" खाने को नहीं मिलेगा, तो मरेंगे। और क्या होगा ?··· और क्या होगा ?

रत्तूसिंह मर जाएगा तो क्या होगा ? इतने लोग मर गए तो क्या हुआ ?··· क्या होगा ? कुछ नहीं होगा।

[दिनमान / दिसंबर-जनवरी
1966-67 के अंकों में प्रकाशित]

# श्रुत-अश्रुत पूर्व

न:, अब किसी भी 'वेवलेंथ' पर, किसी भी मीटर पर 'ढाका बेतार केंद्र' नहीं बोल रहा···जय बांग्ला ? नहीं, रेडियो पाकिस्तान, ढाका ? न:, यह आवाज किसी 'स्टाफ आर्टिस्ट' की नहीं, दाउद अहमद की नहीं, मुस्तफ़ा जमाल अब्बासी की नहीं, अब्दुल अलीम की नहीं, लायला अंजुमन बानो की नहीं । यानी, किसी भी मधुरभाषी मुक्तिकामी कलाकार की नहीं । यह 'रस-कस-हीन' कठाई आवाज़ फौजी अफ़सर की है जो सिलसिलेवार मार्शल-लॉ का एलान कर रहा है । अंग्रेज़ी के बाद बंगला में । निश्चय ही यह किसी अ-बंगाली की आवाज़ है । पंजाबी का लेखक भाई हरनाम दास सहराई (या सरनामदास हरजाई ?) जब बंगला बोलने लगता है तो ठीक ऐसी ही—इसी तरह ! यही लहज़ा, ऐसे ही उच्चारण : 'मार्शल लॉ आर्डर नंबर एक सौ बाईस···जे कोनो ओगनी-ओस्तरो-सस्तरो बा गोला-बारूद···खुदा हाफ़िज, पाकिस्तान ज़िन्दाबाद !'

ढाका बेतार केंद्र नहीं बोल रहा । किंतु, जितने दिनों तक वह बोल गया है, बोलकर, गाकर, जो आग-राग बो गया है, उन्हें मन के अश्रुत पूर्व 'मीटर' पर निरंतर सुन रहा हूँ—जय जय जय—जय बांग्ला !!

भावुक, सेंटिमेंटल और रोमांटिक जैसे शब्द इन दिनों गाली की सीमा तक बदनाम हो चुके हैं । इसलिए, मन सदा सतर्क रहता है—कहीं भावुकता के बहाव में 'भँस' तो नहीं रहा ? किंतु, इस क्षण, अभी-अभी (जबकि दाउद अहमद, अब्बासी, अलीम और लायला की आवाजें घोंट दी गई हैं, जो आवाजें पिछले कई सप्ताह से 'आकाशे बातासे अग्नि ज्वाला गीतेर माला' के बंदनवार सजा रही थीं) मेरा यह विश्वास फिर दृढ़ हो रहा हे कि मशीनगन, मोर्टार और टैंक का मुकाबला निहत्थे, भावुक, रोमांटिक और सेंटिमेंटल ही कर सकते हैं । अभी- अभी, इस क्षण—'जय जय जय,

जय बांग्ला—आमि तोमाय भालोबासि, ओ आमार देशेर माटी' गाते-गाते हँसते-हँसते कितने भूलुंठित हो रहे होंगे, भूने जा रहे होंगे ?··· मीडियम वेव पर ही, —इस छोर से उस छोर तक के मीटरों को टटोल रहा हूँ···च्याऊँ-फुंग-च्याँ···डाकबोना···हाँ, यह कलकत्ता है। निर्धारित कार्यक्रम के अनुसार 'भक्ति मूलक-गान' का प्रोग्राम 'नैवेद्य' चल रहा है—रामप्रसादी गीत—'माँ बोले आर डाकबोना—जानबो आमार माँ मरेछे···जानबो तोरे निजे हाते दियेछि माँ चिताय तुले···'(जाओ, माँ कहकर अब नहीं पुकारूँगा, समझूँगा कि मेरी माँ मर गई। समझूँगा कि तुमको अपने हाथ से चिता पर चढ़ा दिया···)

मुझे लगा—गंगा-यमुना-पद्मा-मेघना सब एक ही साथ उमड़ आई हैं। समस्त विवेक-तर्क-चातुरी-कूटनीति-राजनीति···क़ागज की नाव···माँ बोले आर डाकबो ना गो जानबो आमार माँ मरेछे !

5.30 पर फिर कलकत्ता बोला। एक पंक्ति की हड़बड़ाई हुई घोषणा, पहले अंग्रेज़ी, फिर बांग्ला में—'पूर्व पाकिस्ताने सिविल वार चोलछे !' और घोषणा के बाद ही प्रसिद्ध गीत का रिकार्ड—'आमार सोनार बांग्ला, आमि तोमाय भालोबासि···'

किंतु, मैं तो सुबह से ही—जिस क्षण मार्शल लॉ की घोषणा की जा रही थी—अपने मन के टेलिविजन-सेट के पर्दे पर (न जाने किस चैनल पर !) देख रहा था, धर्म-युद्ध के दृश्य। एक के बाद दूसरी उभरती हुई तस्वीरें···फेड इन : युवक-युवतियों का विशाल जुलूस, हर चेहरे पर अपूर्व आलोक, हर कंठ में एक ही गीत, हर होंठों पर भुवनमोहिनी हँसी, पृष्ठभूमि में पार्श्व संगीत : ओई जे आकाशे सूर्य उठेछे, आलोके आलोकमय—जय-जय-जय !··· ट्रट्ठाँय ! जय बांग्ला !! ट्रट्ठाँय-ठाँय !! जय-जय-जय··ट-ट-ट-ट-ट-ट-ट, ···फेड आउट ! ···फेड इन : किसान, मजदूर, नाविक, मल्लाह, मछुए, काश्तकारों की विशाल टोली—बूढ़े-बच्चे औरतें—'हानादार होशियार ! बंग-बंधु मुजीब जिंदाबाद ! ट्रट्ठाँय-ठाँय ! जय बांगला-ट-ट-ट-ट-ट-ट-ट ! ट-ट-ट-ट-ट-ट-ट-टी,!! आग की लपटें, धुएँ का गुब्बारा और आलोके आलोकमय गीत की कड़ी···

रात दस बजकर पैंतालीस मिनट पर आकाशवाणी कलकत्ता से पंकज मल्लिक का कंठ-स्वर सुनकर उत्कर्ण हुआ। और गीत सुनकर मन का अवसाद दूर हुआ—'एबार तोर मरा गांगे बान एसेछे, जय माँ बोले—भाँसाउ तरी···ओ रे ! दिन-दिन बाड़लो देना, करलि ना किछु बेचा-केना···ओ भाय ! घाटे बाँधा दिन गेलो रे, मुख देखाबि कैमन कोरे ! दे, खुले दे पाल तुले दे—जा हय हबे, बाँचीमरी—तोर मरा गांगे बान एसेछे जय माँ बोले, भाँसाउ तरी···(इस बार तुम्हारी सूखी नदी में बाढ़ आई है, 'जय माँ' बोलकर नाव को 'भँसा' दो···दो। खोल दो नाव—उठा

दो पाल—किश्ती खुदा पर छोड़ दो। जो होना है होगा। मरें या बचें...)

कट ! ! पर्दे पर पद्मा नदी का लैंडस्केप ! उमड़ती हुई पद्मा के वक्षस्थल पर लहरों पर नाचती हुई अनेक पालखुली नावें ! उनके सामूहिक गीत की कड़ी—पुरवैया हवा पर तैरती आती है—'मन माँझी रे-ए-ए-ए ! एबार बांग्ला मायेर दोहाय दे रे...बांग्ला मायेर दोहाय...नदी-नाला खाले-बिले ; पद्मचाँपा दीघिर कूले—खेते-माठे-ग्रामे-घरे ! आगुन ज्वाला गानेर माला दे रे बिलाय दे—रे माय, बांग्ला देशेर माँझीर हाथे सकलि तुलिया दे—बांग्ला मायेर दोहाय दे..."

अब समझ में आ रहा है कि कल, 25 मार्च को, अब्दुल अलीम भाव भरे गले से जीवनानंद की इन पंक्तियों की आवृत्ति क्यों कर रहा था :

*"आबार आसिबे फिरे, धानसिड़िटिर*
*तीरे, एई बांगलाय*
*हयतो मानुष नय—हयतो बा शंखचिल*
*शालिखेर बेशे ;*
*हयतो भोरेर काक हये एई कार्तिकेर*
*नवान्नेर देशे*
*कुयाशार बुके भेसे एक दिन आसिब,*
*ए कांठाल- छायाय*
*हय तो बा हाँस हब...*
*आबार आसिब आमि बांगलार नदी*
*माठ खेत भालोबेसे*
*जलांगीर ढेउये भेजा बांगलार ए सबुज*
*करुण डांगाय।"*

[फिर आऊँगा लौटकर, धानसिड़ि के तीर पर—इसी बंगाल में। हो सकता है मनुष्य नहीं, चील अथवा मैंना के वेश में। अथवा सुबह का कागा होकर—कार्तिक में नवान्न करनेवाले देश में (नवान्न के दिन काग को नए अन्न का 'पायस' खिलाते हैं)। कुहासे पर तैरता हुआ एक दिन कटहल पेड़ की छाया में आऊँगा—शायद बत्तक के रूप में—फिर आऊँगा मैं लौटकर—बंगाल की नदी-मैदान-खेतों को पार करके...जलांगी की लहरों से भींगी बंगाल के इस हरे-करुण ताल-तलैये में !]

लड़ाई की खबरें आने लगीं। रोज़ घमासान लड़ाई की खबरें आ रही हैं, लगातार बांग्ला के सभी करुण-सबुज ताल-तलैये और पुष्करणी में रोज़ 'रक्तकमल' के

दल खिल रहे हैं। नारिकेल, सुपारी, खजूर, आम-जाम-कटहल, अशोक, बकुल के बन में आग लग गई है। आग लगाई जा रही है। फसल से भरे खेतों में, धान भरे खमारों में—गोदामों में, बाजारों में। सुबह 'बादे- सबा' बारूद की गंध से लदी आती है। पूरब का आकाश घाव से क्षत-विक्षत, लह-लुहान···!!

और, मैं आश्चर्य और गर्व से पिछले कई सप्ताहों के—ढाका बेतार केंद्र द्वारा प्रसारित—गीतों, आलेखों, कविताओं, लोकगीतों की पंक्तियों को याद करने की चेष्टा कर रहा हूँ। मैंने नोट्स नहीं लिए। प्रोग्राम सुनते समय सामने की पत्र—पत्रिकाओं पर यंत्रवत् जो कुछ भी लिखता गया था—उन्हें ढूँढ़कर एकत्र कर रहा हूँ। काजी नज़रुल तथा जीवनानंद के अलावा बांगला देश के समकालीन युवा कवियों की रचनाओं के चयन, गायन व प्रस्तुतीकरण—ऐसे सुघड़ ढंग से और ऐसे दुर्दिन में किस तरह संभव हो सका ? पुरातन बाउल गीत, तर्जा, भठियाली, रामप्रसादी और कीर्तन की पदावलियों की अदम्य प्रेरणा-शक्ति को जीवन में पहली बार अनुभव किया है, मैंने। अतः मैं हलफ़ लेकर साक्षी दे रहा हूँ : एक फ़ौजी तानाशाह जब सारे बांग्ला देश को आग में झोंकने का कुचक्र रच रहा था, बांग्ला देश की जनता गाँव-घर, हाट- घाट- बाट में बाउल के गीत गा रही थी—"पथेर दीक्षा दाउ गो मुरशिद—पथेर दीक्षा दाउ !" कि 'हानादारों' (हमलावरों) की बंदूकें और मशीनगन जब आग उगलने लगीं, तब भी वे गा रहे थे। उनके हाथ में उस समय भी, कोई हथियार नहीं—गोपीयंत्र (एकतारा), खोल और करताल थे। कि वे समवेत सुर में गाते-नाचते बांग्ला- देश के लिए न्योछावर हो गए···

और, उस दिन को जीवन में कभी भूल नहीं पाऊँगा जिस दिन बंग- बंधु मुजीब पहली बार, सर में कफ़न लपेटे कातिलों से मिलने जा रहे थे। उस दिन ढाका बेतार केंद्र से प्रसारित हर देशभक्तिमूलक गीत और लोकगीत, वैराग्यमय वातावरण की सृष्टि कर रहा था। हर गीत का वक्तव्य : मिट्टी की यह देह एक दिन मिट्टी में मिल जाएगी। देश की मिट्टी को मुक्त करने के लिए यदि देह जाती है तो इससे बढ़कर पुण्य और क्या हो सकता है !

मैंने जिसको 'रनिंग कमेंट्री' समझा, वह असल में 'वायरलेस वार्त्तालाप' था। यह जानते हुए भी कि 'वायरलेस' सुनना अपराध है, इस 'वार्त्तालाप' को पकड़े रहा। ढाका और कुमिल्ला में बातें हो रही थीं। ढाका उत्तेजित स्वर में कह रहा था—कहता जा रहा था—"ह्याँ ! ह्याँ ! ! एईमात्र···ह्याँ···दिस नाउ···आमि देखलाम—सादा घपघपे टोयेटो—गाड़ी ते—कालो पाताका उड़िए—आमादेर बंगबंधु मुजीब—जनगणेर प्रति हाँसिमुखे अभिनंदन जानाते··· ह्याँ ह्याँ··· एकेबारे एकला—रास्तार दुई धारे समवेत हाजार- हाजार नरनारी··· की बलब··· एमन..."

कुमिल्ला : "हैलो ! सोनो··· जेते तो देखले। फिर आसते देखबे की ? देखे आमादेर बोलो। बुझले···?"

ढाका : "की बोलो ? फिरबे ना ? फिरते देबेना ?··· एँ ? की जे बोलो··· कोन साला आटकाबे···?"

कुमिल्ला : "उहे ! 'सिक्राफ़ोन' व्यवहार कोरो। पुट ऑन सिक्राफ़ोन···"

और, इसके बाद वार्त्तालाप का प्रत्येक शब्द डिस्टॉर्टेड··· और स्वाभाविक रूप से अमानवीय आवाज़—क्याँ-क्याँ-कों-को-केंए।

ठीक उसी समग्र ढाका बेतार केंद्र से शमशुल अस्करी का लोकगीत प्रसारित हो रहा था। बंधु के बिछोह की आशंका से कातर गायक के हृदय का दर्द :

*तोमार मत दयाल बंधु, आर कोथाय पाबना*
*देखा दियाँ उहे रतन ! फिरे जेउना··*
*तुमि आमादेर तरीर कांडारी··*
*एके तो झड़ेर बातास—तारो परे ढेउ*
*आमार नाव डुबाइया—सकल हाराए*
*एई कि तुमि चाऊ...?*
*बंधु रे-ए-ए-ए—फिरे तुमि आसिबे की*
*एई आमादेर भाबना—तोमार मत दयाल बंधु··*

ढाका बेतार केंद्र के 'व्यापार विभाग' के प्रसारण का एक उदाहरण। फ़ारुक रहमान एक आधुनिक गीत गा रहा है :

*किसान बोले कारे तुमि आज घृणा कोरो ?*
*श्रमिक बोले कारे तुमि एड़िये चलो ?...*
*आमरा बुकेर पांजर दिया, तोमार प्रासाद दिलाम तुलिया*
*आमराउ जे दाबीदार, आमराउ जे इन्सान*
*···दिते हबे सम्मान·· दिते हबे...*

गीत समाप्त होने के बाद, व्यापार विभाग की प्रचार-वाणी : जँय जँय जँय... आलोके- आलोकमय ! युनाइटेड बैंक लिमिटेड—आपनार बैंक ! माने बांग्ला देशेर बैंक !··· ट्रिंकल··· हानादार, होशियार ! आर कोनो रकमेर शोषण, दंशन बा उत्तीड़न ए देशे चलबेना। नाइलोन मशारी व्यवहार करुन, मशा माछी एवं पोका- माकड़ इत्यादि घूमे व्यापात कोरबे ना···ट्रिंकल···

आपनार प्रिय चित्र तारिका रोजिनार प्रिय साबान लक्स !··· ट्रिंकल···मने आछे तो ? आमादेर ऐतिहासिक अहिंस सविनय आंदोलनेर आज सप्रदस दिवस। आज के नतून कोरे सपथ नेबार जन्य बिराट जनसभार आयोजन हच्छे। आपनिउ

सपथ निन !!—ट्रिंकल···बा-बा-बा-बाटा ! एक जोड़ा डैडी आर एक जोड़ा अम्मी; एक जोड़ा आमि आर एक जोड़ा तुमि—बाटा-बाटा··ट्रिंकल··एक बारे सुनून अब्दुल नासरेर गाउया एकखानि गीत :

*आमादेर बंदी कोरे ओरा यदि भावे*
*पापेर घाटे पुण्य गेछे डूबे*
*सेटा भूल-भूल-भूल··*
*आमादेर संतानेरा तादेर भाँगबे भूल-भूल-भूल*
*आमादेर एई जीवने सुख-दुखेर कोनो हिसेब नेई*
*एई दिन टा दिन नय रे—आरो दिन आछे*
*आमादेर संतानेर—नेबे-नेबे-नेबे*
*आमादेर पावना टुकु आदाय कोरे निबे··*

[हमें बंदी करके वे यदि सोचते हैं कि पाप के घाट पर पुण्य डूब गया है तो यह उनकी भूल धारणा है । हमारी संतान उनके इस भ्रम को दूर कर देगी । हमारा बाकी- बकाया सब हमारी संतान पाई-पाई कर इनसे वसूल करेगी···]

28 मार्च ! ढाका से, बिना साज-साजिंदे के कोई गा रहा है ? तो क्या, फिर 'ढाका बेतार केंद्र'···?? नहीं, यह रेडियो पाकिस्तान ढाका है । गीत के अस्फुट बोल—तोमारे हेरिया बेहेस्त बाँदा···तोमार लागि भुलाई खोदा···महम्मद मूशा···तोमार एख्तियार···

इस 'लाइव-प्रोग्राम' के बाद, बगैर 'फेडर ऑफ' किए ही कोई बोलता, है—'रेकर्ड···नातवाला···नहीं- नहीं···' फिर 'पथेर दीक्षा दाउ गो मुरशिद' बजने लगता है । अरे ? यह तो 'मुक्ति सैनिकों' का प्रिय गीत है । अचानक गीत बजना बंद हो जाता है । फिर नया ऐलान—नतून घोषणा···सब रकमेर ट्रांजिस्टर सैट मार्शल लॉ अधिकारीर काछे जमा दिते हबे···

मेरी आँखों के आगे एक दृश्य साकार हुआ : रेडियो स्टेशन का स्टूडियो । बाहर फ़ौजियों के बूटों की कर्कश आवाज़···सड़कों और गलियों से मशीनगन, ब्रेनगन चलाने की आवाजें आ रही हैं । एक मिलेटरी यान में ठूँसकर गिरफ्तार किए हुए लोगों को लाया जाता है । ढाका रेडियो को चालू रखना बहुत जरूरी है, इसलिए आर्टिस्टों को पकड़कर लाया गया है । स्टूडियो के अंदर कई कलाकारों को घसीटकर बंद कर दिया जाता है । इसके बाद कोई लेफ्टिनेंट अथवा मेजर—हाथ में रिवाल्वर लेकर एक-एक से कहता है—"चलो, गाना गाओ ।"

"नेहीं । हम गाना नेंही जानता ।"

"गाना नहीं जानता ? मरना जानता है ?"

"जानता है।"

"तुम चलो। गाओ···गाना पड़ेगा,!!"

"नेंहीं !"

"ट्रठाँय !"

"तुम गाएगा ?"

"नहीं ! ···हाँ···हाँ···हम गाएगा !"

"चलो ! गाओ···शुरू करो। मगर बांगला देशवाला गाना नहीं !"

*"आमार लहो नमस्कार*
*सब छेड़ेछि बिदाय नितेछी—कोनो कथा नेई आर*
*लहो नमस्कार···"*

"एय। बंद करो ! बदमाश ! बाँगला देश का गाना गाता है ? हमको चकमा देता है ?"

गायक बिना रुके हुए आलाप लेता है :

*"ओय जे आकाशे सूर्य उठे छे—आलोके—*
*आलोकमय—जॅय जॅय जॅय··!"*

"ट्रट्ठाँय !"

"जॅय जॅय जॅय···आमि 'स्वाधीन-बांग्ला-बेतार केंद्र' थेके बोलछी ! बंगबंधु मुजीबुर्रहमान बलेछेन···!'

"जॅय जॅय जॅय ! !"

[दिनमान/11 अप्रैल 1971
के अंक में प्रकाशित]

# नेपाली क्रांति-कथा

## एक

विराटनगर, ईस्टर्न कमांड का हेडक्वार्टर, पूर्वी मोर्चा···

अक्तूबर 1950 की एक सुबह, मुक्ति की संभावना का मधुर सँदेशा दे गई, पशुपतिनाथ मंदिर के प्रांगण में वज्रनिनाद-स्वर में जयध्वनि हुई—"जय, पशुपतिनाथ की जय !"

जयध्वनि या मेघगर्जन ? मुक्ति की सूचना लेकर यह जयध्वनि मँडराती रही—पहाड़ों में, तराइयों में, नगरों और गाँवों में। राणाशाही के बंधन में युगों से जकड़ी हुई धरती—नेपाल की—विहँस पड़ी। देश के कोने-कोने में छाई हुई उदासी दूर हो रही है।

मुक्तिसेना के सिपाहियों के मुखमंडल पर सर्वदा एक अपूर्व आभा और ओठों पर मनमोहक मुस्कराहट अंकित रहती है। विजयादशमी के दिन गुरुजनों के चरण छूकर नमस्कार करते समय इस बार ये इतना प्रसन्न क्यों हैं ?···माँ, इस बार रक्त का टीका लगा दो···पिताजी, आशीर्वाद दीजिए—देश की मुक्ति के लिए अपने को उत्सर्ग कर सकूँ···जय हो, विजय हो। बड़े-बूढ़ों की आँखों में प्रसन्न आँसू ढलमलाते हैं—क्या हो गया है इन नौजवानों को ?··· यो कस्तो पागलपन ?

मुक्तिसेना का एक- एक सिपाही—तैयार—प्रतीक्षा कर रहा है।

और भी कई दिन प्रतीक्षा में बीते। झिलमिलाती हुई दीपावली की रात आई। विराटनगर के अधिकांश घरों में इस बार 'दीपावली' और 'भाई दूज' का पर्व एक ही साथ मनाए जा रहे हैं। भाइयों ने जिद्द पकड़ी है—"इस बार दो दिन पहले ही 'टीका' लगा दो दीदी !"

शंखध्वनि हुई। दीपों की माला जगमगाई। 'भाई-टीका' देते समय स्नेहमयी बहनों

ने अपने-अपने भाइयों की आँखों में न जाने कैसी चिनगारी देखी कि उनके मुँह से आशीर्वाद के ये दो शब्द स्वयं ही निकल पड़े—'जय नेपाल' ।

नेपाली वधुओं ने अपने-अपने पतियों की 'खुकरी' को सर से छुलाकर विदाई दी—'जय नेपाल' ।

मुक्तिसेना की पहली टुकड़ी, रात के सन्नाटे में—तराई, नदी-नाले और ऊबड़-खाबड़ खेतों को लाँघती हुई—विराटनगर शहर की ओर बढ़ी। गेर्रिला-युद्ध का श्रीगणेश हुआ। टुकड़ी के सभी मुक्ति-सैनिकों के मन में फौजी बैंड के ताल पर, एक ही गीत गूँज रहा है—नेपाली ! नेपाली !! अगि बढ़दै बढ़दै जाऊ—क्रांति झंडा ले··· ड्रम ड्रम ड्रम ।

इनके प्रत्येक पदचाप पर धरती पुलक-पुलक उठती है। शहीद शुक्रराज, कृष्णप्रसाद कोइराला तथा अनगिनत-अनाम-अमर शहीदों की आत्माएँ शांत हुई हैं—पहली बार। नक्षत्रखचित आकाश में खलबली मची हुई, मानो ···

हाल्ट !

विराटनगर शहर के बाहर एक क्षण के लिए टुकड़ी रुकी। अंतिम निर्देश : ट्रेजरी, मालखाना और जेल पर—एक भी गोली खर्च किए बगैर ही—निःशब्द कब्जा करना होगा। आवश्यकता पड़ने पर संगीन और रिवाल्वर से ही काम लेना होगा। यह हुआ पहला कार्यक्रम। दूसरा काम मोरंग ज़िला के गवर्नर उत्तमविक्रम राणा के निवासस्थान पर धावा बोलकर गवर्नर तथा अन्य फौजी अफसरों को गिरफ्तार करना। इस धावे में हम खुलकर अपने हर हथियार का इस्तेमाल् करेंगे।

टुकड़ी को दो हिस्सों में बाँट दिया गया।

गिरिजा और विश्वबंधु के नेतृत्व में एक दल स्कूल के मैदान में जा उपस्थित हुआ। दूसरे दल के दलपति हैं तारिणी प्रसाद और गेर्रिला-युद्ध के प्रशिक्षक भोला चैटर्जी। प्रथम दल को—ट्रेजरी, जेलखाना और सरकारी अफसरों के कैंप पर छापा मारकर कब्जा करना है··· द्वितीय दल, अस्त्रागार, फौजी बैरक पर चढ़ाई करेगा।

मालखाना (अस्त्रागार) का संतरी मच्छरों के मारे परेशान है! वह 'भानुभक्त-रामायण' की पंक्तियों को गुनगुनाता हुआ बरामदे पर टहल रहा है—'लो लंकापति तिम्रो यमदूत आयो···' अचानक, टार्च की तेज रोशनी उसकी आँखों को चौंधिया देती है। सावधान होकर् वह जब तक राइफल सँभाले, गेर्रिलों की चमकती हुई शाणित संगीनें उसे चारों ओर से घेर चुकी थीं—"चुप, न कराउ···चिल्लाओ मत।"

संतरी ने मुस्कराकर हथियार सुपुर्द कर दिया। लगा, वह पहले से ही इसके लिए तैयार था।

अस्त्रागार में रक्षित राइफलों और बुलेटों के ढेर देखकर गेर्रिले किलक पड़े। इस्पात,

ताँबे और निकेल के अस्त्र-शस्त्रों का अंबार ? लेकिन, उधर ट्रेजरी की बड़ी तिजोरी खुल नहीं रही है। चाबी बड़े हाकिम यानी गवर्नर के पास है।

"टूट नहीं सकती तिजोरी ?"

"जोरों की आवाज होगी।"

"गिरफ्तार संतरियों पर नजर रखो।"

"मालखाना का 'माल' सँभालो।"

ऐसी घड़ी में भी हँसानेवाली कोई ऐसी घटना घट सकती है कि आदमी हँसते-हँसते लोट-पोट हो जाए !

"अंधकार में यह कौन है···एकदम नंगा ?"

"एकदम नंगा नहीं, अंडरवियर है।"

"परम भूधराकार शरीरा··· ?"

खिलखिलाहट सुनकर डाँट पड़ी—'ए ! चुप···एक शब्द नहीं।"

जोगबनी के भावुक गुरुजी फेंकन चौधरी शुरू से ही कोइराला-परिवार के भक्त और नेपाली कांग्रेस के सक्रिय सहायक हैं। गेर्रिलों ने 'जय नेपाल' कहकर मार्च किया तो आप भी निहत्थे साथ चल पड़े। टुकड़ी के संचालक भोला चैटर्जी ने आपत्ति की—"सुफेद खादी की धोती और यह सुफेद गाँधी टोपी ? घने अंधकार में भी गोली ठीक आपके सिर में लगेगी।" किंतु गुरुजी ने मैथिली भाषा में ही कहा—"जब गोलिये खाये लेल जायत छी त फेर माथ में लागौक चाहे पैर में—एक्के बात···"

मालखाना में समस्या खड़ी हुई—राइफल तो दो-दो या तीन-तीन भी लटकाई जा सकती हैं, कंधे से, किंतु इतने बुलेट ? कोई बोरी या झोली भी नहीं—"··· अब कसरी कै गर्न ···कैसे क्या हो ?"

"हे-हे लियौ, समस्याक समाधान !"- कहकर गुरुजी ने अपनी धोती खोल दी, "बाँधिए गठरी। इससे भी नहीं हो तो लीजिए, इस कुर्ते का झोला बना देता हूँ।"

जेल का संतरी सतर्क हो गया, शायद ? वह रह-रहकर विकट और विकृत स्वर में चिल्लाता है—'खबरदार, होय खबरदार !' इतना ही नहीं, वह अब निशाना लेकर तैयार है। दलपति ने ताड़ लिया। बस, सन्नाटे को चीरती हुई मुक्तिसंग्राम के सिपाही की 'पहली गोली' दगी—ठाँय। रिवाल्वर की गोली ने संतरी को सुला दिया।

फिर, सभी ओर चुप्पी। घुप्प अंधकार।

सभी काम 'बेखटके' हो रहे हैं। जेल का कपाट खुला। जेल के अंदर की काल-कोठरियाँ खुलीं। भगदड़, कोलाहल। और, लाख मना करने के बावजूद शुरू हुई जयध्वनि और नारे···

'कोइराला- निवास' के पूरब, मैदान में—अंधकार में ही सारी घटनाएँ घट रही हैं।

उन्नत सिर 'कोइराला-निवास' मानो सबकुछ देख रहा है ···कोइराला-निवास । जहाँ साठ-पैंसठ साल पहले एक महामानव ने एक विद्रोह की पहली चिनगारी जलाई थी । जिसके प्रत्येक कमरे में—न जाने कब से नेपाल की मुक्ति के सैकड़ों सपने देखे हैं, इसके निवासियों ने । और, आज जिसका प्रत्येक सदस्य मुक्तिसंग्राम का सशस्त्र सैनिक है ।

'कोइराला-निवास' के उत्तर-पूर्व में है—उत्तमविक्रम राणा का निवासस्थान । विशाल मैदान के बीच ऊँची चारदीवारी से घिरा दुमंजिला बँगला । प्रवेशद्वार पर कई पुराने, ऊँचे पेड़ ···

अचानक, एक पेड़ की फुनगी से, 'सर्च-लाइट' की रोशनी सामने के मैदान के अंधरहस्य को खोल गई । मुक्तिसैनिकों के दोनों दल इसी मैदान में एकत्र हैं ···

''लेट जाओ सभी । रेंगते हुऐ आगे बढ़ो ।''

सुशिक्षित गेरिले रेंग-रेंगकर आगे बढ़ने लगे । एक बार सर्चलाइट की रोशनी फिर नाच गई, मैदान में ।

—ट- ट- ट- ट; ट- ट- ट- ट ···

राणाशाही- ब्रेनगन आग उगलने लगी—अविराम ।

पूरब, फौजी बैरक में खतरे का बिगुल आर्त्तनाद कर उठा ।

विराटनगर शहर कच्ची नींद से अचकचाकर जगा । फिर, घंटों सिर्फ गोलियाँ बोलती रहीं—ट्रट ठाँय-ठाँय··· धाँय-धाँय । ट-ट-ट-ट-ट-ट ··· ठाँय-ठाँय ···

—विकू ! लेट जाओ भैया । लेटे रहो ।

—फ्लास्क से पानी ढालकर विकू को पिला दो ।

—निशाना—पेड़ पर ···

—सुँ-ई-ई ···ठाँय । सुँ-ई-ई ···ठाँय-ठाँय ···

राणाशाही की धाराप्रवाह गोली- वर्षा का जवाब, मुक्तिसेना की बंदूकें तुतला- तुतलाकर दे रही हैं, मानो—'हम डटे हैं ।'

—किसे गोली लगी ? राइफल ले लो उससे ।

—गिरिजा को कारतूस चाहिए ···

सर्चलाइट की रोशनी, काली नागिन की लपलपाती हुई जीभ की तरह, रह-रहकर अंधकार को चीरकर नाच जाती है । अब, ऐसा लगता है कि एक भी मुक्ति-सैनिक बचकर नहीं लौटेगा । अब तक सामने से ही गोली की वर्षा हो रही थी । इस बार पीछे से बैरक के फौजियों ने फायरिंग शुरू कर दी है ···

मुक्ति-सग्राम की इकलौती स्टेनगन धुआँधार, जवाबी फायरिंग करती हुई गर्म हो गई है । जलते हुए बारूद की उत्कट गंध सारे वायुमंडल में फैलती जा रही है ।

डेढ़ इंच की गोली—थ्री-नाट-थ्री की—सनसनाती हुई गिरिजा की कनपटी के पास

से गुजर गई। मौसेरा भाई विकू चिल्लाया—"गिरजा, सिर धरती पर···" किंतु दूसरी गोली विकू की जाँघ को चीरती हुई धरती में धँस गई। सामने की पंक्ति में लेटकर राइफल चलानेवाले बहादुर साथी बलबहादुर की निष्प्राण देह लुढ़ककर गिरिजा को ढँक लेती है। अमर शहीद कृष्णप्रसाद कोइराला का सबसे छोटा बेटा, नेपाली काँग्रेस के सभापति मातृका प्रसाद का और मुक्तिसेना के ईस्टर्न कमांड बी. पी. कोइराला का सबसे प्यारा छोटा भाई गिरिजा देख रहा है—गोलियों से बलबहादुर की लाश छलनी हो रही है ···अब शायद उसकी बारी हो ···

—ट-ट-ट-ट-ट-ट-ट; ट-ट-ट-ट-ट-ट-ट ···

मुक्तिसेना के दलपति ने पीछे हटने का आदेश दिया, किंतु पीछे हटा जाए कैसे ? लगता है, चारों ओर से गोलियाँ चल रही हैं।

उत्तमविक्रम के फौजियों ने रात-भर फायरिंग जारी रखी। डेढ़-दो घंटे तक मुकाबला करने के बाद गेर्रिले पीछे हट गए।

विराटनगर से पूरब, सिंधिया नदी के किनारे सभी गेर्रिले एक-एक कर एकत्र हुए। एक साथी नहीं लौटा। वीर बलबहादुर शहीद हो गया। तीन मुक्ति-सैनिकों को गोली लगी है। एक की अवस्था चिंताजनक है। तीनों की मरहम-पट्टी की गई।

घायलों को लादकर पूर्वनिश्चित योजना के अनुसार सभी रंगेली बाजार की ओर चल पड़े—निःशब्द।

पराजय की ग्लानि, पैर पीछे हटाने की लज्जा और मुक्तिसेना की सारी चेष्टाओं को अपमानित करती हुई राणाशाही-ब्रेनगन की आवाज़—ट-ट-ट-ट-ट-ट-ट—मानो, मुँह चिढ़ा रही हो—वाह रे पटाखेबाजो !

शहीद बलबहादुर, जो 1946 के ऐतिहासिक मजदूर-आंदोलन में, सत्याग्रहियों में नाम लिखाने के बाद अचरज से पूछ बैठा था—"यह कैसी लड़ाई है, बाबा ? राणा का सिपाही हमको गोली से मारेगा और हम सिर्फ़ 'जिंदाबाद' बोलेगा ? नहीं भरती होना है, ऐसी लड़ाई में ···"

इस बार जब उसे मालूम हुआ कि बंदूक का जवाब बंदूक से दिया जाएगा तो वह हँसता हुआ आया—"मुक्तिफ़ौज में मेरा नाम लिख लिया जाए।"

एक बूढ़ी माँ और पाँच वर्ष के एक पुत्र को नेपाल के किसी पहाड़ी गाँव में छोड़कर—हँसता हुआ चला आया बलबहादुर। मरते-मरते उसने कई साथियों के प्राणों की रक्षा की। कल शाम को चाय पीते समय उसने एक पहाड़ी गीत सुनाया था जिसका भावार्थ इस प्रकार है : 'युद्ध के मैदान में मरनेवाले सीधे स्वर्ग पहुँचते हैं ? मेरी राह रोककर कौन खड़े हैं ? पिता ? माँ ? स्त्री ? पुत्र ? मैं किसी को नहीं पहचानता। सभी हट जाओ मेरी राह से। मेरी आत्मा सीधे स्वर्ग पहुँचने के लिए मचल रही है।'

उसके साथी नरबहादुर के हाथ में गोली लगी है। मैदान से लड़ने में उसे देर हो गई। ब्रेनगन की गोलियों की वर्षा के बीच वह अपने बचपन के साथी बलबहादुर की मृत देह को बहुत देर तक ढूँढ़ता रहा। उसने कहा था—यदि मैं लड़ाई में काम आ जाऊँ तो मेरी खुकरी मेरी माँ के पास पहुँचा देना—एकलौते बेटे के लिए अमूल्य धन।

सभी मुक्ति-सैनिकों के अंदर एक तूफान चल रहा है। सभी चुप हैं। चुपचाप चल रहे हैं, ओस से भीगी हुई पगडंडी पर।

एक साहित्यिक और रसिक मुक्ति-सैनिक इस असह्य चुप्पी को तोड़ता है—"आज एक कहावत का जन्म हुआ : जो जीते सो गोलंदाज, जो हारे सो पटाखेबाज !"

बात वाजिब जगह पर जाकर लगी। जले पर जान-बूझकर नमक छिड़कना इसी को कहते हैं—"जनाब ! अपनी शायरी रखिए अभी !"

"मैं शायरी करता हूँ ? मैं पूछता हूँ, भागने का हुक्म क्यों दिया गया ?"

"भागने का हुक्म ? कैसा जंगली है ? 'रिट्रीट' को भागना बोलता है ? अपने बहादुर साथियों को 'पटाखेबाज' कहता है ?"

"रिट्रीट ही सही। किसने हुक्म दिया पैर पीछे हटाने का ?"

"क्यों ? मैंने।"

"तो, इसी स्टेनगन से सभी साथियों को यहीं समाप्त कर दीजिए। हम किस मुँह से लौटकर जाएँगे ?··· मेरा जी करता है, इसी रिवाल्वर से अपना काम तमाम कर लूँ।"

"सेंटिमेंटल फूल !"

हठात्, कड़कता हुआ फौजी कमान—"गेर्रिलाज़ ऑफ नेपाल लिबरेशन आर्मी—अटेन्शन !"

गेर्रिला- युद्ध का शिक्षक भोला चैटर्जी कहता है : हम पराजित नहीं हुए हैं। इतने अस्त्र- शस्त्र, गोला बारूद, कारतूस हमें प्राप्त हुए। दो घंटे तक हमने दुश्मन के ब्रेनगनों का मुक़ाबला किया ···

कुछ भी कहे भोला चैटर्जी। मनोबल नाम की चीज़, जरा-सी बात में बनती और बिगड़ती है···

'बेस कैंप' से 'बेतार-संवाद' प्रेषित करते समय ऑपरेटर लंबी और ठंडी साँस लेता है—पहला ही संवाद उत्साहभंजक ?

संवाद भेजने के बाद ऑपरेटर लामा दुश्मन के 'बेतार- संदेश' 'इंटरसेप्ट' करने में व्यस्त हो जाता है ··· उत्तमविक्रम राणा नैश में झूमता हुआ संदेश दे रहा है, प्रधानमंत्री ('तीन सरकार') मोहन शमशेर जंगबहादुर राणा को। दिल खोलकर हँस रहा है उत्तमविक्रम। हज़ोर यो बोलाहे को कांग्रेसी कुत्ता हरू ···इन पागल (कांग्रेसी) कुत्तों के लिए हमारे बैरक के जवान ही काफ़ी हैं। चिंता न करें। सब ठीक-ठाक है···

विराटनगर के निवासियों ने 'दुहाई पशुपतिनाथ' रटकर रात काटी। भोर को राणाशाही ब्रेनगन चुप हुई तो फौजी जीपों की गुर्राहट, फौजियों की भारी बूटों की भड़भड़ाहट और क्रुद्ध फौजी अफसरों की कर्कश कंठ-ध्वनियाँ—सब मिलकर नगर की गली-गली को कँपाने लगीं—भटभट भट-भर्र—कड़प-कड़प, कड़प-कड़प ··· ए-बा-ठा-न ! बा-या-ने-ट कि-का ! !··· लोड ! फायर !

उत्तेजित फ़ौजियों को आम हुक्म दे दिया है कर्नल उत्तमविक्रम राणा ने। हर घर को घेरकर तलाशी ली जा रही है। मारपीट, लूटपाट और गिरफ़्तारी ···औरतों और बच्चों का सम्मिलित रुदन, घायलों की चीख-पुकार से आकाश भर रहा है। सड़कों पर अमानुषिक अत्याचार के हृदयविदारक दृश्यों को देखकर सुबह का सूरज सिहर-सिहर जाता है।

नेपाली कांग्रेस के, छोटे- बड़े सभी सदस्यों के नाम 'मौत का परवाना' जारी कर दिया गया है—"देखते ही गोली मार दो !" किंतु, दोपहर तक सारे नगर को छान डालने के बाद भी नेपाली कांग्रेस का कोई सदस्य नहीं पकड़ा गया। एक बच्चा भी नहीं।

कर्नल ने कहा—"उनकी औरतों से कहो, अपने-अपने घरवालों को दो दिन के अंदर हाजिर करें। नहीं तो औरतों को ही 'धुन' दिया जाएगा अर्थात् कैद किया जाएगा ···सबकुछ किया जाएगा।"

परिवार के बच्चों और बीमारों को रात में ही निरापद स्थान में भेजने के बाद, 'सानो आमाँ' (श्रीमती दिव्या कोइराला) अकेली बैठी हैं, 'कोइराला-निवास' के एक कमरे में—अपने इष्टदेव के विग्रह के सामने। किंतु, रह-रहकर 'जाप' में बाधा पड़ती है। ध्यानमंदिर में 'परमगुरु' की प्रतिमा आज प्रतिष्ठित नहीं हो पा रही। बार-बार गिरिजा का मुस्कराता हुआ मुखड़ा आँखों के आगे मूर्त्त हो जाता है। कानों के पास उसकी मीठी पुकार प्रतिध्वनित हो जाती है—आमाँ ! म आयँ ···कौन ? किसने पुकारा ? को हो ?··· कोई नहीं ? भ्रम, या मेरा बेटा रात की लड़ाई में देश की मिट्टी को 'प्यारा' हुआ ?

माँ का हृदय हाहाकार कर उठता है। वह दौड़ी हुई परमगुरु स्वर्गीय पति, कृष्णप्रसाद कोइराला की तसवीर के पास आती है और धड़ाम से गिर पड़ती है—"बल दो प्रभु ! शक्ति दो ···हुज़ूर ! तुम देखते रहना—तुम्हारे सभी बच्चे-बच्चियाँ लड़ाई के मैदान में हैं।"

सानो आमाँ सुनती हैं, वे कह रहे हैं—"तुम्हें बार-बार अपने बच्चों की ही याद क्यों आती है ? नेपाल-जननी के इतने बच्चे अपनी जान देने आए हैं। उनकी याद

नहीं आती ?"

"आती है हुजूर, आती है, नहीं तो, यहाँ बैठी क्यों हूँ ?"

'कोइराला- निवास' के चारों ओर घेरा डालकर बैठे हुए सिपाहियों को अचरज होता है—निवास के अंदर पाँव रखने का साहस किसी अफ़सर में नहीं ···कौन आए ? वहाँ बैठी गुर्रा रही होगी—सिंहनी माँ ! 1946 के मजदूर- आंदोलन के समय की झिड़कियाँ अफसरों को याद हैं—"लाज नहीं आती ? बड़े अफसर हो ? संसार के किसी सभ्य देश के नगण्य- नागरिक के सामने भी सिर ऊँचा कर सकोगे कभी ? स्त्रियों से बात करना नहीं जानते ? कैसी शिक्षा दी है तुम्हारे राणा पिताओं ने ?"

"सानो आमाँ ! सानो आमाँ खोया ?··· कहाँ हैं माताजी ?"

रोती, छाती पीटती औरतों की टोली आई—"खोय, मेरो छोरो (बेटा) खोय ? मेरा लोग्ने (पति) खोय ? सानो आमाँ !"

बताओ, माताजी ! मेरा बेटा कहाँ है ? कहाँ है मेरा स्वामी ?··· माताजी, तुम्हारे लड़कों ने मेरे भोले- भाले भाई को बहकाकर हमारा सत्यानाश कर दिया ···फौजियों के हाथ से हमें कौन बचाएगा ? कौन हमारे सतीत्व की रक्षा करेगा ?

पाँच-पाँच शेर बच्चों की माँ—नेपाल की इस महिमामयी माता का गला भर आया—"तुम मुझसे पूछने आई हो ! लेकिन, मैं किससे पूछूँ कि मेरे बच्चे कहाँ हैं ? कौन बताएगा कि मेरे बच्चे जीवित हैं या काल के गाल में चले गए ?··· यह देश, नेपाल- माता भी यही सवाल पूछती है—कौन बचाएगा मुझे ? मैं पूछती हूँ, क्या तुम्हारे घर में कलछी, छनौटा, सड़सी, दाब, खुकरी, कुल्हाड़ी, कुदाल कुछ भी नहीं ? सेफ्टीपिन और बाल में खोंसनेवाले काँटे तो हैं ···"

औरतों की टोली में, दनुजदलिनी दुर्गा आकर खड़ी हो गई मानो। नेपाल की ललनाएँ प्रतिज्ञा करती हैं : 'राणाशाही जुल्म और अत्याचार का डटकर मुक़ाबला करूँगी। सिर नहीं झुकाऊँगी।'

थकी- हारी, मुक्तिसेना की पहली टुकड़ी विराटनगर से सात कोस पूरब रँगेली बाजार में विश्राम कर रही है। रँगेली की जनता के उत्साह, आतिथ्य और देशभक्ति के भाव से मुक्तिफ़ौजियों को अपार बल मिला है।

'बेस-कैंप' से संदेशवाहक आया है ···रात के संघर्ष में, एक दर्जन से भी अधिक राणाशाही फ़ौजी मारे गए हैं ···अंधाधुंध गिरफ्तारियाँ हो रही हैं। सभी मिलें बंद हैं। सारा शहर वीरान है।

और सबसे उत्साहवर्धक समाचार : हेडक्वार्टर से बेतार संवाद आया है—मित्र- देश से आनेवाला अस्त्र- शस्त्र इस मोर्चे पर—यानी ईस्टर्न कमांड में शीघ्र ही पहुँचनेवाला है। सिंगापुर, मलाया और बर्मा के प्रवासी नेपाली, गुर्खे सैकड़ों की संख्या में इस

मुक्तियुद्ध में शरीक होने के लिए आ रहे हैं।

हिमालय एयरलाइंस का विशेष वायुयान मित्र-देश से चल चुका है। उसे कहाँ उतारा जाए? हवाई जहाज कुछ ही क्षण में भारत पहुँच जाएगा। हिमालय एयरलाइंस के कर्ता-धर्ता महावीर शमशेर कलकत्ते में परेशान हैं। बार-बार वह सुवर्ण शमशेर से पूछ रहे हैं—"हवाई जहाज़ कहाँ उतारा जाए?" सुवर्णजी, महावीर शमशेर को समझाते हैं—"पटना से अभी देवेंद्र बाबू का ट्रंक आएगा··· लीजिए, आ गया ट्रंक··· "

मित्र-देश से 'सामान' लेकर आते हुए विशेष वायुयान को 'गुप्त-बेतार-यंत्र' से सूचना दी जा रही है: रोबट···रोबट···दिस इज़ पीटर कालिंग रोबट···हैलो रोबट··· यस···डाइवर्ट, टुवाईस···डाइवर्ट वेस्ट पैटना स्ट्राइप—ओवर।

विशेष वायुयान में बैठा मुक्ति सैनिक नक्शे पर निगाह दौड़ा रहा है। वह पूछता है: हैलो पीटर पीटर···वेस्ट ऑफ पैटना··· डू यू मीन विहटा?··· ओवर।

## दो

'बेस-कैंप से आए हुए संदेशवाहक ने और भी कई महत्वपूर्ण सूचनाएँ दीं: 'बी. पी.' गोरखपुर की ओर—नेपाल-भारत-सीमा के इलाके का भ्रमण करके पटना लौट आए हैं। सुवर्णजी कलकत्ता में बैठकर काठमांडो की गतिविधि परख रहे हैं, अस्त्र-शस्त्र का प्रबंध कर रहे हैं। गणेशमानसिंह को जिस उद्देश्य से काठमांडो भेजा गया था—उस योजना को कार्यान्वित करने के लिए, फिर किसी साहसी साथी को भेजना आवश्यक है। महाराजाधिराज से संपर्क स्थापित करने के पहले ही गणेशमानजी गिरफ्तार हो गए। कल से नेपाल कांग्रेस की आवश्यक और विशेष बैठक हो रही है,।

सबकुछ सुनकर भग्न मनोबल गेर्रिलों की रक्त-धमनियों में फिर उष्ण-लहरी आई। तुरंत, 'एक्शन-कमेटी' बैठी। तुरंत फैसला लिया गया—"आज रात को ही पूर्वी-तराई के दूसरे प्रमुख नगर 'झापा' पर छापा···"

दोपहर के भोजन के बाद, केशवप्रसाद कोइराला के नेतृत्व में मुक्तिसेना के सिपाहियों ने झापा के लिए कूच किया।

तराई के पशु-पक्षियों ने अचरज से देखा—ये बंदूकवाले किस जानवर के शिकार में निकले हैं? सरपट दौड़ रहे हैं तराई के बीहड़ पथ पर? एक मूर्ख बाघ से नहीं रहा गया, शायद। अचानक गुर्राकर झपटा। गेर्रिलों की गति में बाधा पड़ी, जरा। फिर, पलक मारते ही रास्ता साफ हो गया। तराई के पशु-पक्षियों को फिर अचरज

हुआ : ये कैसे शिकारी हैं ? मृत शिकार को यों ही उपेक्षित, असुरक्षित छोड़कर चले गए।

विराटनगर की चढ़ाई की उड़ती हुई खबर अफवाहों के रूप में झापा तक पहुँच चुकी थी। दिन- भर उत्तेजना और आशंका-भरी बातें कह-सुनकर झापा के नागरिक रात को गहरी नींद में सोए हुए थे। स्थानीय सरकारी अधिकारियों, फौजी अफसरों को विश्वास है, यह सारी गड़बड़ी और 'गोलमाल' विराटनगर तक ही है। यहाँ कोई खतरा नहीं।

नेपाली कांग्रेस के स्थानीय कार्यकर्ता से आवश्यक सूचना प्राप्त करने के बाद टुकड़ी के नायक के. पी. कोइराला ने एक गेर्रिले को चुपचाप कोई आदेश दिया। गेर्रिला धरती पर पेट के बल लेटकर रेंगने लगा—रेंगता हुआ चला गया, ट्रेजरी तक।

तराई के घने अंधकार में—पेड़ की फुनगियों पर कैसी लाली छा रही है ? लाली बढ़ती ही जाती है···आग ?

आग ! आग लगी है आग···!!

तुमुल कोलाहल- कलरव के बीच झापा ट्रेजरी धू-धूकर जल रही है। अब बैरक में भी आग लग गई ? कैसे लगी आग ? आग, आग ! दौड़ो—बुझाओ—बचाओ!!

जय नेपाल !

जनता रुक गई। जनता समझ गई, यह जनक्रांति की आग है। इसको बुझाने के बदले इसमें घी डालना ही जनता का पुनीत कर्तव्य है। भाइयो ! यह राणाशाही मेधयज्ञ है—आहुति डालो इसमें। सदियों से नेपाल की छाती पर बैठकर रक्त चूसनेवाली राणा- सरकार का नाश हो।

झापा का बड़ा हाकिम (गवर्नर) क्या करे ? पहले आग बुझाए या पहले··· ? पहले आग बुझाओ ! हुक्म हुआ।

राणाशाही पलटन के जवान, राइफल रख, बालटी और घड़े लेकर दौड़े आग बुझाने। आग बुझानेवाले और आग लगानेवाले—एक देश के लोग। एक ही बोली उनकी। इसलिए आग लगानेवालों की बात उनकी बुद्धि में तुरंत आ गई—नहीं ! इस आग को बुझाना सचमुच पाप है। आग बुझानेवाले कई सिपाहियों ने बाल्टी रख दी—"दाजु भाई हो ! देशवासियो ! मत करो प्रतिरोध। इस बर्बर, ज़ालिम सरकार की रक्षा हम क्यों करें ?—चलो, चलो !! जो घर जारे आपना, चले हमारे साथ,।

राणा के इन पलटनों ने एक स्वर में कहा—जय नेपाल !!

अस्त्रागार से अस्त्र-शस्त्र और ट्रेजरी से खज़ाना निकालने में इन्हीं नए गेर्रिलाओं ने आगे बढ़कर सहायता की।

आकाश को छूती हुई, लपलपाती लपटें।

फ़ायर ! बड़ा हाकिम अपनी मूर्खता पर बौखलाया—सामने की झाड़ी के उस पार!

इसके बाद शुरू हुआ दोनों ओर से गोलियों का आदान-प्रदान। दोनों ओर से एक खास तर्ज और ताल पर गोलियाँ दगने लगीं। कल रात की लड़ाई और आज की लड़ाई में कुछ अंतर है। आज मुक्तिसेना के जवान अधिकारपूर्वक अस्त्र-संचालन कर रहे हैं। कल दुश्मन के पास ब्रेनगन थी। आज गेर्रिलों के पास स्टेनगन और मौजर हैं। इसलिए आज की लड़ाई का सुर-ताल भिन्न है।

गेर्रिले रात भर डटे रहे। तीसरे पहर दलपतियों ने अपने साथियों को 'रिट्रीट' करने का संकेत दिया और तब देखा गया कि दशरथ के एक हाथ की हड्डी चकनाचूर हो गई है, किंतु वह राइफल थामे हुए है। बनारस विश्वविद्यालय का छात्र दशरथ चौधरी अपने मित्र विश्वबंधु के लिए, विश्वबंधु के देश की मुक्ति के लिए जान दे सकता है। जान देने के लिए ही वह आया है।

दो मुक्तिसेनानी के प्राण यहाँ की धरती की गोद में भी जुड़ाए। 'बेस-कैंप' में लौटकर मुक्तिसेनानियों ने सुना—हेडक्वार्टर से बेतार संदेश आया है : कल ही वर्किंग कमेटी की आवश्यक बैठक है। मित्र-देश से आए हुए अस्त्र-शस्त्र को हर मोर्चे पर पहुँचाने की शीघ्र ही व्यवस्था हो रही है। सुवर्णजी, सूर्यप्रसाद उपाध्याय, बी. पी. और महेंद्रविक्रम शाह—विभिन्न अंचलों का दौरा समाप्त करके आज ही हेडक्वार्टर पहुँच रहे हैं। मलाया, बर्मा, सिंगापुर और कोहिमा के मोर्चों पर लड़ते हुए अनेक अनुभवी गुर्खों ने स्वेच्छापूर्वक इस संग्राम में भाग लेने की इच्छा प्रकट की है। पूर्वी मोर्चे के दलपतियों के साथ 'प्रचार अधिकारी' की भी बुलाहट है, हेडक्वार्टर में—विशेष बैठक के सामने 'विराटनगर-झापा' की छापामारी की रपट प्रस्तुत करने के लिए।

बिकू तथा अन्य घायल साथियों को पटना भेज दिया गया है। दलपतियों के साथ पूर्वी मोर्चे के प्रचार-अधिकारी धड़कते हुए दिलों से हेडक्वार्टर की ओर चल पड़े—पता नहीं, 'हाई कमान' का क्या रुख हो। सभापतिजी और देवेंद्रबाबू तो अप्रसन्न नहीं हैं, किंतु सुवर्णजी और बी. पी. ?

नवंम्बर 1950 !! नेपाल के इतिहास में चिरस्मरणीय रहेगा।

पटना के दैनिक पत्रों में विराटनगर और झापा की चढ़ाई के समाचार पढ़कर, नेपाली कांग्रेस के सभापति मातृका प्रसाद कोइराला के अभिनंदन और जनक्रांति के समर्थन में—पटना के प्रवासी नेपालियों ने एक विशाल सभा का आयोजन किया। और, जब सभा समाप्त हुई तो सैकड़ों प्रवासी नेपाली मुक्तिसेना में नाम लिखा चुके थे—छात्र, डॉक्टर, व्यापारी, बुद्धिजीवी, पत्रकार, श्रमजीवी—सभी वर्ग के नेपाली।

विराटनगर और झापा पर चढ़ाई के इस चमत्कारपूर्ण प्रभाव को देखकर स्वयं विराटनगर और झापा के दलपतियों को भी अचरज हुआ। प्रचार-अधिकारी साहित्यिक गेर्रिला ने मुस्कराकर अपनी गलती स्वीकार की—"कामरेड चैटर्जी, आपने ठीक ही कहा था, संघर्ष असफल नहीं होता कभी।"

नहीं, कोई अप्रसन्न नहीं। एक-एक करके सभी शीर्षस्थ नेता आए। कमांडर-इन-चीफ मेजर सुवर्ण शमशेर, ईस्टर्न कमांड के चीफ बी. पी. कोइराला—सभी प्रसन्न हैं। काशी में भी प्रवासी नेपालियों ने इस संवाद को सुनकर एक बड़ी सभा की। वहाँ भी भरती हुए हैं सैकड़ों नेपाली युवक।

"पाइते साथी हरु कस्तो···घायल साथियों का क्या हाल है ?"—सुवर्णजी ने पूछा।

"दुश्मन को एक दिन भी चैन मत लेने दो—गेर्रिला-युद्ध की यह पहली शर्त है। और, तराई से लेकर पहाड़ियों के एक-एक गाँव तक मुक्तिफौज़ का संदेश जितना शीघ्र हो पहुँचाने की व्यवस्था, धुआँधार प्रचार···"

अचरज की बात ! जिस नेपाल में राणाशाही की नज़र में 'हिंदी टाइपराइटर मशीन' रखना जुर्म हो और उसकी सजा आजीवन कारावास, गाँधीजी से मुलाकात करने की सज़ा कठोर कालकोठरी की यातना (और···एक बार एक कृषि- विशेषज्ञ ने 'मकई की खेती' शीर्षक अपने लेख में एक ऐसी पंक्ति लिख दी कि उसे भयानक खूँखार व्यक्ति समझकर राणाशाही ने उसको तुरंत गिरफ्तार करके जेल में डाल दिया। वह पंक्ति है : "यह दुख की बात है कि नेपाल के सभ्य और श्रेष्ठवर्ग के लोग 'विदेशी कुत्ते' पालने में जितनी दिलचस्पी लेते हैं उसका शतांश भी यदि 'देसी खेती' में···")—उसी नेपाल में आधुनिक 'साज-सरंजाम' से लैस 'मुक्ति- युद्ध' के गेर्रिले मैदान में उतर पड़े हैं—वायरलेस, वायुयान, आटोमैटिक अस्त्र- शस्त्र।

गेर्रिले दलपतियों को लेकर नेपाली मुक्तिसेना का 'बौनेंजा' उड़ा—पूर्वी मोर्चे की ओर झापा, रँगेली, विराटनगर, धरान, धनकुट्टा, सप्तरी, महोत्तरी, राजविराज की आबादी में—आकाश से इन परचों को बरसाना होगा···मुक्तिसेना के सर्वाधिनायक तथा नेपाली कांग्रेस के सभापति का सन्देश···देशवासियों के नाम, राणाशाही के निरीह सिपाहियों के नाम—"दाजू भाई हो। तपाई को कर्तव्य···आपका कर्तव्य··· आपकी अग्नि-परीक्षा की घड़ी।'

नेपाली कांग्रेस के हेडक्वार्टर, पटना में बहुत रात तक कार्यकारिणी बैठी रही। सभी न जाने क्यों तनिक चंचल हैं।

सुवर्णजी ने सोने के पहले 'बेतार के यंत्र' के ऑपरेटर से दरयाफ्त किया— 'कोई संवाद नहीं है ?"

"जी नहीं।"

"यह संवाद कलकत्ता भेज दो। और, देखो। काठमांडो को जगाए रखो। बीच-बीच में मैसेज के लिए पूछो।"

6 नवंबर की वह रात ! !

उधर, 'काठमांडो पैलेस', 'नारायणहिटी-दरबार' की एक दीवार पर एक धुँधली 'सिलुएट' (छाया) उभरती है—चंचल छाया। कई छायाएँ स्त्री-पुरुषों की। उत्सुक-आकुल-आतंकित प्रतीक्षा के भाव, सभी छायाओं के कंपन से स्पष्ट हैं। सारा वातावरण थमा-थमा-सा। रुकी-रुकी-सी घड़ी। फिर, एक संकेत-भरी सिसकारी हवा में हौले-हौले सिहरन की सृष्टि कर गई। छायाएँ सतर्क मुद्रा में इधर-उधर ताकती हैं।

पशुपतिनाथ मुस्कराए। दक्षिणकाली ठठाकर हँस पड़ी !! सोया हुआ मोहन शमशेर—कोई भयानक सपना देखकर चीख पड़ा ? ?

फिर, सबकुछ 'फेड-आउट !...

रात का तीसरा पहर। जमा देनेवाली सर्दी और हिमपात में भी—काठमांडो-स्थित नेपाल कांग्रेस के 'गुप्त बेतार केंद्र' के ऑपरेटर की देह में एक अजीब-सी गर्मी दौड़ गई है। वह पागलों की तरह 'पटना' को बुला रहा है, 'फ्रिक्वेंसी' अदल-बदलकर पुकारता जा रहा है—"हैलो वाल्ट डिजनी-वाल्ट डिजनी-डिजनी—इलियट कालिंग वाल्ट डिजनी—येस—ग्रेट न्यूज़—'ठुलो खबर'—हाँ—महाराजाधिराज त्रिभुवन—किंग त्रिभुवन—किंग—'के' फार काठमांडो, 'आइ' फार इंडिया—एन फार नेपाल—'जी' फार गैनूजेज—अपने पूरे परिवार के साथ इंडियन-एम्बेसी में चले गए हैं—सकुशल। मोहन शमशेर पागल हो गया है। क्राउन प्रिंस के तीन-वर्षीय पुत्र को आज ही रात गद्दी पर बैठाने की बात सोच रहा है—प्राइममिनिस्टर के भाई-भतीजे इंडियन-एम्बेसी पर चढ़ाई करने की सलाह दे रहे हैं। काठमांडो की हर सड़क पर फौजी तैनात हो रहे हैं—बस, अभी इतना ही। जय नेपाल—ओवर।"

पटना-स्थित गुप्त बेतार केंद्र का ऑपरेटर परेशान है। सभी उसके सिर पर सवार हैं—एम. पी., बी. पी., सुवर्णजी, देवेंद्र बाबू, सुशीला कोइराला—संवाद सुनकर सभी दौड़ आए हैं। काठमांडो से और भी कई बातें पूछनी हैं—"हैलो इलियट... वाल्ट डिजनी कालिंग इलियट...।'

कोई जवाब नहीं ?

"स्थानीय संवाद-सूत्रों से पूछो।"

'हैलो पी. टी. आई ? काठमांडो की कोई खबर... ?"

"कौन ? देवेंद्र बाबू ? अरे, ग्रेट न्यूज़ ! गज़ब खबर ! !...."

तत्क्षण—ब्राह्मबेला में—वर्किंग कमेटी बैठ गई। दिल्ली के मित्रों को ट्रंक की लंबी घंटी घनघनाकर जगाया गया—"क्यों भाई, दिल्ली का क्या रुख है ?"

"किंग को लाने की व्यवस्था की जा रही है।"

"कोई विशेष संवाद ?"

"सरदार का बयान सूरज उगने के पहले ही अखबारों के मुखपृष्ठ पर साया हो जाएगा। बयान नहीं, बम है बम ! !"

मुक्तिसेना के प्रचार-अधिकारी को दो घंटे के अंदर ही बी. पी. का एक 'प्रोफाइल' प्रस्तुत कर संवादसूत्र को देना है। वह सोच रहा है—कहाँ से शुरू किया जाए ?—किस शैली में प्रस्तुत किया जाए ? उसे याद आती हैं, स्वर्गीय कृष्णप्रसाद कोइराला (जो सारे नेपाल में 'पिताजी' के नाम से पुकारे जाते थे) के मुँह से सुनी हुई अनेक घटनाएँ। सानो आमाँ—दिव्या कोइराला की बातें—निर्वासित जीवन के संस्मरण।

वह, यानी प्रचार-अधिकारी—देशबंधु चितरंजन दास की अमर वाणी को चरितार्थ होते देख रहा है। बचपन की बात। अपने देश से निर्वासित 'पिताजी', अपने छोटे पुत्र (बालक बी. पी. ) के साथ कलकत्ते में देशबंधु चितरंजन दास के अतिथि हैं। अपने देश नेपाल की मुक्ति का मार्ग ढूँढ रहे हैं—कृष्णप्रसाद कोइरालाजी। देशबंधु ने एक दिन हँसकर कहा था—"कोइरालाजी, आप चिंता न करें। आपका यह पुत्र—विश्वेश्वर—जो एक सेकेंड भी चैन से नहीं बैठ सकता, कुछ-न-कुछ करता रहता है, सैंकड़ों पेचीदे प्रश्न पूछता है—और जो बग़ैर क्लोरोफार्म के खतरनाक ऑपरेशन को मुस्कराते हुए सह सकता है—वह निश्चय ही एक दिन अपने देश की बर्बर सरकार का 'तख्ता' पलटेगा। बैठा नहीं रहेगा यह।"

सचमुच, बी. पी. कभी चैन से नहीं बैठा। कालेज में पढ़ते समय दो-दो बार क्रांतिकारी कार्यकलापों से संबंध रखने के अभियोग में भारत में अंग्रेजी सरकार द्वारा नज़रबंद हुआ। कालेज की पढ़ाई के बाद—बिहार सोशलिस्ट पार्टी का सक्रिय सदस्य—1942 के आंदोलन में हज़ारीबाग सेंट्रल जेल में तीन साल तक नज़रबंद। जेल से मुक्त हुआ—कंठ में असाध्य रोग कैंसर लेकर। बंबई में, 'टाटा कैंसर अस्पताल' में जब तक चिकित्सा होती रही, बिछावन पर लेटे-लेटे ही नेपाली राष्ट्रीय कांग्रेस के संगठन की योजनाएँ बनाता रहा। और, जीवनी शक्ति की जय हुई। असंभव, संभव हुआ। डॉक्टरों ने स्वीकार किया—"प्रबल इच्छा-शक्ति ने रोग को रोकने में सहायता दी है। जड़ से यह दूर न भी हो, कोई बात नहीं। अब प्राण पर कोई संकट नहीं…"

"मतलब ? मैं काम कर सकता हूँ ?"

डॉक्टरों का जवाब—"जी, थकानेवाला कोई काम नहीं ।"

विश्वेश्वर मुस्कराया था, डॉक्टरों की राय सुनकर—"थकानेवाला कोई काम नहीं ?⋯"

'कैंसर इन्स्टीच्यूट' से निकलते ही बी. पी. ने सभी मुक्तिकामी प्रवासी नेपालियों का—नेपाली राष्ट्रीय कांग्रेस की स्थापना के लिए आह्वान किया । फलतः कलकत्ते में नेपाली राष्ट्रीय कांग्रेस का जन्म हुआ । और, इसके डेढ़ माह बाद ही नेपाली राष्ट्रीय कांग्रेस के सभापति विश्वेश्वर प्रसाद कोइराला विराटनगर जूट मिल्स, काटन मिल, मैच फैक्टरी के दस हजार मज़दूरों की ऐतिहासिक हड़ताल—राणाशाही नेपाल में पहली हड़ताल—का संचालन करते हुए नेपाल की राणाशाही द्वारा गिरफ्तार हुए । जेल में फिर पुराना रोग उभरा । भीषण रूप धारण किया कंठनली के कैंसर ने । महात्मा गाँधी ने तत्कालीन प्रधानमंत्री के नाम अपील की । मुक्त हुए, तीन महीने बाद ही छद्मवेश में काठमांडो उपत्यका में—पाटन, भातगाँव, कीर्तिपुर नगरों में—छिप-छिपकर प्रचार करते रहे । फिर गिरफ्तार । कई महीने की नजरबंदी के बाद पुनः कारामुक्त। सारे देश में करबंदी आंदोलन और सत्याग्रह- संग्राम का बिगुल⋯

और, अब सशस्त्र संग्राम—ऑल नेपाल लिबरेशन आर्मी के ईस्टर्न कमांड के चीफ के रूप में—एक्शन कमेटी में—ऐतिहासिक प्रस्ताव पारित कर रहे हैं—"कल ही पीरगंज इलाके में हेडक्वार्टर शिफ्ट किया जाए—और शीघ्र ही वीरगंज पर चढ़ाई का आयोजन—नेपाल की जनता में, खासकर राणाशाही फ़ौज को—महाराजाधिराज के इस नाटकीय पलायन का कारण, विस्तारपूर्वक समझाकर—विद्रोह के लिए—मुक्तिसेना में सम्मिलित होने के लिए आह्वान⋯"

ऑल इंडिया रेडियो से लौहमानव सरदार पटेल की—बेलौस और कटु सत्यवाणी प्रसारित हो रही है—"भारत सरकार महाराजाधिराज त्रिभुवन वीरविक्रम शाह देवज्यू को ही नेपाल का नरेश मानती है—मोहन शमशेर द्वारा घोषित, शिशु महाराजाधिराज को कोई पागल ही मान्यता दे सकता है—और, भारतीय वायुसेना का एक वायुयान, महाराजाधिराज को सपरिवार निरापद भारत में ले आने के लिए भेजा जा रहा है । इस कार्य में किसी भी प्रकार के व्याघात को बर्दाश्त नहीं किया जाएगा ।"

मोहन शमशेर—'तीन सरकार'—ने इस समाचार के समय काठमांडो बिजलीघर को बंद करवा दिया । किंतु, 'बैटरी सेट' पर सरदार का यह संदेश— नेपाल के कोने- कोने में—मुक्तिकामी नेपालियों के दिलों में प्रसन्नता की लहरों की सृष्टि करता हुआ—घोषित होता रहा ।

घटनाएँ अब जल्दी-जल्दी घटने लगीं !!

सभी शीर्षस्थ अपने-अपने क्षेत्र की ओर उड़े !!

## तीन

थिरबममल्ल ···

मुक्तिसेना के प्रचार-अधिकारी के सामने एक नेपाली युवक की तस्वीर है—प्रियदर्शन, उन्नत प्रशस्त ललाट, उदार-प्रसन्न मुखमंडल ।

मुक्तिसेना के प्रायः सभी छोटे-बड़े नायकों के संक्षिप्त जीवन-वृत्त उसने तैयार कर लिए हैं । फौजी-युनिफार्म में सभी के फोटो पहले ही आ चुके हैं । किंतु, आज पश्चिमी मोर्चे से मुक्तिसेना के सर्वाधिनायक जनरल सुवर्ण का विशेष संवाद आया है । आदेश है : सभी संवाद- सूत्रों को थिरबममल्ल का 'मैटर' शीघ्र दे दिया जाए । आज ही—एंड डौंट एनाउन्स 'वेदर रिपोर्ट एंड फोरकास्ट', अर्थात् मुक्तिसेना के मूवमेंट और गतिविधियों के बारे में कोई संवाद मत दो ।

थिरबममल्ल का 'मैटर' दो-तीन पंक्तियों से ज्यादा और क्या हो सकता है कि यह तेईस- वर्षीय युवक जनरल सुवर्ण का भगिना है और उसने देहरादून सैनिक विद्यालय में फौजी तालीम पाई है तथा अपने मामा एवं अन्य आत्मीयजनों के साथ पिछले कई वर्षों से कलकत्ते में निर्वासित जीवन व्यतीत कर रहा है···नेपाल की मुक्ति के लिए छटपटा रहा है ! मल्ल : पैतृक उपाधि, नाम : थिरबम । उम्र : 23··· अपने मामा की तरह धीर, गंभीर और मितभाषी ।

'वेदर रिपोर्ट एंड फोरकास्ट' ? प्रचार- अधिकारी का कलेजा अचानक धड़कने लगा । खुशी से··· तो, क्या··· तो, इसका मतलब अगला एक्शन··· अगले एक्शन के लिए··· नहीं- नहीं··· मुझे यह सबकुछ नहीं सोचना चाहिए, यानी किसी संवाद से न प्रसन्न होना चाहिए और न दुखी । कानों के पास एक चेतावनी बार-बार प्रतिध्वनित हो जाती है : 'अपने दिल, दिमाग़ और मन के दरवाजों पर लटकते हुए तालों को भी बार- बार खींचकर देखते रहना··· किसी गोपनसंवाद का एक ही शब्द तुम्हारी असावधानी से बाहर निकलकर एक ही साथ सैकड़ों मुक्ति सैनिकों का सफाया कर दे सकता है । सदा सतर्क, सावधान !!

नेपाल के कोने-कोने से संवाद और समाचार आ रहे हैं—सभी तैयार हैं, सारा देश तैयार है—राणाशाही से जूझने के लिए । प्रचार- अधिकारी समाचारों के आधार पर 'स्टोरी' तैयार कर रहा है··· अभी तुरंत यह तराई अंचल के ऊपर··· आकाश से हजारों पर्चे गिराकर आया है—"जनता तैयार रहे··· उसके नगर और गाँव में मुक्तिसेना शीघ्र ही पहुँच रही है··· जनता का कर्त्तव्य··· महाराजाधिराज को, राणाशाही

के बंधन से मुक्त नेपाल की पावन धरती पर शीघ्र ससम्मान वापस ले आना''' जय नेपाल ! जय नेपालनरेश !

"यह कोइराला क्या है ? कामरेड जैसा कोई शब्द ?"

नेपाल कांग्रेस के प्रधान- कार्यालय-कैंप में देशी-विदेशी पत्रकारों की एक छोटी-सी भीड़ जम गई है, भीड़ लगी रहती है, हमेशा। कोई नई खबर ? ताजा समाचार ?··· अगला कदम ?

सभी बड़े नेता और नायक—महाकाल से मेची तक—नेपाल के विभिन्न अंचलों के दौरे पर हैं। अतः बी. पी. के बाल्यबंधु तथा नेपाली कांग्रेस के अन्यतम सक्रिय सहायक देवेंद्र प्रसाद सिंह को घेरकर ये तरह-तरह के सवाल पूछ रहे हैं। देवेंद्र बाबू मुक्तिसेना-प्रचार-अधिकारी का पत्रकारों की मंडली के सभी सदस्यों से परिचय कराते हुए कहते हैं—"अगले कदम के बारे में हम कुछ नहीं बता सकेंगे। आपके और सारे सवालों के जवाब, मुझे उम्मीद है, यह सही-सही दे सकेगा।"

प्रचार- अधिकारी सबसे पहले पूर्वी मोर्चे से आए हुए टटके समाचारों की 'स्टोरी' प्रस्तुत करता रहा है—"विराटनगर के गवर्नर उत्तमविक्रम राणा ने सभी सुरक्षात्मक व्यवस्था पूरी कर ली है। उन्होंने अपने निवास को एक सुरक्षित किले में बदल दिया है। दीवार के चारों ओर गहरी खाइयाँ खोद दी गई हैं। बैरक, गोसवारा, माल, अमीनी कचहरियाँ, बाज़ार आदि प्रमुख स्थानों के आस-पास ट्रेंचों का जाल बिछा दिया गया है। पहाड़ के रास्ते—धनकुट्टा होकर—काठमांडो से राणा-सैनिकों की कई टुकड़ियाँ विराटनगर पहुँच चुकी हैं। सूरज डूबने के दो घंटा पहले से ही 'कर्फ्यू' लागू हो जाता है। विराटनगर से जोगबनी तक जानेवाली सड़कों पर कई 'चेकपोस्ट'··· ।"

प्रचार-अधिकारी हर सवाल को घुमा-फिराकर 'पूर्वी मोर्चे' की ओर मोड़ देता है। बात दिल्ली की हो या काठमांडो की—उसको वह किसी तरह विराटनगर तक पहुँचा देने की चेष्टा करता है। पिछले दिन से ही वह सभी का ध्यान पूरब की ओर 'डाइवर्ट' कर रहा है। आज के सभी अखबारों में इसी तरह के संवाद प्रकाशित हुए हैं। सभी की निगाहें, नेपाल के नक्शे के पूर्वी हिस्से पर केंद्रित हैं। कलकत्ता के पत्रकारों का एक दल जोगबनी पहुँच चुका है।

"दिल्ली के अखबारों में महाराजाधिराज त्रिभुवन की तस्वीरें—-कनाट प्लेस में खरीदारी करते हुए—छपी हैं···" एक पत्रकार बोला।

प्रचार- अधिकारी ने तुरंत समाचार दिया :

'महाराजाधिराज त्रिभुवन के सकुशल भारत पहुँचने का समाचार पाकर मोरंग ज़िले के गाँव-गाँव में दीपावली मनाई गई। विराटनगर और धरान-धनकुट्टा के मंदिरों में

विशेष पूजा··· जोगबनी में छात्राओं ने 'चिरायुँ रहुन—चिरायुँ रहुन श्री पाँच प्रभुज्यु चिरायुँ रहुन··· सूर्यचंद्र झें अटल रहन प्रभु छाओस कीर्ति महान'—समवेत स्वर में गाते हुए एक विशाल जुलूस···"

पत्रकारों के प्रश्न :

"अधिकांश गेर्रिला दलपतियों के नाम के साथ कोइराला जुड़ा हुआ··· यह कोइराला क्या है ? कामरेड जैसा कोई शब्द ?"

"कोतपर्व नेपालियों का कैसा पर्व है ?"

"सुवर्ण शमशेर किस वर्ग के राणा हैं ? 'ए' या 'बी' या 'सी' ?"

इसके अलावा कई चिढ़ानेवाले प्रश्न । प्रचार-अधिकारी तनिक भी अप्रतिभ नहीं होता । पिछले चार-पाँच वर्षों के अनुभवों से वह जान चुका है कि कौन-कौन-सी 'न्यूज एजेंसी' और 'पत्रिका' और पत्रकार नेपाली कांग्रेस के प्रति सहानुभूतिशील हैं और किन पत्रों, संवादसूत्रों और संवाददाताओं को राणा सरकार के भारतीय एजेंटों ने 'धर्मभ्रष्ट' कर दिया है । वह एक ऐसे 'श्रमजीवी पत्रकार' को भी जानता है जो पिछले चार-पाँच साल में 'कोइराला' शब्द को भी कभी सही-सही न लिख सका, न बोल सका—'कोरेला' अथवा 'कोरियाला' या 'कोयलावाला' या 'कोलियारा'··· एक साहब हैं जो बी. पी. के सोशलिस्ट होने के कारण नेपाल के जन-आन्दोलन और मुक्ति की सारी प्रचेष्टाओं को 'सोशल डेमोक्रेटों' और साम्राज्यवादियों का व्यक्तिगत 'मामला' मानते हैं, नेपाली कांग्रेस के हर कदम को 'अप्रगतिशील' और 'रिएक्शनरी' घोषित करते हैं और शाम को थ्री-एक्स-रम के मात्र एक पेग के बाद ही उनके सिर पर 'विश्व का एकमात्र हिंदू राष्ट्र' का भूत इस कदर सवार हो जाता है कि 'मार्क्सिस्ट' बोली छोड़कर अवधूतों की भाषा में बातें करने लगते हैं, अतः प्रचार-अधिकारी सतर्क और गंभीर होकर सवालों के जवाब दे रहा है, एक-एक कर :

"कोइराला, नेपाल के उपाध्याय ब्राह्मणों की एक उपाधि है । यों, नेपाल में अर्जुनवृक्ष को कोइराला··· अर्जुनवृक्ष नहीं देखा कभी ? पटना में ही कई पेड़ हैं··· आयुर्वेदिक निघंटु के अनुसार जिसको कुटज और जिसके बीज को 'इंद्रजौ'··· जी हाँ, एक वनौषधि जिसके सफेद फूलों के गुच्छ में बकाइन के फूल जैसी कटु-मधु मृदु-मंद-मंद गंध होती है··· उत्तर बिहार और मोरंग की तराई में जिसको 'कौरैया फूल' कहते हैं··· महाशय, इसके उपाधि बन जाने के पीछे भी ठीक बाटलीवाला, बंदूकवाला, अथवा नेहरू या लोहिया की तरह··· मैंने स्वयं डॉक्टर लोहिया को 'पब्लिक मीटिंग में प्रसंगवश कहते सुना है—'मेरे पूर्वजों में कोई लोहे का कारोबारी रहा होगा जिसके प्रताप से यह 'लोहिया' उपाधि चल पड़ी हो ।' संभव है, किसी उपाध्याय-पंडित के दरवाजे पर या पिछवाड़े में कोइराला का पेड़ रहा हो और वह 'कोइरालावाला पंडित' के रूप में तथा

उसके वंशज 'कोइराला' के रूप में प्रसिद्धि पा गए हों···"

आफिस सेक्रेटरी ताजा 'संवाद' दे गया—"जोगबनी बेस-कैंप में गेर्रिलाओं ने धूमधाम से 'कृष्णप्रसाद कोइराला स्मृतिदिवस' का पालन फौजी ढंग से किया। सलामी दागी गई, बिगुल पर मातमी धुन बजा···"

"अब कोतपर्व··· यह कोई पावन-पर्व नहीं, एक नारकीय और जघन्य कुकृत्य का नाम है। 'तीन सरकार' अर्थात् प्रधानमंत्री की गद्दी को हथियाने के लिए निकटतम अथवा भावी उत्तराधिकारी की छल-बल-कपट-कौशल से हत्या करके जंगबहादुर राणाओं ने प्रायः 'रक्तरंजित कोतपर्व' का पालन किया है··· जी, मैं यह नहीं कह सकता कि अंग्रेजी के 'कू' (तख्तापलट) से इसका कोई संबंध है। संभव है, हो भी। किंतु कोतपर्व की अनेक कहानियाँ मैंने सुनी हैं—सपरिवार भोज में निमंत्रित करके भोजन-पान में जहर मिलाने से लेकर सीधे खुकरी से हमला करके सारे परिवार को 'कचिंगल'···अर्थात् कत्लेआम के अनेक उदाहरण मिलते हैं।··· भाई ने भाई को मारा, पिता ने पुत्र को मौत के घाट उतारा, पुत्र ने पिता की जान ली और माँ ने अपनी कोख के बेटे का गला घोंटकर 'कोतपर्व' मनाया··· इस बार एक 'महाकोतपर्व' असफल हुआ है। अगर महाराजाधिराज त्रिभुवन एक मिनट भी देर कर देते तो मोहन शमशेर और उनके भाई-भतीजे मिलकर श्री-5 वीरविक्रम शाह देव के वंशवृक्ष को निश्चय ही निर्मूल··· अभी काठमांडो में धूमधाम से 'जश्न' मनाया जाता होता, शराब की नदियाँ बहती होतीं और सार्वजनिक रूप में जुआ खेलने के लिए सात दिनों की सरकारी छुट्टी की घोषणा हो चुकी होती··· मारा, मारा—'तीया' दाँव हमारा !!"

पी. टी. आई. के दफ्तर से फोन आया है—दिल्ली से तीन सौ भारतीय सैनिक वायुयान के द्वारा—इंडियन एम्बेसी की रक्षा के लिए—काठमांडो जा रहे हैं, अभी-अभी···

"अब पिताजी के बारे में···" प्रचार-अधिकारी अपने दोनों हाथों को जोड़कर श्रद्धा और भक्तिपूर्वक अपने कपाल से छुलाता है—"भारत का बच्चा-बच्चा मोहनदास कर्मचंद गाँधी को 'बापू' कहता है न··· ठीक उसी तरह, नेपाल का प्रत्येक चैतन्य नागरिक कृष्णप्रसाद कोइराला को 'पिताजी'···नेपाली क्रांति के जनक स्वर्गीय कृष्णप्रसाद कोइराला ने राणाशाही के विरुद्ध क्रांति की पहली चिनगारी जलाई और अपनी जान देकर उस आग को जलाए रखा। 1942 में 'भारत छोड़ो' आंदोलन के सिलसिले में इधर (भारत में) 'बापू' आगाखाँ के राजभवन में नजरबंद थे और उधर (नेपाल में) 'पिताजी' काठमांडो की एक कालकोठरी में। बंदी अवस्था में ही उनकी मृत्यु हुई··· कहने का लोभ संवरण नहीं कर पा रहा हूँ कि जिस दिन 'पिताजी' गिरफ्तार हुए थे, मैं 'कोइराला-निवास' में ही था। चरण स्पर्श कर प्रणाम करने गया तो उन्होंने हाथ की

हथकड़ी दिखला हँसते हुए पूछा था—'हाउ डू यू लाइक इट'''?' जी हाँ, 'भारत छोड़ो' आन्दोलन के सिलसिले में ही—भारत के स्वतंत्रता-संग्राम में सक्रिय सहायता करने और सहानुभूति रखने के जुर्म में—राणाशाही ने उन्हें नजरबंद करके—अंग्रेजी सरकार के हुक्म का वफादारी से पालन किया''' एक लंबी कहानी है'''"

"रुकिए मत''' कीप ऑन टेलिंग''' थामाबेन ना मशाय, "—पत्रिका का प्रतिनिधि कहता है—"अद्भुत एवं आश्चर्यजनक''' महत् जीवनकथा'''"

'कहानी लंबी है। मैं पिताजी के जीवन की एक झाँकीमात्र ही दे सकूँगा''' आज से चालीस-पैंतालीस साल पहले की बात है'''

"नेपाल के तत्कालीन 'तीन सरकार' चंद्र शमशेर जंगबहादुर राणा इंगलैंड गए थे। वहाँ अपने सम्मान में आयोजित एक भोज-सभा में भाषण देते हुए उन्होंने अंग्रेज राजनेताओं को एक कीमती सलाह देने की 'कृपा' की ('तीन सरकार' जो कुछ करें, उनकी प्रत्येक क्रिया—खाना-पीना-सोना—के साथ 'कृपा' शब्द जोड़कर नहीं बोलने या लिखनेवाले को तुरंत चालान कर देने का हुक्म है, हुक्मीराज नेपाल में''' हुक्मीराज अर्थात जहाँ 'तीन सरकार' के मुँह से निकला हुआ कोई भी हुक्म कानून का रूप ले लेता है)''' 'महानुभावो, आप लोगों ने हिंदुस्तान के हर शहर में कालेज और हर गाँव में स्कूल खोलने की अबाध अनुमति दे दी है और आप यह आशा भी रखते हैं कि हिंदुस्तान के लोग 'स्वराज्य' की माँग न करें''' मेरे देश में देखिए ! स्कूल- कालेज की बात दूर—एक पाठशाला तक खोलने की इजाजत हम नहीं देते। मेरे देश में, मेरे परिवार यानी राणाओं के बच्चों की पढ़ाई के लिए स्थापित 'दरबार स्कूल' के अलावा कोई 'चटसार' तक नहीं''' सुख और चैन से शासन करना है तो प्रजा को मूर्ख बनाकर रखिए'''

"युवक कृष्णप्रसादजी को, उनके एक उदार अंग्रेज मित्र ने पत्र लिखकर इस 'भोजभाषण' की सूचना दी है। उसने लिखा है—'तुम्हारे 'तीन प्रभु' की इस कीमती सलाह को सुनकर कई मान्य सदस्य बहुत मुश्किल से अपनी हँसी को रोक पाए थे'''

"कोइरालाजी पत्र को पढ़कर उत्तेजित, पिंजड़े में बंद बाघ की तरह छटपटाते रहे। उनका गौर दिव्य 'अनुहार' अपमान से साँवला हो गया है। कई दिनों तक इसी अवस्था में रहने के बाद उन्होंने दो पंक्तियों का एक 'विनती-पत्र' तीन सरकार की सेवा में भेजने के लिए तैयार किया''' 'निवेदन है, मैंने नेपाल में शिक्षा-प्रचार का व्रत लिया है। अतः मुझे अभी मोरंग जिला की तराई और पहाड़ियों के गाँवों में पाठशाला खोलने की अनुमति देने की कृपा करें। शिक्षा-प्रचार के लिए मैं अपना धन-जन और जीवन समर्पित कर दूँगा।'

"'विनतीपत्र' का कोई उत्तर नहीं आया। श्री-तीन-सरकार चंद्रशमशेर जंगबहादुर राणा ने कृपा नहीं की। कोई सरकारी चिट्ठी नहीं मिली। किंतु सरकारी रुख का पता चल गया। मोरंग के गवर्नर ने चुपचाप आकर बतलाया—'तीन सरकार की 'कोपदृष्टि'

कोइराला-निवास पर पड़ गई है।' सुनकर वे मुस्कराए और अपनी नववधू से कहा—'दिव्या, तुमने भी व्रत लिया है न ? तैयार हो जाओ।'

''दशहरा के अवसर पर, प्रत्येक वर्ष 'कोइराला-निवास' से 'तीन प्रभु' की सेवा में स्वस्ति की डाली भेजने की भी पुरानी प्रथा चली आ रही थी। उस बार कृष्णप्रसादजी ने 'डाली' में रखवाया —रेशमी वस्त्र के स्थान पर एक गरीब नेपाली का सहस्रछिद्रवाला 'सरवाल' (नेपाली पाजामा) और स्वर्ण-मुद्राओं की थैली में एक कानी कौड़ी भी नहीं। मात्र, कागज का एक पुर्जा, जिस पर लिखा था—'महाप्रभु ! आपकी प्रजा को एक जून पेट-भर भोजन भी मयस्सर नहीं। कपड़े के नाम पर, लज्जा-निवारण के लिए एक हाथ की लँगोटी तक नहीं··· विद्या-बुद्धि से हीन वे···'

'तुरंत सरकारी हुक्म आया—'इस पागल पंडित-दंपति को पिंजड़े में बंद करके पहाड़ी रास्ते से काठमांडो भेजो। मोगलान (हिंदुस्तान) होकर नहीं। इसकी सारी संपत्ति जब्त कर लो।'

''विराटनगर के गवर्नर चुपचाप आए, रात में। अनुनय-भरे स्वर में भरे गले से गिड़गिड़ाकर उन्होंने प्रार्थना की—'आप जिद्द मत पकड़ें, कृपया। आपके गिरफ्तार होने का क्या अर्थ है, जानते हैं ? नेपाल में प्रकाश की पहली किरण को हमेशा के लिए बुझा देना··· यह तर्क करने का समय नहीं। आज रात ही, अभी ही—सीमा पार करके आप दोनों 'मोगलान' चले जाइए··· मेरी विनती है···'

''पति-पत्नी ने तराई की पगडंडी पकड़ी। आकाश का एक तारा टूटकर गिरा और राह दिखा गया··· बीस वर्षों तक विदेश में, हिंदुस्तान और मारिशस के नगर-नगर में भटकते रहे—निर्वासित कोइराला-दंपति। तीन सरकार ने बार-बार वायसराय से निवेदन किया—कोइराला को तुरंत गिरफ्तार करके नेपाल भेज दिया जाए। वायसराय ने जब-जब कोइराला-दंपति के विरुद्ध कार्रवाई करनी चाही—सर तेजबहादुर सप्रू और मोतीलाल नेहरू जैसे प्रसिद्ध विधि-विशेषज्ञों ने उन्हें निरस्त किया··· चंद्र शमशेर के बाद भीम शमशेर प्रधानमंत्री हुए तो सबसे पहले उन्होंने कृष्णप्रसाद कोइराला को स्वदेश वापस बुला भेजा। जिस गवर्नर ने कृष्णप्रसाद को चुपचाप 'मोगलान' की सीमा में भगा दिया था—उनका नाम मृगेंद्र शमशेर था और वह भीम शमशेर के पुत्र थे। और, सुवर्ण शमशेरजी मृगेंद्र शमशेर के पुत्र हैं··· भीम शमशेर ने उन्हें शिक्षा-प्रचार की अनुमति ही नहीं, सरकारी सहयोग का वचन दिया, बाजाब्ता 'लाल' मोहर लगाकर··· कोइराला-दंपति स्वदेश वापस लौटे। सबसे पहले, विराटनगर में आदर्श विद्यालय की स्थापना··· फिर पहाड़ और तराइयों में घूम-घूमकर पाठशालाएँ खुलवाते रहे··· स्मरण रहे, नेपाली कांग्रेस के सभापति और ईस्टर्न कमांड के चीफ—बी. पी. के अलावा, मोर्चे के दो सौ छापामारों में, डेढ़ सौ उसी आदर्श विद्यालय में शिक्षा पाए हुए छात्र

हैं··· 'फिदवी' भी उसी विद्यालय का एक नगण्य··· सो, ऐसे थे नेपाल के पिताजी और, भीम शमशेर के पौत्र सुवर्ण शमशेर—नेपाल की गद्दी के सीधे हकदार—न जाने कितने 'कोतपर्वों' से बाल-बाल बचकर—अब कलकत्ता में निर्वासित जीवनयापन कर रहे हैं। जघन्य 'कोतपर्व' के बदले सशस्त्र क्रांति की तैयारी में—नेपाल में जनतंत्र लाने के लिए—लगे हुए हैं। सर्वस्व होम करने का संकल्प करके बैठे हैं।'

एक स्थानीय संवादसूत्र के अधिकारी का सवाल—"लेकिन, नेपालियों के मुक्ति-संग्राम में आप··· यानी··· आप या देवेंद्र बाबू··· अथवा कोई भी भारतीय क्यों सक्रिय भाग ले··· मतलब, आप लोग क्यों··· ?"

प्रचार-अधिकारी, इसका कोई सीधा जवाब देने के बदले सवाल करता है—"महाशय, आपने पहले यह क्यों नहीं पूछा कि कृष्णप्रसाद कोइराला ने, भारतीय स्वतंत्रता-आंदोलन में भाग लेकर, क्यों अपनी जान दे दी ?··· उनके पुत्रों ने क्यों जेल-यातना का वरण किया—भारत की आजादी की लड़ाई में ?"

'बेस-कैंप' से एक एस. ओ. एस. आया—"हैंडग्रेनेड फेंकने की ट्रेनिंग लेते समय काँछी मैयाँ बुरी तरह जख्मी हो गई हैं। तुरंत—'एलाफाई प्लेन' भेजिए···"

## चार

तीन बजे भोर को एक मीठा सपना देख रहा था—प्रचार-अधिकारी, कि वायरलेस ऑपरेटर ने झकझोरकर जगा दिया—'जय नेपाल'। वेस्टर्न फ्रंट से समाचार आ रहा है—"वीरगंज लिबरेटेड··· कैप्चर्ड···"

देवेंद्र बाबू, सुशीला कोइराला तथा अन्य साथियों से घिरा हुआ ऑपरेटर दनादन कागज पर लिखे जा रहा है। ट्रांसमीटर से 'बीप-बीप··· बी··· प··· बीप-बी···' ध्वनि निकल रही है—"जनरल सुवर्ण ने वीरगंज पर चढ़ाई के लिए तेइस वर्षीय युवक थिरबममल्ल को मुक्तिफौज का परिचालक नियुक्त किया··· थिरबममल्ल की सेना ने बारह बजे रात को वीरगंज पर हमला किया··· राणा के फौजियों ने मुकाबला किया। किंतु वे अधिक देर तक टिक नहीं सके। वीरगंज के गवर्नर ने आत्मसमर्पण कर दिया है। जनरल ने तेजबहादुर को वीरगंज का मिलेटरी-गवर्नर नियुक्त किया है।"

'बीप··· बीप··· बीप··· थिरबममल्ल भीषण रूप से घायल··· उनकी देह में दुश्मन के सात बुलेट··· रक्सौल के डंकन अस्पताल में मुक्तिसेना के इस वीर योद्धा ने 'वीरगति' पाई··· बी··· बीप··· बीप···"

"आह !"

ऑपरेटर ने फिर संदेश 'डिकोट' करके प्रचार-अधिकारी के सामने रख दिया—"डोंट अनाउन्स मल्लाज़ डेथ न्यूज़''' थिरबममल्ल की मृत्यु के संवाद को अभी प्रकट मत करो'''"

आफ़िस सेक्रेटरी किंकर्तव्यविमूढ़ होकर खड़ा है। वह क्या करे ? दफ़्तर के ऊपर 'विजय' का झंडा फहराए अथवा झंडा झुका दे ?

मुक्तियुद्ध—मुक्तिफौज, मुक्ति, मुक्ति'''

सभी भाषाओं के दैनिक पत्रों के मुखपृष्ठ पर मोटी सुर्ख़ियों में वीरगंज-विजय की खबर—वीरगंज पर मुक्तिसेना का कब्जा'''वीरगंज लिबरेटेड''' वीरगंज कैप्चर्ड''' वीरगंज''' वीरगंज''' वीर''' ।

उत्तर आकाश में युद्ध के दमामों के गंभीर शब्द निरंतर गूँजने लगे। सभी की निगाहें उत्तर की ओर मुड़ गईं। खबरें आने लगीं—आ रही हैं लगातार—दिन-रात—तार से, बेतार से।

मुक्तिसेना की 'एडवांस फोर्स की टुकड़ी' के साथ मार्च करता हुआ—पी. टी. आई. के विशेष संवाददाता लैज़रस का आँखों देखा विस्तृत विवरण : "नवंबर की सर्द रात में सोए हुए वीरगंज के निवासियों की नींद मुक्तिवाहिनी की राइफलों और ब्रेनगनों की दहाड़ से टूटी। सहस्र कंठों से 'जिंदाबाद' के नारे प्रतिध्वनित हुए। स्थानीय जनता ने मुक्तकंठ से 'राणाशाही के नाश' होने की कामना प्रकट की—'राणाशाही मुर्दाबाद !!''''बिजली की तरह चमक और कड़ककर—मुक्तवाहिनी, राणा-फौज पर टूटी। विस्मित, हतबुद्धि राणा की फौज में पहले भगदड़ मची। फिर तुरंत ही सँभलकर प्रत्याक्रमण में वे गोलियाँ बरसाने लगे। किंतु, मुक्तिसेना के युवक कमांडर थिरबममल्ल की रणचातुरी और आजादी के दीवाने मुक्तियोद्धाओं की अदम्य वीरता के आगे वे बहुत देर तक नहीं टिक सके। सुबह होने के पहले ही वीरगंज के 'बड़ा हाकिम' ने आत्मसमर्पण कर दिया और वीरगंज के प्रमुख सरकारी भवन पर—नेपाली कांग्रेस का चार सितारोंवाला लाल झंडा—विजयपताका—फहराने लगा''' और, रात की इस लड़ाई का संचालन करते हुए मुक्तिसेना के कमांडर थिरबममल्ल बुरी तरह घायल होकर रक्सौल के डंकन अस्पताल में'''

मुक्तिवाहिनी के सर्वाधिनायक मेजर जनरल सुवर्ण ने नेपाली कांग्रेस के लोकप्रिय कार्यकर्ता तथा मुक्तिसैनिक तेजबहादुर को वीरगंज का मिलेटरी गवर्नर मनोनीत किया है। नेपाली कांग्रेस के सभापति ने भारत सरकार से इस नए राष्ट्र को मान्यता देने की अपील की है।

और, 'संग्राम-समिति' की ओर से शहीद थिरबममल्ल की मृत्यु की घोषणा की

जा रही है··· नेपाली कांग्रेस की केंद्रीय संग्रामसमिति अपनी पार्टी तथा अपने देश की जनता को गहरे दुख के साथ सूचना देती है—पच्छिमी मोर्चे के अधिनायक थिरबममल्ल ने वीरगंज-विजय के सिलसिले में कल रात वीरगति पाई···!!

सद्यःमुक्त वीरगंज की धरती पर—लिबरेटेड एरिया में—थिरबममल्ल का अंतिम संस्कार फौजी कायदे के मुताबिक हो रहा है—बिगुल पर मातमी धुन और राइफलों से सलामी···

धन्य, धन्य मुक्तभूमि, मुक्तियुद्ध, मुक्तिसैन्य, मुक्ति, मुक्ति, मुक्ति···!

नेपाली प्रजातंत्र—अमर हो !

वीरगंज के मिलेटरी गवर्नर, नेपाली प्रजातंत्र के प्रथम फौजी शासक तेजबहादुर के कार्यालय तथा अन्य सरकारी इमारतों के अलावा वीरगंज के घर-घर पर—महलों से लेकर झोंपड़ों के मुँडेरों पर—चार सितारोंवाले लाल झंडे—बड़े-छोटे, असंख्य—लहराने-फहराने लगे। हर्षोत्फुल्ल नागरिक जयघोष करते हैं। प्रजातंत्र के स्वागत में गाते-बजाते हैं।

उधर, काठमांडो में—जंगबहादुर के वंशजों की अनेकानेक अंग्रेजी उपाधियों और सैंकड़ों सामंती सम्मान तथा वीरता के स्वर्ण-रौप्य-कांस्य पदकों की चमक अचानक गायब हो गई है। कालिमा पुत रही है—उनके दरबारों के इर्द-गिर्द। राणातंत्र का अंतिम 'नामलेवा' मोहन शमशेर दाँतों को पीसता हुआ कसमें खा रहा है—"मरगत खानैछू··· मैं इनका रक्तपीयूँगा··· इनकी बोटियों का क़लेवा करूँगा··· कांग्रेसियों का कच्चा मांस··· हा-हा-हा··· मार्टार··· फील्डगन··· मशीनगन··· ब्रेनगन··· मरगत खानैछू··· !"

मेजर जनरल सुवर्ण ने अब पूर्वी मोर्चे की तैयारी का गुप्त आदेश दिया है,। नेपाली कांग्रेस का मुख्य कार्यालय तथा केंद्रीय संग्राम-समिति, प्रचार-विभाग के दफ्तर नेपाल की पूर्वी तराई में स्थानांतरित हुए। युगों से 'परदेश-परभूमि' में निर्वासित प्रवासी नेपालियों के विशाल समूह अपनी जन्मभूमि की ओर लौटे। और, मुक्तिसेना के करीब साढ़े चार सौ सैनिक—पूर्वी तराई में ही कहीं—पूर्वी मोर्चे की नाकेबंदी में जुट गए।

अब गेर्रिला छापेमारी नहीं, बाजाब्ता युद्ध··· मुक्तियुद्ध, मुक्तिसैन्य, मुक्तिफौज, मुक्ति··· नेपाली··· ने-पा-ली··· आगि बढ़दा बढ़दै जाउ क्रांति-झंडा ले—क्रांति-झंडा ले—नै-पा-ली··· नेपा··· ली··· ई···!!

मुक्तिसेना के सर्वाधिनायक सुवर्ण तथा ईस्टर्न कमांड के चीफ बी. पी. शिविरों का परिदर्शन कर आए हैं। रणक्षेत्र में उनकी उपस्थिति मुक्तिसैनिकों के दिलों में उत्साह और उमंग भर जाती है। प्रत्येक मुक्तिसंग्रामी के कानों के पास सर्वाधिनायक सुवर्ण

की गंभीर वाणी सदा गूँजती है : "साथी हरू हो !"' आप इसको हमेशा याद रखें कि राणाशाही मात्र नहीं, यह नेपाल में प्रजातंत्र चाहनेवाले प्रत्येक नेपाली की लड़ाई है··· हम नेपाल की जनता के सैनिक हैं···

युद्ध, युद्ध, युद्ध··· मुक्तियुद्ध, युद्ध··· ने- पा- ली- नेपा··· ली··· ई··· इ !!

पच्छिमी मोर्चे पर फिर गोलाबारी ।

मारात्मक अस्त्र-शस्त्रों से सुसज्जित मोहन शमशेर की सेना—राह के दोनों ओर के गाँवों को लूटती-खसोटती, आतंक फैलाती हुई—नीचे की ओर—समतल तराई की ओर बढ़ रही है । मुक्तिसेना के जवान आगे बढ़कर अमलेखगंज में उनसे जाकर टकराते हैं । प्रबल प्रतिरोधात्मक युद्ध ! घमासान लड़ाई !

राणाशाही अफसरों का मोहभंग हुआ । नाकेबंदी और अस्त्र- संचालन के ढंग देखकर वे समझ गए—ये 'नवसिखुए' सिपाही नहीं—रेगुलर··· अनुभवी लड़ाके हैं !··· मशीनगन नहीं, अब मोर्टार फ़ायर !!···

राणाशाही तोप दहाड़ने लगी—धाँ···य ! धाँ···य !

मुक्तिसेना के सर्वाधिनायक को दिन- रात कभी चैन नहीं । उन्होंने नींद नहीं आनेवाली गोलियाँ खा ली हैं, शायद । उन्होंने फिर एक मोर्चे को जगाया—नया मोर्चा । तीसरा मोर्चा—पच्छिमी नेपाल के प्रमुख नगर नेपालगंज पर—नेपाली कांग्रेस के जनरल सेक्रेटरी महेंद्रविक्रम शाह के नेतृत्व में मुक्तिसैनिकों ने धावा बोल दिया ।

ड्रम- ड्रम ड्रम··· मुक्तियुद्ध··· युद्ध !!

महाकाल से मेची तक युद्ध के नगाड़े बज रहे हैं । नेपाल की धरती पर जययात्रा करते हुए मुक्तिसैनिकों के कदम—उसी ताल पर बढ़ रहे हैं—धरती के चप्पे- चप्पे को मुक्त करते हुए ।

राणाशाही फौज—अंधाधुंध गोले बरसाती हुई—अमलेखगंज तक पहुँचने में सफल हुई । किंतु, तब तक मुक्तिसेना का कमांडर- इन- चीफ़ सुवर्ण पच्छिमी नेपाल के दूसरे नगर भैरवाहा में एक और मोर्चा स्थापित कर चुका था । भैरवाहा में के. आई. सिंह के जवान कई दिनों से आदेश की प्रतीक्षा में 'कछमछा' रहे थे । हुक्म पाते ही वे दुश्मनों की सेना पर टूट पड़े । रणभेरी भैरवाहा के आकाश-पाताल में भी गूँजने लगी ।

सारे नेपाल में भूचाल··· हिलती-डोलती 'तीन सरकार' की गद्दी पर झकोले खाता हुआ मोहन शमशेर क्रोध से चिल्लाता है—रगत खानैछू··· रक्त चाहिए । और, उसकी रक्तपिपासा मिटाने के लिए—मुक्तिफौजियों का टटका खून लाने को—काठमांडो से रोज राणाशाही फौज की एक टुकड़ी मार्च करती हुई चल पड़ती है—फबानी, भैरवाहा और नेपालगंज की ओर···!

मेजर जनरल सुवर्ण ने उपयुक्त अवसर देखकर—'वार काउंसिल' में विराटनगर

पर चढ़ाई का प्रस्ताव रखा। सर्वाधिनायक की रणनीति के अनुसार विराटनगर का मोर्चा महत्वपूर्ण और निर्णायक होगा। दुश्मन को पच्छिम में पूरी तरह उलझाकर—पूरब में पूरी शक्ति के साथ आक्रमण।

'वार काउंसिल' में, शीर्षस्थ नायकों के अलावा मोरंग जिला नेपाली कांग्रेस के कई ज़िम्मेदार कार्यकर्त्ताओं को भी शरीक किया गया है। शिवहरि, तारिणी, विश्वबंधु, शिवजंग, और भोला चैटर्जी एकमत हैं : विराटनगर पर चढ़ाई करने का यही सही समय है। वातावरण हमारे पक्ष में है। विभिन्न मिलों के दस हजार मज़दूर हमारा साथ देने को तैयार हैं—वे सभी नेपाली कांग्रेस के साधारण सदस्य हैं··· गाँव के किसानों में हमारा संगठन मजबूत है··· विराटनगर की जनता हमारी प्रतीक्षा कर रही है।

मुक्तिसेना के गुप्तचर विभाग ने उत्तमविक्रम राणा की सारी तैयारियों का पूरा लेखा-जोखा संग्राम-समिति के सामने प्रस्तुत कर दिया है—बाज़ाब्ता नक्शे के साथ।

ईस्टर्न कमांड के चीफ़ अब पूर्वी मोर्चे के नए अधिनायक की ओर देखते हैं। नया अधिनायक : बर्मा से आया हुआ, ब्रिटिश सेना का अवकाशप्राप्त अफसर जी. बी. सुब्बा उर्फ याकथुम्बा।

याकथुम्बा ने इस इलाके में एक सप्ताह रहकर एक अनुभवी फौजी की दृष्टि से सबकुछ देख-परख लिया है। यों, उसके मुखड़े पर सदा मुस्कराहट अंकित रहती है। किंतु, संग्राम-समिति में अपनी राय जाहिर करते समय उसके चेहरे पर एक अपूर्व गंभीरता छा जाती है। सैनिक-सुलभ अनुशासित वाणी में वह अपना मत प्रकट करता है : "हमारा मौजूदा लोकबल निर्णायक आक्रमण के लिए यथेष्ट है। किंतु हमें कम-से-कम पाँच सौ राइफल चाहिए···"

'कम-से-कम पाँच सौ राइफल और ?"—वार काउंसिल में शरीक अधिकांश साथियों के चेहरों के रंग अचानक उतर गए—"कहाँ से आएँगी इतनी राइफलें ? न राधा को नौ मन तेल होगा न राधा नाचेगी।"

सर्वाधिनायक सुवर्ण ने अधिनायक याकथुम्बा से बहुत ही सहज ढंग से कहा : "कम-से-कम पाँच सौ राइफल हम आपको देंगे।"

याकथुम्बा ने तुरंत उठकर सर्वाधिनायक को फौजी सलामी दी। सर्वाधिनायक ने अब संग्राम-समिति के विशेष आमंत्रित साथियों की ओर अर्थपूर्ण दृष्टि से देखा। वे सभी चुपचाप खेमे से बाहर चले गए—चकित, प्रसन्न।

नेपा-ली-ई-ई-नेपा-ली-ई··!! रात आधी बीत चुकी है और पूर्वी मोर्चे के शिविरों में मुक्तिसैनिक 'रतजगा' कर रहे हैं। बड़े-बड़े बक्सों से राइफलें निकाली जा रही हैं। मित्र-देश से आई हुई राइफलें और प्रचुर मात्रा में 03 बुलेट।

सारे शिविर में—शिविर के साढ़े पाँच सौ मुक्तिसैनिकों की देह में उत्तेजना की लहर दौड़ रही है। वे तैयार हो रहे हैं। कोई आकर इनका 'साज-सिंगार' देखे। बूट-पट्टी बाँधते हुए, कमर के बेल्ट को कसते हुए—वे गुनगुना रहे हैं—एक सबसे मधुर गीत, जययात्रा का प्रसिद्ध गीत—नेपाली ! 'नेपाली··· रक्त माँगता है आज··· मुक्तियुद्ध, मुक्तियुद्ध···!'

एक प्रोज्जवल तारा पूरब आकाश में चमक उठा। पाँच सौ मुक्तिफौजियों के लोहे के टोपों तथा राइफलों की संगीनों पर इस सितारे की चमक—'टलकिंछ'—अर्थात् जगमगा उठी। मुक्ति-सैनिकों को दो कालमों में बँट 'जययात्रा' का आदेश दिया, अधिनायक याकथुम्बा ने !

वे क़दम से क़दम मिलाते हुए विराटनगर शहर की ओर चल पड़े। विराटनगर जूट मिल के पास पहुँचकर पाँच सौ राइफलों ने अपनी भाषा में 'जयध्वनि' की—ट्रठाँय !··· जय नेपाल !!

पाँच सौ मुक्ति-सैनिकों के मुक्त कंठ की आवाज़ ध्वनित होकर गूँजी—जय नेपाल !!

मुक्ति-फ़ौज मुक्ति-फ़ौज, मुक्ति, मुक्ति—नेपा-ली ! नेपाली !!

मुक्तिसेना ने सबसे पहले जूट मिल, फिर काटन मिल और मैच फ़ैक्टरी पर कब्जा किया। जोगबनी से विराटनगर शहर को जोड़नेवाली दोनों—सदर और कच्ची—सड़कों के किनारे राणाशाही फ़ौज के चेकपोस्ट पर तैनात संतरियों ने राइफलों की आवाज तथा हजारों मानवकंठ की जयध्वनियों से ही अंदाज लगा लिया—वे आँधी के तिनके की तरह उड़ जाएँगे। मुक्तिसेना के मैच फ़ैक्टरी के पास पहुँचने के पहले ही—वे सभी चेकपोस्ट छोड़कर गवर्नर उत्तमविक्रम के 'किला-निवास' में एकत्रित हो चुके थे।

क़दम से क़दम मिलाती, मुक्तिवाहिनी की दोनों टुकड़ियाँ आगे बढ़ रही हैं। मुक्तियोद्धाओं के प्रत्येक पदचाप पर नेपाल की धरती मुक्त होती जा रही है। मुक्त हो रही धरा, मुक्त हो रहा गगन—मुक्त जन मगन, क़दम मिला करके चल रहे—"राणाशाही मुर्दाबाद !"

'बाज़ार अड्डा'—विराटनगर शहर के प्रवेशद्वार के पास मुक्तिसेना ने पुनः जयघोष किया। राइफलों ने अपने संचालकों के स्वरों में इस्पाती निनाद भर दिया—जय नेपाल !... ट्र-ट-ठाँ···य···ठाँय···!!

मुक्तिवाहिनी निर्विघ्न आगे बढ़ती जा रही है : सरकारी इमारतों तथा राणाफ़ौज द्वारा खोदी गई खाइयों पर कब्जा करती हुई—दो रास्तों से, दो दिशाओं से उत्तमविक्रम के किले की ओर—सरकारी हेडक्वार्टर की ओर।

सदर सड़क के शनिहाट की ओर बढ़नेवाली टुकड़ी—'गोलचा हाउस' के सामने

'तिराहे' पर पहुँची तो राणाशाही फ़ौज की राइफलें प्रतिरोध के स्वर में बरस पड़ीं—ठाँय-ठाँय-ठाँय-ठठाँय ।

मुक्तिफ़ौज के दूसरे 'कालम' की गति का अवरोध उत्तमविक्रम के किले के मुँडेर पर फ़िट मशीनगन ने किया—खुले मैदान के दक्षिण । मज़बूत चारदीवारी के अंदर, निरापद स्थानों में बैठे राणा के फौजियों ने—दक्षिण और पच्छिम की ओर मशीनगनों और ब्रेनगनों की गोलियों की झड़ी लगा दी—अविराम ।

मुक्तिफ़ौज के दोनों कालमों ने कुछ क्षणों तक तो धुआँधार जवाब दिया । बाद में, दोनों कालमों के नायकों ने राणाशाही फौज की इस उन्मत्त गोलाबारी का तत्काल मुक़ाबला करना उचित नहीं समझा । वे राणाफ़ौज द्वारा खोदी गई खाइयों में आश्रय लेने के लिए बाध्य हो गए···

''रक्षा करो पशुपति, हे दंतकाली ···!

''जय वराहदेव ···!''

''रक्षा करो ···जय नेपाल !''

विराटनगर की जनता अपने-अपने घरों में बंद त्राहि-त्राहि कर रही है । शहर के अधिकांश परिवारों ने कई दिन पहले शहर छोड़ दिया है । जो रह गए हैं, वे हर 'फ़ाइरिंग' पर दहल रहे हैं । सबसे ज्यादा भयभीत हैं—राणाशाही की चाकरी (जी- हजूरी) करनेवाले, बिर्तेवाले (बिना माल-गुजारी दिए ही सैकड़ों एकड़ जमीन के जागीरदार), चोरबाजारी से रातों-रात करोड़पति-लखपति बन जानेवाले काले व्यापारी, पेंशनभोगी, सरकारी कर्मचारी ।

''रक्षा करो ···''

खिड़कियों को अच्छी तरह बंद करके भी खरदारनी निश्चिंत नहीं । 'हुजुरबाजे' अर्थात् खरदारबाजे—पेंशनभोगी वृद्ध, भरी हुई बंदूकें लेकर बंद जनाना फाटक पर बैठे हुए हैं । मुकुंदे, बड़ा बेटा ऊपर तिजोरी वाले कमरे में 'भरुआँ बंदूक' (पुरानी किस्म की, जिसमें गज से बारूद भरा जाता है) लेकर, मानबहादुर के साथ बैठा हुआ है । पुष्पा और गैबी, दोनों रजाई में दुबके, पलँग पर पड़े हैं । दोनों ही रजाई छोड़कर माँ के आँचल में छिप जाना चाहते हैं ···

फड़र्रर्र- र्र- र्र- र्र ···!

गुड़गुड़म ···धाँय-धाँय !!

टटटटटटट ! टटटटटटटटटट ···!!

ठाँठाँय-ठाँठाँय—ठाँय-ठाँय ···!

पुराने बैरक के पास फाइटिंग चल रही है !··· खरदार साहब आवाज़ परखकर

फिसफिसाकर कहते हैं—"घोर फाइटिंग चलदैछ।"

खरदारनी अपने सात महीने के शिशु तीरथ को कलेजे से चिपकाकर—पलँग और ट्रंकों के बीच की जगह में बैठी हुई है—मानो ट्रेंच में बैठी हो। उसका बायाँ हाथ पलँग पर पुष्पा और गैबी के सिरहाने है और दाहिना हाथ गोद में सोए तीरथ के सिर पर। आश्चर्य, तीरथ निर्भय गटर-गटर कर दूध पी रहा है ···लेकिन, मुकुंदे जो ऊपर है··· रक्षा करो। शायद उसने खिड़कियों को ठीक से बंद नहीं किया हो। फुलवारी की ओर खुलनेवाली खिड़की की चिटखनी जरा ढीली थी ···रक्षा करो ···और, 'हुजुरबाजे' फाटक पर क्यों हैं ? उन्हें अंदर आ जाना चाहिए। 'भानसाघर' (रसोईघर) के टीन के छज्जे पर कभी-कभी गोलियाँ आकर गिरती हैं,। पिछले कई दिनों से खरदारनी कह रही थी—जोगबनी या रँगेली के 'कामत' (खलिहान) पर सभी को लेकर ··· 'हुजुरबाजे' की ज़िद, अब सीखें ! और, यह मुकुंदे ? बहू को कल शाम को मैके भेज दिया। प्रभानानी (पुतोहु) के बाप का घर कर्नल के बँगले की ओर है। आजकल के लड़के माँ-बाप की बात एक बार भी अगर मानें ···मना किया। नहीं माने। अब सीखो मज़ा ···

"फड़र्र-र्र-र्र-र्र-र्र !"

" गुड़गुड़म—धाँय, धाँय, धाँय !!"

"टटटटटटटटटटट ···!"

"ठाँयठाँय, ठाँयठाँय-ठ-ठाँय ···!"

"रक्षा करो···"

"रक्षा करो, जय नेपाल !"

खरदार साहब ने पहचाना—औरत की आवाज ?

खरदार साहब ने फाटक को तनिक खोलकर पूछा—

"को हो ?··· कौन ?"

"म ··· शिबू की आमाँ ···जरनैलनी ···"

"जरनैलनी ?··· भित्र आउनेस··· च्याड़े·· जल्दी।"

बुढ़िया भय से थर-थर काँपती हुई अंदर आ जाती है।

"और, जरनैल साहब ?"

"जरनैल साब, कानूछा, नानी—सधै गो।"

"गयो ? कता ···कहाँ गए सभी ?"

"कुन्नी ···पता नहीं कहाँ ···"

"हजुरी, ढोका खोल,"—खरदार साहब किवाड़ से मुँह सटाकर धीरे से पुकारते हैं—"हजूरी, दरवाजा खोलो।"

पुष्पा और गैबी एक साथ रजाई फेंककर उठ खड़े होते हैं—"बाउ !"

"को भो ?"—खरदारनी एक हाथ से दरवाजा खोलकर, काँपती हुई पूछती है—"क्या हुआ ?"

"जरनैलनी !"

"जरनैलनी ?"

"फड़र्रर्र- र्र- र्र- र्र···"

"जय नेपाल !"

"राणाशाही मुर्दाबाद !"

"कड़प- कड़प कड़प- कड़प, कड़प ···"

अचानक टिमटिमाती हुई बिजली गुल ! पुष्पा और गैबी माँ के आँचल में छिप जाते हैं। खरदार साहब फर्श पर बैठकर जमीन पकड़ लेते हैं। खरदारनी फिसफिसाकर जरनैलनी से पूछती है—"उनिहर घर मिस् पछन के ?" ···वे क्या घरों में भी घुसेंगे ?

खरदार साहब पूछते हैं—"आपका शिबू तो नेपाली कांग्रेस···?" खरदारनी सिसकारी- भरे शब्दों में कहती है—"सिस !··· धीरे से।"

बाहर, सड़क पर फौज़ियों के दौड़ने की आवाज़ ···?

"जै गयंपति गयंपति ···" अर्थात्—गणपति गणपति।

मल्हूरामजी की अवस्था चिंताजनक है। राइफलों की आवाज़ को वे 'बम' गिरने की आवाज़ समझ रहे हैं और जब तोप दहाड़ती है तो उन्हें लगता है, बाजार का एक- एक कोना उड़कर आसमान में चक्कर काट रहा है। उनका मुँह खुला हुआ है—जबड़े बैठ नहीं रहे हैं। पहली ही फाइरिंग की आवाज़ सुनकर उनका मुँह खुला सो खुला ही रह गया। खुले हुए जबड़े के कारण वे कुछ भी स्पष्ट उच्चारण नहीं कर पाते हैं—पयय, पयय—अर्थात् प्रलय। प्रलयकाल उपस्थित है ···लेकिन, तिजोरी छोड़कर वे कहीं नहीं जा सकते हैं। वे चल-फिर नहीं सकते हैं। तिजोरी को देखकर उनको लकवा मार जाता है—रुपए, जेवर, सोना ···वह लाचार हैं।

"गुड़गुड़म—धाँय ! धाँय !!"

"टटटटटट···!"

अब तीन मोर्चे। पहला, गवर्नर के निवास के पूरब-दक्षिण कोने में—सिंधिया नदी की ओर, सोमप्रसाद नेपाल के घर के पास। दूसरा सदर रोड पर—'तिमुहानी' पर ···तीसरा, बाजार-अड्डे के पास।

मुक्तिसेना के अधिनायक याकथुम्बा—सी. बी. सुब्बा राणाफौज के बालू के

बोरों और खोदी हुई खाइयों पर कब्जा कर बैठे हैं। ट्रेंचों में छिपे मुक्तिसेना के जवान—घनघोर गोलाबारी के बावजूद—हर मिनट पर बाहर निकलकर 'एटैक' करना चाहते हैं। कवर- फाइरिंग करते हुए आगे बढ़ना चाहते हैं। मगर, किले से अविराम गोलियों की वर्षा हो रही है ···वे फिर ट्रेंचों में छिप जाते हैं।

टटटटटट ! टटटटटट ···

शंकरजंग की माँ, मौसी और छोटी बहन उषा ···सभी एक ही कमरे में बंद हैं। और, हर 'फाइरिंग' पर सोलह- वर्षीया उछल पड़ती है। ठीक शंकरजंग की तरह देह को मरोड़ती है, झटके देकर ···अगर, एक राइफल नहीं तो शाटगन भी होती तो··· शंकरजंग की माँ और मौसी और भी तेज़ी से माला फेरने लगती हैं ···शंकरजंग गया, हिरण्यजंग गया इसी तरह ऐंठते- छटपटाते, ताल ठोंकते। इस लड़की की 'मति-गति' का भी क्या ठीक ! कब निकल जाय—"उषा ! त्योस्तो न गर ···ऐसा मत करो,। खिड़कियों को मत खोलो।"

"आमाँ, मलाई त जानू मन परयो—दाज्युलाई मदद गर्ने ···माँ मेरा तो जाने का मन कर रहा है, भैया की सहायता करने के लिए ···

"त्यस्तो कुरा न गर ···ऐसी बातें मत करो !"

"फड़र्र-र्र-र्र-र्र ····"

"जय नेपाल !"

अब उषा पगली की तरह नारे लगाने लगती है—"नेपाली कांग्रेस जिंदाबाद ! राणाशाही मुर्दाबाद ! प्रजातंत्र कायम हो।"

"टटटटटटटट ! टटटटटटटट !!"

मल्हूरामजी 'पयय-पयय' रट रहे हैं। पिछले कंट्रोल के ज़माने में—भारत- नेपाल की सीमा पर—करेंसी नोट के पुल बाँधकर कपड़े-सिमेंट, किरासन तेल, चीनी की गाड़ियाँ सीमा के इस पार से उस 'पार' करनेवालों में मल्हूराम का नाम सबसे पहले लिया जाता है। हिंदुस्तान के कितने सरकारी अफसरों और कांग्रेसी कार्यकर्त्ताओं को दावत खिला चुके हैं, चंदे दिए हैं ··· लेकिन, जबड़े बंद नहीं हो रहे हैं। क्योंकि, गोलियाँ गोदाम की छत पर ओले की तरह गिर रही है ! झर-झर-झर-झर गोलियाँ दावत और चंदे नहीं चाहतीं। सीधे जान माँगती हैं। पयय- पयय ···

"गुड़गुड़म ···धायँ-धायँ !"

मुकुंद ने अपना काम बना लिया था ···बाप की सारी कमाई तिजोरी से निकालकर बोरियों में बाँधकर मानबहादुर के सिर पर रखा ही था कि खरदार साहब ऊपर के कमरे में आ धमके—"तिजोरी कैसे खुली ?"

"हट जाइए। गोली मार दूँगा।"

"भरुआँ बंदूक से पिता की हत्या नहीं हो सकेगी। यह लो, असल बंदूक, ··· मार डालो ··· मार डालो सभी को, माँ को, भाई को, बहन को···"

"त्यस्तो करायेर कुरा न गर!"—खरदारनी, पिता-पुत्र के ऐसे दर्जनों झगड़े दिन में दस बार देख-सुन चुकी है। वह चाहती है कि अभी कोई 'गुलगपाड़ा' नहीं हो अंदर।

खरदार साहब अपनी बंदूक और कारतूस की पेटी लेकर निकल पड़ते हैं—"जिसके लिए चोरी किया, वही कहे चोर। अरे, कृष्णप्रसाद कोइराला का मित्र होकर भी मैं आज तक मुँह सीकर क्यों बैठा था? तुम्हीं लोगों के लिए?··· हजूरी, दरवाजा बंद कर लो। मैं आज़ादी की लड़ाई में शरीक होने जा रहा हूँ ···लानत है, धन-दौलत और परिवार पर ···बेटे की गोली खाकर मरने से अच्छा—युद्धभूमि में दुश्मन से लड़ते हुए मरना ···जय नेपाल।"

"ठाँय! ठाँय!!"

"फिल्डगन्स—फायर !"

कर्नल उत्तमविक्रम के 'किला-निवास' के अंदर भय और मायूसी रह-रहकर घिर आती है। कर्नल के दोनों पुत्र—चारदीवारी के अंदर—दक्षिण और पच्छिम की ओर—सैन्यसंचालन कर रहे हैं। उन्हें विश्वास है कि धनकुट्टा के रास्ते शीघ्र ही सहायता मिल जाएगी। अतः वे उदारतापूर्वक बुलेट और गोले खर्च कर रहे हैं। किले के अंदर व्याप्त होनेवाली मायूसी को दूर करने के लिए भी आवश्यक है—अविराम अस्त्र-संचालन।

"फड़र्रर-र्र-र्र···"

सुबह की रोशनी के साथ राणाशाही फ़ौज की फाइरिंग की गति भी तेज़ होती जा रही है ···अपने-अपने घरों की खिड़कियाँ खोलकर झाँकने-वालों पर, सड़कों पर भागते हुए लोगों को लक्ष्य कर गोलियाँ दागी जा रही हैं। लोग घायल होकर गिर रहे हैं, यत्र-तत्र।

मुक्तिफ़ौज के तीनों मोर्चों पर डटे हुए जवान, राणाशाही-गोलियों का समुचित उत्तर देते हैं, रह-रहकर ···याकथुंबा की टुकड़ी ने चाय पीने के बाद—पंद्रह मिनट तक किले की छत पर—ब्रेनगनों से गोलियाँ बरसाईं और राणाशाही के एक 'गनर' को सदा के लिए चुप करा दिया।

दोपहर को, विराटनगर की आबादी पर राणाशाही-मोर्टार के गोले गिरने लगे। एक बार उन्होंने किले से बाहर निकलकर आक्रमण करने का साहस भी किया। किंतु,

मुक्ति-सैनिकों ने उन्हें फिर किले के अंदर छिपने के लिए मजबूर कर दिया।

दोपहर को ही जब विराटनगर में घमासान गोलाबारी हो रही थी—विराटनगर जूट मिल अर्थात् मुक्ति फौज के हेडक्वार्टर में, संग्राम-समिति में सर्वाधिनायक सुवर्ण ने केशवप्रसाद कोइराला को विराटनगर का मिलेटरी गवर्नर मनोनीत किया। मेजर जनरल ने ठीक ही समझा है : अब थोड़ा समय लग जाएगा। युद्ध की अवधि बढ़ेगी।

''त्येसेले मेरे विचार मा'', 'लीस्ट ब्लडशेड' मरेर 'विक्टरी' नै असल हो ··· इसलिए मेरी राय में, न्यूनतम रक्तपात करके विजय प्राप्त करना ठीक है।''—ईस्टर्न कमांड के चीफ बी. पी. अपनी राय जाहिर करते हैं।

अग्रिम मोर्चे से याकथुंबा ने 'कोड' में संवाद भेजा है : हम डटकर जवाब दे रहे हैं। किले के बाहर एक भी फौजी को कदम नहीं रखने दिया है ··· याकथुंबा, सर्वाधिनायक के अगले हुक्म की प्रतीक्षा कर रहा है।

'संग्राम- समिति' के फैसले के मुताबिक अग्रिम मोर्चे के अधिनायक को आदेश दिया गया : ''पूर्ववत् घेरा डाले रहो।''

सर्वाधिनायक ने विश्वबंधु और शिवहरि को—नागरिकों से संपर्क स्थापित करके तुरंत 'नागरिक सुरक्षा समिति' गठन करने का आदेश दिया है। भोला चैटर्जी की गैर्रिला- वाहिनी के पचास प्रतिशत जवानों को एडवांस फोर्स में लिया है याकथुंबा ने। चैटर्जी के बाकी गैर्रिला हेडक्वार्टर में दलपतियों के सशस्त्र अंगरक्षक, कार्यालय के संतरी, मुख्यद्वार के प्रहरी, मालखाना, गोदाम, पावर हाउस, प्रयोगशाला, लंगर आदि प्रमुख स्थानों पर तैनात किए गए हैं।

सुसंगठित, साधनसंपन्न और अनुशासित मुक्तिफ़ौज का प्रधान कार्यालय। कार्यालय के ऊपर, नेपाली काँग्रेस का चार सितारोंवाला बड़ा झंडा लहरा रहा है।

मुख्यद्वार पर जनता की अपार भीड़··· मुख्य द्वार पर सीमेंट की मेहराब पर 'श्री जुद्ध प्रभु की जै जै जै' लिखा हुआ था—उसको तोड़ दिया गया है। जुद्ध शमशेर की मूर्ति की गर्दन तोड़ दी गई है। राणाशाही की हर निशानी, प्रत्येक प्रतीक और चिह्नों को मिटा दिया गया है। जनता रह-रहकर नारे लगाती है। खुशी से नाच रही, गा रही है।

मुख्यद्वार के पास ही—मुक्तिफौज का 'भरती दफ्तर' खुला हुआ है, भर्ती चल रही है। सामने दो-तीन पंक्तियों में कतार बाँध क्यू लगाकर खड़े हैं—मुक्तिफ़ौज में भरती होनेवाले उम्मीदवार, कच्ची उम्र के सैकड़ों प्रसन्नमुख नेपाली जवान।

सभी कार्यालयों के सामने, देवनागरी लिपि में साइन बोर्ड लटकाए जा रहे हैं :

जनस्वास्थ्य, यातायात, नागरिक सुरक्षा समिति, खाद्य तथा आपूर्ति विभाग के दफ्तर ···

यातायात विभाग के कब्जे में तीस ट्रक, बारह जीप, चार स्टेशन-वैगन और चार कारें हैं। एम. जी. अर्थात् मिलेटरी गवर्नर ने शहर के सभी पेट्रोल डीजल पंपों और डिपो को अपने अधिकार में ले लिया है। दोनों जूट मिल, सुगर फ़ैक्टरी, काटन मिल के तेल के भंडार और कोयले के डिपो में सामयिक सैनिक सरकार के संतरी तैनात हैं। यातायात दफ्तर में पेट्रोल और डीजल के पुर्जे (कूपन) दिए जा रहे हैं, इसलिए सबसे ज़्यादा गुलजार हैं ···

ड्राइवरों की मंडली सबसे ज़्यादा उत्तेजित और प्रसन्न है। ड्राइवरों के दलपति गौरमणि को गर्व है : फौजियों के पहले हम ड्राइवरों ने काम किया है। हमें चालीस घंटे पहले ही राणाशाही का हुक्म मिल गया था—चौबीस घंटे के अंदर-अंदर अपनी गाड़ियाँ सरकारी गैरेज में जमा कर दो। हमने उस हुक्म की परवाह नहीं की और मुक्तिसेना की 'जययात्रा' के दो घंटे पेश्तर हमारे ड्राइवर भाई लोग अपनी गाड़ियों के सामने झंडा बाँधकर 'रेडी' थे।

जनसमुद्र लहरा रहा है—मुख्यद्वार के सामने। जनता अपने बहादुर नायकों को देखना चाहती है। नारों से आकाश गूँज रहा है। कोलाहल, कलरव, जयकार हठात् रुक जाता है। मोर्चे की ओर से दो गाड़ियाँ धूल का बवंडर उड़ाती हुई, मुख्यद्वार के पास भीड़ को चीरती हुई पहुँचीं। अगली गाड़ी स्टेशन-वैगन—'रेडक्रास' का एंबुलेंस है : तीन घायल नागरिक और दो मुक्तसैनिक घायल होकर आए हैं। पिछली गाड़ी जीप पर—चार युद्धबंदी, राणाशाही फ़ौज के, भागते हुए पकड़े गए हैं।

और भी कई गाड़ियाँ : एम. जी. अपने अंगरक्षकों के साथ आए। दूसरी गाड़ी पर, नागरिक सुरक्षा समितिवाले, विश्वबंधु शिवहरि, शिवजंग, भोला चैटर्जी, तारिणी प्रसाद। सभी के चेहरे धूल-धूसरित। किंतु सभी के ओठों पर ताजा मुस्कराहट।

ध्वनि-विस्तारक यंत्र से घोषणा की जा रही है—भाइयो ! आज संध्या तीन बजे—जूट मिल के मैदान में विशाल सभा होगी, जिसमें नेपाली कांग्रेस के सभापति मातृका प्रसाद कोइराला का भाषण होगा।

"नेपाली प्रजातंत्र—जिंदाबाद ···!"

ऐतिहासिक सभा ! अभूतपूर्व जनसमागम। पंद्रह हजार से भी अधिक नर-नारियों का सम्मिलित जयघोष हो रहा है। असंख्य झंडे—चार सितारोंवाले—लहरा रहे हैं।

'बेतार कक्ष' में वायरलेस से सटकर बैठा 'प्रचार-अधिकारी' मोर्चों से आए हुए 'मैसेज' को सिलसिलेवार फ़ाइल करता जा रहा है। 'वार काउंसिल' द्वारा सेंसर होने के बाद ही इन्हें प्रकाश में लाया जा सकेगा। प्रचार अधिकारी का चेहरा, पच्छिमी मोर्चे

के संवाद को पढ़ते समय ज़र्द हो जाता है : वीरगंज की आज़ादी खतरे में ··· राणाशाही ने अपनी बिखरी ताक़त को बटोरकर वीरगंज पर अधिकार करने के लिए अंतिम आक्रमण कर दिया है। संभवतः यह संवाद, वीरगंज से प्रेषित 'मुक्तिसेना बेतार केंद्र' का अंतिम मैसेज हो।

किंतु, अभी-अभी पूर्वी मोर्चे से दो टुकड़ियाँ धरान और धनकुट्टा की ओर जा रही हैं—मुक्तिसेना की अग्रिम-विजयवाहिनी की टुकड़ियाँ ···जै नेपाल ! प्रजातंत्र—अमर हो !!

मुक्तियुद्ध-मुक्तियुद्ध-मुक्तियुद्ध-मुक्ति ···

## पाँच

20 नवंबर '50. ···

शहीदों की धरती पर राणाशाही फ़ौज ने पुनः सामंतवाद का झंडा गाड़ दिया और इसके बाद शुरू हुई पैशाचिक लीला ··· अस्पताल के मरीजों की, उनके 'बेड' पर ही गोली मारकर हत्याएँ की गईं ··· बच्चों, बूढ़ों और अपाहिजों को भी नहीं छोड़ा गया। देखते-देखते सारा वीरगंज श्मशान हो गया !··· जलते हुए घर ··· आर्त्तनाद ··· क्रंदन ··· और हवा में जलती हुई लाशों की चिड़ाइन गंध ! साकार रौरव नरक के दृश्य : चारों ओर !!

किंतु राणाशाही फ़ौज की सम्मिलित शक्ति मुक्तिवाहिनी के अटूट मनोबल को तनिक भी भंग नहीं कर सकी। वीरगंज से 'रिट्रीट' करने के बाद वे अन्य मोर्चों पर दूने उत्साह और संकल्प से दुश्मन पर टूट पड़े। वीरगंज के पतन के बाद सारे देश में मुक्तिसेना की गतिविधि एक ही साथ तीव्र हो गई।

उस दिन विराटनगर के मोर्चे पर याकथुंबा के जवानों ने कर्नल उत्तमविक्रम के सिपाहियों को पल-भर चैन लेने नहीं दिया। सुबह से शाम तक अविराम आक्रमण ···!

विराटनगर मोर्चे पर धुआँधार लड़ाई चल रही है और विराटनगर से चार मील दक्षिण, मुक्ति-सेना के हेडक्वार्टर में—जूट मिल के सामनेवाले मैदान में जनसमुद्र उमड़ आया है !! ··· उत्ताल शब्द-तरंग और लहरें, गगनभेदी नारे और जयध्वनियाँ !!

लगता है मोरंग जिला के सारे गाँव—गाँव के लोग उमड़ते आ रहे हैं—सभी दिशाओं से। जहाँ तक दृष्टि जाती है—अपार भीड़, नरमुंड ही नरमुंड और असंख्य झंडे लहराते हुए।

विशाल सभा ! अभूतपूर्व जनसमागम !!

चार मील उत्तर—मोर्चे पर तोपों की दहाड़ 'जिंदाबाद' की गूँज में खो गई और

विशाल जनसभा के ऊँचे मंच पर—'भाइक' के सामने नेपाली काँग्रेस के सभापति मातृका प्रसाद कोइराला हाथ जोड़कर प्रकट हुए ··· कुछ क्षणों तक वह कुछ भी नहीं बोल सके। जय ध्वनियों की प्रतिध्वनियाँ बहुत देर तक आकाश-पाताल में मँडराती रहीं। जनता अपनी सेना के सेनापतियों को देखना चाहती है ··· एक झलक ··· झाँकी, दर्शन ···!

मातृका बाबू ने शुरू किया—"दाजूभाई हो ··· सबसे पहले आपको यह बता दूँ कि इस सभा में मुक्तिसेना के सर्वाधिनायक मेजर जनरल सुवर्ण अथवा ईस्टर्न कमांड के चीफ़ अथवा मुक्तिसेना के कोई नायक न तो उपस्थित हैं और न होंगे। भाषण देने का तो कोई सवाल ही नहीं पैदा होता। वे लड़ाई के मोर्चे पर हैं। वे युद्ध का संचालन कर रहे हैं। वे इस समय कहाँ हैं, कैसे हैं, किस अवस्था में हैं—हैं भी या नहीं—हम नहीं कह सकते ···"

"जिंदाबाद- जिंदाबाद- जिंदाबाद ··· जिंदा ···!!" जनता ने इस स्थल पर भाव- विह्वल होकर हार्दिक शुभकामना प्रकट की।

आनंदातिरेक से उन्मत्त 'अबूझ जनता' तुरत 'बूझ' गई। उन्होंने एक स्वर से कहा—"ठीक है ··· आप ही बोलें ··· हुजूर ही बोलें !"

'भाइयो ! अब न तो यहाँ 'हजुरिया राज' है और न कोई अब यहाँ 'हुजूर' कहलाएगा। मुक्तिसेना के जवान, राणाशाही के बंधन से देश और देशवासियों को मुक्त करने के लिए, अपनी जान कुर्बान कर रहे हैं ··· नेपाली कांग्रेस के सभापति की हैसियत से मैं आपको यह विश्वास दिलाता हूँ कि सिर्फ राजनैतिक मुक्ति ही नहीं, हम आर्थिक गुलामी से भी नेपाल की जनता को मुक्ति दिलाएँगे ··· अर्थात् नेपाल में प्रजातंत्र ··· गणतंत्र ··· जनता की सरकार ···"

"जिंदाबाद-जिंदाबाद-जिंदा ··· जैजैजै-जैजै ···!!"

"मुट्ठीभर राणाओं की सामंतशाही चक्की में युगों से पिसती हुई जनता गुलामी की बेड़ियों को तोड़ चुकी है। काली रात का अंत हो चुका है। प्रजातंत्र का सूरज अब उगने वाला है। यह नेपाल की सर्वहारा जनता की लड़ाई है। यह जनयुद्ध है। मुक्तिसेना की जीत का मतलब है जनता की विजय, प्रजातंत्र का उदय ···"

"नेपाली प्रजातंत्र अमर हो !"

"भाइयो, हम अभी लड़ाई के मैदान में हैं। दुश्मन का रू-ब-रू मुकाबला कर रहे हैं। लड़ाई का हर लमहा नाजुक होता है। मगर, हम यह दावे के साथ कह सकते हैं कि जिस तरह सूरज का उगना सत्य है, हमारी जीत भी उसी तरह निश्चित है। सारी दुनिया की निगाह आज नेपाल पर है ···"

'जय नेपाल, जय नेपाल, जय-जय ··· जैजैजैजैजै !!"

उस दिन जिन लोगों ने मातृका बाबू को पहली बार बोलते सुना था और जिन्होंने कई बार उनके भाषण सुने थे, सभी ने एक स्वर में कहा—"ऐसा भाषण कभी नहीं सुना और न इतनी बड़ी सभा हुई कभी नेपाल में !··· पच्चीस हजार सद्यःमुक्त जनता का प्रथम और अभूतपूर्व सम्मेलन !"

सचमुच सारी दुनिया की दृष्टि नेपाल के नक्शे पर है।

तिब्बत पर साम्यवादी चीन के कब्ज़े के बाद हिमालय की गोद में बसे हुए नेपाल में, समाजवादी बी.पी. कोइराला के नेतृत्व में जनक्रांति ने अमरीका को रहस्यपूर्ण चुप्पी साधने के लिए बाध्य कर दिया है।

लेकिन, अंग्रेज चुप नहीं रहेंगे। मोहन शमशेर ने अंग्रेजी साम्राज्य की रक्षा के लिए नेपाल में गरीब गुर्खों की भर्ती की अबाध अनुमति दे रखी है अंग्रेजों को। अतः अपने स्वार्थ के लिए वे मोहन शमशेर की यथासाध्य सहायता करना चाहेंगे।

और आज रूस के समाचारपत्रों ने नेपाली जनता के इस जनयुद्ध का मखौल उड़ाते हुए कहा है : नेपालियों का यह तथाकथित मुक्ति-संग्राम नेपाल के बुर्जुआ वर्ग द्वारा शासन पर अधिकार करने के लिए छेड़ा गया है। यह सर्वहारा की लड़ाई नहीं···! !"

"भाइयो ! भाइयो ! ··· सामयिक सरकार के जनसंपर्क-विभाग की ओर से रोजाना बुलेटिन का प्रकाशन आज से शुरू हो गया है। रोज शाम को तीन बजे, दो पन्ने का यह बुलेटिन एक आना में मुक्ति-सेना के स्वयंसेवकों से खरीदकर पढ़ें ··· अफवाहों पर कान न दें। दुश्मन के ग़लत प्रचार पर यकीन मत करें ···"

'वार कौंसिल' में अंतर्राष्ट्रीय राजनैतिक दृष्टिकोण और कूटनीतिक दाँव-पेंच पर विचार-विमर्श हो रहा है। सभी के चेहरों पर एक ही प्रश्न अंकित है—"रूस के इस रुख का क्या असर पड़ेगा हमारे संग्राम पर ?"

नेपाल के मुट्ठी-भर कम्युनिस्ट नेता इस लड़ाई में अब तक नेपाली काँग्रेस के साथ थे। बी.पी. का विश्वास है, रूस की राय जान लेने के बाद निश्चय ही वे इस जनक्रांति के विरुद्ध हो जाएँगे।

"मगर वे तो उँगलियों पर गिने जा सकते हैं ···"

"हमने उन पर विश्वास करके, धनकुट्टा इलाके की सारी जिम्मेदारी सौंप दी ··· हमने उन्हें अस्त्र-शस्त्र भी दिया है और सबसे बड़ी बात यह कि हमारी एडवांस फोर्स को इन्हीं लोगों पर भरोसा करने के लिए कहा गया है ···"

"और अपने गुप्तचर-विभाग की रिपोर्ट है कि विराटनगर का कम्युनिस्ट नेता मनमोहन अधिकारी बीमार पड़कर बाहर नहीं गया है। पिछले सप्ताह उसे दार्जिलिंग में कई 'तिब्बती-नेपालियों' के साथ देखा गया ···"

"विराटनगर के हर मिल की मजदूर कालोनी में उनके 'घोंसले' (सेल्स) हैं ···"

"कल जोगबनी के बाजार में चंदरमा सिंह को देखा गया। कम्युनिस्ट पार्टी की बिहार शाखा के और कई लोग ···"

"हूँ ! सर्वहारा-क्रांति !! ··· मुश्किल यह है कि हमारे कई समाजवादी साथी भी रूस की बात करते समय इस भ्रम में पड़े रहते हैं कि वहाँ लेनिन बैठा हुआ है। स्तालिन मोहन शमशेर और राणाशाही के पक्ष में और नेपाली जनक्रांति के विरुद्ध कुछ कह या कर सकता—उन्होंने कभी कल्पना ही नहीं की ···"

कोशी-कछार के मोर्चे में कमांडर कुलदीप झा का संवाद लेकर आया है संवाद-वाहक : धनकुट्टा सेक्टर के सभी संग्रामी, जिन्हें आर्म्स दिए गए थे और खिरियाही-पुल की निगरानी करने का आदेश दिया गया था, आर्म्स-सहित लापता हैं। पुल पर राणाफ़ौज का दखल है ··· हम कोशी के किनारे कुसहा घाट के पास मोर्चा लगाकर राणाफ़ौज की प्रतीक्षा कर रहे हैं। धनकुट्टा के विश्वासघाती साथियों ने राणाशाही फ़ौज की खुलकर मदद की है। उनसे सावधान ···!

"सावधान ! सावधान !··· ले जाइए एक आना में—मुक्ति-संदेश : प्रजातंत्र नेपाल की सामयिक सरकार का समाचार बुलेटिन··· सावधान, सावधान···दोस्त के वेश में दुश्मन··· जनता सतर्क रहे··· पढ़िए, पढ़िए··· !"

नेपाली कांग्रेस के 'प्रचार-विभाग' ने अब सरकार के 'जनसंपर्क-विभाग' का रूप ग्रहण कर लिया है। अब 'पब्लिसिटी आफ़िसर' या 'प्रचार-अधिकारी' नहीं—पी.आर.ओ.··· पीआरो··· पियारे और अंततः 'प्रियो बाबू'।

'प्रियो बाबू' के दफ्तर में सबसे ज्यादा भीड़ है। प्रत्येक विभाग में काम करनेवालों के 'परिचयपत्र' यहीं बनाए जा रहे हैं। मिलेटरी गवर्नर केशवप्रसाद के हुक्म से एलान किया गया है : कल से बिना 'परिचयपत्र' (आइडेंटी कार्ड) के, हेडक्वार्टर की चारदीवारी के किसी भी द्वार से कभी भी प्रवेश पाने की चेष्टा करना असंभव और विपदजनक हो जाएगा। इसलिए सभी विभाग के अधिकारी अपने कार्यकर्त्ताओं के 'कार्ड' सबसे पहले बनवा लेना चाहते हैं। अतः जनसंपर्क विभाग में सघन जनसमागम, कलरव और कोलाहल। 'किचेन-इंचार्ज' अर्थात् 'लंगर अधिकारी' मधुसूदन सिंह तारस्वर में चिल्ला रहा है—"तो ठीक है। किचेनवालों का कार्ड मत बनाइए—आज शाम को ही, 'टी' टाइम में ही, सभी विभाग के बाबू लोगों को पता चल जाएगा।"

सभी हँसते हैं। उन्मुक्त हँसी की लहरें एक दफ्तर से दूसरे विभाग में और फिर बाहर सड़कों पर आकर हिलोरें लेने लगती हैं।

चार मील उत्तर—मोर्चे पर फ़ायरिंग होने लगती है। यहाँ शोर-गुल हठात् थम

जाता है। सभी उत्कर्ण होकर सुनते हैं—धाँय-धाँय। यह राणाशाही मोर्टार है···यह चालू हुआ मशीनगन···पगला गया है कर्नलवा क्या जी ? ··· यह··· यह··· अपनी सेना का जवाब है निश्चय ही···मुक्तिवाहिनी—तीनों मोर्चों से एक साथ जवाब दे रही है··· जय हो ! जय हो !!

अधिनायक याकथुंबा की इच्छा के अनुसार मेजर जनरल ने प्रयोगशाला को 'प्राचीरभंजक बमगोले', 'हथगोले', 'धूमजाल बम' (स्मोकस्क्रीन बम) प्रस्तुत करने का आदेश दिया है। याकथुंबा ने काठमांडो से आती हुई राणाफ़ौज के लिए तराई में 'बूबी-ट्रैप' अर्थात् 'मूरख फंदा' बिछाने का प्रस्ताव रखा था किंतु मेजर जनरल सहमत नहीं हुए··· द्वितीय विश्व-युद्ध की रण-नीति की उपज यह 'बूबी-ट्रैप'—ऊपर से निरापद तथा निर्दोष दिखनेवाली कोई वस्तु, जो छूते ही धड़ाके के साथ फट जाए··· नहीं-नहीं··· हमने पराए देश पर चढ़ाई नहीं की है। हम अपनी मातृभूमि को लुटेरों के हाथ से मुक्त करनेवाले मुक्तिसंग्रामी हैं··· नो बूबी ट्रैपिंग, हियर···

प्रयोगशालाओं को विस्फोटकों की परीक्षा करने के लिए निर्जन स्थान चाहिए। निर्जन स्थान का संधान देना जनसंपर्क विभागवालों का काम है। लेकिन, पी.आर.ओ. कहता है : 'लिबरेटेड एरिया' (मुक्त क्षेत्र) में विस्फोटन से 'पैनिक'··· भगदड़ मच जाएगी। लोग घबराकर गाँव-घर छोड़कर भागने लगेंगे। इसके लिए या तो 'मिलेटरी गवर्नर' अथवा किसी अन्य उच्च अधिकारी की अनुमति लेना आवश्यक है।

फ़ील्ड हास्पिटल के ऑप्रेशन थियेटर में बिजली की लाइन तुरंत कैसे लगाई जा सकती है—इसका उपाय शीघ्र बताना या करना भी जनसंपर्क ···?

पूर्णिया जिला सोशलिस्ट पार्टी के जनरल सेक्रेटरी नरसिंहनारायण सिंह पर नजर पड़ते ही पी.आर.ओ. पुकारता है—"नरसिंह बाबू, आपके 'सोशलिस्ट रेजिमेंट' के दो सौ साथियों के परिचयपत्रों पर आपका 'काउंटर सिगनेचर' चाहिए। बहुत सारे कामरेडों की सूरत पहली बार देख रहा हूँ—यहाँ आकर। इसलिए आप तनिक सतर्क होकर···अरे, पता नहीं आपके 'हर-पालिया दल' में कैसे-कैसे लोग आ गए ··· हाँ, लीजिए, कामरेड भोलानाथ मंडल और सरयुग मिश्र भी आ गए हैं। इनकी मदद लीजिए और चटपट, एक घंटा···"

नरसिंहनारायण सिंह ने मुस्कराकर धीरे-से कहा—"सुनो ! इस गाड़ी से मनमोहन अधिकारी आ रहा है। कटिहार से खबर आई है। बी.पी. को इसकी सूचना तुरंत दे दो।"

मनमोहन अधिकारी ? बी.पी. का आत्मीय है। 1947 की हड़ताल में बी.पी. के साथ गिरफ्तार होकर कई वर्षों तक एक साथ जेल में रहा, किंतु सदा अपनी 'कम्युनिस्टी कट्टरता' को बरकरार रखा। बी.पी. हमेशा उसकी कट्टरता की तारीफ़ अपने ढंग से

करते हैं···

गिरिजा और शिवजंग बी.पी. का आदेश पाकर जीप लेकर जोगबनी स्टेशन पर पहुँचे, मनमोहन की अगुआनी करने···बूबी ट्रैप ?

पी.आर.ओ. ने अपनी व्यक्तिगत डायरी में उस रात को लिखा : ''मनमोहन को नज़रबंद कर दिया गया है। बी.पी. ने कहा, 'मनमोहन की सुरक्षा के लिए ही ऐसा किया गया है, क्योंकि, धनकुट्टा के कामरेडों की करतूत की खबर याकथुंबा के जवानों को लग गई है और याकथुंबा के जवान तो नेपाली कांग्रेस के नहीं हैं और न ही वे किसी पार्टी के लीडर या कार्यकर्त्ता को पहचानते हैं। वे 'दोस्त' और 'दुश्मन' को गंध से ही परख लेते हैं। इसलिए मनमोहन का बाहर रहना उचित नहीं···' सांदाज्यु (अर्थात् छोटे भैया) ने जिस गंभीरता से यह वक्तव्य दिया और उनकी वह मुद्रा मैं कभी नहीं भूलूँगा।''

'यह ऑल इंडिया रेडियो है··· समाचार सुनिए ! आज ब्रिटिश सरकार के विदेश विभाग के विशेष अधिकारी सर एलसर ड्रेनिंग··· मोहन शमशेर जंगबहादुर राणा से बातचीत के लिए, जब काठमांडो के गोचर हवाई अड्डे पर उतरे तो वहाँ करीब बीस हज़ार जनता ने उनका काले झंडे से स्वागत किया। जनता अंग्रेजी सरकार और उसके विशेष दूत सर ड्रेनिंग के मुर्दाबाद के नारे लगा रही थी। खबर है कि गोचर अड्डे पर तैनात फ़ौजियों ने निहत्थी और अहिंस्र जनता पर अंधाधुंध लाठीचार्ज किया। फलतः अनेक लोग घायल हुए। घायलों में कालेज के छात्र और छात्राओं की संख्या अधिक है। बूढ़े और बच्चे भी फ़ौजी दमन के शिकार···''

''मुर्दाबाद, मुर्दाबाद··· मुर्दा···  !''

विराटनगर मोर्चे पर एक बार फिर जमकर गोलाबारी हुई। किले से बाहर निकलकर भागते हुए राणा के दो फ़ौजी फिर मारे गए। तीन ने आत्मसमर्पण कर दिया है···तारिणी प्रसाद कोइराला राणा के इन फ़ौजियों से क़िले के अंदर के बारे में पूछताछ कर रहे हैं··· तो, उत्तमविक्रम एक महीने की रसद लेकन अंदर बैठा हुआ है ?··· उनके दोनों पुत्र आत्मसमर्पण के विरुद्ध हैं और उन्हें विश्वास है कि दीपावली की रातवाली चढ़ाई की तरह—मुक्तिसैनिक 'रिट्रीट' कर चले जाएँगे··· काठमांडो से उन्हें शीघ्र कुमुक भेजा जा रहा है।

हेडक्वार्टर के प्रवेश- द्वार के बगल में, मिल के ब्लाकों को भी अब कारागार करार दे दिया गया है··· 'जंगला-ताला-बत्ती-आला' के साथ दर्जनों संतरी की दिन-रात की ड्यूटी। धीरे-धीरे कारागार के कमरे भर रहे हैं। सरकारी अफ़सर, गुप्तचर, पुराने क्रिमिनल, राणाशाही के चाकरीबाज नागरिक और झूठमूठ अफ़वाह फैलानेवाले रोज पकड़े जा रहे हैं। आज 'सोशलिस्ट रेजिमेंट' के भी दो आदमी 'कैपूचर' कर लिए गए

हैं··· यहाँ 'कैप्चर' शब्द खूब चालू हो गया है—हर व्यक्ति, हर जगह अपनी बात में इस शब्द का धड़ल्ले से व्यवहार करता है—"भाई, मेरी जगह को किसने कैप्चर ?"

'सोशलिस्ट रेजिमेंट' नाम 'अनआफिसियल' है—पी.आर.ओ. का दिया हुआ, स्वयं पी.आर.ओ. सोशलिस्ट पार्टी का सदस्य है और धीरे-धीरे दिल्लगी में ही उसने इस नाम को चालू कर दिया है। नरसिंह नारायण ने 'परिचयपत्रों' पर दस्तखत करने के पहले जब 'चेक' किया तो एक सौ अस्सी सोशलिस्टों में दो आदमी ठग निकले, अर्थात् उन्होंने अपने को सोशलिस्ट बताकर प्रवेश पा लिया था। दोनों व्यक्तियों को सामयिक सरकार के पुलिस एवं जेल-अधिकारी शिवजंग के पिता के ज़िम्मे सुपुर्द किया गया और शिवजंग के पिता ने उनकी ओर घुड़ककर देखा तो दोनों ने तुरंत कबूल कर लिया कि वे पूर्णिया- सहरसा के एक मशहूर डकैत के दल के हैं। दलपति ने उन्हें हथियार-बमगोले वगैरह चुराने के लिए भेजा था। कोनों कैप्चर्ड हो गए··· चंद्रप्रसाद नेपाल का बड़ा बेटा तीरथ नेपाल भी कैप्चर्ड होकर आया है। उसने दो साल पहले—छद्मवेश में नेपाल में पार्टी का प्रचार करते हुए बी.पी. को गिरफ्तार करवाया था—ऐसी अफ़वाह उस समय फैली थी। लेकिन उसको चाकरीबाजी नागरिक होने के जुर्म में 'कैप्चर किया है।

झाया कैप्चर्ड ! रँगली कैप्चर्ड !!

भदरपुर कैप्चर्ड !!!

मालगोदाम कैप्चर्ड—अर्थात् मिल का खाली मालगोदाम, जिसमें सोशलिस्टों का 'रैनबसेरा' था—उसे रँगरूट सैनिकों का बैरक बना दिया गया है। इस बैरक का इन्चार्ज कपिलदेव को बनाया गया है। सोशलिस्ट कपिलदेव···

मुक्ति-संग्राम के पूर्वी मोर्चे पर पूर्णिया जिले के डेढ़ सौ सोशलिस्टों के अलावा बंगाल के भी आधा दर्जन समाजवादी आकर डटे हुए हैं। एक दर्जन से अधिक सोशलिस्ट हैडक्वार्टर में विभिन्न विभागों के उत्तरदायित्वपूर्ण पदों पर मुस्तैदी से काम कर रहे हैं। पच्चीस सोशलिस्ट गेर्रिलों को ही याकथुंबा ने अपने काम का समझा है। सबसे ज्यादा भरोसा कुलदीप झा पर है—याकथुंबा को, ईस्टर्न कमांड के चीफ को, तथा सर्वाधिनायक सुवर्ण-शमशेर-टुकड़ी—अग्रगामी दल—का दलपति उन्हें ही चुना गया है और सकलदीप उर्फ शैलेन्दर उर्फ रहीम उनके सहायक। कामरेड लखनलाल कपूर···सभी 1942 के 'आज़ाद दस्ता' के अनुभवी और बहादुर लड़ाके—जिनके नामों को सुनकर ही 'टॉमी' और 'बलूच' सिपाही थर-थर काँपते थे।

बंगाल के समाजवादियों में भोला चटर्जी। गेर्रिला-युद्ध की ट्रेनिंग देने से शुरू करके विदेश से, मित्र-देशों से अस्त्र-शस्त्र लाने का काम उसने किया है। डॉक्टर लोहिया ने बी.पी. से इस बहादुर बंगसंतान का परिचय देते हुए कहा था : "यह स्वयं एक भीषण

मारात्मक विस्फोटक पदार्थ है···"

कलकत्ते से तारापद बाबू के नेतृत्व में कई नौजवान आए हैं, जो 'लेबोरेटरी' (प्रयोगशाला) में काम कर रहे हैं। ठीक, ईस्टर्न कमांड।

एक और सोशलिस्ट कामरेड है जो गुरुत्वपूर्ण पद पर है, यानी, 'किचेन फ्रंट' का कमांडर मधुसूदन सिंह। वह दिन-रात इस जाड़े के मौसम में भी पसीने से लथपथ हो रहा है। सदा तारस्वर में बातें करनेवाला। आज वह तनिक उदास है। कहता है—"यार ! किचेन फ्रंट पर एक बार आकर देखो—एक ही दिन में सारी 'फुटफुटी' गायब हो जाएगी ! आज मोर्चे के जवानों ने ट्रेंच में लंच नहीं खाया। यार, पता नहीं क्या बात हुई !"

## छः

एक बंगला कहावत है—ढेंकी अगर स्वर्ग भी जाएगी तो वहाँ भी उसको धान कूटना पड़ेगा। अब तक पूर्णिया ज़िला में सोशलिस्ट पार्टी के जितने भी सम्मेलन हुए और शिविर चलाए गए, सभी के भोजनालय-विभाग को सुचारु रूप से चलाने-वाला साथी मधुसूदन, यहाँ आकर भी अर्थात् लड़ाई के मैदान में भी, सात-आठ सौ व्यक्तियों को तीन जून भोजन 'सप्लाई' करने के काम में जुटा हुआ है। तीन बजे भोर को ही अपने दल-फ़ौज के साथ 'किचेन' में आकर कोयला सुलगाना शुरू कर देता है। बड़े-बड़े कड़ाहों और देगों को माँजने की आवाज़ ब्रह्मवेला में ठीक झाँझ-करताल के साथ बजनेवाले पूजा के ढोल की आवाज़-जैसी सुनाई पड़ती है। सात सौ व्यक्तियों को अहले सुबह चाय—ठीक डेढ़ बजे दोपहर का भोजन, तीन बजते-बजते चाय और रात में आठ से दस बजे तक रात्रि- भोजन की दैनिक व्यवस्था हँसी-खेल नहीं। और कामरेड मधुसूदन रसोई बनानेवाले पाचकों को सिर्फ़ हुक्म नहीं देता—खुद हाथ में छोलनी या छनौटा अथवा बड़ी कलछी लेकर—बड़े-बड़े दहकते भट्ठों पर चढ़े कड़ाहों में 'मटनकरी' या 'वेजिटेबल स्टू' पकाता हुआ कभी वह मसाला पीसनेवाले को सतर्क करता है—"अरे भाई ! हल्दी के खराब गाँठ नहीं पहचानते तो क्यों पीसने गए हो मसाला ! चलो, पानी भरो जाकर।" कभी याद दिलाता है—"ए भाई ! हास्पिटल का खाना अब तक गया है या नहीं ?···ए संतरी ! किचेन में बाहरी आदमी को मत आने दो··· हाँ-हाँ··· पाँच बार बाहर जाओ या सौ बार, आते-जाते संतरी को तलाशी देनी ही पड़ेगी··· ए बाबाजी··· ट्रेंच जवानों के लिए पचीस-तीस थरमस चाय चाहिए। पुर्जी लेकर गोदाम से कंडेंस्ड मिल्क ले आइए और कहिएगा कि डिब्बे की

मछली कोई जवान छूता तक नहीं—लगता है खराब हो गया है··· अरे यार ! यहाँ सोशलिस्ट पार्टी के सम्मेलन के डेलीगेट नहीं जो सिर्फ़ हो- हल्ला और नारा लगाकर—बिना तरकारी के भात खा लेंगे। मैं सभी से फिर कह रहा हूँ—मोर्चे पर जानेवाले जवान से कोई 'बकटेटी' (बेकार बहस) मत करना। छोटकू बाबाजी से पूछो—आज बच गए छोटकू बाबाजी···"

छोटकू बाबाजी कह रहा है—"अरौ बाबा ! आजि हमर बुँझू जे प्राण बचि गेल। एहेन सुतारि कै चाहक गम हमरा पर फेंकलक···"

छोटकू बाबाजी की बोली सुनकर सभी हँसते हैं। नेपाली काँग्रेस के सभापति मातृका प्रसाद के अति प्रियपात्र। इन्हें देखते ही वह मैथिली में बोलने लगते हैं। और, छोटकू पंडित आज तक 'कप' को 'टब' और 'मग' को 'गम' ही कहता है।

मातृका बाबू हँसते हैं—"सुतारी कै की फेंकलक ?"

"जी ! वैह की जे कहैछै··· ?"

मधुसूदन कहता है—"एक जवान चीनी माँग रहा था बहुत देर से। छोटकू बाबाजी लगे कानून बघारने कि दो चम्मच से फाजिल चीनी देने का 'औडर' नहीं है। कि 'औडर' शब्द सुनते ही वह अगिया बैताल—औडर ? औडर···किस्का औडर ? तुम्हारा ? तुम हमारा कमांडर होता है ? तुम औडर देगा···मूजी-ई··· पूरा मग की चाय उछालकर छोटकू की ओर फेंककर चला गया···"

"आ गए, आ गए ! दोनों सेनापति आ गए !!"

पश्चिमी मोर्चे का दौरा करके मेजर जनरल सुवर्ण अभी-अभी आए और ईस्टर्न कमांड के साथ अगले मोर्चे पर मुक्तियोद्धाओं से मिलने के लिए जा रहे हैं। बी.पी. के साथ बाडीगार्ड जा रहे हैं तारिणी प्रसाद और भोला चटर्जी। बी. पी. ने 'पी. आर. ओ. ' को भी साथ कर लिया है··· पी. आर. ओ. के राइफल ढोने के ढंग और मुद्रा को देखकर सभी हँसते हैं। मेजर जनरल ने प्रसन्न होकर पी. आर. ओ. को अपनी टामीगन भेंट करते हुए कहा—"बट डोंट फारगेट योर पेन···"

दो जीपों में लदकर वे चले अगले मोर्चे की ओर—जहाँ तीन दिनों से ट्रेंचों में मुक्तिसेना के जवान डटे हुए हैं··· बाज़ार अड्डा के मोर्चे के पास ही याकथुंबा अगुआनी के लिए उपस्थित था। उसने पहले एतराज ज़ाहिर किया—अगली खाई तक जाना ठीक नहीं—बहुत जोखम है। लेकिन मुक्तिसेना के सर्वाधिनायक और ईस्टर्न कमांड ट्रेंच में लड़ते हुए एक-एक मुक्तियोद्धा से मिलना चाहते हैं। अतः याकथुंबा बहुत सतर्कतापूर्वक अपने अफसरों को लेकर आगे बढ़े—अब लेट जाइए··· पेट के बल 'क्राल'·· हाँ··· अब एकदम पेट के बल पड़े रहिए—दुश्मन फायरिंग कर रहे हैं··· कई मिनट बाद जब मशीनगन चुप हुई तो वे फिर आगे बढ़े···

ट्रेंचों की अवस्था देखकर अचरज होता है—इनमें तीन दिनों से कैसे पड़े हुए हैं ये लोग ?

मुक्तिसेना के प्रत्येक योद्धा की एक ही प्रार्थना है—बुलेट, मारक विस्फोटक बम, हथगोले और भेजिए। दुश्मन की पचीस गोलियों के बाद हमें एक गोली छोड़ने का हुक्म है··· हमें फाइनल हमले का हुक्म दिया जाए। ट्रेंच में इस तरह पड़े रहने से अच्छा है घायल होकर अस्पताल के बेड पर··· नहीं-—नहीं··· भोजन में कोई गड़बड़ी नहीं—खाने को जी नहीं करता···

मेजर जनरल ने एक-एक मुक्तियोद्धा को प्यार से कहा—"साथी ! घबराओ मत। बहुत जल्दी ही प्रचुर मात्रा में बुलेट और अन्य अस्त्र-शस्त्र आ रहे हैं···"

'फील्ड हास्पिटल' में चार सर्जन और पंद्रह नर्स घायलों की सेवा कर रहे हैं। सानोआमाँ, नलिनी दीदी, इंदिरा, विजयलक्ष्मी—और नूना भाभी—कोइराला-निवास की माँ, बेटियों और बहुओं के साथ नगर के प्रतिष्ठित घरों की लड़कियाँ स्वयंसेविका के रूप में दिन- रात फिरकी की तरह घूमती रहती हैं।

सर्वाधिनायक की पार्टी हास्पिटल का परिदर्शन करके लौटी ही थी कि हेडक्वार्टर में भीषण धमाका··· धड़धड़-धड़ाम !! ··· ठीक मेजर जनरल के दफ्तर के बगल में··· धरती काँप उठी··· धुएँ का काला गुब्बारा बढ़ता हुआ सारे मिल के आकाश को आच्छादित करता जाता है··· सभी धरती पर लेट गए··· बारूद और गंधक की जलती हुई गंध··· मुक्तिवाहिनी ने लगातार कई राउंड फायर किया··· दुश्मन··· दुश्मन··· ??

नहीं, दुश्मन नहीं ! दोस्त··· कामरेड तारापद अपने चार साथियों के साथ प्रयोगशाला में काम कर रहे थे। असावधानी से एक ग्रेनेड गिरकर फूटा और सभी तैयार बम और गोले एक साथ··· विस्फोटक धड़धड़ाकर फटने लगे··· दीवारों में दरारें··· ध्वंस··· ईंट-सिमेंट, रक्त··· रक्त, ध्वंसावशेष··· तारापद बाबू और उनके साथियों की लाश की चित्थियाँ··· मांस के कुचले और जले हुए कई लोंदे मात्र··· और कुछ नहीं··· न किसी का सिर, न किसी का पैर··· हड्डियाँ चिंदी-चिंदी··· एक वीभत्स दृश्य।

## सात

शेल-शॉक ?

भोला चैटर्जी, तारिणीप्रसाद कोइराला और 'पी. आर. ओ.' को 'शेल शॉक' लगा है, शायद ! तीनों कई घंटे तक 'एबनार्मल' की तरह बड़बड़ाते और चुप हो जाते।

और चुप्पी ऐसी कि ज़ोर से पुकारने पर भी कोई जवाब नहीं !

नेपाली कांग्रेस के सभापति मातृकाप्रसाद—सारे शिविर के 'ठुलो दाज्यु'—बड़े भैयाजी हैं । उस रात को वह इन तीनों के कमरे में ही बहुत देर तक बैठे रहे ।

उसी भीषण विस्फोट के बाद—तारापद बाबू तथा उनके साथियों की आकस्मिक और समूह-मृत्यु के बाद—मुक्तिसेना के हेडक्वार्टर में कई घंटों तक ऐसा सन्नाटा छाया रहा कि जिसकी याद करके मातृका बाबू आज भी रवींद्रनाथ ठाकुर की इन पंक्तियों को दुहराने लगेंगे—"नमि हे भीषण, मौन, रिक्त ! एस मोर भाँगा आल, हस्ते तोमार लौह- दंड बाजिछे लौह बलय···!!"

उस रात की भीषण उदासी को गौरव प्रदान करने के लिए 'ठुलो दाज्यु' (मातृका बाबू) ने रवि ठाकुर की और भी कई पंक्तियों की आवृत्ति की थी, धीरे-धीरे सस्वर गाया भी था—"ओगो मरण हे मोर मरण हाय एमनि करे कि उचो चोर चुपि-चुपि एसे···?"

'पी. आर. ओ.' बड़बड़ा उठा था—"चुपि- चुपि नहीं । चोरी-चोरी नहीं, इसे डकैती कहिए—धमाके के साथ आगमन···!"

मातृका बाबू इन भावुक युवकों की मनोदशा को समझ रहे थे, अच्छी तरह । वह बड़े भैयाजी का कर्त्तव्य पालन करते रहे । इनके दिलों में चुपचाप व्याप्त होनेवाली शून्यता और रिक्त्ता को दूर करने के लिए उन्होंने एक 'बाउल गीत' भी गाकर सुनाया । और, अंत में स्वरचित एक नेपाली गीत—"साथी अब कति टाढ़ा जाने··· साथी अब और कितना दूर जाना है ?"

और, उनके इस सवाल का जवाब दिया—बीस मील उत्तर-पश्चिम कोसी के कुसहा घाट से, अग्रगामी टुकड़ी के अधिनायक डॉक्टर कुलदीप झा ने—"मंजिल करीब ला रहे हैं हम !"

कुसहा घाट से आए हुए 'विशेष संवाद' ने हेडक्वार्टर के मनहूस वातावरण को पलक मारते दूर कर दिया । सभी इस संवाद को सुनकर जग गए हैं—सर्वाधिनायक से लेकर संतरी तक··· तो, वह सकुशल हैं ?

पिछले दो दिनों से चेष्टा करने पर भी एडवांस फ़ोर्स की टुकड़ी का कोई संवाद हेडक्वार्टर को नहीं मिल सका था । कोई अता-पता नहीं । तारापद बाबू और उनके साथियों की मृत्यु के बाद हेडक्वार्टर के कई कोनों में एक आशंका कभी-कभी प्रबल हो जाती थी—संभवतः एडवांस फोर्स के सभी जवान किसी कुचक्र के शिकार हो गए । युद्ध-भूमि के अनुभवी सैनिकों का कहना है—कभी-कभी खराब समाचार आने लगते हैं तो लगातार कई दिनों तक बस 'बैड न्यूज' ही आते रहते हैं चारों ओर से···!

डॉक्टर कुलदीप झा ने एक लंबी चिट्ठी लिखी है । अग्रगामी टुकड़ी वास्तव में खतरे में पड़ गई थी । धनकुट्टा के 'कम्मी-कामरेडों' ने विश्वासघात नहीं—'सेबटाज'

भी किया। अगर खिरियाही पुल के पास ट्रकों को रोककर अधिनायक ने पुल की परीक्षा नहीं की होती तो 'एडवांस फोर्स' के सभी जवान एक ही साथ मौत के मुँह में समा जाते। हमारे ये नए दुश्मन पुल की पटरियों को हटाकर पास की झाड़ियों में छिपे बैठे थे। डॉ. कुलदीप ने अपने जवानों को सिग्नल दिया और वे ट्रकों से उतरकर 'पोजीशन' लें, इसके पहले ही पुल के उस पार तराई में राइफलों की आवाज़ गूँजती रही।

··· हमारे दो जवान—दोनों ड्राइवर—ट्रकों के साथ लापता हैं··· क्या वे वहाँ पहुँचे हैं ? ··· हम सकुशल कोसी के कुसहा घाट के आस-पास व्यूह-रचना करके दुश्मन की प्रतीक्षा कर रहे हैं··· तराई में, अग्रगामी टुकड़ी के टोह लेनेवाले जवान गिरिजा और शिवजंग के नेतृत्व में सदा सतर्क होकर घूम रहे हैं। जय नेपाल !

कमांडर कुलदीप झा ने अपने पत्र में अपनी एक सलाह भी लिख भेजी है : विराट नगर सुगर मिल के फ़ार्म में कई 'बुलडोजर' पड़े हुए हैं। उनमें से एक को टैंक में कनवर्ट करवाया जाए, तो किले की दीवार को तोड़कर हमला करना सहज हो जाए···

लेकिन, संग्राम-समिति का विश्वास : 'टैंक' की ज़रूरत नहीं होगी। एक-दो दिनों में कर्नल विक्रम स्वयं घुटना टेक देगा।

और, इसी का नाम है—युद्ध-भूमि !!

सुबह की रोशनी के साथ ही सारी उदासी—भीषण मौन और रिक्तता—दूर हो रही है। चारों ओर फिर प्रसन्नता, चंचलता, कार्यव्यस्तता। सर्वाधिनायक का उस दिन का हुक्म—"पूर्ववत् घेरा डाले रहो··· !"

मिलेटरी गवर्नर का आदेश—"शहर खाली कीजिए। इवेकुएशन ··· !"

शहर खाली करवाने के पहले विराटनगर मोर्चे का कमांडर याकथुंबा हेडक्वार्टर में आया है। ईस्टर्न कमांड के चीफ़ ने उन्हें बुलाया है। बी. पी. शहर खाली करवाने से पहले एक बार कर्नल उत्तमविक्रम से 'अपील' करना चाहते हैं···

"अपील ?"—याकथुंबा अचरज से पूछता है—"मोर्चे पर··· अपील ··· ? यो कसरी हुन सक्छ··· यह कैसे हो सकता है ?"

"क्यों ? लाउडस्पीकर की आवाज़ किले की दीवार के उस पार तक नहीं पहुँचेगी ?··· पुग्दैन ?"

"पुग्न लाई त सिंधिया नदी पर्यंत पुग्छ··· पहुँचने को तो सिंधिया नदी तक आवाज पहुँच सकती है। लेकिन यह उत्तमविक्रम के दिल-दिमाग़ तक पहुँचेगी, इसमें मुझे संदेह है। और, इसकी ज़रूरत ही क्या है ?"

'ज़रूरत है।"—बी. पी. दृढ़तापूर्वक कहते हैं।

एक ओर फ़ौजी पोशाक में एक संवेदनशील, उच्च शिक्षित, सही मानवमूल्यों में

विश्वास करनेवाला मधुरभाषी बुद्धिजीवी नेपाली है और दूसरी ओर सैनिक अकादेमी का प्रशिक्षित शत- प्रतिशत फ़ौजी नेपाली, जिसके सिर में दिमाग़ की जगह पर 'मिलेटरी मैनुअल' रखा हुआ है। मैनुअल में, मोर्चे से दुश्मन के नाम अपील करने की बात कहीं नहीं ! ईस्टर्न कमांड के चीफ़ तर्क करते हैं—"उत्तमविक्रम की हठधर्मी अथवा मूर्खता के कारण सैकड़ों नेपाली जवान मारे जाएँ—यह मैं नहीं चाहता। मुझे लगता है, उत्तमविक्रम और उसके पुत्र अपनी सुरक्षा का ख्याल करके··· अर्थात् वे समझते हैं कि पकड़े जाने पर उन्हें तुरंत गोली से उड़ा दिया जाएगा। शायद, इसीलिए···"

याकथुंबा तर्क नहीं करता। वह 'एटेंसन' की मुद्रा में खड़ा हो गया है। अब बी. पी. कह रहे हैं—एक-एक प्रशिक्षित नेपाली जवान की क्या क़ीमत है, हम जानते हैं··· आज वे गरीब राणा के साथ हैं, उनके हुक्म से गोलियाँ चलाते हैं। कल वे ही नेपाली प्रजातंत्र सरकार के सैनिक होंगे··· !"

एक जीप पर लाउडस्पीकर के सारे सामान—बैटरी, एम्पलीफायर, हार्न और माइक आदि लादे जा रहे हैं। दूसरी गाड़ी पर याकथुंबा के साथ बी. पी. की पार्टी—अर्थात् दोनों अंगरक्षक भोला चैटर्जी और तारिणी प्रसाद। आज बी. पी. ने 'पी. आर. ओ.' से साथ चलने को नहीं कहा। वह ईस्टर्न कमांड के साथ चलने की अनुमति माँगता है—"वहाँ तो आप भाषण देंगे न ? तब तो मेरे विभाग के किसी व्यक्ति को वहाँ उपस्थित रहना चाहिए। न्यूज कवर करने को।"

बी. पी. हँसते हैं। किंतु तारिणी और भोला चैटर्जी व्यंगय करते है—"अरे यार पी. आर. ओ.—तुम कहाँ चलोगे ?··· हू विल कवर यू ?"

बी. पी. की अनुमति पाकर 'पी. आर. ओ.' जवाब देता है—"अकेला कहाँ हूँ ? यह रही मेरी 'रक्तपा' और वह 'सिद्धिदा'।"

'पी. आर. ओ.' ने सर्वाधिनायक-प्रदत्त अपनी 'टामीगन' को नाम दिया है 'रक्तपा' और उसके सभी मित्र तथा आत्मीय जानते हैं, 'सिद्धिदा' उसकी 'पार्कर 51' कलम का नाम है।

बाज़ार अड्डा मोर्चे के पास दोनों गाड़ियाँ रुकीं। 'रिज़र्व' के जवानों ने 'लाउडस्पीकर' के सामान के साथ ऑपरेटर को अगले मोर्चे तक पहुँचाया। बाद में स्वयं याकथुंबा और सी. बी. सुब्बा—बी. पी. की पार्टी को 'कवर' करके मोर्चे की ओर बढ़े।

मोर्चे पर पहुँचकर पता चला—आज सुबह से राणाशाही गोला-बारी की गति तनिक मंद है। मुक्ति-सैनिकों को राणाशाही के बी राउंड के बाद एक 'राउंड' से ज़्यादा गोली चलाने की आज्ञा अब भी नहीं दी गई है। इसलिए, प्रत्येक मुक्ति-फ़ौजी के चेहरे पर 'बोरडम' (एकरसता) से उत्पन्न रेखाएँ अंकित हैं।

अब, ईस्टर्न कमांड के चीफ की 'अपील', ध्वनिविस्तारक-यंत्र की सहायता

से—गोस्वारा-कचहरी की दीवारों से टकराकर प्रतिध्वनित होने लगी —"कर्नल साहब···कर्नल उत्तमविक्रम राणाजी—कृपया ध्यान दें··· कर्नल उत्तमविक्रम··· अगर आप तक मेरी आवाज़ पहुँच रही हो तो···थोड़ी देर के लिए फ़ाइरिंग बंद करवा दें। मैं—मुक्तिसेना के पूर्वी कमांड का चीफ़—बी. पी. कोइराला—आज आपके सामने एक 'अपील' लेकर उपस्थित हुआ हूँ··· हम राणातंत्र के दुश्मन हैं, राणाओं के नहीं। हमारी मुक्तिफ़ौज के सर्वोच्च अधिनायक राणा ही हैं। कई प्रमुख राणा-परिवार के नौजवान, मुक्तिसेना के अधिनायक और साधारण सैनिक हैं। आपके जैसे अनुभवी शासक की ज़रूरत नेपाल की किसी भी सरकार को पड़ेगी··· यह निश्चित है कि विजय अंततः नेपाली जनता की ही होगी। मुझे उम्मीद है कि आप अपने देश की जनता का साथ देकर खोया हुआ अवसर··· याद रहे, हम अपने देशवासियों का रक्त व्यर्थ ही नहीं बहाना चाहते। आप जनता की इस लड़ाई में शरीक हों, आप जिस पद पर हैं—सामयिक सरकार आपको उसी पद पर बरकरार रखेगी। इस संबंध में अगर आप विस्तारपूर्वक बात करना चाहें तो मैं इसके लिए भी तैयार होकर आया हूँ। दोनों ओर से सफ़ेद झंडे फहराए जाएँ। आप क़िले से अपने अंगरक्षकों के एक दस्ते के साथ बाहर निकलकर 'हुलाख' (पोस्ट आफ़िस) के बरामदे पर आने की कृपा करें, मैं भी आगे बढ़कर उस जगह पर पहुँचता हूँ। अगर आप चाहें तो··· !"

किले की दीवार के उस पार एक सफ़ेद झंडा ऊपर की ओर उठ रहा है। उठता ही जा रहा है। हाँ, सफेद झंडा ! सुबुद्धि की जय हो ! इधर भी सफ़ेद झंडा लहरा उठा।

उधर, किले का लौह कपाट खुला—सशब्द। फिर बी. पी. मुक्तिवाहिनी के दोनों अधिनायकों और सशक्त जवानों के साथ—ट्रेंच से बाहर निकलकर—आगे बढ़े।

किंतु, वे दस क़दम भी नहीं बढ़े होंगे कि सामने से किले की छत पर फिट मशीनगन अट्टहास कर उठी—टटटटटट··· टटटटट···टट ···!!

याकथुंबा और सी. बी. सुब्बा दोनों एक ही साथ बी. पी. को 'अँकवार' में भरकर यंत्र- चालित मशीन की तरह फुर्ती से ज़मीन पर लेट गए और लुढ़कते हुए ट्रेंच में गिरे। कई जवान बुरी तरह घायल हुए। और, पंद्रह-बीस मिनट तक दोनों ओर से जैसी गोलाबारी हुई वैसी कई दिनों से नहीं हुई। मुक्तिसेना के जवान पागल हो गए हैं—सफेद झंडा दिखलाकर फाइरिंग ? ऐसी दग़ाबाजी ?··· इसका मजा चखाना होगा। ट्रटठाँय-ठाँय-ठाँय !!

उस दिन कर्नल उत्तमविक्रम तथा उनके दोनों पुत्रों को पूरा विश्वास हो गया था कि उनकी 'धोखाधड़ी-गोलाबारी' सफल हुई यानी बी. पी. कोइराला मर गए। मुक्तिसेना के 'बेतार-ऑपरेटर' ने उस दिन कर्नल विक्रम की 'आकाशवाणी' (राणा सरकार के शासन के समय नेपाल 'वायरलेस विभाग' का नाम आकाशवाणी ही था !) को जितनी बार

'इंटरसेप्ट' किया, उत्तमविक्रम यही संवाद बार- बार काठमांडो भेज रहा था—हमने बी. पी. के जीवन का अंत कर दिया···

"हाँ—घायल नहीं, एकदम समाप्त··· वह निश्चित रूप से मारा गया है··· ।'

बी. पी. तथा उसकी पार्टी के सदस्यों को हेडक्वार्टर में सकुशल पहुँचाने के बाद ही, याकथुंबा के चेहरे पर उसकी सहज और स्वाभाविक मुस्कराहट लौट आई—"रणचंडी की विशेष और असीम कृपा है हम पर अन्यथा आज · !"

"जय नेपाल कमांडर !"

याकथुंबा प्रसन्नता के मारे उछल पड़ता है—"साथी पूरनसिंह ? कब आए ?"

नेताजी सुभाषचंद्र बोस की 'आजाद हिंद फ़ौज' का प्रसिद्ध लड़ाका पूरनसिंह अपने कई 'मिलटरी मैकनिक' साथियों के साथ आया है—सर्वाधिनायक सुवर्ण का संदेश पाकर। आते ही उसने सबकुछ सुनने के बाद—कैटरपिलर बुलडोजर को टैंक में परिणत करने के सुझाव का समर्थन किया है। आज रात से ही वह अपने साथियों के साथ जूट मिल के बड़े 'वर्कशाप' में लोहे की चद्दरों की 'वेल्डिंग-मौल्डिंग' का कारोबार शुरू कर देगा।

इवेकुएशन ! एवेकुएशन !!

"शहर खाली कीजिए !"

विराटनगर शहर खाली हो रहा है। खाली करवाया जा रहा है। ट्रकों पर लदे हुए सामान—बिस्तर, ट्रंक, रेडियो, सिलाई की मशीन, पेट्रोमेक्स, पंखे, ग्रामोफोन··· पालतू कुत्ते-बिल्ली, तोता-मैना, काकातुआ···!!

"घबराइए नहीं। पच्चीस ट्रक हैं। बारी-बारी से एक-एक परिवार को सकुशल सुरक्षित स्थान में—इवेक्वी कैंप में—पहुँचा दिया जाएगा। आपस में झगड़ें नहीं। अपने घरों और गोदामों में ताले लगा दें··· पहले गर्भवती महिलाओं को—बूढ़ों, बच्चों और बीमारों को पहले जाने दीजिए—प्लीज, प्लीज, गुलगपाड़ा एकदम नहीं—आपकी सहायता के लिए हर मुहल्ले में, हर गली में मुक्तिसेना के सशस्त्र स्वयंसेवक तैनात हैं—स्वयंसेविकाएँ भी हैं—भाग- दौड़, होहल्ला नहीं—होशियारी से—पैदल जानेवाले भाइयो ! मुक्तिसैनिकों की बात का अक्षरशः पालन करें—उनके बताए हुए रास्ते से चलें। वे जैसा कहें, करिए—हाँ, दूसरा ट्रिप··· तीसरा खेप··· ट्रक और जीप गाड़ियाँ जा रही हैं—घबराइए नहीं—स्वयंसेवकगण शांति से काम लें, कृपया।'

विराटनगर की सड़कों, गलियों और नुक्कड़ों पर 'पिकेट' करते हुए मुक्तिसेना के संतरी अवाक् हैरान हैं—ऐसा तो कभी नहीं देखा। न बर्मा में, न इम्फाल में और न कोहिमा में—कहीं भी नहीं। औरतें, जवान लड़कियाँ, मुर्गे-मुर्गियाँ, भेड़-बकरे,

रुपए- पैसे सभी सुरक्षित जा रहे हैं। सर्वाधिनायक की चेतावनी उनके कान के पास प्रतिध्वनित हो जाती है—"हम लुटेरे सैनिक नहीं। हम मुक्तिसैनिक हैं—हम नेपाल की जनता के सिपाही हैं···"

ट्रकों की निरंतर 'आवाजाही' से सड़कों पर सदा धूल के विशाल बवंडर मँडराते रहते हैं···स्मोक- स्क्रीन··· प्राकृतिक धूमजाल !!

पूरनसिंह अपने साथियों के साथ 'वर्कशाप' की भट्ठी को सुलगा चुका है। वर्कशाप में रह- रहकर प्रज्ज्वलित होनेवाली नीली रोशनी आस-पास की इमारतों की दीवारों पर चकाचौंधपूर्ण इंद्रजाल की सृष्टि कर जाती है, रह-रहकर। बड़े- बड़े हथौड़ों से जब लोहे की 'पिटाई' होने लगती है तो हेटक्वार्टर की सभी इमारतों में लगे लोहे खनकने लगते हैं।

और, ठीक उसी समय हेडक्वार्टर के नए और बड़े बेतार कक्ष में बाहर से आए हुए वायरलेस-इंजीनियर साहब, 'पावरफुल ट्रांसमीटर' बैठा रहे हैं। टेस्ट कर रहे हैं—हैलो-हैलो !! ··· पूरनसिंह के वर्कशाप के हथौड़े की चोट पर ट्रांसमीटर की 'मैजिकाइज़' की रोशनी काँप-काँप जाती है।

दो दिन पहले, 'पी. आर. ओ.' और उसके लँगोटिया यार नेपाली के तरुण और यशस्वी कथाकार—तारिणी प्रसाद कोइराला—ने मिलकर संग्राम-समिति के सामने एक आवश्यक सुझाव रखा था—"हमारे साधारण वायरलेस का 'रेंज' काठमांडो, गोरखपुर, बनारस, कलकत्ता, दार्जिलिंग तक है। क्यों नहीं हम बाजाब्ता ब्राडकास्ट करवाना शुरू कर दें?"

सर्वाधिनायक ने इस सुझाव को मानकर, हवाई जहाज भेजकर नया ट्रांसमीटर और बड़े इंजीनियर को बुलवाया है। कल सुबह आठ बजे से ही 'शार्ट वेव' के 41 मीटर बैंड पर 'प्रजातंत्र नेपाल रेडियो' का प्रसारण शुरू हो जाएगा। सभी पत्र-प्रतिनिधियों को समय और मीटर की पूरी सूचना दे दी गई है।

'पी. आर. ओ.' को बहुत मुश्किल से एक कीर्तन-मंडली का पुराना हारमोनियम मिला। लेकिन, रात के ग्यारह बजे तक 'पी. आर. ओ.' तथा तारिणी प्रसाद 'डुग्गी- तबला' की जोड़ी की खोज में जोगबनी के बाजार में भटकते रहे। सभी को अचरज होता है—फ़ौजियों को हठात् हारमोनियम- तबला की जरूरत क्यों पड़ गई? और, जब 'इवेक्वी कालोनी' में वे किसी सुकंठ गायक अथवा गायिका की तलाश करने पहुँचे तो दोनों की नीयत पर भी संदेह किया जाने लगा—कमांडर को सूचना देनी होगी?··· खाकी वर्दी, मुँह में हर्क्युलिस-रम की तीव्र गंध और किसी गानेवाली की रात में खोज?··· दोनों बहुत रात तक भटकते रहे।

दूसरे दिन सुबह, सात बजकर तीस मिनट तक भी कोई गायक नहीं मिला। तब वायरलेस-विभाग के ही दो-तीन कार्यकर्ताओं को लेकर 'जय-यात्रा' का रिहर्सल शुरू

किया गया। चीफ़ ऑपरेटर लामा ने संकेत दिया। सबसे पहले उसने कई बार—'दिस इज़ प्रजातंत्र नेपाल रेडियो टेस्टिंग ऑन फोर्टीवन मीटर बैंड'—दुहराया। और, आठ बजते ही हारमोनियम और डुग्गी के ताल पर—"नेपाली, नेपाली अगि बढ़दा, बढ़दै जाउ क्रांति झंडा ले" गीत का प्रसारण प्रारंभ हो गया!

तारिणी हारमोनियम बजा रहा था और डुग्गी पर ताल दे रहा था 'पी. आर. ओ.'—डम-डम-डम। नेपाली-नेपाली!!

"जय नेपाल!"—प्रजातंत्र नेपाल रेडियो पर तारिणी का प्रथम अभिवादन!!

"डम-डम-डम—नेपाली-नेपाली···"

"यो प्रजातंत्र नेपाल रेडियो हो। हामी नेपाल को मुक्त क्षेत्र बाट ···!" तारिणी नेपाली में खबरें सुनाने लगा।

"यह प्रजातंत्र नेपाल रेडियो है।"—'पी. आर. ओ.' ने हिंदी में समाचार पाठ किया—"हमारे दिल्ली-स्थित संवाददाता ने अभी-अभी खबर दी है कि मोहन शमशेर के दो दूत, जनरल केशव और विजय शमशेर जंग पिछली रात को दिल्ली पहुँच गए हैं··· झापा पर मुक्तिसैनिकों ने कब्जा कर लिया है··· धनकुट्टा के रास्ते में खिरियाही पुल के पास मुक्ति-सेना की एडवांस टुकड़ी ने जमकर मुकाबला किया···"

"यू आर ट्युण्ड टु प्रजातंत्र नेपाल रेडियो ··· !"

अंग्रेजी समाचार बुलेटिन विजयलक्ष्मी के स्वर में।

उस दिन प्रजातंत्र नेपाल रेडियो के 'फिल्म-स्टूडियो' से प्रसारण के बाद जब वे बाहर निकले—सर्वाधिनायक सुवर्ण, बी. पी. तथा एम. पी. सभी एक साथ बधाई देने के लिए प्रसन्न खड़े थे—"शाबाश! ··· वाह!!"

'पी. आर. ओ.' ने मातृका प्रसाद से अनुमति माँगी—"आज दोपहर की सभा में—आपका गीत—'साथी अब कति टाढ़ा जाने' प्रसारित किया जाएगा ··· तारिणी गाएगा। क्या आप रिहर्सल के समय कुछ देर के लिए स्टूडियो में पधारने की कृपा करेंगे?"

ठुलो दाज्यु ने हँसते हुए कहा—"जो हुक्म !··· हुन्छ:"

## आठ

कोसी का कुसहा घाट!

घनी तराई को दो हिस्सों में बाँटती हुई हिमालय की प्रसिद्ध नदी कोसी, अर्थात् कोसी मैया, दूर तक फैली हुई श्वेत, सैकतश्यया पर लेटी है। कार्तिक-अगहन में, इस

घाट पर कोसी 'तन्वंगी' तो है किंतु, श्रांत-क्लांत-निश्चल नहीं। कलकल-वाहिनी प्रखर तरंगिनी है। पहाड़ी से नीचे उतरने के बाद—कोसी का यह दूसरा अथवा तीसरा घाट है—कुसहा; जहाँ मुक्तिसेना की अग्रगामी-टुकड़ी के कमांडर डॉक्टर कुलदीप झा पिछले कई दिनों से व्यूह- रचना करके सतर्क बैठे हैं। घाट की सभी नावें और डोंगियाँ डुबो दी गई हैं।

कुहरा-कुहासा चारों ओर व्याप्त। सूरज उगने के दो घंटा बाद भी कुहरा छँटा नहीं है। तराई की हरियाली पर गहरा सफ़ेद आवरण ! और सुबह चलनेवाली पहाड़ी हवा के साथ शीतलहरी !! इस पार से उस पार तक दृष्टिपथ को घेरकर रखनेवाले सफ़ेद आवरण पर कहीं कोई धब्बा नहीं।

सूरज ने तराई से और ऊपर उठकर अपनी किरणों से इस श्वेत आवरण को कई स्थानों पर चीरना शुरू कर दिया। और, तब कमांडर झा ने देखा—घाट के उस पार··· उस पार बालू पर क्या है वह ?··· गाड़ी पर नाव ? ··· अर्थात् वे आ रहे हैं ?··· अरे रे ! दरिया में भी किश्तियाँ··· रहीमजी···दूरबीन ?

"दूरबीन पार्टी नंबर दो के पास है।"

"गाड़ी पर नाव है न ? और नदी में··· ?"

"मगर गाड़ियों में बैल या भैंसा नहीं—आदमी जुते हुए हैं।"

"वहाँ, बालू पर···तराई से पंक्तिबद्ध···?"

दुश्मन···दुश्मन ! तराई की हवा कुसहा मोर्चे के हर जवान के कानों के पास फिसफिसाकर कह गई—दुश्मन !

कमांडर के संकेत पर वे 'पोजीशन' लेकर तैयार हो गए। कमांडर ने हुक्म दिया और गोलाबारी शुरू हो गई।

कामरेड रहीम उर्फ़ शैलेंदर सिंह उर्फ़ सकलदीप के शब्दों में कुसहा घाट की इस लड़ाई का विवरण—"फायरिंग करते-करते राइफल की नली आग हो गई समझिए। फ्लास्क का पानी खत्म। खैर, किसी तरह नली को ठंडा किया। डॉक्टर साहब तब तक स्टेनगन से नाव पर बैठे दुश्मनों को भून चुके थे। दोनों नावों को डुबा चुके थे। उधर पार्टी नंबर दो दाहिने बाजूवाली खाई से फ़ायरिंग किए जा रही थी। दुश्मन जब तक भौंचक रहा, सिर्फ़ हमारी गोलियाँ ही बोलती रहीं। मगर दुश्मन ने जब हमारा ठिकाना जान लिया, तो जवाब आने लगा। ऐसा जवाब कि समझिए झड़ी लगा दी। हम और डॉक्टर साहब जिस 'भिट्ठे' की आड़ में थे, वह ढहने लगा तो हम रेंग-रेंगकर दूसरी खाई में पहुँचे। पार्टी नंबर दो ने भी अपना ठिकाना बदला··· एक ही दूरबीन, सो भी पार्टी नंबर दो के पास। डॉक्टर साहब बोले—'पार्टी नंबर दो चुप क्यों हो गई ?' उस पार से धुआँधार गोलियाँ आ रही थीं।

''डॉक्टर साहब घुटने के बल बैठकर स्टेनगन को ठीक करने लगे। मैं बोला, 'पेट के बल लेट जाइए।' डॉक्टर साहब इतने लंबे कि घुटने के बल बैठने पर भी पीठ दिखाई पड़े। पेट के बल पर हम दोनों लेटे रहे। फ़ायरिंग रुकी तो फिर नया 'पोजीशन' लिया। डॉक्टर साहब ने पाँच मिनट तक गोली चलाई होगी। जिस वक्त पार्टी नंबर दो फ़ायरिंग देने लगी, हम दोनों जगह बदलने के लिए 'सखुआ' पेड़ की आड़ में खिसकते हुए जा रहे थे कि डॉक्टर साहब के मुँह से निकला—'ओह !' मुड़कर देखा तो वह पेट पकड़े हुए थे। दुश्मन की गोलियाँ सामनेवाले पेड़ के तने के 'बाकल' को उधेड़ रही थीं। दुश्मन ने हम दोनों को अच्छी तरह देख लिया था। डॉक्टर साहब पेट पकड़कर रेंगते हुए ढलान से नीचे लुढ़क गए। हमको भी ऐसा ही करने को कहा। बोले—'फ़ायरिंग बंद मत करिए ! जारी रखिए ! मगर, जब हमने उलटकर देखा, तो डॉक्टर साहब खून से लथपथ थे। मैं उनके पास पहुँचा तो हुक्म हुआ—'अपनी पार्टी के जवानों को पार्टी नंबर दो की मदद के लिए भेज दीजिए'··· वही किया। लौटकर आया तो खुद अपनी कमीज़ फाड़कर, बूट की पट्टी खोलकर पेट पर बाँध रहे थे। हमको देखकर बोले—'अंतड़ी निकल गई है। सँभालकर अंदर करके पट्टी बाँध दीजिए।' पहले तो सोचा कि पार्टी नंबर दो को खबर दूँ। मगर, डॉक्टर साहब को उस हालत में छोड़कर कैसे जाएँ ? आखिर अपनी राइफल और डॉक्टर साहब की स्टेनगन को अगल-बगल लटकाकर—डॉक्टर साहब को पीठ पर लादकर—पहाड़ी 'झोरा' (सूखी नाली) की राह पकड़कर मैं चला···''

घनी तराई का बीहड़ पथ। एडवांस फ़ोर्स के घायल कमांडर को पीठ पर लादकर, कामरेड रहीम हेडक्वार्टर की ओर जानेवाली पगडंडी को खोज रहा है। कमांडर झा गंभीर रूप से घायल हैं। किंतु, बेहोश नहीं—''साथी रहीम जी ! आप 'अकनेधी' का लत्तर पहचानते हैं ? सन्थाल लोग और अपने गाँव के लोग भी इसके पत्ते को पीसकर कटे हुए स्थान पर लगाते हैं। खून तुरंत बंद हो जाता है और फिर घाव सूखने पर ही लेप अपने-आप उतर जाता है। 'एंटीसेप्टिक' भी होता है और घाव को आराम करने में उस्ताद है यह जड़ी। मुझे किसी जगह पर रखकर झाड़ियों में ढूँढ़िए।'' कामरेड रहीम ढूँढ़कर 'अकनेधी' की लता ले आया है। डॉक्टर साहब मुस्कराकर कहते हैं—'ठीक है। आप जंगली जड़ी-बूटी को पहचानते हैं।' रहीम, पत्तियों को राइफल के 'बट' पर रखकर पत्थर से कुचलता-पीसता है। किंतु पट्टी को हटाकर घाव को देखते ही उसका सिर चकराने लगता है। डॉक्टर झा कहते हैं, 'कुछ ही दूर पर, इटहरी गाँव में एक डॉक्टर रहता है। उसके पास पेनिसिलिन होगी। अगर अभी एक सुई लग जाए···''

लेकिन डॉक्टर के पास पेनिसिलिन नहीं थी। और होती भी तो···?

इटहरी पहुँचते-पहुँचते डॉक्टर झा की अवस्था नाजुक हो चुकी थी। उनकी बोली बंद हो चुकी थी। इटहरी पहुँचकर रहीम ने जब उनको बरामदे पर लिटाया, तो एक बार आँखों को खोलकर देखा। फिर, एक लंबी साँस के साथ, सब समाप्त !

सुबह आठ बजे का चला हुआ रहीम, शाम को पाँच बजे डॉक्टर झा की लाश को लेकर हेडक्वार्टर में हाज़िर हुआ। और, दो मिनट के बाद एडवांस फ़ोर्स की पार्टी नंबर दो का संदेशवाहक भी शुभ संवाद लेकर पहुँचा। डॉक्टर झा की लाश को मेजर जनरल के कमरे में बंद कर दिया गया। पार्टी नंबर दो के संदेशवाहक का लाया हुआ 'उत्साहवर्द्धक समाचार' तत्काल ही 'प्रजातंत्र नेपाल रेडियो' के दफ्तर में शाम के समाचार-बुलेटिन में प्रसारण के लिए भेज दिया गया। और, तुरंत एक टुकड़ी कुसहा घाट की ओर चल पड़ी—एडवांस फोर्स की मदद करने के लिए।

"यह प्रजातंत्र नेपाल रेडियो है··· एक विशेष संवाद सुनिए (फ्लैश !!!)··· आज सुबह आठ बजे कोसी नदी के कुसहा घाट पर जमकर लड़ाई हुई। काठमांडो से विराटनगर को आती हुई राणाशाही की सेना की टुकड़ियाँ जब नावों पर लदकर नदी पार कर रही थीं, मुक्तिसेना के जवानों ने उन पर अचानक गोलाबारी शुरू कर दी और दुश्मन की दो नावों को डुबा दिया। डेढ़ घंटे तक मुकाबला करने के बाद हमारे जवानों ने दुश्मन को उस पार की तराई में खदेड़ दिया है···!!"

रात को साढ़े नौ बजे प्रजातंत्र नेपाल रेडियो की तीसरी सभा समाप्त करके 'पी. आर. ओ.' अपने कैंप में लौटा तो पहरे पर खड़ा संतरी साथी गिरधारी फूट-फूटकर रो पड़ा।

कैंप में चारों ओर हिचकियाँ-सिसकियाँ और घुटता हुआ क्रंदन !! सोशलिस्ट पार्टी के जनरल सेक्रेटरी नरसिंह नारायण सिंह की आँखें झर रही थीं और वह मानो 'बाय' में बोले जा रहे थे—"तुमने···अब तक डॉक्टर साहब से मुलाकात नहीं की ? रहीम कह रहा था—मोर्चे पर डॉक्टर साहब तुमको बार-बार याद करते थे··· चलो, अपने प्यारे साथी कुलदीप झा से मिल लो।"

नेपाल- भारत की सीमा-रेखा के पास 'नो मैंस लैंड' के किनारे, भारत की भूमि पर एक चिता सजाई जा रही है। विराटनगर और जोगबनी के दस हज़ार मजदूरों के प्यारे और बहादुर साथी की अर्थी उठ रही है। पूर्णिया जिला के किसानों का अगुआ-लड़का और बिहार के विद्यार्थियों और नौजवानों के प्रिय 'भैयाजी'—लाल झंडे में लिपटे, फूलमालाओं से लदे आ रहे हैं··· सावधान ! आगे-आगे मातमी धुन बजाती हुई बिगुलवादकों की टुकड़ी···धीरे-धीरे आ रही है···भारत-नेपाल मैत्री, अमर हो··· नेपाली प्रजातंत्र जिंदाबाद···डॉक्टर कुलदीप झा ट्रठाँय ! सलाम—लाल सलाम !!··· ट्रठाँए !···

सलाम··· ट्रठाँए !!

# नौ

"...समाचार आप प्रजातंत्र नेपाल रेडियो से सुन रहे हैं। मोहन शमशेर के दोनों विशेष दूत, आज दिल्ली से काठमांडो वापस हो गए। जानकार सूत्रों का कहना है कि भारत सरकार ने मोहन शमशेर की समझौता-वार्ता की शर्तों को नामंजूर कर दिया है और साथ ही इस बात पर बल दिया है कि भारत श्री-5 महाराजाधिराज त्रिभुवन को नेपाल का महाराजाधिराज मानता है··· आज के विशेष समाचार फिर एक बार सुन लीजिए—ईलाम पर, मुक्तिसेना ने बिना एक बूँद रक्त बहाए कब्जा कर लिया है, भोजपुर- खटांग में घमासान लड़ाई चल रही है··· लीजिए, अभी- अभी खबर मिली है कि भोजपुर- खटांग के सरकारी-भवन पर मुक्तिसैनिकों ने विजय का झंडा फहरा दिया है···"

प्रजातंत्र नेपाल रेडियो से प्रतिदिन तीर बार—सुबह, दोपहर और शाम की सभाओं में समाचार प्रसारित किए जाते हैं। समाचार के अलावा गीत, लोकगीत, रिपोर्ताज़ और एकांकी। सभी प्रसारणों का मूल वक्तव्य—'नेपाल में सदियों से छाए अंधकार को दूर कर—नया सूरज नया विहान ला रहा है।'

किंतु , विराटनगर का अडिग और अजेय दुर्ग इन सारी बातों को झुठलाता हुआ नित्य नरसंहार कर रहा है। इसलिए झापा, ईलाम और भोजपुर-अंचलों के उत्साहवर्धक समाचारों पर जनता अविश्वास-सा करने लगी है। मुक्तिसैनिकों के मनोबल भी डाँवाडोल हो रहे हैं। और, सबसे बड़ी और 'टाप' सीक्रेट बात—यदि एक-दो दिन में विराटनगर किले का पतन नहीं हुआ तो मुक्तिसेना के समक्ष एक भीषण और चरम संकटपूर्ण समस्या उपस्थित हो जाएगी। अर्थात् मुक्तिसेना का गोलाबारूद और बुलेट का भंडार करीब-करीब खाली हो चुका है। तब क्या होगा ? सिर्फ प्रेरणादायक राष्ट्रीय गीतों और रक्त को उबालनेवाले रिपोर्ताज़ से राणाशाही फ़ौज की दुर्वार गति को रोका तो नहीं जा सकता ?

भट भट भट भट भट ··· ??

पूरनसिंह तथा उसके साथियों ने कैटरपिलर बुलडोजर को सचमुच टैंक में कनवर्ट कर दिया है। वे इस लौह-दानव को चला-फिराकर 'ट्रायल' ले रहे हैं। लोहे के चद्दरों से मंडित, ब्रेनगन से सुसज्जित। पूरनसिंह ब्रेनगन की चर्खी को घुमा- फिराकर विभिन्न कोण में निशाना लेकर देखता है—"कमांडर याकथुंबा—यह रहा आपका टैंक !"

आश्चर्य ! दोपहर की सभा में प्रसारण के लिए, उत्तमविक्रम राणा के नाम, ईस्टर्न कमांड की फिर एक अपील ? अपील नहीं, अंतिम चेतावनी—"अब जनि दोष देहु मोहि लोगू···।"

और, इस अंतिम चेतावनी का जवाब उत्तमविक्रम की सेना ने मोर्टार के गोलों से दिया—

'मिले न कबहुँ सुभट रण गाढ़े··· ।'

तेईस दिसंबर के सुनहले दिन का तीसरा पहर । मुक्तिसेना के बैरकों में मानो नई जिंदगी दौड़ गई है । रिजर्व के जवान भी तैयार हो रहे हैं । चारों ओर सरगर्मी, उत्तेजना की लहरें !! ट्रकों में लदकर मुक्तिवाहिनी के योद्धा···विराटनगर मोर्चे की ओर चले और ट्रकों के पीछे-पीछे तमाशबीन निहत्थी जनता । कमांडर के सामने नई समस्या—"नहीं, नहीं । पब्लिक को रोको । एकदम रोको ।"

पिकेट पर तैनात मुक्तिसेना के जवान मुस्तैदी से सड़कों पर घेरा डालकर अड़ गए । अबूझ जनता को नेपाली कांग्रेस के स्वयंसेवक समझा रहे हैं । किंतु जनता अपनी सेना के साथ मार्च करना चाहती है—भाइयो ! फौजियों की जय-यात्रा में कोई बाधा न पड़े—कोई अमंगल घटना न घटे—इसलिए आपसे अनुरोध है, आप विराटनगर की ओर एक कदम भी आगे न बढ़ावें···"

अगले मोर्चे पर कमांडर याकथुंबा और सी. बी. सुब्बा ने मिलकर 'आखिरी हमले' की सारी तैयारी कर ली है । ड्राइवरों का सरदार गौरमणि, टैंक के 'पिट' में बैठा हुआ मुस्करा रहा है । मुक्तिसेना के जवानों को कई कालमों में बाँट दिया गया है । सभी ईस्टर्न कमांड के चीफ बी. पी. के आने की प्रतीक्षा कर रहे हैं ।

ईस्टर्न कमांड के चीफ की पार्टी आई । याकथुंबा ने आगे बढ़कर स्वागत किया—"सब, ठीक-ठाक—तैयार है । हुक्म हो ।"

कमांडर ने सबसे पहले टैंकचालक गौरमणि को संकेत किया—स्टार्ट!

भटटटटट-टट-टट-भट-भट··· !

मार्च !!

भटभटभटभटभट ··· !

लोहे का विशाल- कच्छप सचल हुआ ।

यंत्रदानव धरती को कँपाता हुआ आगे बढ़ा । इसके पीछे- पीछे मार्च करती—कवर फाइरिंग देती हुई—मुक्तिसेना । सामने से मार करती हुई राणाशाही गोलियाँ । गोलियाँ टैंक पर सशब्द बरस रही हैं—भट-भट-भट—ट्ठाँय-ट्ठाँय-धाँय- टटटटटट-भटभटभट-ठाँय-ठाँय—नरपति गिरा । उसको ट्रेंच में ले जाओ—ठाँय- ठाँय—जय

नेपाल—आह !! भटभटभटभट—धाँय- धाँय—जय माँ काली—टटटटट घायलों को ट्रेंच में ले जाओ—धाँय-धाँय—भटभटभट भट भट—ट्ठाँय- ट्ठाँय—जय नेपाल—भटभटभट—भटभट-धड़धड़धड़ाम—अर-र-र गिरी- गिरी दीवार धड़धड़ाम—टूट गई दीवार किले की—जय हो—भट भटभटभट···

किले की दीवार के टूटने के बाद का आँखों देखा हाल प्रजातंत्र नेपाल रेडियो की तीसरी सभा में प्रसारित हो रहा है, पी. आर. ओ. के शब्दों में—"दीवार अरराकर टूट गई है और मुक्तिवाहिनी का टैंक गर्जन करता हुआ किले के अंदर प्रवेश कर गया है—अब सिर्फ मुक्ति सेना की गोलियाँ बोल रही हैं—भीषण कलरव—कोलाहल, जयध्वनि—मैं देख रहा हूँ, अंदर की दीवार यानी पूरब की दीवार को फलाँगकर राणा के सैनिक भागना चाहते हैं लेकिन वे एक-एक कर नीचे गिर रहे हैं—मुक्तिसेना के जवान क्रोध में पागल हो गए हैं—सफेद झंडा दिखलाकर फायरिंग करन का मजा वे अच्छी तरह चखा देना चाहते हैं, दुश्मन को। अब मैं भी किले के अंदर पहुँच चुका हूँ—बी. पी. दौड़कर उत्तमविक्रम के निवास की ओर जा रहे हैं—मुक्तिसेना के जवान एक लाश को घसीटकर ले आए हैं—यह शायद—शायद—हाँ, यह उत्तमविक्रम के तीसरे पुत्र सुदर्शन शमशेर की लाश है—मुक्तिसेना के जवानों को मालूम है कि सफेद झंडा फहराकर बी. पी. पर गोली चलाने का आदेश सुदर्शन शमशेर ने ही दिया था, इसलिए मुक्तिसेना के जवानों ने कसमें खाई हैं—"रगत खानछू—रक्त पीयूँगा उसका"—और, और··· वे सचमुच रक्त पी रहे हैं, किलक- किलककर—एक नारकीय दृश्य—चारों ओर,—दुर्गंध-दुर्गंध—कोलाहल—आर्त्तनाद, जयध्वनि—गोलियों और संगीनों की मार—ट्ठाँय—खच्च-खच्च !! ठाँय-ठाँय—"नो नो नो !!"

बी. पी. अपनी दोनों भुजाओं को पसारकर उत्तमविक्रम के दरवाज़े के पास—राह छेंककर खड़े हो गए हैं—"स्टाप फाइरिंग !" किंतु मुक्तियोद्धाओं को उत्तमविक्रम की गर्दन चाहिए। याकथुंबा और बी. सी. सुब्बा जवानों को सँभाल रहे हैं। नेपाली काँग्रेस के स्वयंसेवक अब विजय के नारे लगाने लगे। उत्तेजना तनिक मंद हुई है। और आत्मसमर्पण की मुद्रा में—दोनों हाथों को ऊपर की ओर उठाए—दुश्मन के जवानों को उन्होंने कतार में पंक्तिबद्ध खड़ा कर दिया है। मुक्तिसेना के जवान उनके फेंके हुए हथियार बटोर रहे हैं—राणा के मशीनगनचालक की गर्दन धड़ से अलग करके—फुटबाल की तरह पाँव से लुढ़का रहे हैं और उन्हें रह- रहकर जब उत्तमविक्रम के अमानुषिक कुकृत्यों की याद आती है तो वे कर्नल के बँगले की ओर जाना चाहते हैं··· बी. पी. कर्नल उत्तमविक्रम के रोते हुए पोते- पोतियों को चुप करा रहे हैं—मुँह में उँगली डालकर रोता हुआ एक शिशु—जिसकी घिघ्घी बँध गई है रोते- रोते—उत्तमविक्रम पत्थर की मूर्ति की तरह खड़ा है—उसको घेरकर खड़ी

कई महिलाएँ—दुहाई माँगतीं, बिलखतीं, रोतीं··· बी. पी. कहते हैं—"कर्नल साहब, अब आप सपरिवार मुक्तिसेना के बंदी हैं, घबराइए मत। नहीं- नहीं—अब कोई गोली नहीं चलाएगा—आपके दोनों पुत्र घायल हुए हैं—मामूली चोट है—नहीं- नहीं—आप यकीन करें—आपको फिलहाल कोई गोली नहीं मारेगा, शांत होइए—इन्हें पानी पिलाइए, बच्चों को भी···"

पानी पीते समय भी उत्तमविक्रम की आँखें बी. पी. पर टँगी रहीं—उसे विश्वास ही नहीं हो रहा था कि उसकी जान ··· लेकिन जब बी. पी. स्वयं एक रोते हुए बालक को गोद में लेकर चुप कराने लगे तब उत्तमविक्रम की पथराई हुई- सी आँखों में पानी छलछला आया और उसने प्रलाप शुरू किया—"आप देवता हैं, मनुष्य नहीं—मैं देवहत्या- ब्रह्महत्या करनेवाला—मुझे मत माफ कीजिए—बी.पी., बी.पी. आप सचमुच नेपाल की जनता के नेता···युग- युग जीये आप··· !"

## दस

शेष हुआ—विराटनगर का यह मृत्युयज्ञ !

अपने प्राणों की आहुतियाँ डालकर जिन योद्धाओं ने इसे सफल और संपन्न किया—उनके नाम इतिहास के पृष्ठों पर कभी नहीं लिखे जाएँगे। वे सदा अनाम रह जाएँगे। किंतु, मुक्त नेपाल में जब कभी 'स्वाधीनता दिवस' या 'प्रजातंत्र दिवस' का उत्सव होगा—आकाश-पाताल में उनकी मृत्युंजय वाणी गूँजती रहेगी—"जय नेपाल ! जय नेपाली प्रजातंत्र !!"

विराटनगर-विजय के बाद मुक्तिवाहिनी की अग्रगामी टुकड़ियों ने धरान और धनकुट्टा की ओर सम्मिलित शक्ति और दूने उत्साह के साथ कूच किया। इन योद्धाओं की जय- यात्रा के अवसर पर प्र. ने. रेडियो से एक चेतावनी प्रसारित हो रही है—धरान और धनकुट्टा के राणा शासकों के नाम—"मुक्तिसेना धरान और धनकुट्टा की ओर मार्च कर चुकी है। अब भी पाँच- सात घंटे का समय है। इसी बीच आप ठंडे दिल और दिमाग़ से अंतिम फैसला कर लें। अगर कर्नल उत्तमविक्र ने हमारी चेतावनियों पर गंभीरतापूर्वक ध्यान दिया होता तो कम- से-कम डेढ़- दो सौ नेपाली जवान—दोनों पक्षों के—आज नेपाल की मुक्त धरती पर जीवित हँसते- गाते होते। वे आज विराटनगर और मोरंग जिले के नर-नारियों के साथ विजय-उत्सव मनाते होते। किंतु, राणाशाही हठधर्मी के कारण आज उनकी लावारिस लाशें ··· अगर अपने अंचल के सैकड़ों अबोध नेपालियों को मौत के मुँह में नहीं झोंकना चाहते तो आपसे यह अंतिम और सविनय अनुरोध है कि आप आत्मसमर्पण की भावना से आगे बढ़कर—मुक्तहृदय और रिक्तहस्त—नेपाली

कांग्रेस के जयघोष के साथ मुक्तिसेना का स्वागत करें···!"

तीन बजे भोर को चीफ़ ऑपरेटर लामा खुशी से नाचता-उछलता, चुटकियाँ बजाता—मुँह से सीटी 'सिसकारता' हुआ आया—"धरान-धनकुट्टा-आ-आ-आ-अगि बढ़दा—बढ़दै हाम्रो विजय भये को—हो साथि हो—धरान-धनकुट्टा सरेंडर्ड··· साथी यो विजय साचे भन्ने भए, सरासर प्रजातंत्र नेपाल रेडियो ले छोड़े को 'शब्दबाण' बाट ने···!!"

चीफ़ ऑपरेटर लामा ही नहीं, ईस्टर्न कमांड के चीफ़ बी. पी. ने भी हँसकर स्वीकार किया—"हाँ, धरान और धनकुट्टा विजय का श्रेय प्रजातंत्र नेपाल रेडियो को ही देना होगा··· दिनु पछे···"

विराटनगर- पतन और धरान- धनकुट्टा के आत्मसमर्पण के साथ ही मुक्ति-संग्राम के 'अंतिम पर्व' का आयोजन शुरू हुआ। प्र. ने. रेडियो से घोषणा की जाने लगी—"विजयी मुक्तिसेना अब काठमांडो की ओर बढ़ रही है। कुसहा घाट के मोर्चे से भागनेवाले राणा- सैनिकों में अधिकांश तराई की जनता के द्वारा पकड़ लिए गए हैं··· !"

रेडियो स्टेशन के प्रतीक्षालय में अब उम्मीदवार कलाकारों की भीड़ लगी रहती है। रेडियो से अब सिर्फ़ 'जुझाऊ गीत' ही नहीं, चाँद-तारे, पहाड़-झरने और प्रेम के गीत भी प्रसारित किए जाते हैं। प्रथम प्रसारण के दिन चिराग लेकर ढूँढ़ने पर भी आश्रय- प्रार्थियों के कैंप में कोई कलाकार नहीं मिला था। अब ऐसा लगता है, प्रत्येक परिवार में एक या एकाधिक गुणी गायक अथवा वादक अवश्य हैं,। सितार, सारंगी, हारमोनियम, बाँसुरी, क्लेरियोनेट, तबला, ढोलक और 'घटम' (घड़ा) बजानेवालों के आवेदनपत्र नित्य प्राप्त हो रहे हैं। शास्त्रीय और सुगम संगीत गानेवाले कलाकार तारिणी और पी. आर. ओ. को हमेशा घेरे रहते हैं। तारिणी कहता है—"अभी हमें दुर्गा या जयजयवंती अथवा ठुमरी- दादरा नहीं—विशुद्ध लोकगीत चाहिए, नेपाली जनजीवन के 'असल' गीत। 'भयाउरे' गानेवालों की ज़रूरत है हमें—फिल्मी धुन की नकल नहीं चलेगी··· !"

नेपाली, नेवारी, हिंदी और अंग्रेजी में समाचार बुलेटिन पढ़ने के लिए और भी कई सुकंठ उद्घोषकों की नियुक्तियाँ हुई हैं। सब मिलाकर पंद्रह- बीस स्त्री- पुरुष 'स्टाफ आर्टिस्ट' के रूप में काम कर रहे हैं और अब कई सप्ताह पहले ही प्रसारित होनेवाले प्रोग्राम का 'शिड्यूल' बना लिया जाता है। समय की पाबंदी पर पूरा ध्यान दिया जाता है। रेडियोवाले सदा गाने- बजाने और रिहर्सल में व्यस्त रहते हैं। इसीलिए हिंदी समाचार बुलेटिन पढ़ने के लिए, सोशलिस्ट कैंप के एक साहित्यिक साथी 'निर्झर' की नियुक्ति हुई तो सबसे ऊबे हुए और सदा सभी पर कुढ़ते रहनेवाले एक कामरेड ने व्यंग्य किया

था—"आप लोग तक़दीर के सिकंदर हैं। जिनको मरना था मर गए। अब आप लोग मौज कीजिए । जाइए, रेडियो में 'बन की चिड़िया बन-बन बोलूँ रे' दोगाना गाइए···!!"

जब तक लड़ाई चल रही थी, किसी विभाग के किसी कोने में भी सद्भाव, सहयोग और भाईचारे का अभाव नहीं दीखता था। सभी मानो एक नशे में मस्त थे। किंतु, युद्ध की गति मंद होते ही मनोमालिन्य, ईर्ष्या, द्वेष और स्वार्थपरता के लक्षण प्रकट होने लगे हैं। एक नए किस्म का 'बोरडम' चतुर्दिक व्याप्त हो रहा है, धीरे-धीरे। आठ-दस हजार मज़दूर अब अपने को सचमुच बेकार समझने लगे। अतः नेपाली कांग्रेस के सभापति ने तात्कालिक समस्याओं पर विचार-विमर्श करने के लिए आवश्यक बैठक बुलाई है।

उधर मोहन शमशेर समझौता के लिए फिर दिल्ली का दरवाजा खटखटा रहा है। नेपाल के 'परराष्ट्रविभाग' के मंत्री को दिल्ली भेजा गया है !!

"समझौता ? कैसा समझौता ? किसके साथ समझौता ?"

"सैकड़ों नेपाली नौजवानों की कुर्बानियों के बाद, देश के एकतिहाई से अधिक भू-भाग को मुक्त करने के बाद समझौता शब्द का उच्चारण भी करनेवाला देशद्रोही समझा जाएगा।"

नेपाली कांग्रेस के सभापति ने सदस्यों का ध्यान अफ़वाहों से हटाकर उपस्थित तात्कालिक समस्याओं की ओर आकर्षित किया —"आप विश्वास करें—नेपाली कांग्रेस ऐसा कोई कदम नहीं उठाएगी जो जनमत विरोधी हो···अभी हमारे सामने—'लिबरेटेड एरिया' में 'लॉ एंड आर्डर' कायम करने का अहम सवाल है। दस-पंद्रह हजार मजदूरों की रोटी-रोजी की व्यवस्था करना, शहर और गाँवों के अस्त-व्यस्त जीवन को फिर व्यवस्थित करना हमारा पहला कर्त्तव्य है ··· !"

'अब हाम्रो घर तिर फरकने बेला आयो !··· अब हमारे घर लौटने का समय आ गया।" आश्रय-प्रार्थियों के मुहल्ले में रह-रहकर सम्मिलित हँसी और किलकारियाँ गूँज जाती हैं।

नागरिक-सुरक्षा-समिति के कार्यकर्त्ता फिर सक्रिय हुए । ट्रकों, जीपों और बैलगाड़ियों पर फिर सामान लादे जाने लगे। लोगों के उत्साह का अंत नहीं। अब वे अपने-अपने घरों को वापस जा रहे हैं । एक 'बस' के मुरेड़ पर—बक्स-बिस्तर-पिटारियों के बीच बैठा एक नेपाली—अपने पालतू बंदर को कंधे पर बिठाकर गा रहा है—"हम मेहमाँ हैं अब अपने घर जाएँगे—घर जाएँगे, हाँ जी घर जाएँगे···"

मिलेटरी गवर्नर ने सभी मिलों के मालिकों के नाम नोटिस जारी किए हैं—"एक सप्ताह के अंदर कल-कारखानों को चालू कर दें। जो उद्योगपति इस आदेश का पालन

नहीं करेंगे, उनके मिलों को सामयिक सरकार अपने हाथ में ले लेगी और उन्हें चलाने की व्यवस्था करेगी···।"

ग्राम- पंचायत के आरंभिक और मूल सिद्धांतों पर विचार करने के लिए मोरंग जिला नेपाली कांग्रेस की विशेष बैठक बुलाई गई है। नागरिक- सुरक्षा- समिति के दो प्रमुख अधिकारी शिवहरि और विश्वबंधु की सम्मिलित राय है—"ग्राम-पंचायत ट्रेनिंग कैंप चलाने की व्यवस्था शीघ्र की जाए और प्रशिक्षित कार्यकर्ताओं को ही ग्राम- पंचायत के संगठन के लिए गाँवों में भेजा जाए।"

ग्राम- पंचायत ट्रेनिंग कैंप में 'ट्रेनिंग' देने का दायित्व 'सोशलिस्ट रेजिमेंट' के नरसिंह मंडल पर पड़ा है। उसने बाजाब्ता ट्रेनिंग ली है—ग्राम- पंचायत संगठनकर्त्ता की। अपने मन का काम पाकर नरसिंह मंडल का सदाप्रसन्न मुखड़ा अब और भी चमकने लगा है। वह अपने दल- बल के साथ मोरंग जिले के दूर गाँवों की ओर—'जनसंपर्क अभियान' में जा रहा है। सोशलिस्ट कैंप के सदाकुपित- कुंठित और कुढ़े हुए एक कामरेड ने फिर व्यंग्य किया—"आप भी तक़दीर के सिकंदर हैं। जाइए, मौज कीजिए!"

उधर नेपाली कांग्रेस के खेमे में शिवजंग राणा का व्यक्तिगत असंतोष दिन- प्रतिदिन बढ़ता जा रहा है। तुरंत उत्तेजित होकर कुछ कर गुजरनेवाला यह राणा संतान आजकल सदा असंतुष्ट रहता है। बात- बात में व्यंग्य और आक्षेप करने का आदत बढ़ गई है··· सामयिक सरकार का जेल और पुलिस विभाग उसके पिता के ज़िम्मे था। किंतु उस दिन बंदी उत्तमविक्रम राणा के कमरे के पास भावुक 'बाबू साहेब' (राणा के लिए व्यवहार किया जानेवाला आदरसूचक शब्द) का हृदय उमड़ आया—"एक राणा संतान अपने ही भाई राणा को काल- कोठरी में बंद कर ताला लगावे ··· विधि को यो कस्तो विडंबना ?" वे खिड़की से सिर सटाकर रोने लगे, फूट- फूटकर, और खबर पाते ही मिलेटरी गवर्नर ने उन्हें तत्काल जेल तथा पुलिस विभाग के दायित्व से मुक्त कर दिया है। बाबू साहेब का पुत्र शिवजंग नाराज़ है। उसकी नाराज़गी के बहुत सारे कारण उसके पास जमा हो गए हैं। किंतु मुख्य कारण है बी. पी. के द्वारा उसके व्यक्तित्व और महत्व की अवहेलना, उसके प्रति 'हाइ कमांड' की उपेक्षा का भाव तथा शिवहरि और विश्वबंधु से अधिक लगाव—उन पर अधिक विश्वास ···!

अचानक एक आवश्यक संवाद पाकर सभी शीर्षस्थ नेताओं ने दिल्ली के लिए प्रस्थान कर दिया है। फिर एक बार समझौते की संभावनाओं और समझौते के विरोध में बातें शुरू हो गई हैं—और बहस के सिलसिले में बात बढ़कर भारतीय राजनेताओं के विरुद्ध कटु आलोचना का रूप भी ले लेती है। हर वर्ग के लोग अपनी- अपनी बुद्धि और विचार के अनुसार अपनी राय प्रकट करते हैं··· असिस्टेंट वायरलेस ऑपरेटर नेत्र बहादुर गुरुंग

ताश खेलता हुआ कहता है—"यो अब 'ट्वैंटी नाइन' को खेला शुरू भए को झन्न··· इंडिया के हाथ में अभी रंग का 'रायल पेयर' मतलब किंग और क्वीन की जोड़ी है। नेपाल कांग्रेस और राणाशाही—दोनों को वह जब चाहे तब दे सकता है। विरोध किया कि 'रायल पेयर' दिखलाया—हा-हा-हा-हा !!"

युद्ध-भूमि से समझौते के टेबुल पर पहुँचकर नेपाली कांग्रेस के नेताओं ने गलत किया या सही—यह सदा विवाद का विषय बना रहेगा। किंतु नेपाल-क्रांति में विराट नगर ने अपनी शानदार और प्रमुख भूमिका का जिस बहादुरी से निर्वाह किया उसको सभी स्वीकार करेंगे। अविस्मरणीय रहेगा विराटनगर का अवदान···!!

## ग्यारह

पिछले तीस वर्षों से नेपाल की राजनीति में सैकड़ों तीखे मोड़ आए हैं और पिछले बीस वर्षों से—हर ऐसे मोड़ पर—पी. आर. ओ. अपनी पुरानी डायरी के कई पृष्ठों को खोलकर फिर से पढ़ लिया करता है और हाशिए पर कुछ लिख दिया करता है :

"17 फरवरी, शनिवार, 1951

हो गया समझौता ! मोहन शमशेर प्रधानमंत्री होंगे और बी. पी. डिप्टी-प्राइममिनिस्टर ! बबर शमशेर (राणा पक्ष) रक्षामंत्री और सुवर्ण शमशेर (ने.का.) अर्थमंत्री···

लोग जो भी कहें—मैं इसे असमाप्त क्रांति ही कहूँगा, असफल नहीं।"

आज शिवजंग ने अचानक विद्रोह कर दिया। सशस्त्र सैनिकों के एक दस्ते को लेकर उसने कॉटन मिल एरिया पर धावा बोल दिया। 'निर्झर' ने हिंदी समाचार बुलेटिन पढ़कर समाप्त किया और मैं मिलेटरी गवर्नर के आदेश का प्रसारण कर ही रहा था कि बिजली गुल हो गई। एमरजेंसी डाइनेमो चलाने की व्यवस्था हो रही थी, कि शिवजंग ने अपने विद्रोही सिपाहियों को लेकर रेडियो स्टेशन को घेर लिया। 'निर्झर' ने तुतलाकर अंगिका बोली में कहा—"बरगाँही शिवजंगा पगलाय गेलछै !" 'निर्झर' की बात सुनकर वैसी घड़ी में भी हँसी आ गई। शिवजंग हाथ में रिवाल्वर लेकर चिल्लाता हुआ आया—हैंड्स अप ! एवरीबडी हीयर आर कैप्चर्ड—हैंड्स अप !"

रेडियो स्टेशन के बगल में ही नज़रबंदों के एक कमरे में मनमोहन अधिकारी चिल्ला रहा है—"किल दीज़ इंडियंस—पहले इन 'मधेसिया मूजियों' को खत्म करो"

हम सभी हाथ ऊपर की ओर उठाए खड़े रहे। शिवजंग ने गुर्राकर पूछा—"ह्वेर

इज़ योर टामीगन ?"

मैंने जवाब दिया—"मैंने कल ही मालखाना में जमा कर दिया है।"

शिवजंग रेडियो स्टेशन की तलाशी लेने के लिए अपने सशस्त्र साथियों के साथ अंदर गया। बाहर चारों ओर भगदड़, कोलाहल और बीच- बीच में फाइरिंग की आवाज़,। 'निर्झर' मुझसे सटकर खड़ा है और अपने गाँव की मीठी बोली में कुनमुनाकर मुझसे कह रहा है—"हे रे भैया ! एकर मुख पर जवाब मत देवै—खिसियैलो छौ··· (भाई रे ! इसके मुँह पर जवाब मत दो, गुस्से से पागल हो रहा है ! गोली मार देगा पगला !)"

शिवजंग ने बाहर निकलकर फिर रिवाल्वर तानते हुए कहा—"एवरीबडी कैप्चर्ड ! —हम समझौता नहीं मानता है। हम मोहन शमशेर के साथ मिलकर गवर्नमेंट बनानेवालों को खत्म कर देंगे···"

'लेकिन हम मोहन शमशेर के साथ मिलकर सरकार नहीं बना रहे।"—मैंने बहुत साहस बटोरकर कहा। 'निर्झर' उस समय भी कुनमुना रहा था—"हे रे भैया, बरगाँही कर मुख पर जवाब मत दहैं। गोली मारी देतौ रे !"

"हैंड्स अप !"—याकथुंबा अपने जवानों के साथ आया। उसको देखते ही विद्रोही सिपाहियों ने हथियार रखकर आत्मसमर्पण कर दिया। याकथुंबा ने फुर्ती से शिवजंग के हाथ से रिवाल्वर छीनकर कहा—"यों बोलाहे लाइ कैपूचर गर !"

मिलेटरी गवर्नर के पास पहुँचकर शिवजंग ने अपनी ग़लती कबूल करके माफ़ी माँग ली है। सुना, अगर याकथुंबा समय पर नहीं आ जाते तो आज शिवजंग कई लोगों को मार डालता, निश्चय ही।

जान बची, लाखों पाए। लेकिन घर का बुद्धू अभी लौटकर नहीं जा रहा। आदेश आया है—शपथ ग्रहण करने के दिन प्रजातंत्र नेपाल रेडियो का कोई प्रतिनिधि काठमांडो में उपस्थित रहे। किंतु मैं नहीं जाऊँगा : मैं बी. पी. को डिप्टी- प्राइममिनिस्टर के रूप में—सो भी, मोहन शमशेर के प्रधानमंत्रित्व में —नहीं देखना चाहता। इसकी कल्पना भी हमने नहीं की थी। उधर के. आई. सिंह ने उस समझौते के खिलाफ़ अपनी आवाज़ उठाई है। पूरब, भद्रपुर में भैरव प्रसाद उपाध्याय ने भी लड़ाई बंद करने के हुक्म को अमान्य कर दिया है। बार- बार नेत्रबहादुर गुरुंग की बात कान के पास गूँज जाती है—"इंडिया के हाथ में रायल- पेयर हैं ···!!"

## 21 फ़रवरी, बुधवार।

पूर्णिया जिला सोशलिस्ट पार्टी के जनरल सेक्रेटरी नरसिंह व नारायण सिंह ने सभी सोशलिस्टों को नेपाल से वापस आने का आदेश दिया है। अच्छा किया है उन्होंने।

ग्राम- पंचायत के लिए मोरंग के गाँवों में गए हुए कुछ समाजवादी भाइयों ने सचमुच में मौज करना शुरू कर दिया है। नरसिंह मंडल ने उनके खिलाफ कार्रवाई की, तो उन्होंने नरसिंह मंडल को ही जान से मार डालने की धमकी दी है। मुझे विश्वास नहीं हो रहा कि वे कामरेड जनरल सेक्रेटरी के आदेश का पालन करेंगे। आठ वर्ष की उम्र से ही मैं नेपाल की धरती पर पला हूँ। नेपाली कितने 'टची' (स्पर्श- कातर) होते हैं, जानता हूँ। यह भी जानता हूँ कि नेपाल की आम जनता के दिल में भारत और भारतीय के प्रति तनिक 'खटखटापन' सदा से रहता आया है। भारतीय उन्हें हेय दृष्टि से देखते हैं। उनके आर्थिक और राजनीतिक पिछड़ेपन को असहानुभूतिपूर्ण दृष्टि से देखते हैं। विराटनगर के भारतीय उद्योगपतियों ने अपने व्यवहार से इस 'खटास' को और भी बढ़ाया है। नेपाल में पिछले कई दशक से कारोबार करनेवाले भारतीय उद्योगपतियों का भागा हुआ दल—मिलेटरी गवर्नर के आदेश पर वापस आ गया है और इस बार वे काँटे से ही काँटे को निकालने की चेष्टा कर रहे हैं। उन्होंने प्रत्येक सोशलिस्ट के विरुद्ध गुप्त रूप से प्रचार करवाना शुरू कर दिया है। वे नेपाली कांग्रेस के कार्यकर्त्ताओं की आवभगत करते हैं और उन्हें सदा सतर्क करते रहते हैं—भारतीय राजनैतिक कार्यकर्त्ताओं के संसर्ग से अपनी पार्टी को दूर रखिए, नहीं तो उधर के सारे रोग ला करके वे इधर भी फैला देंगे। बात बिगड़ने के पहले ही हमें यहाँ से चल देना चाहिए।

4 मार्च, रविवार।

दो महीना पहले शोकाकुल अवस्था में सांदाज्यु (बी. पी. ) का पत्र मिला था—"तुम्हारे पिताजी और छोटे भाई की मृत्यु एक ही पखवाड़े में हुई और इस दोहरे दुख को तुम झेल रहे हो, मालूम हुआ। तुम्हारे दुख को अनुभव कर रहा हूँ। किंतु इस तरह शोक में डूबे रहने से कैसे काम चलेगा ? फिर इससे कोई लाभ भी तो नहीं। अभी तो न जाने ऐसे कितने शोक- संवाद मिलेंगे—यहाँ आकर देखो—कितने लोग मरने के लिए आए हुए हैं। इस वर्ष का अंत होते- होते तक पता नहीं तुमको और कितने प्रियजनों की मृत्यु के समाचार सुनने और सहने को मिलें। पत्र पाते ही यहाँ आ जाओ। एक बार यहाँ आओ तो सही। फिर, न हो तो, वापस चले जाना। तुम्हारा, सांदाज्यु।"

आज विराटनगर छोड़ने के पहले सांदाज्यु के नाम एक पत्र लिखकर जाना चाहता हूँ—"सांदाज्यु ! आपसे अनुमति मिले बिना वापस जा रहा हूँ। क्षमा करेंगे।"

लेकिन, नहीं लिखूँगा। यों, लिखने को एक महत्वपूर्ण पत्र भारत के प्रधानमंत्री के नाम भी लिखना चाहता हूँ—"प्रधानमंत्रीजी ! पिछले कई सप्ताह से काठमांडो- स्थित भारतीय दूतावास में वायरलेस पर होनेवाली बातचीत को हम इंटरसेप्ट कर रहे हैं।

एक आवाज़—फटी-फटी-सी आवाज़ को हमने पहचान लिया है। यह निश्चय ही हमारे राजदूत महोदय की है। बिहारी होने के कारण हम बिहार के खूसट ज़मींदारों की बोली और मुहावरों को अच्छी तरह समझते हैं। अपने को 'किंग मेकर' और 'किंग्स केयरटेकर' माननेवाले इस महानुभाव के तेवर कुटिल और बोली कर्कश सुनाई पड़ने लगी है। भारतीय राजदूत के रूप में नेपाल की सीमा से सटे हुए इलाके के इस 'सर' की सारी बिरादरी और भाई-भतीजे नेपाली जनता के भाग्यविधाता बन बैठे हैं। यह फटी हुई आवाज़ बहुत शीघ्र ही नेपाल में भारत-विरोधी स्वर को तीव्र कर देगी। महाराजाधिराज को सकुशल देश से बाहर भगा ले जाने और वापस लाने के बाद हमारे राजदूत महोदय अपने को ही 'महाराजाधिराज' मान बैठे हैं। वह नेपाल की जनता और नेपाल के नेताओं का पग-पग पर अपमान करने को प्रस्तुत रहते हैं। उनको गलतफहमी हो गई है कि नेपाल बिहार का एक ज़िला मात्र है··· क्या आप भी यही समझते हैं ?··· महोदय, किसी नौकरशाह अथवा 'सर' या 'रायबहादुर' को नहीं—किसी विशालहृदय, उदार व्यक्तित्व को नेपाल के राजदूत के पद पर···"

लेकिन, मैं किसी को पत्र नहीं लिखूँगा। सिर्फ़ नेपाल को संबोधित कर नमस्कार कर लूँ—"नेपाल मेरी सानोआमाँ··· नेपाल मेरी मौसी अम्मा, मेरा नमस्कार ग्रहण करो।"

भारत-नेपाल सीमा पर सोए हुए प्रहरी साथी कुलदीप झा को 'लाल सलाम' करके कहता हूँ—"अच्छा तो डॉक्टर साहब, हम चले। आप देखते रहना—भारत-नेपाल-मैत्री का पौधा सूख न जाए : इसे कोई जानवर ठूँठ न कर दे··· "

"और तारापद बाबू ?—बलून ना—आपनार माँ के गिए की बोले दिब ?"··· क्या कहूँगा आपकी माँ से ?"

# पटना-जलप्रलय

## कुत्ते की आवाज़

मेरा गाँव ऐसे इलाके में है जहाँ हर साल पश्चिम, पूरब और दक्षिण की—कोशी, पनार, महानंदा और गंगा की—बाढ़ से पीड़ित प्राणियों के समूह आकर पनाह लेते हैं, सावन भादों में ट्रेन की खिड़कियों से विशाल और सपाट परती पर गाय, बैल, भैंस, भेड़, बकरों के हजारों झुंड-मुंड देखकर ही लोग बाढ़ की विभीषिका का अंदाज़ लगाते हैं।

परती क्षेत्र में जन्म लेने के कारण अपने गाँव के अधिकांश लोगों की तरह मैं भी तैरना नहीं जानता। किंतु दस वर्ष की उम्र से पिछले साल तक—ब्वॉय स्काउट, स्वयंसेवक, राजनीतिक कार्यकर्ता अथवा रिलीफवर्कर की हैसियत से बाढ़-पीड़ित क्षेत्रों में काम करता रहा हूँ। और लिखने की बात ? हाईस्कूल में बाढ़ पर लेख लिखकर प्रथम पुरस्कार पाने से लेकर—'धर्मयुग' में 'कथा-दशक' के अंतर्गत बाढ़ की पुरानी कहानी को नए पाठ के साथ प्रस्तुत कर चुका हूँ। *जय गंगा* (1947), *डायन कोशी* (1948), *हड्डियों का पुल* (1948) आदि छुटपुट रिपोर्ताज़ के अलावा मेरे कई उपन्यासों में बाढ़ की विनाश-लीलाओं के अनेक चित्र अंकित हुए हैं। किंतु, गाँव में रहते हुए बाढ़ से घिरने, बहने, भँसने और भोगने का अनुभव कभी नहीं हुआ। वह तो पटना शहर में 1967 में ही हुआ, जब अट्ठारह घंटे की अविराम वृष्टि के कारण पुनपुन का पानी राजेंद्रनगर, कंकड़ बाग तथा अन्य निचले हिस्सों में घुस आया था। अर्थात् बाढ़ को मैंने भोगा है, शहरी आदमी की हैसियत से। इसलिए इस बार जब बाढ़ का पानी प्रवेश करने लगा, पटना का पश्चिमी इलाक़ा छाती-भर पानी में डूब गया तो हम घर में ईंधन, आलू, मोमबत्ती, दियासलाई, सिगरेट, पीने का पानी और कांपोज़ की गोलियाँ जमाकर बैठ गए और प्रतीक्षा करने लगे।

सुबह सुना, राजभवन और मुख्यमंत्री-निवास प्लवित हो गया है। दोपहर में सूचना मिली, गोलघर जल से घिर गया है ! (यों, सूचना बंगला में इस वाक्य से मिली थी—"जानो ! गोलघर डूबे गेछे !") और पाँच बजे जब कॉफी हाउस जाने के लिए (तथा शहर का हाल मालूम करने ) निकला तो रिक्शेवाले ने हँसकर कहा—"अब कहाँ जाइएगा ? कॉफ़ी हाउस में तो 'अबले' पानी आ गया होगा।"

"चलो, पानी कैसे घुस गया है, वही देखना है," कहकर हम रिक्शा पर बैठ गए। साथ में नई कविता के एक विशेषज्ञ-व्याख्याता-आचार्य-कवि मित्र थे, जो मेरी अनवरत-अनर्गल-अनगढ़ गद्यमय स्वगतोक्ति से कभी बोर नहीं होते (धन्य हैं!)।

मोटर, स्कूटर, ट्रैक्टर, मोटरसाइकिल, ट्रक, टमटम, साइकिल, रिक्शा पर और पैदल लोग पानी देखने जा रहे हैं, लोग पानी देखकर लौट रहे हैं। देखनेवालों की आँखों में, जुबान पर एक ही जिज्ञासा—'पानी कहाँ तक आ गया है ?' देखकर लौटते हुए लोगों की बातचीत—"फ्रेज़र रोड पर आ गया ! आ गया क्या, पार कर गया। श्रीकृष्णपुरी, पाटलिपुत्र कॉलोनी, बोरिंग रोड, इंडस्ट्रियल एरिया का कहीं पता नहीं··· अब भट्टाचार्जी रोड पर पानी आ गया होगा।··· छाती-भर पानी है। विमेंस कॉलेज के पास 'डुबाव-पानी' है।··· आ रहा है !···आ गया !! ··· घुस गया··· डूब गया··· डूब गया··· बह गया !"

हम जब कॉफ़ी हाउस के पास पहुँचे, कॉफी हाउस बंद कर दिया गया था। सड़क के एक किनारे एक मोटी डोरी की शक्ल में गेरुआ-झाग-फेन में उलझा पानी तेज़ी से सरकता आ रहा था। मैंने कहा—"आचार्यजी, आगे जाने की जरूरत नहीं। वह देखिए—आ रहा है··· मृत्यु का तरल दूत !"

आतंक के मारे मेरे दोनों हाथ बरबस जुड़ गए और सभय प्रणाम- निवेदन में मेरे मुँह से कुछ अस्फुट शब्द निकले (हाँ, मैं बहुत कायर और डरपोक हूँ !)।

रिक्शावाला बहादुर है। कहता है—"चलिए न-—थोड़ा और आगे !"

भीड़ का एक आदमी बोला—"ए रिक्शा, करेंट बहुत तेज है। आगे मत जाओ !"

मैंने रिक्शावाले से अनुनय- भरे स्वर में कहा—"लौटा ले भैया। आगे बढ़ने की जरूरत नहीं।"

रिक्शा मोड़कर हम 'अप्सरा' सिनेमा-हॉल (सिनेमा-शो बंद !) के बगल से गाँधी मैदान की ओर चले। पैलेस होटल और इंडियन एयरलाइंस दफ्तर के सामने पानी भर रहा था। पानी की तेज धारा पर लाल-हरे 'नियन' विज्ञापनों की परछाइयाँ सैंकड़ों रंगीन साँपों की सृष्टि कर रही थीं। गाँधी मैदान की रेलिंग के सहारे हज़ारों लोग खड़े देख

रहे थे। दशहरा के दिन रामलीला के 'राम' के रथ की प्रतीक्षा में जितने लोग रहते हैं, उससे कम नहीं थे··· गाँधी मैदान के आनंद-उत्सव, सभा-सम्मेलन और खेल-कूद की सारी स्मृतियों पर धीरे- धीरे एक गैरिक आवरण आच्छादित हो रहा था। हरियाली पर शनैः शनैः पानी फिरते देखने का अनुभव सर्वथा नया था।

कि इसी बीच एक अधेड़, मुस्टंड और गँवार ज़ोर- ज़ोर से बोल उठा—"ईह ! जब दानापुर डूब रहा था तो पटनियाँ बाबू लोग उलटकर देखने भी नहीं गए··· अब बूझो !"

मैंने अपने आचार्य- कवि मित्र से कहा—"पहचान लीजिए। यही है वह 'आम आदमी', जिसकी खोज हर साहित्यिक गोष्ठियों में होती रहती है। उसके वक्तय में 'दानापुर' के बदले 'उत्तर बिहार' अथवा कोई भी बाढ़ग्रस्त ग्रामीण क्षेत्र जोड़ दीजिए···"

शाम के साढ़े सात बज चुके और आकाशवाणी के पटना-केंद्र से स्थानीय समाचार प्रसारित हो रहा था। पान की दुकानों के सामने खड़े लोग चुप-चाप, उत्कर्ण होकर सुन रहे थे···

"···पानी हमारे स्टूडियो की सीढ़ियों तक पहुँच चुका है और किसी भी क्षण स्टूडियो में प्रवेश कर सकता है।"

समाचार दिल दहलानेवाला था। कलेजा धड़क उठा। मित्र के चेहरे पर भी आतंक की कई रेखाएँ उभरीं। किंतु हम तुरंत ही सहज हो गए; यानी चेहरे पर चेष्टा करके सहजता ले आए, क्योंकि हमारे चारों ओर कहीं कोई परेशान नज़र नहीं आ रहा था। पानी देखकर लौटे हुए लोग आम दिनों की तरह हँस-बोल रहे थे; बल्कि आज तनिक अधिक ही उत्साहित थे। हाँ, दुकानों में थोड़ी हड़बड़ी थी। नीचे के सामान ऊपर किए जा रहे थे। रिक्शा, टमटम, ट्रक और टेम्पो पर सामान लादे जा रहे थे। खरीद-बिक्री बंद हो चुकी थी। पानवालों की बिक्री अचानक बढ़ गई थी। आसन्न संकट से कोई प्राणी आतंकित नहीं दिख रहा था।

··· पाने वाले के आदमकद आईने में उतने लोगों के बीच हमारी ही सूरतें 'मुहर्रमी' नज़र आ रही थीं। मुझे लगा, अब हम यहाँ थोड़ी देर भी ठहरेंगे तो वहाँ खड़े लोग किसी भी क्षण ठठाकर हम पर हँस सकते थे—'ज़रा इन बुजदिलों का हुलिया देखो ?' क्योंकि वहाँ ऐसी ही बातें चारों ओर से उछाली जा रही थीं—"एक बार डूब ही जाए !··· धनुष्कोटि की तरह पटना लापता न हो जाए कहीं !··· सब पाप धुल जाएगा··· चलो, गोलघर के मुँडेरे पर ताश की गड्डी लेकर बैठ जाएँ··· विस्कोमान बिल्डिंग की छत पर क्यों नहीं ?··· भई, यही माकूल मौका है। इनकम टैक्सवालों को ऐन इसी मौक़े पर काले कारबारियों के घर पर छापा

मारना चाहिए । आसामी बा-माल···”

राजेंद्रनगर चौराहे पर ‘मैगज़िन कॉर्नर’ की आखिरी सीढ़ियों पर पत्र-पत्रिकाएँ पूर्ववत् बिछी हुई थीं। सोचा, एक सप्ताह की खुराक एक ही साथ ले लूँ। क्या-क्या ले लूँ ?···हेडली चेज़, या एक ही सप्ताह में फ्रेंच/जर्मन सिखा देनेवाली किताबें, अथवा ‘योग’ सिखानेवाली कोई सचित्र किताब ? मुझे इस तरह किताबों को उलटते-पलटते देखकर दुकान का नौजवान मालिक कृष्णा पता नहीं क्यों मुस्कराने लगा। किताबों को छोड़ कई हिंदी-बंगला और अँगरेजी सिने पत्रिकाएँ लेकर लौटा। मित्र से विदा होते हुए कहा—“पता नहीं, कल हम कितने पानी में रहें।··· बहरहाल, जो कम पानी में रहेगा वह ज़्यादा पानी में फँसे मित्र की सुधि लेगा।”

फ़्लैट में पहुँचा ही था कि ‘जनसंपर्क’ की गाड़ी भी लाउडस्पीकर से घोषणा करती हुई राजेंद्रनगर पहुँच चुकी थी। हमारे ‘गोलंबर’ के पास कोई भी आवाज़, चारों बड़े ब्लॉकों की इमारतों से टकराकर मँडराती हुई, चार बार प्रतिध्वनित होती है। सिनेमा अथवा लॉटरी की प्रचारगाड़ी यहाँ पहुँचते ही—‘भाइयो’ पुकारकर एक क्षण के लिए चुप हो जाती है। पुकार मँडराती हुई प्रतिध्वनित होती है—भाइयो··· भाइयो··· भाइयो···! एक अलमस्त जवान रिक्शाचालक है जो अक्सर रात के सन्नाटे में सवारी पहुँचाकर लौटते समय इस गोलंबर के पास अलाप उठता है—‘सुन मोरे बंधू रे-ए-ए··· सुन मोरे मितवा-वा-वा-य···’

गोलंबर के पास जनसंपर्क की गाड़ी से ऐलान किया जाने लगा—‘भाइयो ! ऐसी संभावना है··· कि बाढ़ का पानी··· रात्रि के करीब बारह बजे तक··· लोहानीपुर, कंकड़बाग··· और राजेंद्रनगर में··· घुस जाए। अतः आप लोग सावधान हो जाएँ।’

(प्रतिध्वनि। सावधान हो जाएँ ! सावधान हो जाएँ !!···)

मैंने गृहस्वामिनी से पूछा—‘गैस का क्या हाल है ?”

“बस, उसी का डर है। अब खत्म ही होनेवाला है। असल में सिलिंडर में ‘मीटर-उटर’ की तरह कोई चीज़ नहीं होने से कुछ पता नहीं चलता। लेकिन, अंदाज है कि एक या दो दिन··· कोयला है। स्टोव है। मगर किरासन एक ही बोतल···”

“फ़िलहाल, बहुत है··· बाढ़ की भी यही हाल है। मीटर-उटर की तरह कोई चीज़ नहीं होने से पता नहीं चलता कि कब आ धमके।”—मैंने कहा।

सारे राजेंद्रनगर में ‘सावधान-सावधान’ ध्वनि कुछ देर गूँजती रही। ब्लॉक के नीचे की दुकानों से सामान हटाए जाने लगे। मेरे फ़्लैट के नीचे के दुकानदार ने, पता नहीं क्यों, इतना काग़ज इकट्ठा कर रखा था। एक अलाव लगाकर सुलगा दिया। हमारा कमरा धुएँ से भर गया।

फुटपाथ पर खुली चाय की झुग्गी दुकानों में सिगड़ियाँ सुलगी हुई थीं और यहाँ बहुत रात तक मंडली बनाकर ज़ोर-ज़ोर से बातें करने का रोज़ का सिलसिला जारी था। बात के पहले या बाद में बगैर कोई गाली जोड़े यहाँ नहीं बोला जाता—"गाँधी मैदान (सरवा) एकदम लबालब भर गया··· (अरे तेरी मतारी का) करंट में इतना जोर का फोर्स है कि (ससुरा) रिक्शा लगा कि उलटियै जाएगा··· गाँजा फुरा गया का हो रामसिंगार ? चल जाय एक चिलम 'बालुचरी- माल'—फिर यह शहर (बेट्चः) डूबे या उबरे।"

बिजली ऑफिस के 'वाचमैन साहेब' ने पच्छिम की ओर मुँह करके मंडली के किसी सदस्य से ठेठ मगही में पूछा—"का हो ? पनियाँ आ रहलौ है ?"

जवाब में एक कुत्ते ने रोना शुरू किया। फिर दूसरे ने सुर में सुर मिलाया। फिर तीसरे ने। करुण आर्त्तनाद की भयोत्पादक प्रतिध्वनियाँ सुनकर सारी काया सिहर उठी। किंतु एक साथ करीब एक दर्जन मानवकंठों से गालियों के साथ प्रतिवाद के शब्द निकले—"मार स्साले को ! अरे चुप··· चौप ! (प्रतिध्वनि : चौप ! चौप ! चौप ! !)

कुत्ते चुप हो गए। किंतु आनेवाले संकट को वे अपने 'सिक्स्थ सेंस' से भाँप चुके थे··· अचानक बिजली चली गई। फिर तुरंत ही आ गई··· शुक्र है ! भोजन करते समय मुझे टोका गया—"की होलो ? खाच्छो ना केन ?"

"खाच्छि तो··· खा तो रहा हूँ।"—मैंने कहा—"याद है ! उस बार जब पुनपुन का पानी आया था तो सबसे अधिक इन कुत्तों की दुर्दशा हुई थी।"

हमें 'भाइयों ! भाइयों ! संबोधित करता हुआ जनसंपर्कवालों का स्वर फिर गूँजा। इस बार 'ऐसी संभावना है' के बदले 'ऐसी आशंका है' कहा जा रहा था। और ऐलान में 'खतरा' और 'होशियार' दो नए शब्द जोड़ दिए गए थे··· आशंका ! खतरा ! होशियार···

रात के साढ़े दस-ग्यारह बजे तक मोटर- गाड़ियाँ, रिक्शे, स्कूटर सायकिल तथा पैदल चलनेवालों की 'आवाजाही' कम नहीं हुई। और दिन तो अब तक सड़क सूनी पड़ जाती थी !··· पानी अब तक आया नहीं ? सात बजे शाम को फ्रेजर रोड से आगे बढ़ चुका था।

"का हो रामसिंगार, पनियाँ आ रहलौ है ?"

" न आ रहलौ है।"

सारा शहर जगा हुआ है। पच्छिम की ओर कान लगाकर सुनने की चेष्टा करता हूँ··· हाँ, पीरमुहानी . या सालिमपुर-अहंरा अथवा जनक किशोर-नवलकिशोर रोड की ओर से कुछ हलचल की आवाज आ रही है। लगता है, एक-डेढ़ बजे रात तक पानी राजेंद्रनगर पहुँचेगा।

सोने की कोशिश करता हूँ। लेकिन नींद आएगी भी ? नहीं, कांपोज की टिकिया अभी नहीं। कुछ लिखूँ ? किंतु क्या लिखूँ··· कविता ? शीर्षक—बाढ़ की आकुल प्रतीक्षा ? धत्त् !

नींद नहीं, स्मृतियाँ आने लगी—एक-एक कर। चलचित्र के बेतरतीब दृश्यों की तरह !···

1947 ··· मनिहारी (तब पूर्णिया, अब कटिहार ज़िला) के इलाके में गुरुजी (स्व. सतीनाथ भादुड़ी) के साथ गंगा मैया की बाढ़ से पीड़ित क्षेत्र में हम नाव पर जा रहे हैं। चारों ओर पानी ही पानी। दूर, एक 'द्वीप' जैसा बालूचर दिखाई पड़ा। हमने कहा, वहाँ चल कर जरा चहल-कदमी करके टाँगें सीधी कर लें। भादुड़ीजी कहते हैं—"किंतु, सावधान !··· ऐसी जगहों पर कदम रखने के पहले यह मत भूलना कि तुमसे पहले ही वहाँ हर तरह के प्राणी शरणार्थी के रूप में मौजूद मिलेंगे" और सचमुच—चींटी- चींटे से लेकर साँप-बिच्छू और लोमड़ी-सियार तक यहाँ पनाह ले रहे थे··· भादुड़ीजी की हिदायत थी—हर नाव पर 'पकाही घाव' (पानी में पैर की उँगलियाँ सड़ जाती हैं। तलवों में भी घाव हो जाता है) की दवा, दियासलाई की डिबिया और किरासन तेल रहना चाहिए और, सचमुच हम जहाँ जाते, खाने- पीने की चीज़ से पहले 'पकाही घाव' की दवा और दियासलाई की माँग होती··· 1949··· उस बार महानंदा की बाढ़ से घिरे बापसी थाना के एक गाँव में हम पहुँचे। हमारी नाव पर रिलीफ के डाक्टर साहब थे। गाँव के कई बीमारों को नाव पर चढ़ाकर कैंप में ले जाता था। एक बीमार नौजवान के साथ उसका कुत्ता भी 'कुँई-कुँई' करता हुआ नाव पर चढ़ आया। डाक्टर साहब कुत्ते को देखकर 'भीषण भयभीत' हो गए और चिल्लाने लगे—"आ रे ! कुकुर नहीं, कुकुर नहीं··· कुकुर को भगाओ !" बीमार नौजवान छप-से पानी में उतर गया—"हमारा कुकुर नहीं जाएगा तो हम हुँ नहीं जाएगा।" फिर कुत्ता भी छपाक् पानी में गिरा —"हमारा आदमी नहीं जाएगा तो हम हुँ नहीं जाएगा"··· परमान नदी की बाढ़ में डूबे हुए एक 'मुहसरी' (मुहसरों की बस्ती) में हम राहत बाँटने गए। खबर मिली थी वे कई दिनों से मछली और चूहों को झुलसाकर खा रहे हैं। किसी तरह जी रहे हैं। किंतु टोले के पास जब हम पहुँचे तो ढोलक और मंजीरा की आवाज सुनाई पड़ी। जाकर देखा, एक ऊँची जगह 'मचान' बनाकर स्टेज की तरह बनाया गया है। 'बलवाही' नाच हो रहा था। लाल साड़ी पहनकर काला-कलूटा 'नटुआ' दुलहिन का हाव- भाव दिखला रहा था; यानी, वह 'धानी' है। 'घरनी' धानी घर छोड़कर मायके भागी जा रही है और उसका घरवाला (पुरुष) उसको मनाकर राह

से लौटाने गया है। घरनी कहती है—"तुम्हारी बहन की जुबान बड़ी तेज है। दिन-रात खराब गाली बकती रहती है और तुम्हारी बुढ़िया माँ बात के पहले तमाचा मारती है। मैं तुम्हारे घर लौटकर नहीं जाती।" तब घरवाला उससे कहता है, यानी गा-गाकर समझाता है—'चल गे धानी घर घुरी, बहिनिक देवै टाँग तोड़ी धानी गे, बुढ़िया के करवै घर से बा- हा- र' (ओ धानी, घर लौट चलो ! बहन के पैर तोड़ दूँगा और बुढ़िया को घर से बाहर निकाल दूँगा !) इस पद के साथ ही ढोलक पर द्रुत ताल बजने लगा—'धागिड़गिड़ धागिड़गिड़- चकैके चकधुम चकैके चकधुम- -चकधुम चकधुम ! कीचड़- पानी में लथपथ भूखे-प्यास-नर-नारियों के झुंड में मुक्त खिलखिलाहट लहरें लेने लगती है। हम रिलीफ बाँटकर भी ऐसी हँसी उन्हें दे सकेंगे क्या ! (शास्त्रीजी, आप कहाँ हैं ? बलवाही नाच की बात उठते ही मुझे अपने परम मित्र भोला शास्त्री की याद हमेशा क्यों आ जाती है ? यह कभी बाद में !)··· एक बार, 1937 में, सिमरवनी- शंकरपुर में बाढ़ के समय 'नाव 'को लेकर लड़ाई हो गई थी। मैं उस समय 'बालचर' (ब्वाय स्काउट) था। गाँव के लोग नाव के अभाव में केले के पौधों का 'भेला' बनाकर किसी तरह काम चला रहे थे और वहीं सवर्ण ज़मींदार के लड़के नाव पर हारमोनियम- तबला के साथ 'झिंझिर' (जल-विहार) करने निकले थे। गाँव के नौजवानों ने मिलकर उनकी नाव छीन ली थी। थोड़ी मारपीट भी हुई थी··· और 1967 में जब पुनपुन का पानी राजेंद्रनगर में घुस आया था, एक नाव पर कुछ सजे- धजे युवक और युवतियों की टोली—टोली किसी फ़िल्म में देखे हुए कश्मीर का आनंद घर- बैठे लेने के लिए निकली थी। नाव पर स्टोव जल रहा था—केतली चढ़ी हुई थी, बिस्कुट के डिब्बे खुले हुए थे, एक लड़की प्याली में चम्मच डालकर एक अनोखी अदा से नेस्कैफ़े के पाउडर को मथ रही थी—'एस्प्रेसो' बना रही थी, शायद। दूसरी लड़की बहुत मनोयोग से कोई सचित्र और रंगीन पत्रिका पढ़ रही थी। एक युवक दोनों पाँवों को फैलाकर बाँस की लग्गी से नाव खे रहा था। दूसरा युवक पत्रिका पढ़नेवाली लड़की के सामने, अपने घुटने पर कोहनी टेककर कोई मनमोहक 'डायलॉग' बोल रहा था। पूरे वॉल्युम में बजते हुए 'ट्रांज़िस्टर' पर गाना आ रहा था—'हवा में उड़ता जाए, मोरा लाल दुपट्टा मलमल का, हो जी हो जी !' हमारे ब्लाक के पास गोलंबर में नाव पहुँची ही थी कि अचानक चारों ब्लाक की छतों पर खड़े लड़कों ने एक ही साथ किलकारियों, सीटियों, फब्तियों की वर्षा कर दी और इस गोलंबर में किसी भी आवाज़ की प्रतिध्वनि मँडरा- मँडराकर गूँजती है। सो सब मिलाकर स्वयं ही जो ध्वनि संयोजन हुआ, उसे बड़े- से- बड़े गुणी संगीत निर्देशक बहुत कोशिश के बावजूद नहीं कर पाते। उन फूहड़ युवकों की सारी 'एक्ज़बिशनिज़्म' तुरत छूमंतर हो गई और युवतियों के रँगे लाल- लाल ओंठ और गाल काले पड़ गए। नाव पर अकेला ट्रांजिस्टर था जो पूरे दम के साथ

मुखर था—'नैया तोरी मँझधार, होश्यार होश्यार !

''का हो रामसिंगार, पनियाँ आ रहलौ है ?''

''ऊँहूँ, न आ रहलौ है ।''

ढाई बज गए, मगर पानी अब तक आया नहीं । लगता है कहीं अटक गया, अथवा जहाँ तक आना था आकर रुक गया, अथवा तटबंध पर लड़ते हुए इंजीनियरों की जीत हो गई शायद, या कोई दैवी चमत्कार हो गया ! नहीं तो पानी कहीं भी जाएगा तो किधर से ? रास्ता तो इधर से ही है··· चारों ब्लाकों के प्रायः सभी फ़्लैटों की रोशनी जल रही है, बुझ रही है । सभी जगे हुए हैं । कुत्ते रह-रहकर सामूहिक रुदन करते हैं और उन्हें रामसिंगार की मंडली डाँटकर चुप करा देती है । चौप··· चौप !

मुझे अचानक अपने उन मित्रों और स्वजनों की याद आई जो कल से ही पाटलिपुत्र कॉलोनी, श्रीकृष्णपुरी, बोरिंग रोड के अथाह जल में घिरे हैं··· जितेंद्रजी, विनीताजी, बाबू भैया, इंदिराजी, पता नहीं कैसे हैं—किस हाल में हैं वे ! शाम को एक बार पड़ोस में जाकर टेलिफोन करने के लिए चोंगा उठाया—बहुत देर तक कई नंबर डायल करता रहा । उधर सन्नाटा था एकदम । कोई शब्द नहीं—'टुंग फुंग' कुछ भी नहीं ।

बिस्तर पर करवट लेते हुए फिर एक बार मन में हुआ, कुछ लिखना चाहिए । लेकिन क्या लिखना चाहिए ? कुछ भी लिखना संभव नहीं और क्या जरूरी है कि कुछ लिखा ही जाए ? नहीं । फिर स्मृतियों को जगाऊँ तो अच्छा··· पिछले साल अगस्त में नरपतगंज थाना के चकरदाहा गाँव के पास छाती-भर पानी में खड़ी एक आसन्नप्रसवा हमारी ओर गाय की तरह टुकुर-टुकुर देख रही थी···

नहीं, अब भूली-बिसरी याद नहीं । बेहतर है, आँखें मूँदकर सफ़ेद भेड़ों के झुंड देखने की चेष्टा करूँ··· उजले-उजले, सफ़ेद भेड़··· सफ़ेद भेड़ों के झुंड । झुंड··· किंतु सभी उजले भेड़ अचानक काले हो गए । बार-बार आँखें खोलता हूँ, मूँदता हूँ । काले को उजला करना चाहता हूँ । भेड़ों के झुंड भूरे हो जाते हैं । उजले भेड़··· उजले भेड़··· काले भूरे··· किंतु उजले··· उजले··· गेंहूँए रंग के भेड़···!

'ओई द्याखो—एसे गेछे जल !''—झकझोरकर मुझे जगाया गया । घड़ी देखी, ठीक साढ़े पाँच बज रहे थे । सवेरा हो चुका था··· आ रहलौ है ! आ रहलौ है पनियाँ । पानी आ गेलौ । हो रामसिंगार ! हो मोहन ! हो रामचन्नर—अरे

हो···

आँखें मलता हुआ उठा। पच्छिम की ओर, थाना के सामने सड़क पर मोटी डोरी की शक्ल में—मुँह में झाग-फेन लिए—पानी आ रहा है; ठीक वैसा ही जैसा शाम को कॉफ़ी हाउस के पास देखा था। पानी के साथ- साथ चलता हुआ, किलोल करता हुआ बच्चों का एक दल··· उधर, पच्छिम- दक्षिण कोने पर—दिनकर अतिथिशाला से और आगे—भंगी बस्ती के पास बच्चे कूद क्यों रहे हैं ? नहीं, बच्चे नहीं, पानी है। वहाँ मोड़ है, थोड़ा अवरोध है—इसलिए पानी उछल रहा है··· पच्छिम-उत्तर की ओर, ब्लॉक नंबर एक के पास—पुलिस चौकी के पिछवाड़े में पानी का पहला रेला आया··· ब्लॉक नंबर चार के नीचे सेठ की दुकान के बाएँ बाजू में लहरें नाचने लगीं।

अब मैं दौड़कर छत पर चला गया। चारों ओर शोर-कोलाहल-कलरव-चीख-पुकार और पानी का कलकल रव। लहरों का नर्तन। सामने फुटपाथ को पार कर अब पानी हमारे पिछवाड़े में सशक्त बहने लगा है। गोलंबर के गोल पार्क के चारों ओर पानी नाच रहा है··· आ गया, आ गया ! पानी बहुत तेजी से बढ़ रहा है, चढ़ रहा है, करेंट कितना तेज है ? सोन का पानी है। नहीं, गंगाजी का है। आ गैलो···

सामने की दीवार की ईंटें जल्दी- जल्दी डूबती जा रही हैं। बिजली के खंभे का काला हिस्सा डूब गया। ताड़ के पेड़ का तना क्रमशः डूबता जा रहा है··· डूब रहा है।

···अभी यदि मेरे पास मूवी कैमरा होता, अगर एक टेप- रेकॉर्डर होता ! बाढ़ तो बचपन से ही देखता आया हूँ, किंतु पानी का इस तरह आना कभी नहीं देखा। अच्छा हुआ जो रात में नहीं आया। नहीं तो भय के मारे न जाने मेरा क्या हाल होता··· देखते ही देखते गोल पार्क डूब गया। हरियाली लोप हो गई। अब हमारे चारों ओर पानी नाच रहा था··· भूरे रंग के भेड़ों के झुंड। भेड़ दौड़ रहे हैं—भूरे भेड़। वह चायवाले की झोंपड़ी गई, गई, चली गई। काश, मेरे पास एक मूवी कैमरा होता, एक टेप- रेकॉर्डर होता··· तो क्या होता ? अच्छा है, कुछ भी नहीं। क़लम थी, वह भी चोरी चली गई। अच्छा है, कुछ भी नहीं—मेरे पास।

अचानक सारी देह में कँपकँपी शुरू हुई। पानी के बढ़ने की यह रफ्तार है तो पता नहीं पानी कितना बढ़े। वहाँ कोई बैठा थोड़ी है कि रोक देगा—अब नहीं, बस अब, हो गया। 'ग्राउंड-फ़्लोर' में छाती-भर पानी है। इसके बाद भी यदि पानी बढ़ता गया तो दूसरी मंजिल तक न भी आए—कंडेक्टर द्वारा निर्मित यह मकान निश्चय ही ढह जाएगा। 1969 में पुनपुन का पानी एक सप्ताह तक झेल चुके हैं ये मकान। हर साल घनघोर वर्षा के बाद कई दिनों तक घुटने-भर पानी में डूबे रहते हैं। और सरज़मीन ठोस नहीं—'गार्बेज' भरकर नगर बसाया गया है··· पुनपुन की

बाढ़ इसके 'पासंग' बराबर भी नहीं थी। दोनों ओर से तेज़ धारा गुजर रही है। पानी चक्राकार नाच रहा है, अर्थात् दोनों ओर गड्ढ़े गहरे हो रहे हैं··· बेबस कुत्तों का सामूहिक रुदन, बहते हुए सूअर के बच्चों की चिंचियाहट, कोलाहल-कलरव-कुहराम! ···हो रामसिंगार, रिक्शवा बहलौ हो। घर-घर-घर !

कल एक पत्र गाँव भेज दिया था। किंतु कल एक कप कॉफी नहीं पी सका। कल 'दोसा' खाने को बहुत मन कर रहा था··· कोक पीने की इच्छा हो रही है। कंठ सूख रहा है। प्रियजनों की याद आ रही है।

थर-थर काँपता हुआ छत से उतरकर फ़्लैट में आया और ठाकुर रामकृष्ण देव के पास जाकर बैठ गया—'ठाकुर! रक्षा करो। बचाओ इस शहर को··· इस जलप्रलय में···'

"अरे दुर साला! काँदछिस केन?··· रोता क्यों है! बाहर देख साले! तुम लोग थोड़ी- सी मस्ती में जब चाहो तब राह-चलते 'कमर दुलिए-दुलिए' (कमर लचकाकर, कूल्हे मटकाकर) ट्वीस्ट नाच सकते हो। रंबा- संबा- हीरा- टीरा और उलंग नृत्य कर सकते हो और बृहत सर्वग्रासी महामत्ता रहस्यमयी प्रकृति कभी नहीं नाचेगी?··· ए-बार नाच देख! भयंकरी नाच रही है—ता-ता-थेई-थेई, ता-ता थेई-थेई। तीव्रा तीव्रवेगा शिवनर्त्तकी गीतप्रिया वाद्यरता प्रेतनृत्यपरायणा नाच रही है। जा, तू भी नाच!"

अगरबत्ती जलाकर, शंख फूँकता हूँ—नाचो माँ !···उलंगिनी नाचे रणरंगे, आमरा नृत्य करि संगे। ता-ता थेईथेई, ता-ता थेई-थेई··· मदमत्ता मातंगिनी उलंगिनी—जी भरकर नाचो !

बाहर कलरव- कोलाहल बढ़ता ही जाता है। मोटर, ट्रक, ट्रैक्टर, स्कूटर पानी की धारा को चीरती, गरजती- गुर्राती गुजरती हैं··· सुबह सात बजे ही धूप इतनी तीखी हो गई? साँस लेने में कठिनाई हो रही है। संभवतः ऐसी घड़ी में वातावरण में ऑक्सीजन की कमी हो जाती है। उमस, पसीना, कंपन, धड़कन? तो क्या··· तो क्या?

अब, तुमुल तरंगिनी के तरल नृत्य और वाद्य की ध्वनियों को शब्दों में बाँधना असंभव है! अब··· अब··· सिर्फ़··· हिल्लोल- कल्लोल- कलकल- कुलकुल- छहर- छहर झहर-झहर-झरझर-अर, र-र-र ह-ए-ए धिग्रा-ध्रिंग-धातिन-धा तिन धा-आ-आह-- मैया- गे- झाँय- झाँ रय- झघ- झघ- झाँय झिझिना- झिझिना···। कललकुलल- कुलुल- बाँ- आँ-य-बाँ-आँ-म-भौ-ऊँ-ऊँ··· चेंई-चेंई-छछना-छछना-हहा- हा ततथा- ततथा- कलकल- कुलकुल··!! पानी बढ़ना रुक गया है? रुक गया है? बीस मिनट हो गए। पानी जस का तस, जहाँ- का- तहाँ है? कम- से- कम अभी तो रुक गया है!

···तू-ऊ-ऊ-ऊ ! फिर मैंने शंखध्वनि की ? नहीं । रेलवे-लाइन पर एक इंजन तार स्वर में चीख रहा है—तू-ऊ-ऊ-ऊ-ऊ !

कड़वी चाय के साथ काम्पोज की दो टिकिया लेकर बिछावन पर लेट जाता हूँ ।

('दिनमान' 21 सितंबर, 1975)

# जो बोले सो निहाल

आँखें मींदे, बहुत देर तक, 'शवासन' की मुद्रा में लेटा रहा । किंतु, प्रशांतिकर औषधि (ट्रैंक्विलाइजर) तथा 'आसन' का कोई सुफल नहीं हुआ । इसके विपरीत, आंतरिक यंत्रणा धीरे-धीरे और भी तीव्र, और गंभीर होकर प्राण के निकटतम हो गई । दीर्घ निःश्वास का क्रम बढ़ता गया । एक बार लगा कि अब सचमुच दम घुट जाएगा । छटपटा उठा । और, आँखें खुलते ही मोहाच्छादित !··· यह क्या ? कमरे की सभी दीवारों पर, फर्श पर, सामानों पर—नीचे-ऊपर सभी ओर एक रहस्यपूर्ण अलौकिक आलोक-जाल ! एक सचल रश्मि-धारा !! ··· मेरे सारे शरीर पर बेलबूटेदार सुफेद झीनी चदरी- सी यह क्या है, जो सजीव है ? रोमांचित हुआ । फिर तुरत ही सबकुछ समझ गया··· यह तो विश्वप्रकृति की लीला हो रही है न ? मेरे ब्लाक के चारों ओर फैली हुई, वेगवती जलधारा पर सूर्य की प्रखर किरणें पड़ती हैं और प्रतिच्छटा प्रेक्षित होकर हमारे कमरे में इंदरजाल फैला रही है ?··· 'बहुरूपी' (बंगला नाटक- मंडली) के आलोक-संपात करनेवाले उस प्रसिद्ध कलाकार का नाम अभी याद नहीं आ रहा··· फिल्मवाले 'आउटडोर' में बड़े-बड़े आईने ले जाते हैं । उनको 'रिफ्लैक्टर' कहते हैं··· अपने कमरे के बड़े आईने में अपने को देखकर मुस्करा पड़ा । मुँह-आँख-कान-हाथ-पैर पर वही आभा दौड़ रही थी । लग रहा था, मेरी देह कमरे के शून्य में तैर रही है । इस सम्मोहन से मुक्त होने का मन नहीं करता···

बाहर, कोलाहल ही नहीं··· किलोल, तमाशबीनों की भीड़ उमड़ आई है । घुटने और कमर- भर पानी में लड़के नहा रहे हैं । तैर रहे हैं । जल-किलोल··· पुनपुन की बाढ़ के समय भी ऐसा ही मेला लगा था ।

···लो, वही जीपवाला फँसा । 'टॉप-गियर' पर गुर्राती हुई आवाज अचानक बंद हो गई । इसके बाद 'सेल्फ' को चालू करने की चेष्टा में कुछ देर 'खचचचच··· खचचचच···' फिर निस्तब्ध । निश्चय ही 'गियर बॉक्स' में पानी भर गया होगा । जीप के फँस जाने पर, आसपास जलविहार करनेवालों और जल- उत्सव देखनेवालों को बड़ी खुशी हुई । जीप के बेबस होते ही एक सम्मिलित हँसी की लहर चारों ओर

फैल गई···पुनपुन की बाढ़ में हमें फँसा देखकर देखनेवालों का पहला जत्था हँसते- हँसते लोटपोट हो गया था। ऊपर की ओर अर्थात् हमारी ओर देखकर ताने देता हुआ एक छोकरा ज़ोर- ज़ोर से बोला था—"अच्छा ! हा हा !··· घर में गैस का सलींडर, पाँच मिनट में ही खाना बनानेवाला कूकर, दिन- रात चालू रेडियोग्राम, पलँग के पास में टेलिफोन और ठंडा पानी का फ्रीज। अब बोलो—बच्चू ! कहाँ सटक गई सारी नवाबी ? एँ ? ही ही ही ही !··· बैरा ! साहब लोगों को टेबुल पर 'छोटी हाजिरी' दो और मेमसाहेब के वास्ते बाथरूम के टब में साबुन का झाग··· हाहाहाहा··· ठीक हुआ है।"

जीप से उतरकर कई लोग पीछे से गाड़ी को धकेलने लगे तो नहानेवाले लड़कों की टोली मदद करने आ गई—"अरे साहब, आगे धकेलकर कहाँ ले जाइएगा ? पीछे की ओर ठेलकर वापस कीजिए।" कुछ लड़के सामने से धकेलने लगे—"मार जवानो—हइयो !" कुछ पीछे से ठेलते रहे—"मार जवानो—हइयो !"गाड़ी एक गड्ढे से निकलकर दूसरे में फँस गई। लड़के खुश होकर नहाने लगे···

रिक्शावालों का साहस और उत्साह दुगुना हो गया है। तेज़ धारा के बावजूद, कमर-भर पानी में नीचे उतरकर रिक्शा को खींच रहे हैं। 'जलकेलि' करनेवाले लड़के हर रिक्शावाले को बिना माँगे मदद दे रहे हैं। रिक्शा को पीछे ठेलकर पार करवा रहे हैं—"हैइ-यो-यो है-है है। बीच-बीच में ट्रैक्टर और ट्रक अपनी सारी ताकत लगाकर पानी को चीरते हुए निकल जाते हैं। पानी में हिलकोरे और गोलंबर के आकाश में गूँजती, मँडराती प्रतिध्वनियाँ।

मैं कभी पश्चिम की खिड़कियों से देखता हूँ और कभी पूरब के बरामदे से। पूरब, एक पँचमंज़िला बिल्डिंग है। उस मकान की जब नींव डाली गई थी तो पुनपुन की बाढ़ आ गई थी। चारों ओर इकट्ठी की गई ईंटों और गिट्टियों की ढेरी पर राह के कुत्तों ने शरण ली थी। पानी हटने के बाद जब इस मकान का काम शुरू हुआ तभी समझा था कि मकान बनानेवाले ने पहले के प्लान पर फिर से विचार कर आवश्यक सुधार किया है। फलतः इस बार जब कि आसपास के मकानों के 'ग्राउंड फ्लोर' घुटने से लेकर छाती- भर पानी में हैं, इस बिल्डिंग के अहाते में चार- पाँच इंच-भर पानी है। मकान की पहली सीढ़ी भी पानी से बाहर है··· और संयोग की बात : एक सप्ताह पहले इसके सामनेवाले मैदान में नए मकान की नींव डाली गई और सोन का पानी आ गया। हमारे ब्लाक के बाएँ बाजू में—पटना इम्प्रूवमेंट ट्रस्ट के कई नए ब्लाक बनकर अभी-अभी तैयार हुए हैं—कटि स्नान कर रहे हैं।

"ए कि ? जल चले गेछे ? कले जल नेई ? बड्डो मुश्किल'—निष्प्राण 'हैंडपंप

के हैंडिल को चलाती हुई लतिकाजी बोलीं।

"किंतु, पुनपुन की बाढ़ के समय तो कभी पानी बंद नहीं हुआ ?" मैंने गंभीरतापूर्वक कहा।

"अरे दुर तोमार··· पुनपुन की बाढ़ की बात। मैं पूछ रही हूँ कि अब क्या होगा ?···देखूँ, टोमैटो की माँ के कल में है या वहाँ भी···" बड़बड़ाती हुई, हाथ में छोटी बाल्टी लेकर छत के रास्ते वह चली गई।

महा-मुश्किल ! मैंने पंप के हैंडिल को चलाकर देखा—एकदम बेजान नहीं। भरोसा है थोड़ा··· राजेंद्रनगर के इलाके में ऊपर के तल्लों में पानी की किल्लत हमेशा रहती है। प्रेशर कम रहता है। बहुत दिनों तक कष्ट झेलने के बाद, तीन साल पहले हमने सड़क के किनारे 'अंडरग्राउंड मेन लाइन' में डेढ़ सौ फीट 'पाइप' जुड़वाकर हैंडपंप लगवाया। गाँव के ट्यूबवेल का पानी जब सूख जाता है—हम ऊपर से पानी डालकर उसको पुनर्जीवित करते हैं। यहाँ भी वही करना होगा। घड़े से एक 'मग' पानी लिया, पंप की थुथनी (नोज़ल) को ऊपर की ओर करके पानी डाल दिया, फिर हैंडिल चलाने लगा। तब तक लतिकाजी छोटी बाल्टी में पानी लेकर पहुँचीं और मुझ पर बरस पड़ीं। 'एक मग पानी बर्बाद कर दिया न ! मुन्नी की माँ के फ़्लैट से पानी ला रही हूँ।"

वह घड़े में पानी डालकर फिर बाहर गई तो मैंने हैंडपंप को फिर एक 'मग' पानी पिलाया और हैंडिल चलाने लगा। वह उल्टे- पाँव दौड़ी आई, ' "तुम समझते क्यों नहीं ? फिर एक मग पानी बर्बाद किया न ? ज़रा बुद्धि से भी तो काम लिया करो। जब 'मेन पाइप' में ही पानी नहीं तो··· मिछे मिछे··· बेकार पानी डालकर···"

तब तक पंप में जान आ गई थी। पंप की उल्टी हुई थुथनी से पानी का फव्वारा निकला और मैं भीग गया। पुरुषार्थ- भरे स्वर में कहा, "बुद्धि से ही काम लेकर तो अब तक जी रहा हूँ, श्रीमती जी ! लीजिए, घर में जितने भी बर्तन हैं—पात्र-अपात्र-कुपात्र—सबमें पानी स्टोर कर लीजिए। श्रीकृष्णपुरी की ओर न पानी है, न बिजली। इधर भी, जब तक है—है···"

"सुना है, स्टेशन भी डूब गया है। गाड़ी बंद···"

मैं कहता हूँ, "अरे, स्टेशन क्या डूबा होगा—रेलवे लाइन पर पानी आ गया होगा। लेकिन, यह खबर कौन ले आया ?"

टोमैटो, गांधी और बालाजी वगैरह घर में बंद रहनेवाले लड़के थोड़े हैं ! सब निकलकर गया था। सुनछि, एयरोड्रम डूबे गेछे।'

और, स्टीमर सर्विस तो दो दिन पहले से ही बंद है··· जल-थल-नभ सभी मार्ग बंद !

छत पर गया। ब्लाक के सभी—बत्तीसों फ़्लैट के लोग छत पर जमा थे। गंगा नहीं, सोन का पानी है। "गंगा अचानक डेढ़ हाथ नीचे चली गई··· गंगा मैया की कृपा··· नहीं तो, अब तक पटना का नाम-निशान तक नहीं रहता। पुनपुन का क्या हाल है भाई ?···पानी कहाँ-कहाँ है और कहाँ-कहाँ नहीं है ?··· पश्चिमी पटना तो समझिए कि एकदम 'डुबिए' गया है, इधर स्टेशन, गाँधी मैदान, कदमकुआँ, पीरमुहानी, नाला रोड, लोहानीपुर, मंदीरी—सब जगह कमर से लेकर छाती-भर पानी है। मंदीरी की हालत सबसे बदतर है। अथाह पानी है वहाँ। नहीं, अशोक राजपथ पर एक बूँद भी पानी नहीं है··· धूप इतनी तेज़ है तो पानी ज़रूर घटेगा··· आपके कल में पानी आ रहा है न ? देखिए, पानी-बिजली कब तक चालू रहे··· अब तक कोई नाव नहीं आई। नाव नहीं, स्टीमर आएगा आपके लिए··· पानी स्टोर कर रहे हैं न ?··· खाना क्या है, बस खिचड़ी पका लो और आलू का भुर्ता। बस··· वह देखिए—पीपे की नाव बनाकर आ रहे हैं, कुछ लोग।"

सभी नीचे की ओर देखते हैं। नीचे मेला और रेला बढ़ता ही जा रहा है। पता नहीं, इन लड़कों को मोटर का ट्यूब कहाँ से इतना मिल गया है ?···मिलेगा कहाँ से ? सड़क पर जितनी फँसी गाड़ियाँ लावारिस पड़ी हुई हैं, सभी के टायर- ट्यूब निकालकर ला रहे हैं।

तैरना, पानी उलीचना और बीच-बीच में ब्लाक के किसी फ़्लैट की खिड़की की ओर देखकर फिकरे कसना—सबकुछ पूर्ववत् चल रहा है··· ऊपर, एक हवाई जहाज मँडरा गया··· अरे, ऊपर से क्या देख रहे हो, जरा नीचे उतर आओ भाई··· शायद, हवाई फोटो ले रहा है··· अरे भाई, फोटो लेकर क्या करेगा ? सभी अखबारों के मशीनघर में पानी घरघरा रहा है··· पता नहीं, क्या हो, पानी बढ़ सकता है··· पानी बढ़ा है··· हाँ, देखिए—पानी फिर बढ़ रहा है। एँ ? पानी फिर बढ़ने लगा। अब खैर नहीं···

फ़्लैट में आकर रेडियो ट्यून किया। सुबह से ही फतुहा-ट्रांसमिशन सेंटर से प्रोग्राम प्रसारित किया जा रहा है··· आवाज किसी पेशेवर 'अनाउंसर' की नहीं। शायद, वहाँ के दरबान या इंजीनियरिंग-सेक्शन के किसी कर्मचारी की आवाज़··· सीधे और सपाट ढंग से वह बीच- बीच में सूचना देता है कि छज्जू बाग के मुख्य स्टूडियो में पानी आ जाने के कारण फतुहा से प्रोग्राम हो रहा है··· अब आप एक कव्वाली का रिकार्ड सुनिए। सितार बजने लगता है तो रिकार्ड रोककर कहता है—सुनिए, कव्वाली नहीं, यह सितार का रिकार्ड है··· अब आप हमारा दिल्ली का समाचार सुनिए···

प्रारंभ की दो पंक्तियाँ डूब गईं··· ''अब आप पूरे समाचार सुनिए। पटना की बाढ़ की स्थिति में कोई सुधार नहीं हुआ है। पिछले अठारह घंटे से पटना का संपर्क देश के शेष भागों से कटा हुआ है। दूरसंचार के सभी साधन भंग हो गए हैं। गाड़ियों का आना-जाना बंद है, क्योंकि पटना जंक्शन रेलवे स्टेशन की रेल की पटरियाँ पानी में डूब गई हैं। आज एयर इंडिया का विमान पटना हवाई अड्डे पर नहीं उतर सका···

''अब आप फ़िल्मी गीत सुनिए—हम तुम··· कमरे में बंद हों और चाबी खो जाए···''

··· अनाउंसर पेशेवर नहीं हो। लेकिन, रिकार्ड उसने चुनकर लगाया है।

रेडियो से—पटना का देश के शेष भागों से संपर्क कट जाने की बात सुनने के बाद मेरे अंदर का 'मैं' कातर हो उठा। ऐसा लगा कि एक द्वीप पर अकेला बैठा हुआ हूँ। चारों ओर समुद्र लहरा रहा है। कहीं किसी जहाज का मस्तूल या किसी नाव का पाल नहीं दिखलाई पड़ रहा···

न जाने कब नींद आ गई। जगा तो दिन के चार बज रहे थे। हर दस मिनट पर पश्चिम की खिड़कियों पर जा खड़ा होना, फिर पूरब के बरामदे पर आकर बाहर देखना—नियम-सा बन गया है, हर बार बिजली के खंभे पर, सामने की नंगी दीवार की ईंटों पर और ताड़ के तने पर निगाह डालकर देखना कि पानी घटा है या बढ़ रहा है। सो, जागते ही खिड़कियों के सामने जाकर खड़ा हो गया। भीड़ में अपने किसी भी परिचित का चेहरा ढूँढ रहा हूँ। नहीं, इस भीड़ में कहीं भी कोई अपना परिचित नहीं··· भीड़-प्रिय आदमी कभी किसी का अपना नहीं होता··· वह व्यक्ति अपने परिवार के कनिष्ठतम प्राणी के साथ बाढ़ का मेला देखने आया है। परिवार के सभी सदस्य रंग-बिरंगी पोशाक पहने हुए हैं। औरतें और लड़कियाँ सजी-धजी हुई हैं। बँगला में इसी को 'हुजुग' कहते हैं। इस हुजुग को, मेला देखनेवाली भीड़ को, देखकर बाढ़ के पानी में डूब मरने को जी करता है···

छत पर आने का मन नहीं करता। यहाँ ऐसी-ऐसी बातें सुनने को मिलती हैं कि दिल डूबने लगता है और कभी खून गर्म हो जाता है··· और कम उम्र की अल्हड़-सी लड़कियों की तरह अधेड़ औरतें बचकानी बातें करने लगती हैं तब। असल में, मैं ही सठिया गया हूँ।

···अच्छा, बतलाइए तो, सोन बढ़ रहा है या बढ़ रही शुद्ध है ?··· मुस्कुराहट··· नदी तो स्त्रीलिंग है, इसलिए सोन बढ़ रही··· खिलखिलाहट··· आप भी कैसे 'कवी' हैं जी ? जानते नहीं, सोन तो मर्द है। नदी नहीं, नद है। समझे ? तभी तो राजधानी में घुस आया है··· ही ही ही ही ! आपने दाढ़ी रख ली, इसीलिए बाढ़ आ गई।

कटा लीजिए, पानी घट जाएगा !···हा हा हा !···

एक भाई साहब हैं जो कभी भी किसी मौके पर कोई ऐसी बात नहीं करते, जिसे सुनकर मन में कोई उत्साह या आनंद अथवा राहत मिले। आज दिन-भर अपने फ़्लैट में पता नहीं हथौड़े से क्या ठक-ठककर ठोंकते रहे और अभी छत पर एकत्रित प्राणियों (जिनमें 'फेमनिन' की संख्या ही गरिष्ठ है) के बीच आकर 'ठकाठक' कई कठोर खबरें ठोंक गए—"पुनपुन के तटबंध में भी 'ब्रीच' हो गया है··· इधर गंगा का पानी फिर बढ़ने लगा है··· और, और सचिवालय के पास स्टीमर आ गया है और सारे कागजात को सुरक्षित···"

खिलखिलाकर हँसनेवालियों के चेहरे एक ही साथ बुझ गए—मानो बिजली गुल हो गई—हाय राम ! तब तो समझिए कि प्रलय···

भाई साहब कल से ही जिस बात को हजार बार कह चुके हैं, उसी को फिर, अपनी खल्वाट खोपड़ी पर हाथ फेरते हुए, कहते हैं—"भगवान बुद्धा ने कहा था कि इस शहर को तीन बातों से हमेशा खतरा रहेगा···"

हजार बार सुनकर भी हर प्राणी की उत्सुकता नहीं मिटती—"कौन-कौन-सी तीन चीज़···?"

मैं पूछना चाहता था कि सचिवालय के पास स्टीमर आ जाने की खबर भाई साहब को कहाँ से मिली। वे मौर्य-युग में पहुँचे हुए थे, अतः चुपचाप नीचे अपने कमरे में चला आया।

अब सूरज की लाली बाढ़ के गँदले जल में घुल रही है। ऐसा दृश्य अर्थात् बाढ़ के जल पर डूबते हुए सूरज की किरणों को रंगीन लकीरें खींचते बहुत बार देखा है, मैं उस अँधियारी की प्रतीक्षा में हूँ—जो आज रात इस नगर में छानेवाली है··· पानी घटा नहीं है। भीड़ बढ़ गई है। कोलाहल मे कोई कमी नहीं।

···आज साढ़े सात बजे प्रसारित होनेवाला प्रादेशिक समाचार नहीं प्रसारित हुआ। कव्वाली, फिल्मी गीत, तबला, वायलिन और सितार के घिसे-कटे रिकार्ड बजते रहे···प्रादेशिक समाचार नहीं प्रसारित हुआ तो क्या बिगड़ गया ? प्रसारित ही होता तो क्या बन जाता ? बाढ़ का पानी घट जाता ? कोई राहत मिल जाती ?··· मैंने एक बार लगातार तीन महीने तक अपने गाँव में बिना अखबार पढ़कर और बिना रेडियो सुनकर अनुभव किया है। कोई फर्क नहीं पड़ता। बल्कि एक पुराना रोग (कब्जियत) दूर हो गया था···

पानी की धारा पर बहुत देर तक निगाहें गड़ाकर देखते रहने से एक आनंददायक भ्रम होने लगता है। सारा मकान स्टीमर की तरह तैरता हुआ-सा लगता है··· उधर, पूरब की ओर कुछ हुआ, शायद; लड़के उधर दौड़ क्यों रहे हैं, एक साथ ? नाव आ रही है। हाँ, नाव

ही है। नाव पर सात-आठ सरदारजी और कई गैर-सरदार बैठे हैं। किसी भी सिख को देखते ही मेरे मन के अंदर यह अभिवादन 'भक्तिभाव' से गूँजने लगता है—'जो बोले सो निहाल—सत सिरी अकाल !'

सरदार जी लोगों का दल जलविहार करने नहीं, रिलीफ बाँटने आया है। सामनेवाले पँचमंज़िला इमारत के मुँडेर पर पनाह लेनेवालों को वे बुला रहे हैं—"नीचे आओ !"

हमारे ब्लाक के बाएँ जो मकान बनकर तैयार हुए हैं, उनमें अब तक चालीस- पचास बाढ़पीड़ित परिवार आकर डेरा डाल चुके थे—रिक्शावाले, खोमचावाले, रद्दी कागज़- शीशी- बोतल खरीदनेवाले। सभी रोटियाँ लेने उतरे। सरदार स्वयंसेवकों ने चिल्लाकर कहा—"पानी में मत उतरो। हम वहीं आ रहे हैं।"

नाव हमारे फ़्लैट के नीचे से गुज़री। नीचेवाले फ़्लैट से किसी ने पूछा, "क्या दे रहे हैं ?"

'रोटी, सब्जी और घुघनी। और पीने का पानी भी। रोटी बहुत अच्छी हैं, गर्म हैं ··· बढ़िया आटे की है। क्यों, चाहिए क्या, हैं ?" स्वयंसेवक सरदारजी ने एक रोटी निकालकर दिखलाते हुए कहा। फिर पूछा—"आप लोगों की छत पर पनाहगुर्जी कोई नहीं···"

इसके बाद नाव को घेरकर भूखे-प्यासे लोग अपने बाल-बच्चों के साथ रोटियाँ लेते रहे और शोर मचाते रहे··· रिलीफ देनेवालों की यह पहली टोली थी··· दिन- भर के भूखे- प्यासे प्राणियों को तृप्तिपूर्वक भोजन करते हुए, घूँट- घूँटकर पानी पीते हुए देखकर रोम- रोम पुलकित हो उठा। जोर से पुकार उठा, 'जो बोले सो निहाल—सत सिरी अकाल !" और—नाव पर बैठे स्वयंसेवकों ने मेरे इस हार्दिक अभिनंदन को स्वीकार करते हुए एक साथ 'सत सिरी अकाल' कहा। फिर पूछा, 'कुछ चाहिए ? रोटी- पाणी ?"

मैंने कहा, "उधर, कम्यूनिटी हाल··· दिनकर अतिथिशाला में, और उसके पच्छिम की ओर जाइए, वहाँ बहुत लोग हैं···"

"हाँ- जी, उधर हमारी एक नाव गई हुई है।"

बिजली आ गई है। जल-थल आलोकित हो गया है। पुनपुन की बाढ़ के समय, पानी की धारा पर बिजली के लट्टुओं और मर्करी-ट्यूब का जैसा आलोक नृत्य देखा था, वैसा ही दृश्य··· किंतु, सारा पश्चिमी पटना घोर अंधकार में डूबा होगा।

···दिल्ली से रेडियो पर कहा जा रहा है···पटना के लोग मौत से जूझ रहे हैं।

कमरे के कोने से ठाकुर रामकृष्ण देव बोले—"की रे ? सारा दिने··· दिन- भर में तीन बार ठूँसकर खाया है ? दिन- भर सिगरेट फूँकता रहा, चाय पीता रहा। यही है तुम्हारा मौत से जूझना ?··· घर से बाहर निकलता क्यों नहीं ? आश्रम के स्वयंसेवकों

के साथ दुखियों की सेवा करने क्यों नहीं आता ? उस बार तो खूब उत्साह के साथ गया था। क्या हुआ इस बार ?"

"ठाकुर ! तुम तो जानते हो। मैंने कसम खाई है, बाढ़-पीड़ितों की सेवा करने के लिए अब नहीं जाऊँगा।"

"एई तोमार तीसरी कसम ?"

लतिकाजी भीगी साड़ी में लथपथ लिपटी हुई आईं और बाथरूम की ओर जाती हुई बोलीं "ओदेर··· उन्हें खिला आई।"

मैंने कुछ भी नहीं समझा। वह स्नान करके, कपड़े बदलकर आईं। पूछा, 'ओदेर माने ?"

'ओई बेचारा कुकुरदेर··· बेचारे कुत्ते। एक ने चायवाले की झोंपड़ी को 'आस्ताना' (बसेरा) किया है। दूसरा—वहाँ ईंटों की ढेरी पर है और तीसरा तीन नंबर ब्लाक की एक खाली दुकान के रैक पर बैठा है। रोटी दे आई हूँ और, उस चायवाले को देखो। मुझे रोटी खिलाते देखकर दौड़ा आया और लाठी से बेचारे को कोंचने लगा। कहने लगा, मेरा छप्पर नोंचकर बर्बाद कर देगा।"

"भगा दिया ?"

"नहीं। अपने ब्लाक के लड़के सब नीचे थे। उन्होंने कहा, कुत्ते को अगर भगाया तो तुम्हारी झोंपड़ी कल बह जाएगी।"

बाहर बिजली चमकी। पूरब और दक्षिण की ओर आकाश में काले मेघ उमड़ आए हैं। उमस से देह चिपचिपा रही है। बाहर 'आवाजाही' अब तक बंद नहीं हुई है। भीड़ नहीं है। किंतु, लोग आज भी साढ़े ग्यारह बजे तक चल रहे हैं। हर आदमी के हाथ में एक लाठी—-दूसरे में झोली, बोतल या डालडा का डिब्बा अथवा गठरी··· सचमुच, मौत से ही जूझ रहे हैं। पानी में भँसता हुआ डेढ़ बित्ते का कोई कीड़ा डंक मार दे और एक घंटा में ही सब समाप्त··· दीवार गिर पड़े और खेल खत्म··· फिर कहीं कोई तटबंध टूट जाए अथवा गंगाजी का कोप बढ़ जाए और चारों ओर पानी की एक उठती हुई ऊँची दीवार के साथ पटाक्षेप।

अब बिजली की प्रत्येक कौंध के तुरंत बाद ही मेघ गरज उठता है। इसका मतलब है कि बादल अब पटना के आकाश पर छा गया। बाहर निकलकर देखा और मुँह से सहसा निकल पड़ा—"तुम्हीं क्यों बाकी रहोगे आस्माँ··· ज़रा बाहर आकर देखो इन बादलों को··· की भीषण···"

एक कुत्ते ने रोना शुरू किया। किंतु, कल के रुदन से आज का रोना भिन्न है। कल वे आशंका और आतंक को सूँघ रहे थे और, आज मौत को बहुत करीब देखकर रो रहे हैं··· मुझे फिर टेप-रिकार्डर की जरूरत··· असल में इस रुदन को जिसने सुना

है, वही समझ सकते हैं—'ओ-य-यूँऊँ-ऊँ-ऊँ-हाँ-हा-हाँ-य-ह··· ह-ओ-आ-आ···''

आज उन्हें डाँटकर कोई चुप नहीं कर रहा। इसलिए वे सम्मिलित सुर में रह-रहकर रो रहे हैं ! उनकी करुण पुकार में कोई बाधा नहीं पड़ती।

···कुत्तों को चुप किया, तेज हवा के पहले झोंके ने। हवा तेज हो गई। बिजली जल्दी-जल्दी कौंधने लगी—कड़ककर टूटने लगी। एक बार तो लगा, आस्मान चरचराकर फट ही गया। हवा नहीं, यह तूफान है। आँधी आ गई ? सभी फ़्लैटों की खुली हुई खिड़कियों और दरवाजों के पल्ले काठ के पंख की तरह फड़फड़ाने-धड़धड़ाने लगे। धड़ाधड़ खिड़कियाँ बंद होने लगीं। अब, हवा के साथ मूसलाधार वृष्टि। घनघोर वर्षा··· पास ही किसी मकान में कोई भयातुर आत्मा 'अजान' देने लगी—''अल्ला-हो अ-क-ब-र···''

पुनपुन की बाढ़ को न्योतकर ले आनेवाली, अट्ठारह-बीस घंटे तक अविराम होने वाली वर्षा की याद आई··· उस बार मुंगेर के किसी इलाके में बादल टूटकर (बर्स्ट) गिरा था और पाँच मिनट में ही कई गाँव पानी के अतल तल में समा गए थे··· सबकुछ संभव है।

··· उन लोगों पर अभी क्या बीत रही होगी जो छतों पर, खुले आसमान के नीचे हैं ?

··· अब जो दृश्य उपस्थित हो रहा है, होता जा रहा है, उसे देखने का साहस नहीं बटोर पा रहा हूँ। विश्व-प्रकृति का यह उन्मत्त नृत्य, अब इस शहर को डुबाकर ही बंद होगा··· ऊँ नमस्ते सते सर्वलोकाश्रयाय··· त्वमेकं शरण्यं त्वमेकं वरेण्यं··· भयानां भयं भीषणं भीषणानां··· परेषां पररक्षण-रक्षणानां··· तदेकैस्मरामस्तदेकंजपा··· भवांभोधिपोतं शरण्यं ब्रजाणः···!!

संसार-सागर से उबारनेवाले एकमात्र 'पोत' को सुमिरता हुआ, रक्षकों के भी रक्षक की शरण गहता बाहर की ओर देख रहा हूँ। पानी बढ़ता जा रहा है। लेकिन, अब डर नहीं लग रहा। अब काहे का डर ?··· दिन में सूअर के बच्चे जिस तरह डूबते-बहते हुए मर रहे थे, उसी तरह मरने को तैयार हूँ। किंतु, चिंचियाऊँगा नहीं उनकी तरह। मृत्यु की वंदना गाता हुआ मरूँगा··· तैंतीस-छत्तीस साल पहले का एक गीत (रवि ठाकुर के प्रसिद्ध गीत का हिंदी-अनुवाद और सुंदर अनुवाद !)—'कंगन' फ़िल्म का पुराना गीत गुनगुनाने लगता हूँ। फिर, बाहर की घनघोर वर्षा के ताल पर, जोर से—गला खोलकर गाना शुरू कर देता हूँ—''मरण रे-ए-ए-ए तुँहु मम श्याम समा-आ-आ-न··· घोर घटा का मोर-मुकुट धर धर बिजली की मुरली अधर पर··· गा दे अमृत··· गा-आ-आ-आ-न··· मरण र-ए-ए-ए···''

दस मिनट बरसकर बादल छँट गए। हर फ़्लैट की खिड़कियाँ फिर खुल गईं। आसमान साफ़ हो गया··· पटना एक बार फिर बच गया। बाहर झाँककर देखा—कई लोग जाल फेंककर मछलियाँ पकड़ रहे हैं।

['दिनमान' 28 सितंबर, 1975]

## पंछी की लाश

वर्षा के बाद वातावरण का ताप कम हुआ। किंतु, बिछावन पर लेटते ही बाढ़ की स्मृतियाँ—'नास्टेल्जिया' की तरह फिर लौटकर आने लगीं और मन पसीजने लगा··· ऐसा क्यों होता है ? इसके मूल में क्या है ?···बहुत देर तक आत्मविश्लेषण करता रहा।

बचपन से 'बाढ़' शब्द सुनते ही विगलित होने और बाढ़-पीड़ित क्षेत्रों में जाकर काम करने की अदम्य प्रवृत्ति के पीछे—'सावन-भादों' नामक एक करुण ग्राम्य गीत है, जिसे मेरी बड़ी बहिन अपनी सहेलियों के साथ सावन- भादों के महीने में गाया करती थी। आषाढ़ चढ़ते ही—ससुराल में नई बसनेवाली बेटी को नैहर बुला लिया जाता है। मेरा अनुमान है कि सारे उत्तर बिहार में नव-विवाहिता बेटियों को 'सावन- भादों' के समय नैहर से बुलावा आ जाता है··· और जिसको कोई लिवाने नहीं जाता, वह बेचारी दिन- भर वर्षा के पानी- कीचड़ में भीगती हुई गृहकार्य संपन्न करने के बाद रात-भर नैहर की याद में आँसुओं की वर्षा में भीगती रहती है। 'सावन-भादों' गीत में ऐसी ही, ससुराल में नई बसनेवाली कन्या की करुण कहानी है :

"कासी फूटल कसामल रे दैबा
बाबा मोरा सुधियो न लेल,
बाबा भेल निरमोहिया रे दैबा
भैया के भेजियो न देल,
भैया भेल कचहरिया रे दैबाजी
भउजी बिसरि कइसे गेलह्य?"

(अब तो चारों ओर कास भी फूल गए, यानी वर्षा का मौसम बीतने को है। पिछली बार तो बाबा खुद आए थे। इस बार बाबा ने सुधि नहीं ली। बाबा अब निर्मोही हो गए हैं। भैया को 'जमीन-जगह' के मामले में हमेशा कचहरी में रहना पड़ता है। लेकिन, मेरी प्यारी भाभी मुझे कैसे भूल गई ?)

भाभी भूली नहीं थी, उसने अपने पति को ताने देकर बुलाने के लिए भेजा। भाई अपनी बहिन को लिवाने गया··· इसके बाद गीत की धुन बदल जाती है। कल तक रोनेवाली बहुरिया प्रसन्न होकर ननदों और सहेलियों से कहती है :

हाँ रे सुन सखिया ! सावन-भादव केर उमड़ल नदिया
भैया अइले बहिनी बोलावे ले—सुन सखिया··"

ओ ननद-सखी ! सावन-भादों की नदी उमड़ी हुई है। फिर भी मेरे भैया मुझे बुलाने आए हैं। तुम ज़रा सासजी से पैरवी कर दो कि मुझे जल्दी विदा कर दें··· सास कहती है—मैं नहीं जानती, अपने ससुर से कहो। ससुर ताने देकर कहता है कि नदीवाले इलाके में बेटी की शादी के बाद दहेज में नाव क्यों नहीं दिया। अंत में, पतिदेव कुछ शर्तों के साथ विदा करने को राज़ी होते हैं। ससुराल की दुखिया-दुलहिन हँसी-खुशी से भाई के साथ मायके की ओर विदा होती है। लेकिन, नदी के घाट पर आकर देखा—कहीं कोई नाव नहीं। अब क्या करें। भाई ने हिम्मत से काम लिया। कास-कुश काटकर, मूँज की डोरी बनाकर और केले के पौधों के तने का एक 'बेड़ा' बनाया और उस पर सवार होकर भाई-बहिन उमड़ी हुई कोशी की धारा को पार करने लगे। किंतु, बीच नदी में पहुँचते ही लहरें तेज़ हो गईं। बेड़ा डगमग करने लगा। और, आखिर :

"कटि गेल कासी-कुशी छितरी गेल थम्हवा
खुलि गेल मूँज केर डोरिया—रे सुन सखिया !
··· बीचहि नदिया में अइले हिलोरवा
छुटि गेलै भैया केर बहियाँ—रे सुन सखिया !
···डूबी गेलै भैया केर बेड़वा—रे सुन सखिया !!"

(नदी की उत्ताल तरंगों और घूर्णिचक्र में फँसकर बेड़ा टूट गया। भाई का हाथ छूट गया। और, भाई का बेड़ा डूब गया। भाई ने तैरकर बहिन को बचाने की चेष्टा की, किंतु, तेज़ धारा में असफल रहा। डूबती हुई बहिन ने अपना अंतिम संदेश दिया—माँ के नाम, बाप के नाम··· फिर किसी बेटी को सावन-भादों के समय नैहर बुलाने में कभी कोई देरी नहीं करें। और, देरी हो जाए तो जामुन का पेड़ कटवाकर नाव बनवाएँ, और तभी लड़की को लिवाने भेजें !

··· तकिए का गिलाफ़ भीग गया। गीत की पंक्तियाँ मन में गूँजती रहीं और आँखें बरसती रहीं। ऐसा हमेशा हुआ है।

और, इस गीत के साथ पिछले कई वर्षों से एक और करुण गीत-कथा की कहानी जुड़ गई है। इसलिए, इस गीत का दर्द दूना हो गया है···'तीसरी

कसम' की शूटिंग के दिनों शैलेंद्र जी मुझसे 'महुआ घटवारिन' की 'ऑरिजिनल' गीत-कथा सुनना चाहते थे ताकि उसके आधार पर गीत लिख सकें। एक दिन हम 'पबई-लेक' के किनारे एक पेड़ के नीचे जाकर बैठे। 'महुआ-घटवारिन' का गीत मुझे पूरा याद नहीं था। इसलिए मैंने एक छोटी-सी भूमिका के साथ 'सावन-भादों' का गीत अपनी भोंड़ी और मोटी आवाज़ में, भरे गले से सुना दिया। गीत शुरू होते ही शैलेंद्र की बड़ी-बड़ी आँखें छलछला आई और गीत समाप्त होते-होते फूट-फूटकर रोने लगे। गीत गाते समय ही मेरे मन के बाँध में दरारें पड़ चुकी थीं। शैलेंद्र के आँसुओं ने उसे एकदम तोड़ दिया। हम दोनों गले लगकर रोने लगे। 'ननुआँ' (शैलेंद्र का ड्राइवर) टिफिन कैरियर में घर से हमारा दोपहर का भोजन लेकर लौट चुका था। हम दोनों को इस अवस्था में देखकर वह चुपचाप एक पेड़ के पास ठिठककर बहुत देर तक खड़ा रहा··· इस घटना के कई दिन बाद, शैलेंद्र के 'रिमझिम' में पहुँचा। वे तपाक से बोले—चलिए, उस कमरे में चलें। आपको एक चीज़ सुनाऊँ।

हम उनके शीतताप-नियंत्रित कमरे में गए। उन्होंने मशीन पर 'टेप' लगाया। बोले—आज ही 'टेक' हुआ है। 'मैंने पूछा—'तीसरी कसम ?' बोले—नहीं भाई ! 'तीसरी कसम' का टेक होता तो आपको नहीं ले जाता ?··· यह 'बंदिनी' का है··· पहले, सुनिए तो···!

रेकार्ड शुरू हुआ—"अब के बरस भेज भैया को बाबुल, सावन में लीजो बुलाय रे··· अमुआँ तले फिर से झूले पड़ेंगे··· कसके रे जियरा छलके नयनवाँ··· बैरन जवानी ने छीने खिलौने··· बाबुलजी मैं तेरे नाजों की पाली··· बीते रे जुग कोई चिठियो ना पाती, ना कोई नैहर से आए रे-ए-ए।"

कमरे में 'पबई-लेक' के किनारेवाले दृश्य से भी मर्मांतक दृश्य उपस्थित हो गया। हम दोनों हिचकियाँ ले-लेकर रो रहे थे—आँसू से तर-बतर··· शैली ने (तब बांटू, यानी हेमंत !) किसी काम से अथवा गीत सुनने के लिए कमरे का दरवाज़ा खोला और हमारी अवस्था देखकर पहले कई क्षणों तक अवाक् रहा। फिर कमरे से चुपचाप बाहर चला गया··· कमरे में बार-बार वही रेकार्ड बजता रहा और न जाने कब तक बजता रहता यदि शकुनजी आकर मशीन बंद नहीं कर देतीं।

भीगे हुए तकिए पर तौलिया रखकर लेट गया। जी-भर रो लेने के बाद जी हल्का हो गया था। दृश्य पर प्रशांति छा गई थी··· मीठी नींद आ गई।

भोर को एक सुंदर अपूर्व सपना देख रहा था। और सपने में भी आनंदातिरेक से रो रहा था··· लतिकाजी ने झकझोरकर जगाया—"ऐ ? ऐ ? की हयेछे,?··· क्या हुआ ?"

जगकर मन खीझ उठा··· इतना सुंदर सपना बीच में ही टूट गया··· मुझे क्यों जगाया··· मैं नींद में रोऊँ या हँसूँ—इससे किसी का क्या बिगड़ जाता है ?··· आह !

लतिकाजी बोलीं—"ऐसे में कभी- कभी आदमी का दम घुट जाता है ।

"घुट जाता तो घुट जाता···"

··· दरवाजे की कुंडी खटखटाई । जाकर दरवाजा खोला तो सामने हँसते हुए शैलेंद्र खड़े थे । उनके साथ में थे, उनके एक प्रिय स्वजन, पटना के प्रियदर्शन डाक्टर भोला । मैं अचरज में गूँगा हो गया । उनसे कुछ पूछना चाहता था । लेकिन मुँह से बोली ही नहीं निकल रही थी । शैलेंद्र बोल रहे थे—"आना ही पड़ा··· बेबी और गोपा के लिए योग्य 'पात्रों' को देखने के लिए । अकेला बांटू और काका बेचारे क्या करें ?··· अपनी प्यारी बेटियों के लिए मुझे आना पड़ा—ऐसे दुर्दिन में भी भला कोई आता है ?··· बाबुलजी मैं तेरे नाजों की पाली, फिर क्यों हुई पराई— यह सुनकर कौन ऐसा बाप है जो··· बांटू को कबीर, दादू और रैदास पढ़ने को कहता था । पता नहीं, उसने पढ़ा या नहीं··· इधर उसने एक बड़ा ही प्यारा गीत लिखा है । एल. पी. में आ गया है । सुनिए न···"

क्या सुनूँ ? सपने का संसार ही समाप्त हो गया । अब जगकर, अवसन्न अवस्था में सुन रहा हूँ—फतुहा से बचता हुआ—'नात-कव्वाली-गज़ल-ठुमरी-सितार'का रेकार्ड !

जग गया । परंतु सपने से इस तरह अभिभूत रहा कि बहुत देर तक 'जलप्रलय' को भूल गया । चाय पीता हुआ बहुत देर तक सपने में अचानक आ गए शैलेंद्र के अभियोग और उलाहने-भरे शब्दों पर विचार करता रहा··· सचमुच, हम सभी कितने स्वार्थी सिद्ध हुए ?

पच्छिम की खिड़की से झाँककर देखा—करेंट की गति थोड़ी मंद पड़ गई । कलवाला 'रिदम' नहीं है··· वह··· वहाँ सफेद-सी कोई चीज 'भँसती' हुई चली आ रही है··· खरगोश या विलायती चूहा या कोई चिड़िया ? ··· मुर्गी है—सफेद मुर्गी ! पानी की धारा के साथ हिलकोरे खाती हुई पूरब की ओर सड़क की मुख्य खरस्रोता धारा में पहुँची और वहाँ से तेज रफ्तार में बहने लगी··· कल पानी के साथ हवाई चप्पल, बच्चों के खिलौने, कंघी, सायकिल का बास्केट, प्लास्टिक के रंगीन कटोरे वगैरह भँसते दिखलाई पड़ते थे । आज सुबह उठकर पंछी की लाश पर दृष्टि पड़ी तो मन इस अपशकुन से आशंकित हो गया । रात के तीसरे पहर में एक बार उठकर देखा था, मछली पकड़नेवालों के अलावा तीन-चार व्यक्ति पैर से टटोल-टटोलकर कुछ खोज रहे थे । जो कुछ मिलता था उसे हाथ में एक बार लेकर देखते । अपने झोले में रख लेते या फिर पानी में फेंक देते··· सूअर के कई बच्चों की लाशों को लाठी की 'बँहगी' में लटकाकर भंगियों का दल आ रहा था । दल के एक युवक ने मुर्गी

की लाश का पीछा किया। पानी से उठाकर डैने को खींचकर जाँचने लगा और फिर चिल्लाकर बोला—"नहीं! सड़ल न है, काठ के जैसन कड़ा हो गया है।"··· "ले ले आ, ले ले आ!!" बहँगी में लटकती हुई सूअर के बच्चों की लाशों के साथ सफेद मुर्गी भी लटकी। अब उसका मरना सार्थक हो गया। सूअर के बच्चे और मुर्गी की मृत देह अब 'लाश' नहीं—उपभोक्ता-वस्तु बन गई··· जन्म अकारथ नहीं गया।

···दिल्ली से प्रसारित समाचार में जब यह कहा गया कि आकाशवाणी पटना के संवाददाता श्री एच. पी. शर्मा ने बाढ़ का पानी झेलकर—'बाइपासरोड' से किसी तरह दूर जहानाबाद पहुँचकर, दिल्ली केंद्र से संपर्क स्थापित करके पटना की बाढ़ का ताजा समाचार दिया है तो··· तो··· मुझे लगा कि पटना के अलावा सारे बिहार के (और भारत के अन्य भागों के) रेडियो सुननेवालों की हार्दिक शुभकामनाएँ शर्माजी ने अर्जित कर लीं··· अट्ठारह-बीस घंटे से देश के अन्य भागों से छिन्नसूत्र पटना नगर का और नगर के निवासियों के मौत से जूझने का समाचार देने के लिए सहज हार्दिक शुभकामनाएँ देने के सिवा और क्या दे सकते हैं, हम? ··· जुग-जुग जियो शर्माजी··· तुम्हारा कल्याण हो··· बहादुर पत्रकार!··· तुम्हारे बाल-बच्चे सुखी रहें, भगवान उनको लंबी उम्र दें!!

··· देश के अन्य भागों के चिंतित लोगों की यह अशुभ आशंका दूर हो गई होगी कि पटना, महेंजोदड़ों की तरह, नदी के गर्भ में समा नहीं गया है··· पटना, धनुष्कोटि की तरह गर्क नहीं हो गया, बचा हुआ है और वहाँ के लाखों लोग जीवन और मृत्यु के बीच झूल रहे हैं··· मौत से जूझ रहे हैं।

आज नहानेवालों के दल में मोटर ट्यूब के अलावा कई लोग 'स्विमिंग-सूट' (तैराकी की पोशाक) में भी दिखलाई पड़ रहे हैं··· अब मेरा मन कर रहा है कि छत पर जाकर 'माइक' से ऐलान करूँ—'भाइयो! भाइयो! आप लोग कल से ही बाढ़ के गँदले पानी में नहा रहे हैं, यह आपके स्वास्थ्य के लिए खतरनाक है। फ्लू, सर्दी, बुखार, टायफायड आदि के अलावा पानी में भँसते हुए जहरीले साँप···'

अपने इस मूर्खतापूर्ण विचार पर आप ही हँसा··· माइक का मोह न गयो तेरो मन से मूरख!

तमाशबीन जनता की छोटी-बड़ी टोलियों का आगमन शुरू हुआ··· एक नीमजवान 'नवसिखुआ' कैमरावाला लड़का कमर-भर पानी में खड़ा होकर—पूरब मुँह से—यानी सूरज की ओर मुँह करके—तस्वीरें ले रहा है। नहानेवाले लड़के उसके सामने जाकर मुँह चिढ़ा रहे हैं। एक लड़का गले तक पानी में डूबकर अद्भुत आवाज में डूबती हुई लड़की का अभिनय करते हुए पुकार रहा है—"ब-चा-ओ!··· बचाओ! मैं डूबी जा रही

हूँ···" भीड़ का एक कड़ियल-जैसा आदमी कैमरावाले से तैश में कुछ कह रहा है। ब्लाक नंबर एक के छत पर खड़े लोग भी चिल्ला-चिल्लाकर कुछ कह रहे हैं। हमारे ब्लाक के मुँडेरे से भी आवाजें कसी जाने लगीं··· यहाँ लोग कल से घिरे हुए हैं, न कहीं नाव है, न रिलीफ और ये फोटो लेनेवाले सिर्फ तस्वीर ले रहे हैं ?··· इसी को कहते हैं कि किसी का घर जले और कोई मौज से तापे··· मत खींचने दो किसी फोटोवाले को कोई भी फोटो··· इनको पैसा कमाने का यही मौका मिला है ?

कैमरावाला जवान (नवसिखुआ भले ही हो) बुद्धिमान है। उसने तुरंत कैमरे का रुख तमाशबीनों की ओर कर दिया। तैश में आया हुआ कड़ियल-जैसा आदमी तुरंत ठंडा हो गया और गले में लिपटा हुआ अँगोछा ठीक कर मुँह पर हाथ फेरकर फोटो खिंचाने के पोज में खड़ा हो गया। नहानेवाले लड़कों ने वहाँ पहुँचकर पानी उलीचना- छींटना शुरू किया। भीड़ का दूसरा आदमी अब तैश में आकर नहानेवाले ऊधमी लड़कों को डाँटकर भगाने लगा,। छाती-भर पानी में भागते हुए लड़कों में से एक, अपने ड्रम के 'बेड़े' पर चढ़ गया और अपने पैंट के अग्रभाग के एक विशेष स्थान की ओर संकेत करके बोला—'इसका फोटो लो'··· कुछ लोग हँसे। कुछ ने मुँह फेर लिया और कई लोग एक साथ—"अरे-रे-रे-रे हरमजदवा···" कहकर चुप हो गए··· छाती-भर पानी में जाने का साहस उनमें नहीं था··· मुझे पाँच-सात महीने पहले देखी हुई युगोस्लावी फिल्म (वी आर बिविच्छ, इरिन) के एक दृश्य की याद आ गई। झरने में अर्द्धनग्न नहाती इरिन को चारों ओर से छिपकर देखनेवाले आवारे लड़कों को जब इरिन के ससुर ने खदेड़ते हुए कहा था कि अब अगर इधर कभी देखा तो जान से मार डालूँगा··· विल 'किल यू' तो भागते हुए छोकरों में से एक ने कुछ दूर जाकर, उलटकर ऐसी ही मुद्रा बनाई थी—'किल दिस !'

फोटो लेनेवाला लड़का 'डिमोरलाइज्ड' होकर कैमरा समेटकर चला गया··· मेरा कोई मित्र होता या मैं खुद होता तो इस 'पोज' को कभी 'मिस' नहीं करता।

··· लेकिन कैमरावालों के प्रति लोगों का अचानक यह आक्रोश क्यों ? यह तो अच्छी बात नहीं। अपने कई प्रेस- फोटोग्राफर मित्रों तथा अन्य गैर- पेशेवर फ़ोटोग्राफर दोस्तों की याद आई··· जनार्दन ठाकुर, सत्यनारायण दूसरे, सूर्यनारायण चौधरी, वासुदेव शाह, सत्यदेव नारायण सिन्हा (आर. एस. चोपड़ा तो बंबई जा बसे) तथा गुरु उप्पल के अलावा बहुत संभव है बाहर के जाने-माने छायाकार आए हों। पता नहीं, उनके साथ क्या- क्या व्यवहार करें ये ?"

मैं अब अपनी छत पर 'चचागिरी' करने के लिए पहुँचा। मेरे ब्लाक के लड़के मेरे नाम के साथ 'चचा' जोड़कर मुझे संबोधित करते हैं। छत पर जो भी 'भतीजे' मौजूद मिले उन्हें मैंने समझाया कि किसी फोटो लेनेवाले को 'हूट' न किया

जाए। वे तुरंत समझ गए—"अच्छा चचाजी ! हम लोग नीचे जाकर इन लड़कों को समझा देते हैं···"

नहानेवालों की टोली के उत्साह में बाधा डाली—एक गाय की लाश ने। लाश फूलकर भँसती और दुर्गंध फैलाती हुई आ रही थी। मेरे कमरे की खिड़कियों से बदबू का पहला झोंका आया··· ब्लीचिंग पाउडर और फिनायल की महक के साथ सड़ती हुई लाश की दुर्गंध··· लगता है, किसी मुहल्ले में यह अटक गई थी। और, वहाँ इस पर प्रचुर मात्रा में ब्लीचिंग पाउडर और फिनायल डाला गया था··· असह्य दुर्गंध ! कहीं हमारे ब्लाक के नीचे किसी दुकान में न अटक जाए। फिर तो साँस लेना भी मुश्किल हो जाएगा। जीना दूभर हो जाएगा ! ···नहीं, अब तक धीरे-धीरे बहती हुई आती लाश, सड़क की मुख्य धारा के पास जाते ही—एक बार नाचकर—तेज धारा के साथ हो गई और फिर उसकी गति काफी तेज हो गई।

"एई जा !··· गैस फुरूलो··· गैस समाप्त ! मैंने कहा था न ?" रसोईघर से बाहर निकलती हुई लतिका जी बोलीं ! फिर चुपचाप कोयलेवाला चूल्हा सुलगाने की तैयारी करने लगीं।

मैं पूरब बरामदे पर खड़ा रहा··· वह आ रहे हैं, डॉक्टर शिवनारायण, हाथ में बड़ी-सी लाठी लेकर टेकते हुए, अस्पताल जा रहे हैं··· कल रात में क्या यही सितार बजा रहे थे ? पूछूँ ?··· नहीं, अभी तो यह डाक्टर हैं। सितारवादक नहीं।

···कमर से धोती लपेटे, गंजी पहने—लाठी टेकते और मुस्कराते एक परिचित मुखड़े पर दृष्टि पड़ी—ओ ! परेसजी हैं। 'रूपरंग' नाट्य संस्था के निदेशक-लेखक अभिनेता··· परेसजी मेरे ही ब्लाक की ओर आ रहे हैं ? मेरे फ्लैट के नीचे आकर बोले—"अरे ! यहाँ तो बहुत तेज करेंट है। लगता है, उठाकर फेंक देगा।" उन्होंने पूछा, "सिगरेट है न ? ···और किसी चीज की जरूरत ?··· जी नहीं, हम लोगों का क्वार्टर ऊँची जगह पर है। पानी नहीं है··· मित्रों की खोज-खबर लेने निकला हूँ।"

मैंने कहा—"इधर कहीं किरासन तेल मिलेगा ? हम लोगों की 'गैस' अभी-अभी खत्म हुई है··· स्टोव के लिए किरासन चाहिए। यदि उधर···"

"अच्छी बात ! देखते हैं ?"—परेसजी नीचे से ही चले गए।

लतिका मुझे झिड़की देती हुई बोली—"तुम भी कैसे हो ? बेचारा हाल-समाचार पूछने आया था और तुमने किरासन तेल की फरमाइश कर दी··· लज्या नेई तोमार एकटू ?"

"लाज की क्या बात है इसमें ? मित्र हैं। बाढ़ से पीड़ित नहीं हैं ! हाल-समाचार पूछने आए थे··· इनसे सहायता माँगने में क्या लाज ?" दिल्ली से प्रसारित समाचार में कहा जा रहा है कि सेना के जवान लोगों को सुरक्षित स्थानों में पहुँचा रहे हैं ! हेलिकाप्टरों से खाद्य सामग्रियाँ गिराई जा रही हैं ! ···केंद्रीय खाद्य-मंत्री ने हवाई सर्वेक्षण के बाद वक्तव्य

दिया है···

दिल्ली के समाचार के बाद, पटना के फतुहा 'कैंप-केंद्र' से एक आवश्यक सूचना प्रसारित की जा रही है, आज किसी पेशेवर अनाउंसर की आवाज है—भीषण बाढ़ के कारण, पटना नगर में पानी की आपूर्ति में बाधा पड़ गई है, अतः पेयजल का भीषण अभाव हो गया है··· नागरिकों से अनुरोध है कि वे किसी भी प्रकार के पानी को पंद्रह मिनट तक उबालने के बाद काम में ला सकते हैं···

किसी भी तरह के पानी का मतलब हुआ कि बाढ़ के पानी को भी पंद्रह मिनट तक उबालकर (छानकर नहीं) पी सकते हैं ?··· मैंने अपने कमरे के कोने में बैठे हुए देवता से कहा—"अब इस शहर के सभी नागरिक 'परमहंस' हो जाएँगे··· तुमने कहा है न—जिस दिन नाली के गंदे पानी और गंगाजल में कोई भेद नहीं मानोगे··· लेकिन, मैं परमहंस नहीं होना चाहता। दया करके मेरे 'टैप' को 'ठप्प' मत करना।"

'घायल' आ रहा है। नरेंद्र घायल। मैंने इसका नाम दिया है—स्वामी मुश्किल आसानानंद। पुनपुन की बाढ़ के समय भी सबसे पहले 'घायल' ही पहुँचा था। बीमारी के समय, अस्पताल में लगातार तीन महीने तक सेवा करता रहा। मैं तो, उसके जिला-जवार, गाँव-घर का भैया ही हूँ—किंतु पटना के किसी भी दुखी और बीमार साहित्यसेवी की सेवा और सहायता के लिए वह सदा तत्पर रहता है—चाहे वह पंडित शिवचंद्र शर्मा हों या कोई अज्ञात कुलशील नया लेखक··· आते ही उसने पूछा—"भाभी ! लगता है आपका गैस खत्म हो गया है। नाला रोड में पानी भरा हुआ है और गैस कंपनी भी डूबा हुआ है···"

मैंने कहा—"अगर किरासन तेल की कोई व्यवस्था कर सको···"

"व्यवस्था क्या, ले ही आता हूँ।" वह उठ खड़ा हुआ। लतिकाजी ने रोकते हुए कहा—"अरे, कहाँ जाते हो ? अभी तो चूल्हा सुलगा लिया है। चाय पी लो।"

मैंने कहा—"उस दिन फ्रेजर रोड पहुँच नहीं सका। डबलरोटी नहीं ला सका। डी. लाल की दुकान डूब चुकी थी। कार कंपनी भी···"

"आ जाएगी रोटी भी। अशोक राजपथ पर मिल जाएगी।"

"अब तुम लगे न फरमाइशी···"

"और आपकी सिगरेट का क्या पोजिशन है ?"

"सिगरेट तो है। लेकिन, हथुआ मार्केट खुला हुआ हो तो विश्वनाथ की दुकान से मगही पान···"

लतिकाजी अब सचमुच क्रुद्ध हो गईं—"और, चार बोतल कोका-कोला ? नहीं घायल। कुछ भी नहीं लाना है··· ऐसे दुर्दिन में आदमी को अपनी जरूरत कम करनी

चाहिए और इनकी फेहरिस्त लंबी होती जा रही है।"

जनाब सत्यनारायण, दूसरे साहब कंधे से झोला-झब्बा लटकाए आए—घुटने तक पैंट समेटे। मैंने पहला सवाल किया—"स्टूडियो कितने पानी में है ?"

"कमर-भर।"

"फोटो लेते समय लोग गालियाँ तो नहीं देते, यानी 'हूट-ऊट' तो नहीं करते ?"

"यह आपको कैसे मालूम हुआ ? कुछ अजीब हालत है, इस बार··· पत्रकार और फोटोग्राफर को लोग नाव पर चढ़ाना भी नहीं चाहते··· मैंने तो पच्छिम पटना करीब-करीब कवर कर लिया है।"

"कहीं, शारदेय पर नजर पड़ी ?"

"दो दिन पहले 'संगी होटल' में थे—ऐसा मालूम हुआ है··· वह बंबई चला गया होगा।"

"बोटानिकल गार्डेन के पशु-पक्षियों का क्या हाल है ?"

"पोल्ट्रीफार्म तो एकदम साफ है··· बोटानिकल गार्डेन के भी कई जानवर बह गए हैं। कुछ डूब भी गए होंगे।"

दूसरे और घायल चाय पीकर चले गए। मैं फिर कुदरत का जलवा देखने के लिए खिड़की के पास हो गया··· अब वह किस मृत प्राणी की लाश आ रही है ? बहकर आनेवाली कोई भी छोटी-बड़ी चीज हमारे ब्लाक के पिछवाड़े में आकर मंद गति से इधर-उधर थोड़ा चक्कर काटती है। हमारे ब्लाक की अर्धवृत्ताकार इमारत के पास आकर, हर फ्लैट के नीचे से गुजरती हुई, सड़क की ओर जाकर तेज धारा के साथ हो जाती है। शायद, बछड़ा है। नहीं। यह अलसेसियन कुत्ता है। दोनों कान शान से खड़े हैं ! रौब में कहीं कोई कमी नहीं,। कान से पूँछ तक इसकी मुद्रा और तेवर देखकर ही समझ लेता हूँ—इसने बहादुरी से मौत को वरण किया है। मौत की छाया पर झपट्टे मारकर लड़ता हुआ मरा है।

···बाढ़पीड़ित ग्रामीण क्षेत्रों में मृत पशुओं की—गाय, बैल, घोड़े, बकरी आदि की—लाशें बहुत बार देख चुका हूँ··· अलसेसियन कुत्ते की लाश, शहर की बाढ़ का प्रतीक, पहली बार देख रहा हूँ।

बाहर शोर हुआ—कुम्हरार में भी पानी घुस गया। कुम्हरार और कंकड़बाग में आज पानी घुसा है।

···अब प्राचीन पाटलिपुत्र (अशोक के पाटलिपुत्र) को धरती के नीचे से खोदकर उद्धार करेंगे या आधुनिक पटना को भूगर्भ में जाने से बचाएँगे ?

अब इधर-उधर—बाहर, भीतर कुछ भी देखने का मन नहीं करता। क्या करूँ। कुछ पढ़ने की चेष्टा की जाए··· विश्वकवि की शरण गहूँ।

निबंधमाला—द्वितीय खंड। पृष्ठ उलटाया और पढ़ना शुरू किया तो अचरज के मारे बहुत देर तक चुपचाप कमरे के कोने में बैठे ठाकुर को देखता रहा··· यह कैसा संयोग ? पृष्ठ उलटाया और यहाँ भी बाढ़ का प्रसंग ?··· यह क्या संपूर्ण 'काकतालीय'—संयोग है ?"··· और रवींद्रनाथ ठाकुर की भी पंछी की लाश पर ही दृष्टि पड़ी थी ?

पढ़ना शुरू करता हूँ—"शिलाइदह, 9 अगस्त, 1894··· नदी एकेबारे कानाय भरे गेछे। ओ पारटा प्राय देखा जाय ना··· आज देखते पेलूम, छोटो एकटि मृत पाखी स्रोते भेसे आसछे··· आर मृत्युर इतिहास बेस बोझा जाच्छे··· किसी, एक गाँव के बाहर बाग में, आम की डाली पर उसका 'बासा' (घोंसला) रहा होगा। साँझ को 'बासा' में लौटकर संगी- साथियों के नरम- नरम गर्म डैनों के साथ अपना पंख मिलाकर श्रांत देह सो रहा होगा··· हठात् पद्मा ने जरा करवट ली और पेड़ के नीचे की मिट्टी अरराकर धँस गई। नीड़च्युत् पंछी ने हठात् एक मुहूर्त्त के लिए जगकर 'चें' किया, इसके बाद फिर उसको जगना नहीं पड़ा। मैं जब मफस्वल में रहता हूँ—रहस्यमयी प्रकृति के पास, अपने साथ अन्य जीव का प्रभेद अकिंचित्कर उपलब्ध करता हूँ। शहर में 'मनुष्य-समाज' अत्यंत प्रधान हो जाता है। वहाँ वे निष्ठुर रूप से अपने सुख-दुख के सामने अन्य किसी प्राणी के सुख-दुख की गिनती ही नहीं करते··· एक पंछी के सुकोमल पंखों से आवृत स्पंदमान क्षुद्र वक्ष के अंदर जीवन का आनंद कितना प्रबल है, इसे मैं अचेतन भाव से··· भूले थाकते पारि ने···"

## कलाकारों की रिलीफ पार्टी

आज सुबह से ही 'अपने लोग'—स्वजन-सनेही, मित्र और प्रीतिभाजनजन—हमारी सुधि लेने आ रहे हैं। कोई खाली हाथ नहीं आता। एक हाथ में लट्ठ और दूसरे में हमारे लिए कोई-न-कोई आवश्यक सामान··· सभी एक अभूतपूर्व 'मेकअप' में—लुंगी या धोती लपेटे, गंजी पहने। डॉक्टर रामवचन राय आए, तो उनके हाथ में जो लाठी थी वह उनसे भी वजनी रही होगी। मैंने हँसकर कहा था—"आचार्यजी, लाठी में गुण बहुत हैं, सदा राखिए संग। नदि- नाला··"

परेसजी आए, हाथ में बोतल लेकर—"बहुत मुश्किल से एक बोतल 'ऊपर' किया है। आज-भर तो काम चल जाएगा न···?"

बोतल पर 'ब्लैकनाइट' का लेबुल··· हालाँकि काफी मटमैला और बदरंग था। लतिकाजी आतंकित स्वर में बोलीं—"यह··· क्यों··· फिर··· फिर···?"

"जी किरासन तेल !"

एक क्षण पहले ही जिनको मेरा कोई महामद्यप और 'माताल' मित्र समझकर दरवाजे पर से ही विदा करने को सोच रही थीं, लज्जित और पुलकित होकर उन्हें धन्यवाद देने लगीं—"अंदर आइए न··· भीगकर आए हैं। चाय पी लीजिए।"

मैंने लतिकाजी से एकांत में अनुनय किया—"तुम दया करके इनसे यह मत पूछा करो कि दाम कितना लगा। आर्टिस्ट लोग हैं, छोटी-सी बात से ही ठेस लग जाती है इन्हें।"

अभी कुछ देर पहले डाक्टर रामवचन राय एक बड़े झोले में हरी और टटकी सब्जियाँ भरकर ले आए—झिंगुनी, रामतोरई, करेला, परवल, फ्रेंचबीन, हरी मिर्च और चार दूधिया-नाज़ुक मकई के बाल···

लतिकाजी ने औपचारिकतापूर्ण बातों के साथ ही पूछ लिया—"तीन-चार किलो तो जरूर होगा—सब मिलाकर। इतना ढेर क्यों ले आए? ···कितना दाम···?"

मैंने बात को बीच में काटते हुए रामवचनजी से कहा—"असल दिक्कत किरासन तेल की है।"

"तोमार बस एकई कथा—किरासन तेल। नहीं, रामवचनजी, आप किरासन तेल मत लाइएगा। मैं भी अभी निकलूँगी, ले.आऊँगी··· देखिए न, आज सुबह से जो भी आते हैं सबसे बस किरासन तेल की दिक्कत··· मैं तो डरी कि कहीं अपने नए 'जमाय' और 'कुटुंब' को भी किरासन तेल की दिक्कत सुनाकर फरमाइश न कर बैठें।"

परेसजी बैठे ही थे कि डॉक्टर रामवचन राय 'डालडा' के एक नए डिब्बे में किरासन तेल लेकर लौटे। इसके तुरंत बाद ही श्रीमान घायल एक किरासन तेल वेंडर को ही गाड़ी के साथ लेकर प्रकट हुए—"लीजिए, कितना तेल लीजिएगा।" घायल के हाथ में 'फैरेजनी' की दो डबलरोटियाँ थीं—"अशोक राजपथ पर एक दुकान में मिल गईं···"

मित्रों के जाने के बाद लतिकाजी की बेकार की बहस को मैंने समाप्त करने की चेष्टा की—"देखिए, मैं यानी पटना का एक लेखक, अर्थात् कलाकार, बाढ़ से घिरा हुआ हूँ··· एरा आमार जातेर लोक, ··· ये हमारी बिरादरी के लोग हैं—लेखक, कवि, पत्रकार, कथाकार, आर्टिस्ट, अभिनेता—मेरी सुधि लेने आते हैं और मेरे लिए 'रिलीफ' ले आते हैं। मुझे जिस चीज़ की ज़रूरत होती है उनसे बेझिझक कह देता हूँ··· अपने को धन्य मानकर, उनके लाए हुए 'सौगात' को प्रसाद से भी अधिक पवित्र समझकर, निर्विकार चित्त से उपभोग करता हूँ। इसमें लाज-शर्म की बात अथवा 'जग-हँसाई' कहाँ है? हाँ, बेटी के ससुराल से आए हुए फल तथा अन्न को आप निश्चय ही अलग

रख दीजिए।"

सरदारों की रिलीफ़ टोली आज दोपहर में भी रोटी-पानी बाँट गई है। आसपास के मकानों में बसेरा लिए हुए लोग गर्म-गर्म रोटियाँ खाते हुए बतिया रहे हैं—"पूरी से भी ज़्यादा स्वाद है इस रोटी में··· कितना प्रेम से 'बाँट-बखर' करते हैं; न किसी को कम न किसी को ज़्यादा··· बोल रहे थे कि साँझ को भी 'लंगर' आएगा, घबराना मत··· ई 'लंगर' का है हो?"··· "हँ हँ हँ—लंगर नहीं समझा--यही जो खा रहे हो।"

अभी टेलीफ़ोन लाइन ठीक रहती तो कहीं से जाकर सीधे अपने पुराने मित्र सरदार चंद्रमौलेश्वर सिंह को इन संवादों के साथ बधाई दे देता··· चंद्रमौलेश्वर नाम सिख नामावलि में असाधारण, 'अनकॉमन' और अजनबी भले ही हो—सरदार चंद्रमौलेश्वर श्री पटणासाहब गुरुद्वारा प्रबंधक कमेटी के जनरल सेक्रेटरी हैं। पंजाबी सिक्ख नहीं, पूर्णिया के सिक्ख हैं। इसलिए इतना मनोहर नाम है। हाँ, हमारे जिला में पंद्रह-बीस टोलों के ऐसे-ऐसे बड़े गाँव भी हैं जहाँ अचानक पहुँचकर किसी को भ्रम हो सकता है कि हरयाणा अथवा पंजाब के किसी इलाके में आ गया है··· ढोर चराते हुए सिक्ख, खेत गोड़ते हुए सिक्ख, बैलगाड़ी पर सरदार, घोड़े पर—इधर-उधर हर तरफ़ छोटी-बड़ी, रंग-बिरंगी (और बदरंगी भी) पगड़ियोंवाले—छोटे-बड़े सरदार··· गुरु तेगबहादुर ने असम जाते समय यहाँ गंगा पार कर डेरा डाला था और यहाँ के लोगों के बीच 'सतसंग' करके धर्मप्रचार किया था। पाँच धर्मप्रचारकों को वह छोड़कर गए थे। अब तो इस इलाके में दो गुरुद्वारे हैं—उचला में, लक्ष्मीपुर में। बोली, पूर्णिया के गाँव की ही बोलते हैं··· हमारे मित्र सरदार श्री चंद्रमौलेश्वर इसी इलाक़े के एक बड़े गाँव 'उचला' के निवासी हैं तथा तेगबहादुर द्वारा रखे गए पाँच धर्मप्रचारकों में से एक के वंशज हैं। इसलिए गुरुद्वारा पटना साहब की ओर से बँटनेवाली 'रिलीफ़' का थोड़ा श्रेय स्वयं लेता हुआ मैं कहता हूँ—"यह भी समझो कि··· हमारे पूर्णिया के 'परताप' से ही···"

शाम को एक नया दल आया। एक मुहल्ले के कई प्रवासी बंगाली-बिहारी गायक, वादक, लेखक, गीतकार, कवियों ने मिलकर मुहल्ले के घर-घर से 'मुठिया' जमा किया। एक नाव किराए पर ले आए। अपने हाथों से रोटियाँ बेलकर, सेंककर, सब्जी पकाकर बड़े-बड़े 'देग' में ले आए हैं। दूध के चूरे और दवाइयाँ भी हैं···नाव पर खड़े एक युवक की सूरत अतिपरिचित-सी लग रही थी। वह भी मुझे उसी दृष्टि

से देख रहा था और मेरी ही तरह भटक रहा था। मैंने पुकारा—"आलोक? आलोकधन्वा?" वह हँसा। नाव से नीचे उतरकर हमारे फ़्लैट के नीचे आया। उसने दाढ़ी मुड़ा ली है और मेरी दाढ़ी बढ़ गई है, इसलिए...

मैंने फिर लतिका को छेड़ा—"बाहर आकर देखिए, हमारे तरुण कलाकारों की रिलीफ़ पार्टी।"

तरुण कलाकारों की नाव रोटी, सब्ज़ी, दूध, दवा बाँटती हुई चली गई। मैं बहुत देर तक चुपचाप न जाने क्या सब सोचता रहा कि मन फिर कातर होने लगा। किंतु अपनी क़सम की याद करके तुरंत 'चंगा' हो गया।

लतिका देवी अपने सगे, संबंधियों और छात्राओं का हाल-समाचार जानने के लिए निकल पड़ी हैं। मुझसे इस बार इस औपचारिकता का निर्वाह भी नहीं हो सकेगा—मुझे इसका खेद है।

इन दिनों छत पर पहुँचने का अर्थ है 'गाँधी मैदान' पहुँच जाना; मतलब छत पर पहुँचते ही अपार जनता के बीच पहुँच जाना-सा हो जाता है। पहुँचते ही चारों ओर से प्रत्येक फ़्लैट के निवासियों द्वारा संचित, संग्रहीत तथा संपादित समाचार मिलने लग जाते हैं... इंडस्ट्रियल एस्टेट में दरवाज़ा नहीं खुल सकने के कारण एक पूरा परिवार ही... किदवईपुरी में एक स्कूटर पर स्वामी-स्त्री और बच्चे की लाशें—स्वामी स्कूटर का हैंडिल एकदम 'टाइट' होकर पकड़े हुए था... एक लकड़ी के बक्से में दो बच्चे मिले। एक मर चुका था। बक्से के अंदर एक चिट्ठी थी—हम लोग पानी से घिरे हैं। अगर आप लोगों में से किसी को यह बक्सा मिले... अरे साहब, तटबंध को तो 'फलाना' ने उड़ा दिया है... वीमेंस कालेज में क्या हुआ सो मालूम है?

अब मैं ऐसी बातों से नहीं चिढ़ता। मुझे इन लोगों से अब सहानुभूति होने लगी है बेचारे चारों ओर से पानी से घिरे हुए लोग, छत पर आकर कुछ सुन- सुनाकर अपनी 'बोरियत' को दूर कर लेते हैं... संभव है ऐसी विपदा की घड़ी में आदमी थोड़ा बेमतलब और बेसिर- पैर की 'नानसेंस' बोलकर कुछ राहत हासिल करता हो।

किंतु, आज पहुँचते ही एक मतलब की बात की—बोरिंग रोड की ओर से किसी फ़्लैट में आकर टिके हुए एक पटनियाँ- बंगाली नौजवान ने। बोला—"हम लोग अगस्त से लेकर अक्तूबर तक किसी भी स्थानीय समाचारपत्र के दो-तीन कालम को कभी नहीं पढ़ते थे—उत्तर बिहार की बाढ़ के समाचारों के कारण। हर वर्ष नियमपूर्वक आने-वाली हर बाढ़ को पिछले साल की बाढ़ से बढ़कर बताया जाता। किसी तटबंध का टूट जाना और फसल के साथ जान- माल की बर्बादी के समाचारों के कोई प्रभाव हम पर नहीं पड़ते थे। इसीलिए इस बार ऐसा लगता है कि... हे मोर अभागा देश, जादेर कोरेछो अपमान हते हबे तादेर सम्मान..."

उस युवक को इस तरह आवेश में आकर आवेगपूर्ण आवृत्ति करते सुनकर उसकी फूफी या मौसी ने पुकारकर कहा था—"खोकन, की सब जा-ता देश-टेश निए जादेर- तादेर संगे तुई 'आबोल- ताबोल' बले बेड़ाच्छिस ?··· नीचे चल !"

मन में हुआ कि टोकूँ—"की दीदी ?··· आपनि रवि ठाकुरेर कविता के आबोल- ताबोल बलछेन ?" किंतु फिर समझा कि वह 'भद्रमहिला' शायद ठीक ही कह रही है ।

इम्प्रूवमेंट ट्रस्ट के नए मकान की छत पर बाढ़पीड़ितों के कई परिवार एकत्रित होकर वार्त्तालाप कर रहे हैं । ऐसी ही खबरें वहाँ भी प्रसारित-प्रचारित हो रही हैं··· कमला-बलान नदियों के इलाक़े में रहनेवाले एक व्यक्ति ने कहा—"जे दुखे छोड़लहु घोराघाट, से दुख लागले रहल साथ··· जिस दुख के कारण घोराघाट छोड़ा वह दुख साथ लगा ही रहा । कमला-बलान ने गाँव उजाड़ दिया, तो भागकर पटना आए । पटना आए तो—ले बलैया ! पटना में भी वही हाल !"

उसके साथी ने कहा—"पटना में भी वही हाल कैसे ? वहाँ, अपने गाँव में, बाढ़ के समय रहने को तिमंजिला मकान मिलता था ! एँ ! बोलो ! ऐसन नरम-नरम, गरम- गरम रोटी और रसादार तरकारी वहाँ मिलता था ? एँ ? बोलो ?"

"अयँ हो, रेडियो में तो बोलिस है कि होली-कफ्टर से बनल-बनावल, पकल- पकावल खाना गिरावल जाता है । मुदा इधर कहाँ गिराइस है एको दिन ? अयँ हो··· ?"

"सुनते हैं जी ? सरदारजी लोग के 'लंगर' में अभी जो पियाज की चटनी दिया था, ऐसा स्वाद था कि क्या बतावें । कि सच्चो कहते हैं—टोकरियो-भर रोटी हम उत्ती- सी चटनी से खा जाते !"

'धेत्त मर्दे ! टोकरी-भर रोटी खाने का मिजाल है तुम्हारा ?"

शाम को साढ़े सात बजे पटना उर्फ़ फतुहा कैंप-केंद्र ट्यून किया—"अब आप रामरेणु गुप्त से समाचार सुनिए··· !"

तो आज न्यूज़ एडिटर श्री एस. एन. मिश्रा सदल-बल फतुहा कैंप-केंद्र पहुँच गए हैं ? ···रात में दो विशेष प्रसारण की विशेष सूचनाएँ प्रसारित की गई हैं ।

लतिकाजी रात के साढ़े आठ बजे लौट आईं, तो उधर से जितनी ख़बरें लेकर लौटी थीं, उनमें से प्रायः सभी समाचार कुछ हेर-फेर के साथ मैं अपनी छत पर ही सुन चुका था ।

···पानी में 'क्लोरिन' की मात्रा इतनी बढ़ा दी गई है कि चाय, कॉफ़ी, रोटी, दाल सबमें बस एक ही स्वाद । कहते हैं क्लोरिन का दाँत के 'एनामेल' पर बुरा असर होता है !

···कल रात को काले भयावने बादलों को देखकर मुँह से सहसा निकला था और मैंने सिगरेट की डब्बी पर लिख दिया था—"तुम्हीं क्यों बाकी रहोगे आस्माँ !"··· आज उसके नीचे दूसरी पंक्ति लिखकर प्रसन्न हुआ—"तुम ही क्यों बाकी रहोगे आस्माँ ! कहर बरसाकर शहर पर देख लो !"··· कहर 'बरसा' कर या 'बरपा' कर ? नहीं, बरसाकर ही ठीक है ! ···किंतु मुझे संदेह है कि ये पंक्तियाँ मेरी नहीं किसी और शायर की हैं··· दुष्यंत को लिखकर पूछूँ ? बहुत देर तक दुष्यंत की एक ग़ज़ल की कई पंक्तियों को मन-ही-मन दुहराया। फिर शमशेर के शेर की इन दो पंक्तियों को तरन्नुम के साथ गुनगुनाता रहा—"जहाँ में अब तो जितने रोज़ अपना जीना होता है। तुम्हारी चोटें होती हैं, हमारा सीना होता है। जहाँ में अब तो जितने रोज़ ···"

शायद क्लोरिन में अन्य गुण-अवगुण के अलावा शीघ्र सुलाने की भी थोड़ी शक्ति होती है। बिछावन पर लेटा और संभवतः दस मिनट के बाद ही गहरी नींद आ गई।

सुबह साढ़े छह बजे छत पर दौड़-धूप और आपाधापी से नींद खुली··· आकाश में एक साथ कई विमानों की सम्मिलित भनभनाहट··· हाँ ! हाँ ! लगता है इसी में हैं। इसी में··· ? इंडिन एयरफोर्स का प्लेन है न ? तब इसी में हैं !···

उठकर खिड़की पर गया। आज अभी भीड़ कम है। बाहर, भीतर सभी लोग आस्मान की ओर आँखें उठाकर देख रहे हैं। 'एहि में हौ···एहि में हौ ? एहि में··· बीचवाला में··· हमको तो आवाज़ से ही पता लग गया कि यही प्लेन है।'

आकाशवाणी से प्रसारित प्रत्येक बुलेटिन में कल से ही कहा जा रहा है कि सेना के विमान और हेलिकॉप्टरों के द्वारा बाढ़ में फँसे हुए लोगों को सुरक्षित स्थानों में भेजा जा रहा है और पके-पकाए भोजन के पैकेट गिराए जा रहे हैं ! अतः हवाई जहाज़ की आवाज़ सुनते ही सभी की आँखें आकाश की ओर टँग जाती हैं··· कहाँ गिराया कुछ ?

दरवाज़े की कुंडी खड़की··· सुबह साढ़े सात बजे ही पानी हेलकर सुधि लेने कौन 'उदार बंधु' आ गए ? बिछावन छोड़ना ही पड़ा···पास-पड़ोस के ब्लॉक के दो-तीन सज्जन। उनका अधेड़ अगुआ आगे बढ़कर बोला—"आपको थोड़ा कष्ट दिया। माफ़ किया जाए। देखिए, तीन दिन हो गए। अब तक हम लोगों के चारों ब्लाक में एक भी नाव नहीं मिली। सुना है कि 'कलेक्टेरियट' में 'ज्वायंटली' जाकर कहने से नाव मिलती है। तो सोचा कि आपको ही अगुआ बनाकर ले चलें। आपके रहते फिर···"

"मुझे ? अरे··· मेरे लिए तो··· मुश्किल है··· मैं तो इतना लाचार हो गया हूँ···कि," मैं हकलाने लगा।

"क्यों-क्यों ? बीमार-उमार हैं क्या ?"

"मेरा चेहरा देखकर आप कुछ नहीं समझ सके ?"

"हाँ, हाँ। इधर थोड़ा कमज़ोर लग रहे हैं। तो क्या तकलीफ है ?"

साथ में आए हुए नौजवान को मालूम था कि मैं पैप्टिक अलसर का मरीज़ हूँ। उसने कहा, "पैप्टिक अलसर है तो ऑपरेशन क्यों नहीं करवा लेते ?"

"ऑपरेशन नहीं। इसको इंडियन मेडिकल इंस्टिट्यूट, दिल्ली में डॉक्टर आत्मप्रकाश के द्वारा 'फ्रीज़' करवाना है।"

"यह फ्रीज़ क्या होता है ?"

"होता है···"

"माफ किया जाए। आपको कष्ट दिया।"

"साला, मिथ्येवादी, बेइमान जोच्चोर··· झूठा। भाग यहाँ से।" कमरे के कोने से मुझ पर दनादन गालियाँ दागी गईं। ऐसी गालियाँ सुनकर मन प्रसन्न हो जाता है··· तो ठाकुर प्रसन्न है !

"तुम तो जानते हो ठाकुर, मैंने एक शब्द भी झूठ नहीं कहा। मैंने यह भी नहीं कहा कि पेप्टिक अलसर के कारण उनके साथ जाने में असमर्थ हूँ··· अब तुम ही बताओ न, नाव लेकर मैं क्या करता, अथवा वे ही क्या करेंगे ? उधर सारा पच्छिमी पटना अगम पानी में है—आप छाती-भर पानी में ही हैं। कहीं डुबाव पानी तो है नहीं। कहीं से एक नाव मिल भी गई तो रोज़ आपस में ही सिर-फुटौवल···"

सुबह आठ बजे का समाचार सुनकर ही समझा कि लोग आज सुबह साढ़े छः बजे आकाश की ओर हवाई जहाज़ को क्यों देख रहे थे। केंद्रीय खाद्यमंत्री के बाद स्वयं प्रधानमंत्री हवाई सर्वेक्षण करने के लिए (आई थीं) आए थे।

आज पानी घटा है। अविराम बहती हुई धारा की गति और भी मंद हुई है। बाढ़ के जल में अब एक विचित्र-सी महक आ गई है··· आज एक भी नहानेवाला नहीं, कहीं भी। पानी में नहाते हुए ऊधमी लड़कों ने कई दिनों से जी को काफी कुढ़ाया था। आज वे नहीं हैं, तो लगता है कहीं ज़िंदगी है ही नहीं··· जलप्रलय में भी वे जलकेलि करते रहे। रोग के कीड़ों की पर्वाह किए बिना राजेंद्रनगर गोलंबर के गोल पार्क के चारों ओर 'तेज़ गति से चक्कर मारनेवाली' इस अभूतपूर्व 'नई नदी' में नहानेवाले लड़के सब आज कहाँ चले गए ?

एक नाव से मेडिकल स्वयंसेवकों की टोली एलान कर रही है—"भाइयो ! बाढ़ के कारण पटना नगर में तरह-तरह के संक्रामक रोगों के फैलने की आशंका है। आपके

दरवाज़े पर हमारे स्वयंसेवक टीका लगाने पहुँच रहे हैं। कृपया, फौरन टायफायड तथा हैज़े का टीका ले लें।"

एलान सुनकर मन में तुरंत सवाल उठा—'इतनी दवाइयाँ अभी मौजूद होंगी ? अथवा··· बाहर से आनेवाली दवाओं के समाचार के आधार पर··· ?'

रेडियो से बिहार के बाढ़पीड़ितों के लिए 'दान' मिलने के समाचार निरंतर आ रहे हैं··· रोटियाँ, दूध के चूरे, पके-पकाए भोजन, विटामिन की गोलियाँ, दवाइयाँ, रुपए—अनाज···"

रात में छत पर सुना—कल हम लोगों के इलाके पर—राजेंद्रनगर-लोहानीपुर में हेलिकॉप्टर से खाने के लिए सामान गिराए जाएँगे।··· कल दिल्ली से और भी कई बड़े मंत्री आ रहे हैं··· सेना ने पटना शहर को बचाने का काम अपने हाथ में ले लिया है। आर्मी के जवानों ने बचाव-कार्य शुरू कर दिया है··· राजेंद्रनगर में कल खाद्यसामग्री गिराए जाने की बात एकदम पक्की है। देख लीजिएगा।

और सचमुच दूसरे दिन सुबह सात बजे से ही राजेंद्रनगर में 'एयर-ड्रापिंग' का काम शुरू हो गया।

···आकाश में एक दैत्याकार आँखफोड़वा-टिड्डा जैसा भूरे रंग का फौजी हेलिकॉप्टर, साइरन की तरह अविराम पतली सीटी-सी बजाता हुआ, घोर गर्जन करता हुआ, छतों पर धूल का घूर्णिचक्र उड़ाता, 'लो-फ्लाइंग' करके धीरे-धीरे नीचे की ओर आता है। 'थुथने' को तनिक आगे की ओर झुकाकर, पूँछ ऊपर किया··· । गरगराहट और भी तेज़ हो गई और लो··· लो··· वह गिरा··· बड़ा बक्सा है··· कार्डबोर्ड का बक्सा··· हा- हा···

'सीं-ई-ई-ई-ई··· गरगरगरगरगरगर···गुड़र गुड़र गुड़र···सीं-ई-ई-ई-ई- गरगरगर-गरगर—एक और आ गया उधर से··· उस छत पर एक बक्सा फिर गिरा। एक नहीं, दो ?'···सिं-ई-ई-ई—गरगरगरगर··· इस छत पर भी गिरेगा, अपने छत पर भी गिरेगा··· सिंई-ई-ई पाइलट सिख नौजवान है, हँस रहा है··· ए, देखो । होशियार ! बच्चों को पकड़ो। उड़ जाएँगे··· वह चटाई उड़ी··· साड़ी-ब्लाउज- तौलिया सब उड़ा··· सींई-ई गरगरगरगरगर··· गिरा, गिरा···

निश्चय ही उनके पास मूवी कैमरा होगा। उनके पास—अर्थात् हेलिकॉप्टर पर जो लोग बैठे हैं।··· कैसे लगते होंगे ऊपर से हर छतों के दृश्य··· सभी मकान के मुँडेर पर औरत- मर्द- बच्चे, इधर से उधर दौड़ रहे हैं, ऊपर की ओर हाथ पसारे। एक-दूसरे को धकेलते, गिरते-पड़ते लोगों के झुंड, हर मकान के छत पर··· ?

··· सीं-ई-ई-ई-ई-ई-गरगरगरगर-गुड़र-गुड़र-गुड़र—अपने छत पर कोई लाल फ़्लैग नहीं ? लाल फ़्लैग दिखलाओ··· यहाँ भी गिराओ··· ओ मिस्टर पाइलट—ऑन दिस रूफ··· पाइलट साहेब, इधर भी··· इधर भी··· अरे यहाँ कुछ बिछा दो—सिगनल दो,

यहाँ गिरावेगा`` यहाँ-यहाँ`` ए, पाइलट साहेब, सर्दारजी—ई`` गिराइए`` गिराइए``ए, लाल 'फ्लैगिंग' करो`` सीं-ई-ई-ई-ई-ई-गरगरगरगर—गुड़रगुड़रगुड़र`` यहाँ`` इस छत पर क्यों नहीं गिरता ?``` सीं-ई-ई-ई-ई-ई। गरगरगरगरगर``

[दिनमान/12 अक्तूबर, 1975]

## मानुष बने रहो

पानी की धारा एकदम मंद हो गई। पानी का रंग धारा की गति के साथ ही धीरे-धीरे बदल रहा है। बहाव बंद होते ही पानी का रंग कुछ ही घंटों में हरा हो जाएगा। पानी पर हरे रंग की पपड़ी जम जाएगी और हवा में सूखी मछली की गंध जैसी 'बिसाइन' महक।

आज कई स्थानीय दैनिक पत्रों ने एक पन्ने का 'अंक' निकाला है। पत्रकार मित्र सूर्यनारायण चौधरी कई हिंदी-अंग्रेजी अखबार लेकर आए। डेढ़ पृष्ठों में टेंडर, वांटेड, विश्वविद्यालयों तथा अन्य सरकारी-अर्धसरकारी संस्थानों की विशेष विज्ञप्तियाँ। बाकी में पटना की बाढ़ के सचित्र समाचारों के बीच-बीच में यत्र-तत्र 'बॉक्स न्यूज' : दिल्ली से इतने हजार किलोग्राम मॉडर्न रोटी आ रही है। दिल्लीवालों के दैनिक राशन में रोटी की कटौती : विदेश से 'केक' और 'चीज़' भी : आगरे के पेठे : कलकत्ते से भी रोटियाँ : प्राण-रक्षक दवाइयाँ और कपड़े।

अखबार पढ़ने के बाद बात समझ में आई कि क्यों कुछ देर पहले छत पर भाईसाहब इतने उत्तेजित, असंतुष्ट और क्रुद्ध थे। निश्चय ही उन्होंने आज का अखबार पहले ही पढ़ लिया था। हमारी छत पर हेलिकॉप्टर से पाँच पैकेट जो गिरे थे उनमें से तीन, भाईसाहब तथा उनके परिवार और सगे-संबंधियों के हाथ लगे थे और तीनों में बस चिउरा, भुने चने, पॉप कार्न और दालमोठ ! बाकी दो पैकेट में भी यही चीजें थीं। भाईसाहब के मुँह से, घुले हुए पान की जाफरानी पीक की गुड़गुड़ाहट के साथ लानत-भरी आवाज निकली—"क्या तमाशा है !" फिर, पीक थूककर चालू हो गए—"एज़ इफ वी आर लेबरर`` तमाशा है`` दिल्ली का ब्रेड कहाँ है ? बतलाइए। बटर, केक, 'चीज़' कुछ भी नहीं, सिर्फ चूड़ा-चना-फरही ? ```बोरिंग रोड, कृष्णपुरी या पाटलिपुत्र कालोनी की बात छोड़िए—यहीं, अभी, राजेंद्रनगर में ही कंट्राक्टर, फलाने प्रसाद सिंह के एरिया में जो पैकेट गिराए गए हैं सबमें 'ए-वन' चीज़ें—मतलब, ब्रेड-बटर-चीज़ सबकुछ—और हम लोगों की छत पर सिर्फ़ ये 'रॉटन' चबेने ? बोलिए, इसका क्या जवाब है ? एँ ?```

खुद, सरकारी रेडियो बोलता है कि 'राजेंद्रनगर इज़ ए पाश एरिया—' आलीशान इलाका है राजेंद्रनगर और वहाँ गिराई जाती हैं··· दिस इज़ शीयर पार्सियालिटी··· नहीं तो और क्या··· अरे साहब, खा गया—खा गया, सब खा गया···"

"जो कुछ मिला है आप भी चबा लीजिए। वरना···"

"वरना, क्या···?"

"वरना, नरम हो जाने पर कुरमुराहट नहीं···"

"हुँह ! चबा लीजिए ?··· आई एम नाइदर ए विलेजर नार ए लेबरर, ऑर ए बेगर···" मेरे मुँह पर अपनी मुँहतोड़ अंग्रेजी में 'रिटर्न शॉट' मारकर भाईसाहब का क्रोध तत्काल कुछ कम हो गया। अपनी एक 'केलिकुंजिका'* से उन्होंने कहा—"पैकेट ले जाओ और उधर 'झोंपड़-पट्टी' से जो लोग आए हुए हैं उन लोगों को 'डिस्ट्रिब्यूट' कर दो··· खा गया, सब खा गया···!!"

बाकी दो पैकेट पानेवालों ने अपनी छत पर उपस्थित लोगों के बीच 'भाग बँटवारा' कर लिया था। चूड़ा और दालमोठ चबाता हुआ प्रोफेसर साहब का नौकर कहता है—"चूड़ा बहुत 'फाइन' है और दालमोठ एकदम पियोर पोस्टमैन में छाना है···"

भाईसाहब नीचे गए तो मेरे पास एक दूसरे सज्जन सरककर आ गए। नम्र और दबी हुई आवाज़ में (फुसफुसाहट में) उनकी शिकायत थी : 'उधर प्लास्टिक के बड़े- बड़े 'कैन'··· हाँ, इतने बड़े कि उसमें करीब चार घड़े पानी तो ज़रूर··· एकदम मिल्की व्हाइटकैन के मुँह पर टाइट किया हुआ जेट ब्लैक कैप··· लवली··· मैंने कल खुद अपनी आँखों से देखा है। हेलिकॉप्टर से गाँधी मैदान में पानी पर 'थपाथप' गिराया गया, वहाँ से आर्मी का आदमी बटोरकर नाव पर लेकर वेस्ट पटना की ओर चले गए··· मानता हूँ कि हम लोगों के एरिया में पीने के पानी की कमी नहीं है लेकिन, कैन···?"

"उस छत पर अभी ही एक लाल फ्लास्क—छोटा—गिराया है।"

"उधर, लोहानीपुर की एक छत पर कपड़े का बंडल भी गिरा है··· शायद, गलती से गिर पड़ा है।"

"एयर ड्रापिंग दो तरीके से करते देखा। एक, मुँह की ओर से—पाइलट के बगल में बैठकर, दूसरा—दुम की ओर से। मुँह की ओर से गिरानेवाला, पैकेट गिराते समय दुम ऊपर की ओर उठाकर, मुँह नीचे की ओर झुका लेता है··· और दुम की ओर से गिराने वाला सिर ऊपर की ओर उठा लेता है··· कभी-कभी इतना करीब आ जाता है

*दस साल पहले दिल्ली में, अपनी पत्नी की छोटी बहन का परिचय देते हुए डॉ. सुरेश अवस्थी ने किसी संस्कृत कोष का हवाला देकर अर्थ सहित यह शब्द बताया था। उन्होंने 'सिरियसली' कहा था या दिल्लगी में, नहीं कह सकता, किंतु तब से मैं इस शब्द को भद्रतापूर्वक व्यवहार में लाता हूँ।

कि उस छत पर लगा कि एक आदमी को हाथों-हाथ पैकेट दे दिया··· धन्न है।"

अभी रेडियो से एक आवश्यक सूचना प्रसारित करके लोगों को सावधान किया गया है : 'कृपया अपनी छतों पर ऐसे सामान नहीं रखें जो उड़ सकते हों। हेलिकॉप्टर जब आपकी छत के ऊपर पहुँचे तो उस समय कपड़े, चटाई, किताबें वगैरह हटा लें, और छोटे बच्चों को भी···'

छोटे बच्चे ही क्यों, हेलिकॉप्टर के बवंडर में पड़कर क्षीणकाय अल्पप्राण बड़े-बूढ़े भी उड़ जा सकते हैं··· और औरतों को चाहिए कि हेलिकॉप्टर के नीचे जाने के पहले दक्षिणी ढंग से साड़ी पहन लें। नहीं तो, जैसा कि अभी देखा—सारी बिच नारी है कि नारी बिच सारी है कि सारी है कि नारी है कि··· खाली बस नारी है।

कुंडी खड़की··· मेडिकल कालेज के बस तीन-चार विद्यार्थी हाथ में स्टील के छोटे-छोटे बक्स लेकर खड़े हैं—'हैजे की सूई'। मेडिको वालेंटियर की टोली को 'गाइड' कर रहा है, हमारे ब्लाक का किशोर टोमेटो। बेचारा थोड़ा तुतलाता है और उत्तेजना अथवा उत्साह में तुतलाहट बहुत बढ़ जाती है। हमारे ब्लाक के रविजी तो मेडिकल स्क्वाड के साथ ही हैं। "भाई, वह हैज़े और टाइफाइड दोनों एक ही साथवाली दवा नहीं है ? क्या नाम है उसका ? टी. ए··· ? सिर्फ़ हैजे की सूई ? तब तो दो बार ?··· लगा दो दाहिने हाथ के बाँह पर ही। अब मेरे दाएँ और बाएँ हाथ में कोई फर्क नहीं··· इतनी बार सूई ली है, फिर भी सूई देखकर तनिक घबरा ही जाता हूँ। और हैजे की सूई का दर्द बाढ़ में इतना बढ़ जाता है कि··· बस, धन्यवाद···!!"

मेडिको-वालेंटियर ने बुखार की गोलियाँ, आँख में डालनेवाली दवा और बोरिक पाउडर की पुड़िया दी··· जियो । सुखी रहो !!

पास के ही एक फ्लैट के सभी निवासी, जो अब तक बाहर खड़े हँस-बोल रहे थे, अचानक अंदर चले गए। फ्लैट एकदम निःशब्द ! टोमेटो ने कुंडी खड़काई। अभिभावक ने दरवाज़े पर प्रकट होकर ऐसी मुखमुद्रा बनाई मानो पूजा का चंदा माँगनेवाले लड़कों से निबटना है—"क्या है ? हैज़े की सूई ? हम लोग तो ताजा-ताजा गरम-गरम खाते हैं। बासी चीज़ें नहीं खाते। सूई लेने की क्या ज़रूरत ?"

टोमेटो हकलाता है। किंतु, कभी-कभी मौक़े पर वाजिब जवाब देते समय उसकी बोली ज़रा भी नहीं अटकती। उसने कहा—"एक आप ही लोग ताज़ा और गरम खाते हैं, बाकी सभी लोग बासी, ठंडा और सड़ा-गला खाना खाते हैं, क्यों ?"

दरवाज़ा सशब्द बंद हो गया। सीढ़ियों से उतरते समय एक लड़का बोला—"असल बात कुछ और है। हम लोगों के साथ कोई लेडी स्टूडेंट नहीं है न।

और इस फ्लैट में सब मिलाकर ज़्यादा···"

"लेडी स्टूडेंट नहीं। कल से बी. एस. एफ. के जवान रहेंगे साथ। तब देखना कि बिना चीं-चपड़ किए किस तरह···" शायद, रविजी बोल रहे थे।

अपने ब्लाक के, एक 'हीरा लड़का'—रंजन की याद आती है। स्वस्थ, सुंदर, सभ्य और उत्साही। राजीव रंजन। अभी रहता तो निश्चय ही अपने साथियों का अगुआ होता। ढाई महीना पहले मोटर-दुर्घटना में उसकी मृत्यु हो गई···

"आ रहा है। हेलिकॉप्टर फिर आ रहा है।"

हमारी पूसी बिल्ली सुबह से ही आतंकित है। हेलिकॉप्टर जब तक हमारे ब्लाक के ऊपर मँडराता रहा, वह अपने नवजात बच्चों को मुँह में लेकर, इस कमरे से उस कमरे में सुरक्षित स्थान में पहुँचाती रही। उसके बाद से हवाई जहाज़ की भनभनाहट सुनते ही वह दौड़कर अपने बच्चों के पास चली जाती है। मैं उसको डराने के लिए बीच-बीच में कहता हूँ—"आ रहा है हेलिकॉप्टर।" और वह दौड़कर अपने चार दिन के बच्चों के पास पहुँच जाती है।

··· आ रहा है। सचमुच, फिर आ रहा है। अब, शायद दोपहर का भोजन—लंच—देने आ रहा है। बिहटा से नहीं, पटना कालेज के मैदान में हेलिपेड बनाया गया है। वहीं से हेलिकॉप्टर में सारे पैकेट 'लोड' किए जाते हैं, यहाँ का मेला अब वहाँ चला गया है। हेलिकॉप्टर को उड़ते और धरती पर उतरते देखने के लिए हमेशा जनसमुद्र उमड़ा रहता है। वहाँ गेट पर कड़ा पहरा है, इसके बावजूद··· 'आ गया। चलो छत पर। एक भी बाहरी आदमी को अपने ब्लाक की छत पर मत रहने देना··· कोई लाल कपड़ा ले लिया है न ? आ गया। ए ! इस बार चिल्लाओ मत। ऐसी जोर की गरगराहट में चिल्लाने से क्या फायदा ? हाथ के इशारे से बताओ—हम भूखे हैं, प्यासे हैं।'

पॉश एरिया—आलीशान इलाके की सभी आलीशान इमारतों की छतों पर नर-नारियों की भीड़। धोती-लुंगी-पैंट-अंडरवियर-जाँघिया-साड़ी-बेलबाटम-फ्रॉक-सलवार-मेक्सी-मिनी में झुंड-मुंड !! एक साथ दौड़ते, कभी इधर कभी उधर। सभी के दोनों हाथ ऊपर आसमान की ओर उठे हुए अथवा हेलिकॉप्टर को अपनी छत की ओर बुलाते हुए, इशारा बताते—लाल झंडियाँ हिलाते हुए।

"··· सीं-ई-ई-ई-गरगरगरगर-गुड़रगुड़र··· आ गया, अपने छत पर भी आ गया। अरे रे ! फिर कपड़े-कागज़-पत्तर-सूखे पत्ते उड़े··· गिरा ! गिरा ! इस बार तो पैकेट की वर्षा हो रही है। बगल हो जाओ। गिरा, गिरा। क्या है ? लोफ, लोफ···डबल रोटी गिर रही है इस बार··· दौड़ के। लपक लो। हट जाओ। मेरा है मैंने लूटा।

इधर कहाँ ?··· वाह ! बहादुर लड़की है··· बहादुर नहीं, लुटारू ललना । फिर आएगा । तैयार रहो···

सुबह से ही, जब पहली बार पैकेट गिराए जा रहे थे, तभी से 'एयरड्रापिंग' के इस अभूतपूर्व दृश्य के 'बैक ग्राउंड' में एक फ़िल्मी रिकार्ड बजाने का मन कर रहा है । किस फ़िल्म का वह गाना है, नहीं जानता । किंतु 'मुखड़ा' से लेकर ताल और बोल सब एकदम फिट । अगर मेरे पास रिकार्ड प्लेयर होता और वह रिकार्ड होता तो हर बार एयरड्रापिंग के समय छत पर निश्चय ही बजाना शुरू कर देता ।

चूँकि, मेरे पास कुछ भी नहीं । इसलिए पैकेट गिराते समय मेरे मन में वह गाना मय म्यूजिक और मुखड़े के—कुछ नए 'बोल' लेकर बजता रहता है । सीं-ई-ई-ई-ई—गरगरगरगर—गुड़रगुड़रगुड़र—आ गया जी आ गया । गिरा गिरा गिरा··· लूट- लूट लूट ले··· ए पायलट साहेब··· पैं-पैं-पैं पपम पपम में-ए-ए-खाना मिलेगा, पीना मिलेगा, भैया की शादी है सबकुछ मिलेगा, खाओ मेरे यार, पीओ मेरे यार ! लूटो मेरे यार, मीटो मेरे यार··· पैं पैं पैं पपम पपम पैं-ए-ए-पायलट साहेब, इधर भी गिराइए । ज़रा रहम खाइए, यों ना दौड़ाइए । पानी भी पिलाइए । फ्लास्क भी गिराइए । इधर- इधर- इधर गिरा, उधर- उधर-उधर गिरा । क्या-क्या गिरा, क्या-क्या लूटा । एँ··· ये··· चूड़ा-चना- दालमोंठ ? छोड़ो नहीं यार, फाँको मेरे यार ! जो भी गिरे लूट ले, जो भी मिले ठूँस ले । महँगा है फोकट का माल··· पैं पैं··· पैं पपम पपम पैं-एँ···

''अरे ? तुम यहाँ बैठे हो । ऊपर छत पर जाकर देखो···''

''पाँवरुटिर वृष्टि होच्छे''—लतिका हड़बड़ाती हुई आई ।

''सिर्फ़ पाव रोटी या उसके साथ और भी कुछ ?''

''पोलिथिन पेपर के बड़े- बड़े पैकेट गिराए जा रहे हैं । पता नहीं उनमें और क्या-क्या है ।''

दिल्ली की—कलकत्ते की रोटी, आस्ट्रेलियन मक्खन, यू. के. का केक, चीज़ और आगरे के पेठे ? मेरी रसना अचानक रसवंती ही नहीं—बाढ़ आ गई मुँह में । बिना चप्पल के ही छत पर दौड़ा । किंतु पहुँचते ही हेलिकॉप्टर के बवंडर ने मेरे सिर पर, बाल- आँख- कान, मुँह में टोकरी- भर धूल झोंक दिया । पनिआयी हुई जीभ अचानक सूखकर काठ जैसी हो गई । छत के एक कोने में दीवार के सहारे खड़ा होकर धूल झाड़ रहा था, आँखें मल रहा था कि एक उछलती-कूदती किशोरी-सी दीखनेवाली कन्या ने मेरे हाथ में एक थैला थमहाते हुए कहा—''यहाँ इस तरह खड़ा रहिएगा तो कुछ भी नहीं मिलेगा । लीजिए ।''

'माल' से भरा थैला लेकर नीचे उतर आया । लतिकाजी के आगे यह आसमानी तोहफा

डालकर सीधे नहाने के घर में घुसा··· मेरी देह के प्रत्येक लोमकूप में धूल के कण समा गए थे और सारे शरीर में खुजली और जलन हो रही थी। ऊपर की छत पर कुहराम और हाय- तोबा जारी था—"लेकिन, मॉडर्न का ब्रेड कहाँ है ? यह तो लोकल अन्नपूर्णा है··· दिल्लीवाली रोटी नहीं गिराई ? बटर-केक-चीज़ कुछ भी नहीं ? पेठा भी नहीं ?··· तमाशा है ! ब्रेकफास्ट के समय इधर चना-चबेना और अभी लंच में भुआई हुई फफूँद लगी लोकल लोफ··· असल माल सब उधर ही··· खा गया ! सब खा गया !"

दरवाज़े पर आकर एक 'भद्र स्त्री' भाषण देने लगी—"यह तो गरीबों को बाँटने के लिए गिराया जा रहा है। हम लोगों ने सुबहवाला सब सामान बाँट दिया है और अभी भी जितना मिला है, सब गरीबों को दे देंगे।"

लतिका कह रही थी—"हम लोग भी बाँट देंगे। रिक्शेवाले हैं, दाई हैं।"

किंतु, वह भद्र स्त्री कहती जा रही थी—'दाई और रिक्शावाले गरीब थोड़ो हैं। हम लोग उधर जाकर··· "

मैं बाथरूम में नहाता हुआ ठंडे दिमाग से सबकुछ समझ रहा था··· बात यह हुई होगी कि इनकी छोटी बहन ने कहा होगा कि एक थैला 'तीस नंबर' को दे दिया। इस पर परिवार के सभी उसकी मूर्खता पर नाराज़ हुए होंगे और उनको विश्वास हो गया होगा कि तीस नंबर को जो थैला दिया गया है, उसी में सब 'असल माल'—मॉडर्न ब्रेड, बटर, केक, चीज़ और पेठे···

"आपसे यह किसने कह दिया कि हम गरीब नहीं हैं ?" मैं बाथरूम से बाहर निकलकर बोला।

हमने दरवाज़ा बंद ही किया था कि दस्तक पड़ी। खोलकर देखा, इम्प्रूवमेंट ट्रस्ट के नए मकान के बाढ़पीड़ितों का एक छोटा-सा जत्था—चार-पाँच छोटे-छोटे लड़के- लड़कियाँ और दो-तीन मर्द, एक औरत—"बाबू ! मालूम हुआ है कि हजूर एक झोला भरकर रोटी लूटे हैं··· बच्चा सब भूखल है।"

यह पूछने की ज़रूरत नहीं समझी कि कहाँ और किससे मालूम हुआ है। थैला उनके सिपुर्द कर दिया। जत्थे के अगुआ ने रोटियों को गिनकर कहा—"बस ? ई तो छवे गो है। मालूम हुआ कि···"

उस दिन साँझ तक हर दस-पंद्रह मिनट के बाद दरवाज़े की कुंडी खटखटाती रही—"बाबू ! सुना कि आपको एक बोरा रोटी और विलायती गुलगुला और दूध का पौडर हाथ 'लगल' है··· अरे हजुर बाबू साहब ! आप लोगों को भगवानजी बहुत दिया है··· 'कोनों' चीज़ का 'कम्मी' है ? थोड़ा 'गरीबों' का खियाल करिए··· एक तो गिरानेवाला एक 'चश्मखोर' कि जहाँ पर गिराना चाहिए वहाँ नहीं गिराया तिस पर आप लोग 'बाबू भैया' होकर ऐसा 'गरीब मार' करिएगा तो··· गरीबन के हक··· भला

उतना बड़ा थैला में 6वें गो रोटी होगा··· खाली रोटिए होगा भला···?"
"भद्र स्त्री ने अच्छी सजा दी !"

दो दिन तक सुबह से शाम तक तीन-चार बार दो-दो हेलिकॉप्टर हमारे गोलंबर के ऊपर 'लो फ्लाइंग' करके रिलीफ बरसाते रहे। उनकी गरगराहट-मनमनाहट की प्रतिध्वनियाँ, छत पर (सिर पर) 'भूत-नृत्य' करते हुए लोगों का कुहराम···उनकी धमाचौकड़ी सहते-सहते अनायास ही तन पत्थर का तथा मन 'संत' का हो गया है।

एक ओर, गुरु- गौरव गर्जन के साथ ऊपर से करुणा और दया बरसाई जा रही है, दूसरी ओर स्वयंसेवी संस्थाएँ चुपचाप ट्रकों, नावों और ठेलों पर खिचड़ी, चावल, रोटी, दूध, नमक, पानी, मोमबत्ती, दियासलाई, कपड़े और दवाइयाँ—स्लम तथा गरीब मुहल्लों में बाँट रही हैं।

रोज़-रोज़ कोई-न-कोई नई राहत की घोषणा होती रहती है। प्रत्येक 'कार्ड होल्डर' को पाँच किलो गेहूँ मुफ्त : रिक्शाचालकों को भी। पाँच किलो अनाज मुफ्त में मिलेगा। सरकारी कर्मचारियों को पंद्रह दिनों का वेतन अग्रिम मिलेगा। सिर्फ पंद्रह ही दिनों का नहीं··· पुनर्विचार के बाद फैसला लिया गया है। एक महीने का वेतन बतौर अग्रिम मिलेगा, जिसका भुगतान बाद में धीरे-धीरे किया जा सकेगा। सेना के सभी अंग राहत में लगे हुए हैं। जलसेना (नेवी) को भी सतर्क और तैयार रहने का आदेश दिया गया है। बी. एस. एफ. के जवान डॉक्टरों को लेकर संक्रामक रोगों से बचने के लिए लोगों को टीके···! और एम्फिबियन (मेढ़क गाड़ी) आ रही है जो जल और थल में समान रूप से दौड़ेगी···

पानी का बहाव बंद होने के बाद सड़ाँध के साथ 'ब्लिचिंग-पाउडर' की उत्कट गंध से हवा बोझिल रहती है। किंतु, मेरी पंचेंद्रियों में से अधिकांश शिथिल हो गई हैं। इसलिए, किसी तरह का कष्ट नहीं हो रहा।

ऐसी ही मनःस्थिति में—पता नहीं क्यों—सेल्फ से 'परती : परिकथा' निकालकर ले आता हूँ। थोड़ी देर, पृष्ठों को उलट-पलटकर पढ़ने की चेष्टा करता हूँ। पढ़ता हूँ—"कोनार नदी के किनारे—डैम साइट पर, एक विशाल 'क्रेन' की छाया में बैठते हुए कहा था जीत ने—न जाने कोसी का काम कब शुरू हो··· यह मेरा इलाका है। कोसी- कवलित अंचल। जहाँ हर साल लाखों प्राणियों की बलि लेती है कोसी महारानी···

"जितेंद्र ने इरावती से कहा था—'आपका दुख मैं समझता हूँ। अनुभव करता

हूँ, आपके यहाँ की नदियों में खून की बाढ़ आई थी। एक अंधवेग, एक पागलपन, एक जनून। रक्त की धाराएँ बहीं··· सिर्फ बाढ़ ही नहीं, दावानल भी। भयंकर लपटें उठानेवाला। सबकुछ जल गया। धन-संपत्ति, कला-कौशल। मैं उसकी भीषणता की कल्पना कर सकता हूँ और आप भी कल्पना कीजिए उस भूभाग की। डायन कोसी के सुफेद बलुवाही आँचल पर बिखरे लाखों नए नर-कंकालों की कल्पना से आप डर तो नहीं जाएँगी ?····'

''इरावती का सपना : उसका प्यार फिर पनप रहा है। इंसान सिर्फ कत्ल और बलात्कार ही नहीं करता। इंसान गढ़ भी सकता है। गढ़ रहा है। बना रहा है। रचना कर रहा है—समाज के लिए, अवाम के लिए। वीरान को बसाने के लिए, बंध्या धरती को शस्य-श्यामला बनाने के लिए ?···

''समाज को मानवीय और मनुष्य को सामाजिक बनाना ही मुक्ति का एकमात्र पंथ है···हमारी मिट्टी में सांस्कृतिक सोना फल सकता है··· प्राण नहीं, अनुभूति नहीं। अब मनुष्य को यंत्र चला रहा है···टेक्नालोजी के युग में हम लोग जीवन-उपभोग का मूल तकनीक ही खो बैठे हैं····''

'परती : परिकथा' की इन पंक्तियों को रेखांकित करके रख देता हूँ। फिर 'जुलूस' निकाल लाता हूँ। अंतिम पृष्ठ की अंतिम पंक्तियों को पढ़ता हूँ : 'मैं एक विशाल परिवार की बेटी हूँ··· इन आत्मीय स्वजनों के बीच पारस्परिक सहानुभूति और सहयोगिता फिर से पनपाऊँगी··· मैं अपनी सत्ता को इस समाज में विलीन कर रही हूँ—लोक संस्कृतिमूलक समाज के गठन के लिए···!!'

'कलर बक्स' उठाकर लाता हूँ। कूची से 'परती : परिकथा' तथा 'जुलूस' की चिह्नित पंक्तियों पर गहरा काला रंग पोतकर भी संतोष नहीं होता। मन में जमी हुई अशांति पिघलती नहीं। तब दियासलाई की एक सलाई जलाकर इन पृष्ठों को छुलाता हूँ। अचानक़, कोने में बैठे देवता चिल्ला उठते हैं—''ए-ए-ए-ए की होच्छे ? यह क्या हो रहा है ? तेरा दिमाग खराब हो गया है क्या ?''

फूट-फूटकर रोता हुआ कहता हूँ—''ठाकुर ! तुम तो जानते हो—जितनी अगाध आस्था, अटूट विश्वास और दृढ़ निष्ठा के साथ मैंने ये पंक्तियाँ लिखी थीं। इन चरित्रों के निर्माण के लिए मैंने अपने हृदय का कितना रक्त··· !''

''साला ! गाँजाखोर, अहंकारी ! बोल, तुमने लिखी थीं ये पंक्तियाँ··· ? ···मैं-मैं-मैं करके तभी से बकरे की तरह मेंमिया रहा है और औरतों की तरह रो रहा है ? तुमने लिखी थीं···?''

होश में आया—''नहीं ठाकुर ! मैं कौन होता हूँ लिखनेवाला—चरित्र गढ़नेवाला ? तुमने जो भी, जैसा भी लिखवाया—लिखता गया।''

"तो, फिर अपने मन से इन पंक्तियों पर कालिख क्यों पोत दिया ? आग क्यों लगा रहा था ? और कालिख पोतने से, आग लगाने से क्या 'अक्षर' मिट जाएँगे ? ··· मैंने मानुष की क्या परिभाषा दी है ? याद है ?"

"जिसको अपने मान का होश हो—वह 'मानुष'···"

"तब ? हमेशा अपने मान का होश रखो। मानुष बने रहो। रोने से कुछ नहीं होगा। यों माडर्न की रोटी और विलायती गुलगुला तुम नहीं लूट सके, इसका दुख मुझे भी है।"—ठाकुर हँसे—"अब ज़रा बाहर निकलकर खोजो। कहीं मिल ही जाए।"

मन का अवसाद दूर हो गया। किताबों को सिर से छुलाकर सेल्फ में रख दिया।

उस दिन सुबह। 'हिंदुस्तान स्टैंडर्ड' के प्रतिनिधि जनार्दन ठाकुर आए। जनार्दनजी अंग्रेजी के पत्रकार हैं। लेकिन, मुझसे हमेशी मैथिली में बोलते हैं। आते ही बोले—"हमर किछु प्रश्न अछि—बाढ़क संबंध में···"

"बाढ़क संबंध में ?···मुझसे इस बाढ़ का क्या संबंध ?"

"संबंध है।"

"जनार्दनजी ! दया करके बाढ़ के बारे में कोई चर्चा नहीं। बाढ़ की बातें भी अब गँधाने लगी हैं।"

उन्होंने मेरी बात को अनसुनी करके पूछा—"पटना का क्या भविष्य है अर्थात भविष्य क्या होगा !···हाँ, मैं जानता हूँ कि आप कोई भविष्यज्ञाता ज्योतिषी नहीं, रचनाकार हैं।" जनार्दनजी का मुखमंडल गंभीर था।

मैं कुछ देर चुप रहा। फिर कहने लगा—"बिहार की राजधानी को पटना से हटाकर फिर राजगिर ले चलिए। यदि यह संभव नहीं तो फिर ऐसा कीजिए कि सारे नगर के हर घर की छत पर नाव, लाइफ बेल्ट यानी किसी स्टीमर पर संकट की घड़ी में प्राणरक्षा के लिए जो-जो उपकरण रहते हैं—रखना अनिवार्य कर दीजिए··· प्लास्टिक के सामान बनानेवाली कंपनियों से छोटी-छोटी डोंगियाँ बनाने को कहिए··· हर मकान के ग्राउंड फ्लोर के रेंट में सैकड़े पचहत्तर की कमी और ऊपर के तल्लों में थोड़ी सी वृद्धि··· जीवन बीमा निगम वालों से परामर्श करके—हर मकान-मालिक से हर महीने के भाड़े में जीवन बीमा का अनिवार्य अंश··· और पटना ही क्यों, बाढ़ से किसी भी प्रदेश का पिंड कभी नहीं छूटने का··· ।"

मैंने देखा, जनार्दनजी अपनी छोटी-सी डायरी में नोट कर रहे हैं—"अरे ! आप तो सचमुच··· ?"

"सचमुच नहीं तो और क्या ?" वे डायरी अपने पाकेट में रखकर उठ खड़े हुए।

मैंने अपना प्रण पूरा किया। बाढ़ के पानी में पैर नहीं दिया। छत के रास्ते दूसरे फ़्लैट की सीढ़ियों से उतरकर—ईंटों पर पैर रखता हुआ—सड़क पर आया और रिक्शे पर अकेला बैठकर उधर ही चला, जिधर से बाढ़ के जल को आते देखा था··· रास्ते में देखा—दीवारों पर लाल दाग लगाकर अंग्रेज़ी में काले रंग से 'एच. एफ. एल. 75' लिखा जा रहा है। रास्ते चलते एक युवक ने दूसरे से कहा—"एफ. एल. तो सुना था। यह एच. एफ. एल. क्या है भाई ?"

कॉफी हाउस खुला देखकर प्रसन्न हुआ। लेकिन, अंदर कदम रखते ही 'फफूँद' की गंध लगी तो लौटना चाहता था। देखा, सारे कॉफी हाउस में बस एकमात्र सतीश आनंद—कला संगम नाट्य संस्था के प्राण—चुपचाप बैठे हैं। उनका चेहरा देखकर डरा—बाढ़ में निश्चय ही इनका बहुत नुकसान हुआ होगा, शायद··· मुझे देखकर उनका चेहरा तनिक खिला। बोले—"आज ही, अभी ही थोड़ी देर पहले खुला है। मैं ही पहला ग्राहक हूँ और आप दूसरे···"

"दूसरे तो सत्यनारायण ही हो सकते हैं··· और क्या हाल है ? इतने उदास क्यों हैं ?"

"उदास ? जी, उदास नहीं चिंतित।"

"अरे राम ! कॉफी है या क्लोरोकॉफी ?··· कैसी चिंता ? सार्वजनिक या व्यक्तिगत ?"

"साहब, एक नया नाटक खेलने को सोचा था। वह तो अब निकट भविष्य क्या, दूर भविष्य में भी···अजब है, स्टेज के लिए कोई लड़की या स्त्री मिल ही नहीं रही···"

"आपने क्या उम्मीद की थी ? इस बाढ़ में कहीं से भँसती हुई आ जाएगी ?" मैंने पूछा।

सतीश अप्रतिभ हुए। फिर कुछ याद करके बोले—"इधर आपकी मुलाकात 'यौनाचार्य' से नहीं हुई है ? इस बाढ़ ने उनकी सारी दमित वासनाएँ··· लीजिए, नाम लिया और आप प्रकट हो गए।" सतीश ने बाहर की ओर देखकर कहा।

हमारे कॉफी हाउस के एक एडवोकेट मित्र हैं। पिछले साल हिंदी में यौन-मनोविज्ञान की कहानियों का एक संग्रह प्रकाशित करवाया है। पुस्तक प्रकाशन के बाद मित्रों ने उन्हें 'यौनाचार्य' की उपाधि प्रदान की तो उन्होंने सहर्ष स्वीकार कर लिया। अपना परिचय देते समय वह यह कहना नहीं चूकते कि वे चार-चार बार रस्टीकेट हो चुके हैं और यह कि वे छात्रों के 'चिर नेता' हैं और ताउम्र रहेंगे।

यौनाचार्यजी ने सगर्व स्वीकार किया—"भाई ! इस बाढ़ से पटना नगर और इसके नागरिकों की जो भी तबाही हुई हो—मैं तो फायदे में क्या··· जो आज तक कभी नसीब नहीं—वह इस बाढ़ के प्रताप से या महिमा से कहिए, तीन-तीन यंग

लड़कियाँ और कई स्त्रियाँ मेरे घर में शरणार्थी होकर आईं··· सुबह में कोई चाय दे रही है तो कोई हलुआ तो कोई आमलेट तलकर ला रही है। कोई दोपहर को अपनी प्रेमकहानी कहती तो कोई रात में दो बजे तक गाना सुनाती। और मेरा बाथरूम ? चलकर जरा सूँघ लीजिए—नहीं विश्वास हो तो—लेवेंडर की सुरभि से सदा सुरभित रहता है··· अब आपको क्या बताएँ ?"

उस दिन ही नहीं, एक सप्ताह तक अपनी किस्मत खुलने का किस्सा लोगों को कॉफी पिला-पिलाकर सुनाते रहे। यहाँ तक कि दिल्ली के एक वरिष्ठ पत्रकार बाढ़ के सिलसिले में पटना आए थे। उनको भी अपना भाग्य फिरने का किस्सा सुनाने पहुँचे। होटल में मौका नहीं मिला तो हवाई अड्डे तक पहुँचकर, वक्तव्य देने के लहजे में उनसे कहा—"साहब, आदमी क्या ? इस बाढ़ में तो मछलियाँ भी 'सेक्सी' हो गई थीं···"

मुझे उसी दिन लगा था कि यौनाचार्य अब 'काम' से गए। और इन पंक्तियों के लिखते समय उनके मित्रों से तथा स्वयं उनके मुँह से सुना कि उनकी अवस्था संगीन है। सिर चकराता है और सिर के अंदर 'वैकुअम' जैसा लगता है। आँखों के आगे सरसों के फूल नज़र आते हैं। डॉक्टरों ने कोई सिरियस रोग बताया है, जिसका संबंध—नाक तथा आँख के जरिए—दिमाग से है··· भगवान उनको चंगा करें।

यों, पटना शहर भी बीमार ही है। इसके एक बाँह में हैज़े की सूई का और दूसरी में टाइफायड के टीके का घाव हो गया है। पेट से 'टेप' करके जलोदर का पानी निकाला जा रहा है। आँखें जो कंजक्टिवाइटिस (जोय बांग्ला) से लाल हुई थीं—तरह-तरह की नकली दवाओं के प्रयोग के कारण क्षीण ज्योति हो गई हैं। कान तो एकदम चौपट ही समझिए—हियररिंग एड से भी कोई फायदा नहीं। बस, 'आइरन लंग्स' अर्थात रिलीफ की साँस के भरोसे अस्पताल के बेड पर पड़ा हुआ किसी तरह 'हुक-हुक' कर जी रहा है।

"ऊँ सर्वविघ्नानुत्सारय हुँ फट् स्वाहा···"

[26 अक्तूबर, 1975]

• • •